CORALF

Maitreya
Christus oder Antichrist?

CORALF

MAITREYA
CHRISTUS
oder
ANTICHRIST?

KONNY
MÜLLER
VERLAG

Die Deutschen Bibliothek - CIP-Einheitsaufnahme

Coralf:
Maitreya Christus oder Antichrist? / Coralf. -
1. Aufl. - Haan : Müller, 1997
ISBN 3-9802437-7-X

Der gesamte Inhalt des Buches unterliegt
dem Schutzbereich der Art. 4 GG und Art. 5 GG.
Coralf ist Sammelpseudonym für zwei Verfasser.
Das Buch wurde von "Co.." geschrieben. Die Recherchen zu den
Themen Freimaurerei, (OM)Invokation, (Transmissions)Meditation,
Sai Baba, Hitler, Besessenheit, Symbolik, Anagrammologie und
zum Strichcode wurden von ".. ralf" durchgeführt,
der sich auch mit Magie befaßt hat.

1. Auflage, Juli 1997
© Copyright bei **KMV**, Haan 1997

Satz: Robert Exner, EDV-Beratung, Soft- & Hardware, Bonn
Druck: Das Druckhaus, Bonn
Buchgestaltung: Konny Müller
Printed in Germany

ISBN 3-9802437-7-X
neubearb. und erw. Aufl. der Erstausgabe
ISBN 3-9802437-9-6

Inhalt

Vorwort

So viele Mysterien vermochten bis heute nicht den Menschen enthüllen, was längst geschrieben steht, wenn nicht der Wille da ist, das Geheimnis des Lebens begreifen zu wollen. Die Erfüllung alter Verheißungen rückt nun nahe. Was aber erwartet wirklich die Menschen um die Jahrtausendwende?

Maitreya, der sich als verkörperter Christus und Weltlehrer für das *Zeitalter des Wassermanns* bezeichnet, verspricht in seinen bisher erschienenen Büchern, Zeitschriften und Kundgaben eine globale Lösung all unserer gegenwärtigen Probleme, weltweiten Spannungen und Konflikte. Durch sein Kommen und die Wiederkehr der "Geistigen Hierarchie der Meister" in die Welt werde das Goldene Zeitalter eingeleitet und der Prozeß der Umwandlung, d. h. der spirituellen Entfaltung und Selbstverwirklichung beschleunigt und den Menschen ihre Göttlichkeit bewußt gemacht. Tiefgreifende politische, wirtschaftliche, soziale und religiöse Veränderungen gehören dabei ebenso zu seinem Vorhaben wie die Einführung einer weltweiten Umverteilung der Güter.

Sein letztes Werk, das er mittels mentaler Übermittlung durch - seinen für die Öffentlichkeitsarbeit zuständigen Jünger - Benjamin Creme hat schreiben lassen, trägt den bezeichnenden Titel "Maitreyas Mission"[1]. Das Buch ist als Dialog aufgebaut zwischen Creme und verschiedenen fiktiven Journalisten, die ihm zahlreiche Fragen zur Person und dem Wirken Maitreyas stellen.

---

1   Tetraeder Verlag, 1. Aufl. 1990.

Dieses Buch versteht sich als Wegweiser. Nicht alles, was als wahr dargestellt wird, ist die Wahrheit. Und nicht alles was leuchtet, ist Licht, ebensowenig wie das Licht der Glühbirnen echt ist. Die Wahrheit kann nur finden, wer sie sucht. Das Licht kann nur erkennen, wer es sieht, doch den Weg kann nur weisen, wer ihn auch kennt.

Was bisher geschah, jetzt geschieht und noch geschehen wird, hat die beiden Verfasser in ihren bisherigen durch langjährige Studien, schmerzvolle Erfahrungen, umfangreiche Recherchen und geistige Offenbarungen gewonnenen Erkenntnissen bestätigt und darin bestärkt, dieses Wissen zu veröffentlichen.

Hier wird kritisch untersucht, *was* Maitreya verfolgt, *wie* er sein Ziel zu erreichen sucht und *warum* sein Kommen geplant und vorherbestimmt ist. Ausgangspunkt sind seine eigenen Aussagen, die hier inhaltlich geordnet und aus Gründen der besseren Übersicht thematisch zusammengestellt sind. Die hinter dem jeweiligen (kursiven) Text in Klammern gesetzten Zahlen bezeichnen die Buchseite aus "Maitreyas Mission", auf der die jeweilige Antwort nachzulesen ist.

Zunächst wenden wir uns der Person und demWesen Maitreyas zu, dann seiner Aufgabe und dem Ziel, das er verfolgt. Im Anschluß daran werden der Lehrinhalt Maitreyas und seine Aussagen zu verschiedenen Themen den biblischen Vorhersagen - die er im wesentlichen auf sich bezieht - gegenübergestellt und anhand dieser Prophetien verglichen.

Daneben wird dem Leser in nachvollziehbarer Weise ein Einblick in die geheimen Praktiken und Rituale sowohl der "erleuchteten Meister" als auch seiner Dienerschaft und Geheimbünde vermittelt. Schließlich wird das heutige Weltgeschehen mit seinen alltäglichen und zutiefst erschütternden Katastrophen den endzeitlichen Prophetien und apokalyptischen Vorhersagen gegenübergestellt.

Was das Buch "Maitreyas Mission" anbelangt, ergeben sich aus dem äußeren Aufbau sowie den darin enthaltenen Lehrinhalte folgende Schlußfolgerungen, die hier aus Verständnisgründen vorgezogen werden:

1. Die Dialogform ist bewußt wegen der damit verbundenen thematischen Zerstückelung gewählt, um die einzelnen Aussagen nicht wie "am Stück", vergleichen und deren Widersprüchlichkeit aufdecken zu können.

2. Dadurch, daß nur wenige Menschen auf allen, oder zumindest den einschlägigen Gebieten der Esoterik auch *praktische* Erfahrungen besitzen, ist auch die Gefahr gering, daß Behauptungen, die sich auf spirituelle Themen beziehen, auf ihren Wahrheitsgehalt hin überprüft werden können.

3. Die ungenaue Wiedergabe und willkürliche Heranziehung der Bibelzitate beruht auf der - leider - zutreffenden Annahme, daß sich *Theologen* und Kirchengänger in der Regel nicht mit Esoterik und demnach auch nicht mit Maitreyas Buch beschäftigen werden, wohingegen *Esoteriker* die Bibel kaum kennen und daher auch nicht in der Lage sind, die Zitate zu überprüfen.

4. Das Problem der Dritten Welt spricht jedenfalls *alle* an, Nicht-Esoteriker wie religiös Gleichgültige oder Ungläubige.

5. Da Maitreya die biblischen Prophetien gerade wegen seiner "Mission" weder abstreiten noch bejahen kann, interpretiert er die Bibel so, wie sie seiner Lehre dienlich erscheint. Damit ist er gezwungen, Farbe zu bekennen. Einerseits kann Maitreya nicht behaupten, der "Messias", d. h. der "Erlöser" zu sein, andererseits aber will er als göttliches Wesen gelten. Daher trennt er *Jesus* von *Christus* und bezeichnet sich selbst als "Christus" und "Weltlehrer". Damit soll vorgetäuscht werden, Jesus *Christus* und *Christus* Maitreya seien identisch.

6. Seine "Entwicklungsstufen", "Einweihungsgrade" und "Strahlenmuster" dienen genauso wie das Kastensystem des Ostens der Kontrolle und Beherrschung der Menschen im Westen, denen man dieses System "wissenschaftlich" begründet und rational "einleuchtend" verkauft.

I
Der "Lehrer" Maitreya

Der Name "Maitreya"

Creme behauptet, der esoterischen Lehre zufolge habe sich der Christus vor 2000 Jahren in Palästina durch die "Überschattung" seines Jüngers Jesus, der heute der Meister Jesus sei, manifestiert; diesmal komme MAITREYA, das sei der persönliche Name des Christus, selbst als Weltlehrer für das Zeitalter des Wassermanns (14).

Im 1. Johannesbrief 2/22 heißt es dagegen: "Wer ist der Lügner, wenn nicht der, welcher leugnet, daß Jesus der Christus ist? Das ist der Widerchrist, der den Vater und den Sohn leugnet".

Diese Bibelstelle verdeutlicht, daß die Aussage Maitreyas, er sei der Christus, dem widerspricht, was Jesus gesagt hat. Wenn nun Maitreya vor 2000 Jahren der Christus gewesen sein will, der in Jesus gelebt hat, stellt sich die Frage, warum seine damalige Aussage nicht deckungsgleich ist mit der heutigen. Das deutet entweder auf seine Unglaubwürdigkeit hin oder darauf, daß er wirklich der ist, vor dem die Bibel warnt.

Jesus hat ausdrücklich gesagt: "Sehet zu, daß euch niemand irreführe! Denn viele werden unter meinem Namen kommen und sagen: Ich bin der Christus, und werden viele irreführen. . . Dann wird man euch der Drangsal preisgeben und euch töten, und ihr werdet um meines Namens willen von allen Völkern gehaßt sein. Und dann werden viele abfallen und werden einander verraten und einander hassen (Mat. 24/4 f., 9 f.) Wenn jemand zu euch kommt und diese Lehre (die Lehre Jesu Christi) nicht bringt, so nehmet ihn nicht ins Haus auf und begrüßet ihn nicht! Denn wer ihn begrüßt, nimmt teil an seinen bösen Werken (2. Joh. 10/11). Hütet euch vor den falschen Propheten, die in Schafskleidern zu euch kommen, inwendig aber sind sie räuberische Wölfe" (Mat. 7/15)!

Bezeichnend ist, daß Jesus von kommenden Christussen, nicht Jesussen spricht und gerade jene verfolgt würden, die an s e i n e n Namen - *Jesus Christus* - festhalten. Demnach muß dieser Name eine ganz besondere Aussagekraft und Bedeutung haben. *Christus*, von griech.: Christos, ist die Übersetzung des hebräischen Maschjach = Messias und heißt der Gesalbte Gottes. "Christus" ist also die Bezeichnung für eine Eigenschaft oder ein Amt, nicht aber der Name einer Person. Inhaber dieses Amtes war Jesus, "der sich selbst als Lösegeld für alle gegeben hat" (1. Tim. 2/6), und dessen Blut für viele vergossen wurde "zur Vergebung der Sünden" (Mat. 26/28).

Indem nun Maitreya Jesus von Christus trennt, leugnet er, daß Jesus *der* Christus, d. h. der Gesalbte Gottes und unser Erlöser, ist. Darüber hinaus versucht er, sich an dessen Stelle zu setzen, indem er behauptet, Maitreya sei der persönliche Name des Christus. Wie kann aber eine unpersönliche Eigenschaft einen persönlichen Namen haben?

An dieser Stelle kommen wir nicht umhin, den Namen "Maitreya" näher zu untersuchen. Dabei müssen wir auf die hebräische *Kabbala* zurückgreifen. Durch die Kabbala, der hebräischen Überlieferung der *Tora* (= der hebräische Name für die "Fünf Bücher Mose") ist eine *offenbarende* Entschlüsselung der Bibelsprache aufgrund der buchstäblichen und ziffernmäßigen Zusammenhänge möglich. Von der im Hebräischen geltenden Dreiheit von Sprache-Schrift-Zahl ausgehend, stützt sich die Sprache auf die Laute, die Schrift auf die Konsonanten, während die Zahl in den Schriftzeichen selbst enthalten ist. Daher sind die 22 Buchstaben des hebräischen Alphabets nicht nur Konsonanten, sondern zugleich Zahlen, deren Bedeutung durch die Übersetzung der Tora aus dem Hebräischen in eine andere Sprache verlorengeht, weil der "Zahlenwert" der Worte nicht mehr stimmt.

In der Heiligen Schrift findet man einen Hinweis auf dieses Zahlensystem in der Offenbarung Johannes Kapitel 13/15-18. Dort heißt es: "Und es (das Tier) bewirkt, daß alle, die Kleinen und die Großen und die Reichen und die Armen und die Freien und die Sklaven, daß sie sich ein Malzeichen auf ihre rechte Hand oder Stirne machen und daß niemand kaufen oder verkaufen kann als nur der, welcher das Malzeichen hat, nämlich den Namen des Tieres oder die Zahl seines Namens. Hier ist die

Weisheit vonnöten. Wer Verstand hat, berechne die Zahl des Tieres; sie ist nämlich die Zahl eines Menschen. Und zwar ist seine Zahl 666." Der Zahlenwert der Buchstaben (s. Tabelle) hat als versteckte Aussage eine entscheidende Bedeutung, so daß der Schlüssel zum göttlichen "Bauplan der Welt und des Lebens" nur in der hebräisch geschriebenen Tora gefunden werden kann[1].

Die Zahlenwerte und ihre hebräischen Buchstabenäquivalente

Zahlenwert	Buchstabenname	Aussprache
1	Aleph	hörbares a
2	Beth	hartes und weiches b
3	Gimel	wie g in groß
4	Daleth	hartes und weiches d
5	He	h, am Wortende meist nicht ausgespr.
6	Waw	wie engl. w in "water"
7	Sajin	tönendes s, wie in leise
8	Cheth	ch
9	Teth	doppeltes tt
10	Jod	i und engl. y in "you"
20	Kaf	ch und hartes k
30	Lamed	l
40	Mem	m
50	Nun	n
60	Samech	scharfes s
70	Ajin	meist wie a, etwas mehr als Kehllaut
80	Pe	p oder ph
90	Tsade	ts
100	Kof	k wie in backen (kh)
200	Resch	r
300	Schin oder Sin	sch oder s
400	Taf	hartes t oder engl. th

[1]   vgl. Weinreb, Der göttliche Bauplan der Welt, S. 15 ff. und Tabelle 1.

Da sich die Zahlenangaben der Bibel nur auf hebräische Buchstaben beziehen, ist eine korrekte Zahlenauswertung von einem Namen nur durch Transkription in die hebräische Sprache und Berechnung der sich daraus ergebenden Zahlenwerte möglich.

Der Name "Maitreya" ist Sanskrit und bedeutet "wohlwollend". In der Form, wie er bei uns üblicherweise geschrieben wird, hat er die Wurzelform - ein sprachwissenschaftlicher Begriff und eine Form, die in der Praxis der Sanskritsprache fast nie vorkommt. Die Wurzelform kann gewissermaßen als ein westlicher Kunstgriff gesehen werden, um eine unflektierte aber auch unindische Form zu bilden, wie es in unseren Sprachen üblich ist. Wenn der Name alleine steht oder im Satz den Tätigen oder das Subjekt bezeichnet, verwendet man im Sanskrit immer die Nominativform, die "Maitreyah(a)" - mit dem grammatikalisch vorgeschriebenen Hauchlaut am Ende - ist. Der Laut "e" ist hier lang, denn Sanskrit kennt kein kurzes "e". Somit würde der Name in Nominativform mit hebräischen Buchstaben folgendermaßen geschrieben: *mem - yod - taw - resch - aleph - yod - he.*

Vokale werden in der hebräischen Schrift bekanntlich nicht ausgeschrieben, aber die Verlängerung eines Vokales (also nur ihre Länge) wird markiert - wie hier beim "e" durch *aleph.* Die hebräischen Zeichen und Zahlenwerte dieser Buchstaben ergeben danach folgendes[1]:

M [a]	**J**	**T**	**R**	[e] (lang)	**J** [a]	**H** [(a)]
mem	- yod	- taw	- resch	- aleph	- yod	- he
40	- 10	- 400	- 200	- 1	- 10	- 5 = **6 6 6**.

Die Entschlüsselung seines Namens - Maitreyah(a) - läßt erkennen, daß Maitreya das Tier ist, von dem in der Offenbarung Johannes 13/1-9 zu lesen ist: "Und ich sah aus dem Meer ein Tier heraufkommen . . . und der Drache gab ihm seine Kraft und große Macht Und es wurde ihm ein Maul gegeben, das große Worte und Lästerungen redete; . . . Und es tat sein Maul auf zu Lästerungen gegen Gott, zu lästern seinen Namen und

---

1   vgl. Sigdell, in: ESOTERA, 04/94, S. 88 f.

sein Zelt, (nämlich) die, welche im Himmel ihr Zelt haben. . . und es wurde ihm Macht gegeben über alle Geschlechter und Völker und Sprachen und Nationen. Und anbeten werden ihn alle Bewohner der Erde, (jeder,) dessen Name von Grundlegung der Welt an nicht geschrieben steht im Lebensbuch des Lammes, das geschlachtet ist".

Zu diesem Entschlüsselungsergebnis gelangt man auch mit Hilfe der *Anagrammologie*, einem einfachen Code, der sich auf Buchstaben des Alphabets bezieht. Durch Buchstabenversetzung innerhalb eines Wortes kann dadurch eine völlig andere Bedeutung erreicht beziehungsweise die wahre Bedeutung verschlüsselt werden.

Bei näherer Betrachtung stellt man fest, daß "Ma (itre) ya" das Wort "Maya" beinhaltet, was nach dem Sanskrit (Sk.) Illusion, Selbsttäuschung bedeutet, während die Buchstaben in der Mitte "(itre)" in der richtigen Reihenfolge gelesen (jeweils von rechts nach links) das Wort "Tier" (!) ergeben.

Darüber hinaus ergibt sich bei fortlaufender Numerierung der Buchstaben seines Namens folgende Zuordung:

$$\text{M} \quad \text{A} \quad (\text{I} \quad \text{T} \quad \text{R} \quad \text{E}) \quad \text{Y} \quad \text{A}$$
$$1 \quad 2 \quad (3 \quad 4 \quad 5 \quad 6) \quad 7 \quad 8$$

Addiert man nun die Zahlen für "Maya" = 1 + 2 + 7 + 8 und die für "Tier" (itre) = 3 + 4 + 5 + 6 erhalten wir in beiden Fällen die 18 (3 x 6 = 666), numerologisch die Zahl der Falschheit und Verleumdung.

Im Gegensatz zur hebräische Kabbala der 22 Buchstaben des hebräischen Alphabets umfaßt diese abgewandelte Form der Numerologie 22 Zahlen, die den einzelnen Buchstaben des Alphabets zugeordnet werden, und deren Deutung (vgl. nachfolgende Tabelle)[1]. Bei der Berechnung von Wesenheiten wird hier zunächst unter jeden Buchstaben die ihm zugeordnete Zahl geschrieben, dann sind die Werte von links nach rechts zu addieren. Vom Gesamtwert ist die Quersumme der Zahlen abzuziehen und durch 9 zu dividieren.

---

1   Reichstein, Praktisches Lehrbuch der Kabbala, S. 34 ff.

Ist diese Summe (z. B. 25) höher als der höchste Zahlenwert 22, ist diese Zahl auf die niedere Potenz zurückzuführen (2 + 5 = 7) und danach zu deuten.

Die Quersumme des Namens "Maitreya" (= 13 + 1 + 10 + 9 + 20 + 5 + 10 + 1) ist 69 = 6 + 9 = 15, die Zahl der Magie, während die Gesamtberechnung 69 - 15 : 9 = 6, die Versuchung ergibt.

A................... 1	1	=	Wille
B................... 2	2	=	Wissen
C, K................ 11	3	=	Ehe, Gemeinschaft
D................. 4	4	=	Tat
E................... 5	5	=	Religion
F, P, PH.............. 17	6	=	Versuchung, Sexus
G................. 3	7	=	Sieg
H, CH...............8	8	=	Gerechtigkeit
I, J, Y............... 10	9	=	Weisheit
L.................. 12	10	=	Wechsel des Glücks
M................ 13	11	=	Spirituelle Macht
N.................. 14	12	=	Opferung, Sühne
O.................. 16	13	=	Transformation, Tod
Q................. 19	14	=	Selbstzucht
R.................. 20	15	=	Wirkungskraft, Magie
S.................. 21	16	=	Katastrophen
SH, SCH, TS, TZ......18	17	=	Wahrheit, Glaube, Hoffnung
T.................. 9	18	=	Falschheit, Verleumdung
TH................ 22	19	=	Glück, Freude
U, V, W.............. 6	20	=	Erwachen, Wiedergeburt, Gericht
X.................. 15	21	=	Erfolg
Z.................. 7	22	=	Mißerfolg, Illusion.

Da die Entschlüsselung des Namens "Maitreya" anhand verschiedener Systeme dieselbe Deutung - Tier (666), Täuschung, Illusion, Versuchung, Falschheit - ergibt, kann dies nicht mehr als Zufall abgetan werden. Darin läßt sich vielmehr eine geistige Gesetzmäßigkeit erkennen, die in der Bibelsprache der Heiligen Schrift verankert ist.

Sein Wesen

Was die Person Maitreyas anbelangt, behauptet Creme: *Maitreya sei die planetare Verkörperung der Energie, die als das Christusprinzip oder das Christusbewußtsein bekannt sei, und da uns diese mächtige Energie für die geistige Basis des Lebens erwecke, sei damit bereits eine der Erscheinungsformen des Christus - in den Herzen der Menschen - erfüllt.*

Durch ihn, den Christus, sei ein großes kosmisches Wesen, der Avatar der Synthese, in unser Erdenleben eingetreten; er verkörpere die Energie des Willens, der Liebe und der Intelligenz, zusammen mit einer anderen Energie, für die es noch keinen Namen gebe, eine Wesenheit, die nicht tiefer als bis zur mentalen Ebene hinabsteigen könne. Gemeinsam mit Buddha, der die Energie der Weisheit von den kosmischen Ebenen einbringe, würden diese großen Wesenheiten ein Dreieck bilden, dessen Energien der Christus, der in Zukunft als der Mittelpunkt dieses Dreiecks erkannt werde, für uns kanalisiere (53). Durch seinen Einsatz werde der kleine, abgetrennte Eigenwille der Menschheit zum ersten Mal mit dem Willen Gottes in Einklang kommen (59).

Das Christusbewußtsein oder Christusprinzip ist seit längerer Zeit ein häufig in der *New-Age-Bewegung* anzutreffender Begriff, der von der "Hierarchie" innerhalb esoterischer Kreise bewußt als Vorbereitung auf Maitreya eingesetzt wurde. Das Christusprinzip soll das Bewußtsein des neuen *Wassermannzeitalters*, einem Zeitalter der Harmonie und spirituellen Entfaltung und Selbstverwirklichung, verdeutlichen. Dadurch, daß den Menschen im Zusammenhang mit dem Christusprinzip und dem kommenden Zeitalter durchweg positive Vorstellungen vermittelt und bewußt gemacht werden, ist gewährleistet, daß sie auch der Verkörperung dieser Christusenergie in Maitreya offen und positiv begegnen.

"Verkörperte" Energie heißt nichts anderes, als daß eine bestimmte Energie eine Erscheinungsform annimmt, was aber nicht bedeutet, daß sich dahinter auch der persönliche Urheber dieser Energie verbirgt. Es ist allgemein bekannt, daß Energie weder aus nichts geschaffen, noch vernichtet, sondern nur in eine andere Form umgewandelt werden kann. Wenn Maitreya das Christusprinzips verkörpert, muß diese Verkörperung auch geschaffen worden sein. Die Frage, wer Maitreyas "Schöpfer" ist, kann aus Verständnisgründen erst an späterer Stelle behandelt werden. Festzuhalten ist schon hier, daß die Menschen durch das Christusbewußtsein dazu angehalten werden sollen, eine Erscheinungsform zu verehren, ohne sich darüber Gedanken zu machen, woher sie stammt.

Obwohl verkörperte Energie, soll Maitreya gleichwohl ein *Avatar* (d.h. göttliche Inkarnation) der Synthese sein, der die Energie der Liebe, des Willens, der Intelligenz und eine andere unbenannte Energie in sich vereine. Ein in die materielle Welt abgestiegenes göttliches Wesen als manifestierte Energie ohne Persönlichkeit ist jedoch kaum vorstellbar, vor allem dann nicht, wenn Maitreya die Energie des "Dreiecks" für uns kanalisieren soll, damit unser Eigenwille einswerde mit dem Willen "Gottes".

Mit seiner Behauptung, eine Erscheinungsform des Christus in den Herzen der Menschen zu sein, spielt Maitreya auf die Bibelstelle an, Christus in uns sei die Hoffnung auf die Herrlichkeit (vgl. Kol. 1/27). Diese Aussage bezieht sich jedoch eindeutig auf Jesus, der durch seinen Kreuzestod den bis dahin für die Menschen verschlossenen Zugang zu den höchsten geistigen Welten eröffnete und gleichzeitig seine, d. h. die Wiederkunft Jesu Christi, in den Herzen der Menschen durch die Wiedergeburt des Geistes vorhergesagt hat.

Im zweiten Thessalonicherbrief 2/3 ff. heißt es: "Niemand soll euch auf irgendeine Weise betrügen; denn wenn nicht zuerst der Abfall gekommen ist und der Mensch der Gesetzesfeindschaft sich offenbart hat, der Sohn des Verderbens, der sich widersetzt und erhebt über alles, was Gott oder Heiligtum genannt wird, sodaß er sich in den Tempel Gottes setzt, indem er von sich vorgibt, er sei Gott, so kann der Tag des Herrn nicht kommen. Und dann wird der Gesetzesfeind sich offenbaren, den der

Herr Jesus durch den Hauch seines Mundes töten und durch die Erscheinung seiner Wiederkunft vernichten wird, dessen Ankunft auf Grund der Wirksamkeit des Satans geschieht mit jeglicher machtvollen Tat und (allen) Zeichen und Wundern der Lüge und mit allem Trug der Ungerechtigkeit gegenüber denen, die verlorengehen, zur Vergeltung dafür, daß sie die Liebe zur Wahrheit nicht angenommen haben, damit sie gerettet würden".

Schon nach seiner eigenen Aussage als Christus und göttliche Inkarnation der Synthese entpuppt sich Maitreya als Widersacher und Feind der Gesetze Gottes und damit als derjenige, vor dem hier gewarnt wird. Seine Absicht, den abgetrennten Eigenwillen der Menschheit mit dem Willen "Gottes" in Einklang zu bringen, verdeutlicht die von Maitreya in Wahrheit bezweckte Synthese zwischen dem Willen der Menschen und dem Willen Satans, sich an Gottes Stelle zu setzen.

Dieses Ziel wäre zu offenkundig und gefährdet, wüßten die Menschen, daß sich hinter Maitreyas Wirken *Satan* verbirgt. Daher wird auch der Name dieser dritten, neben Maitreya und Buddha großen Wesenheit als unbekannt dargestellt, damit die Menschen, die Maitreya folgen werden, die Wahrheit hinter diesem "Geheimnis" nicht erkennen können.

Laut Creme *wäre kein Avatar je so für seine Aufgabe gerüstet gewesen, wie es der Christus jetzt sei (55). Aufgrund seiner Evolutionsstufe sei er der Geeigneteste, das Amt des Christus auszuüben und das Christusprinzip zu verkörpern (61). Sowohl von Gautama Buddha wie von dem Apostel Paulus wäre Lord Maitreya "der Lehrer der Engel wie der Menschen" genannt worden (65, 300). Er selbst habe keinen Guru, sondern suche und finde Rat und Erleuchtung bei Sanat Kumara, dem Herrn der Welt (79).*

Was sich hinter der Bezeichnung "Sanat" verbirgt, wird ebenfalls anhand der Anagrammologie deutlich. Setzt man an die Stelle des "n" das "t" und umgekehrt, ergibt das Wort *Sanat* "zufälligerweise" *Satan*. Darin findet sich zusätzlich die Bestätigung, daß Maitreya im Namen des Herrn oder Fürsten dieser Welt (vgl. Joh. 12/31) wirkt, da er Rat und Erleuchtung bei ihm sucht. Unter diesem Gesichtspunkt ist es auch nicht verwunderlich, daß Maitreya als dessen Werkzeug für seine Aufgabe, die Menschen endgültig für sich und wider Gott zu gewinnen, bestens geeignet und gerüstet ist.

Die Behauptung, Maitreya sei von dem Apostel *Paulus* als "Lehrer der Engel wie der Menschen" bezeichnet worden, ist im Hinblick auf die Bibel ebenso unhaltbar wie unwahr. Abgesehen davon, daß der Name Maitreya an keiner Stelle in der Bibel vorkommt, enthält die Heilige Schrift genug Hinweise, die auf das Kommen eines falschen Christus als Irrlehrer deuten.

In den Briefen des Paulus heißt es sogar: ". . . daß in späteren Zeiten etliche vom Glauben abfallen und auf irreführende Geister und auf Lehren von Dämonen achten werden" (1. Tim. 4/1) und nicht auf die "Lehre Gottes, unseres Heilandes" (Tit. 2/10). "Aber selbst wenn wir oder ein Engel vom Himmel ein anderes Evangelium predigen würden als das, welches wir euch gepredigt haben, so sei er verflucht" (Gal. 1/8).

Das Bestreben Maitreyas, die Menschen über seine Identität als Widerchrist zu täuschen, wird umso deutlicher, je mehr er die Bibelworte in entstellter Form heranzieht, um seine "Glaubwürdigkeit" zu untermauern.

So behauptet Creme, *der Geist des Friedens oder Gleichgewichts überschatte ihn, Maitreya, in sehr ähnlicher Weise, wie er den Jünger Jesus in Palästina überschattet habe (53). Seit seinem Advent in Palästina durch Jesus sei Maitreya die Verkörperung des Willens ebenso wie der Liebe und des Lichtes Gottes geworden (59). Wegen der vielen Fragen, die sich auf seine Inkarnation in Palästina beziehen werden, werde er vor dem Tag der Erklärung in einer Pressekonferenz den wahren Ablauf der Geschehnisse jener Zeit klären und sich dabei auf seine damaligen Lehren berufen; im übrigen dürfte die Einführung des Meisters Jesus für die Erklärung der Kontinuität der Offenbarung ausreichen (83).*

Durch den Vorgang der Überschattung, in sehr ähnlicher Weise wie in Palästina über Jesus, habe sich Maitreya auch als SHANKARACHARYA und als KRISHNA manifestiert, was man anhand der Ebene der Energie, die man mit Krishna assoziere, nämlich Liebe, erkennen könne (290).

Zusammenfassend sei an dieser Stelle festgehalten, daß sich Maitreya auf Grund seiner eigenen Aussagen als Widerchrist zu erkennen gibt, der Gott leugnet und somit eine der Lehre Jesu Christi entgegengesetzte Lehre verbreitet, was eine Inkarnation Maitreyas als Jesus völlig ausschließt.

Zudem ist eine gleichzeitige Inkarnation und Überschattung einer Person nicht möglich. *Inkarnation*, von (lat.) *in* = in und *caro* = Fleisch, bedeutet Fleisch- oder Menschwerdung und beinhaltet, eine Person zu *sein*.

Demgegenüber soll die Überschattung, laut Creme, *eine komplexe Wissenschaft der Meister, ein Prozeß, durch den ein weiter entwickeltes Wesen einen Teil oder auch sein ganzes Bewußtsein durch ein weniger fortgeschrittenes Wesen bei voll bewußter Einwilligung und Mitarbeit dieses Jüngers manifestieren kann (340 f.).*

Die Aussage Maitreyas, er selbst werde von dem "Geist des Friedens oder Gleichgewichts", wie er seinen Ratgeber nennt, überschattet, heißt demnach, daß er vom Herrn der Welt willentlich gelenkt wird. Eine Überschattung durch Maitreya, wie im Falle Krishnas und Shankaracharyas (Schankra), ist insofern gleichbedeutend mit einer Überschattung Satans. Krishna gilt als der berühmteste Avatar von Vishnu und als Erlöser der Hindus, d.h. der brahmanischen Religion angehörenden Inder, während Shankaracharya, ein Nachfolger Buddhas und religiöser Reformator Indiens, als Inkarnation Shivas gilt.

Sowohl Vishnu als auch Shiva sind hohe Gottheiten im Hinduismus, einer auf dem Brahmanismus aufbauenden Religion, deren Hauptlehre darin besteht, daß alle Religionen im wesentlichen übereinstimmen, die wahre Natur des Menschen göttlich, nicht sündhaft sei und der Zweck unseres Lebens darin bestehe, diese göttliche Natur durch Aufgabe unserer persönlichen Existenz und Eingehen in die Gottheit Brahma zu verwirklichen[1].

---

1   Coralf, Der Weg zur geistigen Mystik, S. 42 ff.

Diese auch von Maitreya verbreitete Lehre ist der Lehre Jesu Christi völlig entgegengesetzt, wonach Gott "Licht (ist) und keine Finsternis in ihm ist. Wenn wir sagen, daß wir Gemeinschaft mit ihm haben und (dabei doch) in der Finsternis wandeln, lügen wir und tun nicht die Wahrheit. Wenn wir aber im Lichte wandeln, wie er im Lichte ist, haben wir Gemeinschaft miteinander, und das Blut Jesu (!), seines Sohnes, reinigt uns von aller Sünde. Wenn wir sagen, daß wir keine Sünde haben, führen wir uns selbst irre, und die Wahrheit ist nicht in uns. Wenn wir unsre Sünden bekennen, ist er treu und gerecht, so daß er uns die Sünden vergibt und uns von aller Ungerechtigkeit reinigt. Wenn wir sagen, daß wir nicht gesündigt haben, machen wir ihn zum Lügner, und sein Wort ist nicht in uns" (1. Joh. 1/5 ff.), denn "alles, was nicht aus dem Glauben geschieht, ist Sünde" (Röm. 14/23).

Von sich aber behauptet Maitreya, *er sei das Schiff der Wahrheit und komme "als der Spender der Wasser des Lebens, als Wassermann", damit die Menschen leben könnten und dieses Leben reichhaltiger werde (54).*

Im Gegensatz zu Maitreya, der sich als Träger einer wie auch immer zu verstehenden Wahrheit ausgibt, hat Jesus auf die Frage des Thomas, woran die Jünger den Weg erkennen können, dem sie folgen sollen, geantwortet: "Ich b i n der Weg und die Wahrheit und das Leben; niemand kommt zum Vater außer durch mich. Wenn ihr mich erkannt habt, werdet ihr auch meinen Vater erkennen. . . Wenn ihr mich liebt, werdet ihr meine Gebote halten, und ich werde den Vater bitten, und er wird euch einen andern Beistand geben, damit er in Ewigkeit bei euch sei, den Geist der Wahrheit, den die Welt nicht empfangen kann, weil sie ihn nicht sieht und nicht erkennt" (Joh. 14/6-18). "Der Himmel und die Erde werden vergehen, meine Worte aber werden nicht vergehen" (Mat. 24/35).

Demnach gibt es nur e i n e Wahrheit, Jesus Christus, der selbst *Inbegriff* der Wahrheit ist, und nicht nur deren Träger. Daraus läßt sich folgern, daß der Gegenpol zur Wahrheit als Inbegriff des Irrweges, der Lüge und des Todes ebenfalls als Wesen existieren muß. Indem Maitreya die Lehre Jesu nicht verbreitet, legt er Zeugnis von der Unwahrheit und dem Tod ab. Daher kann er auch kein "Wasser des Lebens" spenden. Denn das "Lebenswasser" ist die Lehre Jesu und die wahre Gotterkenntnis.

Der Samariterin, die er um Wasser bat, hat Jesus gesagt: "Jeder, der von diesem Wasser trinkt, wird wieder dürsten; wer aber von dem Wasser trinkt, das ich ihm geben werde, wird in Ewigkeit nicht dürsten, sondern das Wasser, das ich ihm geben werde, wird in ihm zu einer Quelle von Wasser werden, das sprudelt, um ewiges Leben zu spenden... Kenntest du die Gabe Gottes und (wüßtest du,) wer der ist, der zu dir sagt: Gib mir zu trinken, so hättest d u i h n gebeten, und er hätte dir lebendiges Wasser gegeben" (Joh. 4/10, 13 f.). "Wenn jemand dürstet, komme er zu mir und trinke! Wer an mich glaubt, aus dessen Leibe werden Ströme lebendigen Wassers fließen. Das sagte er aber mit Bezug auf den Geist, den die empfangen sollten, welche an ihn glaubten; denn (den heiligen) Geist gab es noch nicht in der Welt, weil Jesus noch nicht verherrlicht war" (Joh. 7/37 ff.).

Im Glauben und Festhalten an Jesus Christus liegt der Weg zum ewigen Leben, wobei die Führung und Erleuchtung durch den Heiligen Geist die Lüge erkennen lassen, die Maitreya im Mantel der Wahrheit zu verbreiten sucht. Wie bedeutsam und wegweisend im geistigen Sinne die Lehre Jesu und die Offenbarung der Heiligen Schrift sein müssen, zeigt sich schon daran, daß Maitreya die Bibel zu seiner Rechtfertigung heranzieht und darin enthaltene, für ihn zweckmäßige Aussagen auf seine Person umzudeuten versucht.

So behauptet er beispielsweise, *er habe sich in jüngster Zeit in Wolkenbildern manifestiert und sei von verschiedenen Leuten aus dem Flugzeug als stehende Gestalt des Christus gesehen worden, damit sich die Prophetie "in den Wolken kommend" erfülle (103).*

Diese Offenbarung bezieht sich jedoch auf Jesus und nicht auf einen kommenden Christus. Auf die Frage des Hohenpriesters, ob er der Christus, der Sohn Gottes, sei, antwortete Jesus: "Ja, ich sage euch: Von jetzt an werdet ihr den Sohn des Menschen sitzen sehen zur Rechten der Macht und kommen auf den Wolken des Himmels" (Mat. 26/64).

"Über jenen Tag aber und jene Stunde weiß niemand etwas, auch die Engel in den Himmeln nicht, sondern allein der Vater" (Mat. 24/36). Vor der Wiederkunft aber "werden Zeichen eintreten an Sonne und Mond und Sternen und auf Erden Angst der Völker, so daß sie sich nicht zu raten wissen vor dem Tosen und Wogen des Meeres. Menschen werden den Geist aufgeben vor Furcht und Erwartung der Dinge, die über den Erdkreis kommen werden; denn 'die Kräfte der Himmel werden erschüttert werden'. Und dann wird man 'den Sohn des Menschen auf einer Wolke kommen' sehen mit großer Macht und Herrlichkeit. Wenn aber dies zu geschehen anfängt, so richtet euch auf und hebet eure Häupter empor; denn eure Erlösung naht" (Luk. 21/25).

Derartige Ereignisse sind bekanntlich noch nicht eingetreten, was zusätzlich beweist, daß Maitreya nicht der sein kann, als den er sich ausgibt. Die ihn entlarvenden Bibelstellen verschweigt er ohnehin. Statt dessen lobt und preist er seine intelligenten Vorzüge durch Creme, während er selbst unter dem Deckmantel der Demut bescheiden im Hintergrund bleibt.

Laut Creme sei *Maitreya als Meister 7. Grades ein planetarer Lebensträger (294) und der ausschließliche Meister der Meister und einiger weniger Eingeweihter vierten Grades (99), der Spiritus rector, der den Kraft- oder Willensaspekt Gottes bringe und die Menschheit inspiriere (59), da er als Stimulus genauso hinter den wissenschaftlichen Entdeckungen und den Erziehungsprogrammen, die heute die Köpfe der Menschen bewegen, wie hinter religiösen Angelegenheiten stehe (57).*

Wenn demnach alles unter seiner Kontrolle und Regie als "Meister der Meister" läuft, muß Maitreya auch der "Spiritus rector", die treibende Kraft hinter der widergöttlichen Verblendung und Verführung der Menschen sein. Creme selbst bekennt, *absolut sicher zu sein, daß hinter allem, was Maitreya tut, eine bestimmte Absicht stehe (98).* Auf die Einzelheiten seiner Zielsetzung soll in den folgenden Kapiteln näher eingegangen werden.

Auf die Frage, ob Maitreya ohne Sünde sei, antwortet Creme, er, *Maitreya, sei in einem planetaren Sinn vollkommen, da er selbst vom organisch-körperlichen Standpunkt frei vom Bedürfnis sei, sich abzusondern, was als Sünde bezeichnet würde (65). Er und die Meister der Weisheit hätten den Evolutionsprozeß abgeschlossen und wären nun vollkommen - Götter - (153), da sie die Gesetze der Evolution begreifen (151). Sein "Pfad der absoluten Sohnschaft" werde ihn, Maitreya, schließlich von dieser Erde fortführen, um - wie von H. P. BLAVATZKY vorhergesagt - als der kosmische Christus Maitreya, am Ende des letzten, des siebenten Weltzyklusses zurückzukehren (56).*

Sünde ist bewußtes Zuwiderhandeln gegen Gottes Ordnung, ein willentlich bedingtes Verhalten also, und nicht ein organisch-körperlicher Zustand der Einheit.

Die Ursünde ist der *Abfall von Gott*, die Absonderung schlechthin. Von dem Bedürfnis der Auflehnung wider Jesus Christus ist Maitreya gerade nicht frei, sondern in seiner eigenen Handlungsweise unfrei. Darüber vermag auch nicht seine "planetare" Vollkommenheit hinwegzutäuschen, die offenbar nur in einem gewissen Sinn besteht, und daher keine Vollkommenheit sein kann. Die Antwort Cremes ist insofern nichts weiter als ein rhetorisches Ausweichmanöver.

Schon der Abschluß eines Evolutionsprozesses durch persönliche Entwicklung schließt die Vollkommenheit aus. Das Begreifen und Beherrschen der Gesetzmäßigkeiten bedeutet nichts anderes als die Vollendung als Magier, was aber nicht gleichbedeutend ist mit der Vollkommenheit des Urhebers dieser Gesetze.

Wirkungen zu begreifen, heißt noch lange nicht deren Ursachen vollständig und im einzelnen zu kennen. Das ist, wie wenn man einen Wassertropfen nach dem anderen zählt, ohne zu wissen, wie groß das Meer ist. Nur der Schöpfer kennt das Maß, mit dem Er sein Werk in Ewigkeit messen kann. Er allein ist der Gesetzgeber, während Maitreya und seine "Meister" allenfalls Gesetzesanwender innerhalb der von Gott gesetzten Grenzen sind. Darüber soll aber deren Bezeichnung als "Götter" hinwegtäuschen und der Eindruck entstehen, nicht der Schöpfer, sondern die Schöpfung sei bereits vollkommen und anbetungswürdig.

Im zweiten Buch Mose 20/3 heißt es dagegen: "du sollst keine andern Götter neben mir haben".

Indem er sich für "vollkommen" hält, handelt Maitreya nicht nur diesem Gebot zuwider, sondern läßt sich selbst sogar als "Gott" verehren. Da er sich jedoch erst auf dem 6. *Pfad des Logos (79)* befinde, beschränkt sich seine "Vollkommenheit" auf kaltes Verstandesdenken und Ratio. Davon werden sich allenfalls Menschen beeindrucken lassen, für die der Verstand mehr zählt als das Herzensdenken.

"Ist aber unser Evangelium auch 'verhüllt', so ist es (doch nur) bei denen verhüllt, die verlorengehen, in denen der Gott dieser Welt die Gedanken der Ungläubigen verblendet hat, damit sie nicht schauen könnten die Erleuchtung durch das Evangelium von der Herrlichkeit Christi, der das Ebenbild Gottes ist. Denn wir predigen nicht uns selbst, sondern Christus Jesus als den Herrn, uns selbst aber als eure Diener um Jesu willen" (2.Kor. 4/3 ff.).

Ergänzend zu den biblischen Prophetien über den Antichristen sei an dieser Stelle eine von Jesus Christus empfangene Botschaft bezüglich der Person Maitreyas angeführt, die zusätzlich die bisherigen Ausführungen bestätigt.

"Jeder Mensch kann frei werden von seinem Ego, aber nie frei von Mir; denn wer von Mir frei ist, der ist gebunden an den Satan. Maitreya *ist* der falsche Prophet und der falsche Christus. Sanat ist tatsächlich der Herr der Materie, der abgefallene Luzifer-Geist.

Schauet auf seine Werke! Er bringt euch nicht zur Erlösung, zu dem Erlöser, der da ist "das Wort", I E O U A, Jesus von Nazareth, sondern er führt euch ins Verderben. Seine Erlösung ist die angebliche Befreiung von Mir. Wer aber vom Strom des Lebens weggerissen wird, der wird in den geistigen Tod geführt. Er zieht die Seelen zu seinem Ego.

Ich als euer Vater und Freund führe euch ins ewige Leben, jenseits des Leidens. Doch das Tor zur Freude ist mit Dornen und Lügen bestückt, um euch noch kurz vor der Erlösung vom wahren Licht abzulenken. Ich b i n der Weg. Maitreyas Weg ist der Weg zur Hölle. Shambhala ist das Zentrum des Bösen auf Erden. Es ist die Materiefalle für die Menschenseele.

Maitreya besitzt kein Herz und arg täuscht der Satan durch diesen Teufel die Menschen. Daher sagte Ich euch einst 'Wer an Meinem Namen festhält, der soll auch errettet werden'. Denn Ich kann in alle Herzen sehen und weiß somit auch, was der Satan bezweckt. Aber auch er kennt nicht die genaue Stunde Meines Erscheinens.

Die Liebe von euch zu Mir ist eure Sicherheit, daß der Antichrist euch nicht vernichten kann. Mein Wort ist göttlich, denn es ist von Gott, der alles erschaffen und erhalten hat. Ich bin das A und das O, das Lamm, welches zur Schlachtbank geführt wurde, um euer Leben für Mein Reich zu erhalten. Ich bin, der Ich bin, im Geiste der Vater, der Sohn und der Heilige Geist in e i n e m, der ewige Gottvater, *die Liebe, Weisheit* und *die Kraft*. Glaube ist Hoffnung und Hoffnung ist Leben. Ieoua, Jesus Christus." *r*

Herkunft

Auf die Frage, woher Maitreya stamme, antwortet Creme: *Er habe während der letzten 2000 Jahre auf etwa 5800 m Höhe im Himalaya, wo sich zufällig sein Refugium befinde, in einem "Lichtkörper", d. h. in dem auferstandenen und aufgestiegenen Körper eines vollendeten Meisters hohen Grades gelebt; dieser Körper "ruhe" nun in einem Zustand zeitweise ausgesetzter Belebung (66, 78, 81).*

Sein Zentrum, ein Tal im Himalaya, habe Maitreya im Juli 1977 verlassen, zu einem Zeitpunkt, als er am wenigsten erwartet wurde; gemäß seiner Vorhersage sei er 'wie ein Dieb in der Nacht' gekommen, um seine Rolle als Weltlehrer aufzunehmen; sobald er sich der Welt zeige, werde er auch sagen, woher er kommen (78).

Die Herkunft Maitreyas aus dem Himalaya, der "Schneestätte", ist keinesfalls zufällig. Dieses Gebirge ist nicht nur das höchste auf Erden und die verdichtetste Materieform überhaupt, sondern auch der geografische Ort von *Shambhala.*

Nach verbreiteter Ansicht ist Shambhala der Name eines legendenumwobenen mythischen Königreichs mit unterschiedlicher und vielseitiger Bedeutung. Erste Hinweise auf Shambhala, dieser in Zentralasien verborgenen geheimnisvollen Kraft, finden sich in den heiligsten Büchern des tibetischen Buddhismus, im *Kangyur* und *Tengyur.* Danach soll Shambala nördlich von Bodhi-Gaya, einer buddhistischen heiligen Stätte in Nordindien liegen. Nach einem der ältesten Zauberbücher Tibets, bekannt unter dem Namen "Buch Dzyan", symbolisiert "Shambhala" den Minuspunkt und die materiellen Kräfte des "Nabels der Welt"[1],

1   Waltharius, Shamballa und Agarthi?, S. 129.

während der Pluspunkt der Welt und damit die geistigen kontemplativen Kräfte der unterirdischen Stadt "Agarthi" zugeordnet werden. Nach tibetischem Volksglauben sei Shambhala ein "Kloster des ewigen Lebens", das irgendwo im Himalaya liegt und nur denen zugänglich ist, die von einem großen Geiste der Vergangenheit beseelt und dazu auerwählt sind, die in Shambhala gehüteten Zauberkräfte der Roten Lamas zu erlangen[1].

Anhänger der Gründerin der theosophischen Gesellschaft, *H. P. Blavatsky*, glauben, daß der höchste aller Lehrer, der "Herr der Welt" hier seinen Sitz hat. In seinem Werk "Der Mensch woher, wie und wohin" behauptet *C. W. Leadbeater*, Mitarbeiter von Blavatsky und Mitglied der *Adayr-TG*, Shambhala sei vor sechseinhalb Millionen von Jahren durch die Herabkunft der "Herren der Flammen" von der Venus, die erst das Leben auf Erden in seiner heutigen Form entwickelt hätten, entstanden. Ihr König, Sanat-Kumara, der "Ewige Jungfrau-Jüngling", der neue Herrscher der Erde, habe in Shambhala mit seinen Drei Kumaras und dreißig weiteren machtvollen Wesen die Erste Okkulte Hierarchie und den Mittelpunkt alles okkulten Lebens gegründet und von hier aus die menschlichen Rassen entwickelt.

In dem wundersamen Gebirgstal Shambhala, nahe dem sagenumwobenen Heiligen Stupa beim Berg Meru, soll Buddha in Anwesenheit aller Götter seine Einweihung und Erleuchtung erfahren haben[2]. Der Berg Meru symbolisiert auch für die gläubigen Hindus das Zentrum der Welt und des Universums, wo der Juwelenpalast des Götterkönigs Indra gelegen sein soll[3]. Reisebeschreibungen nach Shambhala existieren jedoch nicht. Das Königreich hält sich im Mythos verborgen.

In zahlreichen Schriften finden sich jedoch detaillierte Beschreibungen von Shambhala[4]. Danach soll das Königreich vollkommen von einem Ring aus Schneebergen umgeben sein, die man nicht mit technischen

1   Schrödter, Geheimnisse Zentralasiens, S. 411.
2   Roerich, Shambhala, S. 41.
3   Bernbaum, Der Weg nach Shambhala, S. 10.
4   vgl. an Stelle aller Bernbaum, Ebda., S. 14 ff.

Hilfsmitteln, sondern nur durch spirituelle Kraft überfliegen könne, ein Ort, der bis auf den heutigen Tag unbekannt und unbetretbar für jeden sei, der nicht als Adept der Welt initiiert wurde. Im Inneren dieses Ringes befinde sich ein weiterer Ring von noch höheren Schneebergen, der das Zentrum des Königreichs mit seiner Hauptstadt Kalapa, dem "Point of Focus", Brennpunkt der Aktivitäten der hier verborgenen Macht, umgebe. Zwischen den beiden Gebirgsringen sei das Gebiet in acht Regionen geteilt, die wie acht Blütenblätter einer Lotusblüte angeordnet seinen.

Erzählungen von Lamas und Einheimischen zufolge[1] soll der in Shambhala herrschende "König der Welt" unsichtbar über alle Menschen der Erde regieren. Sein Thron sei von Millionen von inkarnierten Göttern, den heiligen *Panditas*, umgeben. Sein Volk, die *Goros*, bestehe aus Millionen von Menschen, die in unterirdischen Räumen und Höhlen, in denen ein besonderes Licht leuchte, hausen und alle sichtbaren und unsichtbaren Kräfte der Erde, der Hölle und des Himmels beherrschen würden. Ihre geheimnisvolle Sprache sei das *Vatannan-Alphabet*.

In Shambhala werde die Lehre des *Kalacakra* (Sk.: kalacakra: Das Rad der Zeit), eines der komplexesten und geheimsten Lehrsysteme des tibetischen Buddhismus, aufbewahrt. Die Essenz dieser geheimen Lehre werde durch einen mythischen Kreis, ein gewaltiges Mandala, das die transzendente Einheit von Geist und Universum symbolisiere, verkörpert, wobei der König von Shambhala der zentralen Gottheit dieses Mandalas entspreche[2].

Das Studium und die Übung des *Kalacakra-Tantra* sei daher für die Bewohner Shambhalas von größter Wichtigkeit. Ihrer Ansicht nach handele es sich dabei um eine der wirkungsvollsten und schnellsten Methoden, Erleuchtung zu erlangen. Auf Grund dieser Praktiken werden den Einwohnern von Shambhala außergewöhnliche Fähigkeiten, neue Errungenschaften auf dem Gebiet der Wissenschaft und Technik und vor allem magische Kräfte zugesprochen, angeblich zum Schutz vor

---

1   F. Ossendowski, "Tiere, Mensschen und Götter", zit. bei Waltharius, Shamballa und Agarthi, S. 130.
2   Bernbaum, Der Weg nach Shambhala, S. 157.

Aggressoren. Darüber hinaus sollen sie die Dämonen bezwungen und zu ihren Dienern gemacht haben[1]. Die Bewohner Shambhalas seien jedoch nicht nur innerhalb des Königreichs aktiv, sondern auch außerhalb seiner Grenzen, in der Welt, wo sie irdische Mitarbeiter Shambhalas träfen, um ihre Lehre zu verbreiten.

Im Westen sind bereits etliche Shambhala-Zentren entstanden, deren Anzahl kontinuierlich zunimmt. Durch die Shambhala-Schulung wird die Kalacakra-Lehre abendländischen Maßstäben angepaßt und als überkonfessionelle Weltsicht jenseits von "gut" und "böse" dargestellt.

Diese Lehre ermögliche die Entdeckung des grundlegenden Heil-Seins durch die unmittelbare persönliche Entdeckung unseres Selbst und nicht, wie von Christus, Mohammed und Buddha gepredigt, auf religiösem Wege. Somit ermögliche die Shambhala-Lehre eine "weltliche Erleuchtung" frei von Glaubensformen und unabhängig von der Religionszugehörigkeit. Während der einzelnen Stufen lerne der Shambhala Schüler die geistige Technik der *Kalacakra*-Meditation und Disziplin des Shambhala-Kriegers. Die an Shambhala anknüpfende Legende der "Kriegerschaft" sei dabei nicht als Aggression zu verstehen, sondern als Mut und Furchtlosigkeit.

Die Lamas sind jedoch geübte Magier, die ihre Fähigkeiten bewußt für den König von Shambhala einsetzen. Sie behaupten zwar, diese magischen Kräfte nur zu "Verteidigungszwecken" gegen Aggressionen und Angriffe anderer Mächte zu gebrauchen. Eigene langjährige Erfahrungen mit magischen Angriffen haben mich aber vom Gegenteil überzeugt. Je mehr ich auf dem geistigen Weg fortschritt und über magische Praktiken und Rituale in Erfahrung bringen konnte, desto massiver wurden auch die Attacken der Dunkelheit. Das war für mich der Beweis, daß Shambhala Ausgangspunkt und nicht das Ziel von Angriffen ist, und zwar erst dann, wenn man Jesus Christus folgt und sich auf dem von Gott aufgezeigten geistigen Weg befindet.

1   Bernbaum, Der Weg nach Shambhala, S. 160.

Tantra (Sk.) bezeichnet u.a. ein magisches Ritual zur Anbetung der weiblichen Kraft, die durch *Shakti* (Sk.: aktive weibliche Energie der Götter) personifiziert ist. Die Yoga-Form des "sexuellen Tantra" wird dabei nicht nur als Vergöttlichung der Vereinigung, sondern oft als schwarzmagisches Ritual praktiziert.

Obwohl Kalacakra-Tantra nichts anderes als ein magisches Lehrsystem ist, wirkt das Anpreisen dieser wohlbehüteten und verborgenen Lehre als "Erleuchtung" ohne Religion faszinierend und spricht die Menschen in ihrem Drang nach Selbsterkenntnis, Selbstentfaltung und spiritueller Entwicklung im Sinne von Selbsterlösung an. "Und das ist kein Wunder; denn der Satan selbst verkleidet sich in einen Engel des Lichts. Es ist also nichts Besonderes, wenn auch seine Diener sich verkleiden als Diener der Gerechtigkeit; und ihr Ende wird ihren Werken gemäß sein" (2. Kor. 11/14 f.). Diese Erleuchtung ist keine lebendige, von Jesus Christus ausgehende göttliche Weisheit, sondern eine im geistigen Sinne tödliche Erkenntnis.

Es ist daher nicht verwunderlich, daß von Shambhala eine schaurige Furcht ausgeht, die Nichteingeweihte fern hält. Ungewöhnliche Phänomene und schreckliche Ereignisse finden dort statt. In der Abenddämmerung kämpfen hier die Geister toter Soldaten eine unsichtbare Schlacht, gespensterhafte bewaffnete Reiterscharen erscheinen und verschwinden wieder lautlos, Luftspiegelungen zeigen Szenarien aus vergangenen Kriegen, deren Kämpfer mit rasselndem Getöse und Kampfgeschrei aufeinander losgehen und die Einheimischen in Angst und Schrecken versetzen.

Reiseführer würden sich lieber töten lassen, als sich Shambhala zu nähern. Offenbar erfühlen ihre Seelen, wessen Reich das ist. Ihre Angst vor Shambhala ist größer als die Angst vor dem Tod, trotz der angeblich "schützenden Kraft"[1] Shambhalas und der "Barmherzigkeit"[2] des hier herrschenden Königs. Er wird als der "Gesegnete" bezeichnet, dem mehrere Namen zugesprochen werden, wie *Rigden-Iyepo*, *Rigden-Dragpo*

---

1   Roerich, Shambhala, S. 14.
2   Ebda., S. 20.

oder *Rudra Cakrin*, "Der Fürchterliche, der Räder hat". Die in der Umgebung von Shambhala aufgetretenen Manifestationen kämpfender Shambhala-Krieger lassen jedoch ahnen, daß dieser König ein "Kriegsgott" ist und die "Kriegerschaft" der Kalacakra-Lehre darauf abzielt, die Anhänger Shambhalas zum aggressiven Kampf für Satan und sein Totenreich zu gewinnen.

Im Kalacakra wird der König von Shambhala als "Herrscher der Welt"[1], als der "Zornvolle oder Rasende mit dem Rad"[2] bezeichnet, der nachts oder am frühen Morgen bei Sonnenaufgang durch die Tempel gehe und, immer wachsam um der Menschen willen, in seinem Zauberspiegel alles sehe, was auf Erden geschieht. Die Macht seiner Gedanken dringe zu den fernsten Ländern, und er könne sogar das Karma der Menschen ändern[3]. Das Rad symbolisiert in der buddhistischen Mythologie einen Weltherrscher und seine weltliche sowie spirituelle Macht.

Die Macht Satans ist in der Tat gewaltig und für die Menschen ohne inneren Halt bei Gott erdrückend. Daher "seid nüchtern, wachet! Euer Widersacher, der Teufel, geht umher wie ein brüllender Löwe und sucht, wen er verschlingen könne" (1. Petr. 5/8), "der Ankläger unsrer Brüder, der sie vor Gott Tag und Nacht verklagt" (Off. 12/10). Denn "durch den Neid des Teufels kam der Tod in die Welt, und es erfahren ihn alle, die jenem angehören (Weish. 2/24). Schafen gleich sinken sie zur Unterwelt, der Tod weidet sie" (Ps. 49/15), "der Fürst dieser Welt" (Joh. 12/31) dort, wo "der Thron des Satans ist" (Off. 2/13).

Als "Zauberspiegel" wird ein magischer Spiegel bezeichnet, der zum Hellsehens verwendet wird. Dabei gelangt man durch bestimmte Meditationsübungen in einen Trance ähnlichen Zustand und kann dann in andere Dimensionen schauen. Bei diesem Zustand handelt es sich um eine Art Selbsthypnose, in der sich das Tagesbewußtsein mit dem Unterbewußtsein verbindet und somit ein Seelenzustand erreicht wird,

1   Roerich, Shambhala, S. 18.
2   Bernbaum, Der Weg nach Shambhala, S. 30, 250.
3   Roerich, Ebda., S. 11.

wodurch der Mensch Zugang zum Verborgenen hat. Eine Verbindung mit der geistigen Welt ist dadurch jedoch nicht möglich.

Durch "seinen" Zauberspiegel aggiert der "König von Shambhala" ganz anders, denn er nimmt auf das Unterbewußtsein der Menschen Einfluß, indem er sie telepathisch durch Suggestion von Gedanken seinen Zwecken entsprechend lenkt. Diese Manipulation wird in den seltensten Fällen erkannt und durchschaut. Abgesehen davon, daß sich die welt-orientierten Menschen in der Regel nicht mit spirituellen Dingen be-schäftigen und daher weder grundlegende Kenntnisse noch praktische Erfahrungen auf diesem Gebiet besitzen, bezweifeln die meisten schon die Existenz Satans als Gegenpol Gottes.

Darin liegt seine größte Macht und sein bisher greifbarster Erfolg. Indem er sich selbst als unpersönlich, harmlos oder als notwendigen Aspekt Gottes in heidnischen Philosophien hat darstellen lassen, er-reichte er, daß die Menschen an die Existenz Satans als das personifizier-te Böse nicht mehr glauben. Durch diese Doktrin und weit verbreitete "wissenschaftliche" Erkenntnis kam Finsternis in die Welt.

Die Wahrheit wird mit Lüge durchtränkt, damit das Licht von der Dunkelheit nicht mehr unterschieden werden kann. Das Böse wird als gut hingestellt, weil man das Gute angeblich anhand des Bösen erken-nen könne. Darin liegt aber der Ursprung von Irrlehren und Versuchun-gen, wie in der Bibel offenbart. "Niemand sage, wenn er versucht wird: Ich werde von Gott versucht. Denn Gott ist unberührt vom Bösen, er selbst aber versucht niemand. Vielmehr wird jeder versucht, indem er von seiner eignen Lust gezogen und gelockt wird. Hernach, wenn die Lust empfangen hat, gebiert sie Sünde; die Sünde aber, wenn sie vollen-det ist, gebiert den Tod" (Jak. 1/13 ff.).

Nach seiner ersten Lehrrede in Sarnath soll Buddha bemerkt haben, "er habe das Rad der Lehre" in Bewegung gesetzt[1]. Gott und der Glaube an Gott existierten darin nicht mehr. Demnach schien es auch keinen Satan mehr zu geben, vor dem man sich in acht nehmen müßte.

---

1   Bernbaum, Der Weg nach Shambhala, S. 250.

Der Zauberspiegel hat seinen Zweck erfüllt. Die Illusion der Lüge kam über die Menschen, verdunkelte ihren Verstand und verschleierte ihre Herzen.

Wie ausgeklügelt dieses Lehrsystem ist, zeigt sich vor allem daran, daß im Kalacakra-Tantra das wichtigste Zentrum des energetisch-feinstofflichen Nervensystems, das Herz-Zentrum - Dharma-Chakra oder "Rad der Lehre" genannt -, durch das Wahrzeichen Shambhalas, einem achtblättrigen Lotus, symbolisiert wird. Die Lotus-Symbolik verweise auf die Erfahrung des göttlichen Selbst im Herzen, das alles verstehe und alles wisse und durch die Liebe zu der Bewußtheit der letztendlichen Wirklichkeit führe, unabhängig davon, ob wir diese nun mit Gott gleichsetzen oder als Leerheit bezeichnen[1].

Gerade hier liegt jedoch der entscheidende Unterschied. Unser Leben ist nicht nur mit dem Herzen verbunden, sondern das Herz ist Träger unseres Lebens. Jesus Christus hat durch *Jakob Lorber* die Funktion und Wichtigkeit des Herzens in einleuchtender Weise folgendermaßen erklärt: "Weiter befinden sich im Herzen zwei überaus kleine Kämmerlein, die den beiden großen Blutkammern (rechte und linke Herzkammer) entsprechen. . . Das erste und wichtigste Kämmerlein entspricht dem, was des G e i s t e s und seines Lebens ist. Wir wollen es daher das wahre oder bejahende (positive) nennen. Das zweite, gewisserart minder wichtige - obschon zum natürlichen Leibesleben unumgänglich notwendig - wollen wir das der M a t e r i e entsprechende, daher das verneinende (negative) nennen. Denn dasselbe hat für sich kein eigenes Leben, sondern ist nur ein Aufnahmegefäß für das Leben, welches es mit jedem Herzschlag wie von neuem aus dem positiven Kämmerlein aufnimmt und dann durch das Blut dem ganzen Leibe mitteilt.

Das bejahende Lebenskämmerlein im Herzen . . . wird von den Menschen, denen es doch das Leben schafft und gibt, gar nicht erkannt und bleibt daher unbeachtet. Und doch muß ein jeder Mensch, der sich selbst und Gott wahrhaft erkennen will, geistig in dieses unscheinbare Herzenskämmerlein durch Demut und Fügsamkeit eingehen und das aus

---

1   Bernbaum, Der Weg nach Shambhala, S. 152.

ihm empfangene Leben geistig wieder zurückgeben. Tut ein Mensch solches, so erweitert er das Lebenskämmerlein und erleuchtet es durch und durch. Damit wird das ganze Herz und vom Herzen aus der ganze Mensch geistig neubelebt und erkennt Gott in sich. Denn er vermag nun zu erschauen, wie das L e b e n in diesem Herzkämmerlein *aus* G o t t einfließt und sich hier sammelnd zu einem freien, selbständigen Leben ausbildet. In diesem Kämmerlein wirkt somit der eigentliche Geist aus Gott. Geht die Menschenseele durch Demut und Liebe in dieses Kämmerlein zur ewigen Gottesliebe ein, so erreicht sie die Wiedergeburt der Seele im Geiste aus Gott, was den Menschen erst zum Ebenbild des Schöpfers macht"[1]. "Denn Gott hat den Menschen zur Unvergänglichkeit geschaffen und ihn zum Abbild seines eigensten Wesen gemacht" (Weish. 2/23).

Entgegen der hier beschriebenen *geistigen* Vervollkommnung und Befreiung des Menschen aus den Fesseln der Materie bindet die Shambhala -Symbolik im Herzen den Menschen an die Materie und Gottesverneinung, wodurch ein geistiges Leben ausgeschlossen ist. Die Doktrin von Gott und dem Nichts als gleichzusetzende Bezeichnungen für ein und dieselbe Wirklichkeit erweist sich somit als schwerwiegender Irrtum, dessen Wirkung nicht die Erleuchtung, sondern Verdunkelung des Geistes ist.

Trotz dieser Hinwendung zur Materie finden sich gerade im Kalacakra Behauptungen, wonach Lehrer wie Abraham, Moses und Jesus, die als Varahi, Musa und Isa in das Kalacakra eingegangen seien, die barbarischen Lehren des Materialismus hervorgebracht, in die Welt verbreitet und ein Land nach dem anderen damit überschwemmt hätten, wodurch der Ausübung des Buddhismus außerhalb von Shambhala ein Ende bereitet worden sei[2].

Ein einziger Vergleich mit deren Schriften genügt bereits, um die Unwahrheit dieser Aussage zu verdeutlichen. Im 1. Mose 12/8 heißt es, Abraham "baute dem Herrn einen Altar und rief den Namen des Herrn

---

1   Lorber, Das Weltbild des Geistes, S. 13 f.
2   Bernbaum, Der Weg nach Shambhala, S. 247.

an". Mit Moses redete der Herr "und nahm von dem Geiste, der auf ihm (Moses) ruhte, und legte ihn auf die siebzig Ältesten (4. Mose 11/25). Der Herr aber ist der Geist; wo aber der Geist des Herrn ist, da ist Freiheit" (2. Kor. 3/17), daher "habet nicht lieb die Welt noch was in der Welt ist! Wenn jemand die Welt lieb hat, ist die Liebe zum Vater nicht in ihm. Denn alles, was in der Welt ist, die Lust des Fleisches und die Lust der Augen und die Prahlerei in der Lebensweise, stammt nicht vom Vater, sondern es stammt von der Welt. Und die Welt vergeht und ihre Lust, wer aber den Willen Gottes tut, bleibt in Ewigkeit" (1. Joh. 2/15 ff.).

Die im Kalacakra vertretene gegenteilige Auffassung verdeutlicht, daß die Christen letztendlich die zu bekämpfenden Barbaren sind, weil ihr Glaube dem tibetischen Buddhismus entgegensteht. Hauptthema des Kalacakra ist daher die Prophezeiung einer letzten Schlacht und eines von Shambhala ausgehenden *Goldenen Zeitalters*. Der Voraussage zufolge werde sich die Ideologie eines rücksichtslosen Materialismus infolge der Barbaren über den ganzen Globus ausbreiten und eine Zeit kommen, in der die Wahrheit durch Krieg und durch die Gier nach Macht und Reichtum von der Welt verschwunden sein werde. Die selbstsüchtigen Menschen würden keinen Glauben und keine Religiosität mehr besitzen. Trockenheit, Hungersnot und Krankheiten würden die Welt überschwemmen, während sich die Barbaren untereinander bekämpfen, bis aus ihrer Mitte ein Tyrann erstehen werde, der die Weltherrschaft erstrebe[1].

Dann werde sich der König von Sahmbhala - Rudra Cakrin - erheben und die Mächte des Bösen bekämpfen. Nach einer Vision des Lama Rinpoche werde Rudra Cakrin dazu einen im Zentrum Shambhalas gelegenen immensen Felsen mit der Inschrift des Mantram - *Om Mani Padme Hum* (Om Juwel im Lotus Hum)[2] - öffnen, aus dem unermeßliche Schätze, mächtige Waffen und zahlreiche Soldaten hervorgehen werden[3], die großen Krieger, die sich für Shambhala inkarniert hätten, um

1   Bernbaum, Der Weg nach Shambhala, S. 249.
2   Ebda., S. 151.
3   Ebda., S. 149.

die Dunkelheit zu vernichten. Jeder, der bei dieser Aufgabe helfen wolle, werde hundertfach und auf dieser Erde in dieser Inkarnation belohnt werden. Jene aber, die sich gegen Shambhala versündigen werden, würden umkommen, weil sie die Gnade verwirkt hätten[1].

Zweifellos hat jeder die "Gnade" Satans verwirkt, der nicht ihn, sondern Jesus Christus anbetet, welcher durch seinen "Tod den zunichte machte, der die Macht über den Tod hat, das heißt: den Teufel" (Hebr. 2/14). Daher ist der Herr der Welt auch entschlossen, jeden zu töten, der sich ihm entgegenstellt und seine Lüge aufzudecken sucht.

Das *Mantram* (Sk.: Vers aus den Veden, der als Beschwörungs- oder Zauberformel verwendet wird) OM oder auch AUM, eine heilige mystische Anrufungssilbe, gilt als das feierlichste aller Wörter Indiens und symbolisiert die Dreiheit in Eins. "A" steht für den Wachzustand, "U" für den Traumzustand und "M" für den Tiefschlaf. OM, auch Pranava genannt, bezeichnet das Universelle (brahman) und ist die Manifestation der spirituellen Kraft sowie die Gegenwart des Absoluten in der Illusion (maya).

OM - Symbol

Die Welt des Körperlichen, des Geistigen und Unterbewußten werde durch die drei Kurven im OM Symbol dargestellt und das höchste Bewußtsein durch den außerhalb und darüber liegenden Punkt, der die drei anderen durch sein eigenes Licht erleuchtet und beherrscht[2].

---

1   Roerich, Shambhala, S. 12 f.
2   Roloff, Kleines spirituelles Wörterbuch, S. 87.

Ohne dieses absolute Bewußtsein gäbe es kein Denken, kein Symbol und kein Universum. Daher konzentriert sich die *OM-Anrufung* darauf, über das Unbewußte, den Tiefschlaf, diesen Punkt zu erreichen und mit ihm zu verschmelzen.

Nach tibetischer Überlieferung könne der "König der Welt" durch die OM-Anrufung mit Gott sprechen. Dazu begebe er sich zu einer stets dunklen Tempelhöhle, in der der einbalsamierte Körper seines Vorgängers mit bedecktem Haupt und Gesicht und mit über der Brust gefalteten Händen in einem Sarg aus schwarzem Stein liege. Sein Kopf sei ein nackter Schädel mit lebenden Augen und redender Zunge. Dieser älteste Goro mit Namen OM habe vor 330.000 Jahren gelebt und sei der erste Mensch gewesen, der Gott kannte und von ihm die Macht über alle Kräfte, die die sichtbare Welt beherrschten, bekommen habe.

Nach einem Gebet zu OM, seinem Hohenpriester, werde der "König der Welt" von dessen Gedanken, die in einem Strahlenglanz vom Sarg ausgehen, eingehüllt und erhalte die mit feurigen Buchstaben an den Wänden geschriebenen Wünsche und Befehle Gottes. In diesem Augenblick stehe der "König der Welt" in Verbindung mit den Gedanken aller machthabenden Menschen, die das Los und Leben der Menschheit beeinflussen (!). Daraufhin berufe der "König der Welt" den Großen Rat Gottes ein, dessen Entscheidungen und Beschlüsse er ehrfurchtsvoll Gott mitteile und seinerseits die Befehle des Allmächtigen empfange. Danach strahle der "König der Welt" in göttlichem Lichte.

Diese Invokation ist das Gegenstück zur Auferstehung Jesu Christi und Überwindung des Todes. Jesus ging vom Tod (Materie) in das ewige Leben (Geist). Die OM-Invokation als magische Anrufung des "Königs von Shambhala" bewirkt dagegen den Rückschritt vom Leben in den Tod, weil der Mensch durch die Anrufung Satans an diesen gebunden bleibt.

"So wie Gott Erzengel schuf und ihnen die Erlaubnis gab, selbst Geistwesen zu schaffen, so hat auch Satan als Erzengel diese Befugnis gehabt. Am Anfang schuf Satan Wesen, wie es die anderen Erzengel auch taten. Doch dann begann er, Wesen zu schaffen, ohne Gott vorher um Erlaubnis zu bitten, da er dachte:

Wozu Gott fragen, wenn Er ohnehin stets seine Erlaubnis gab. Er sah aber, daß die von ihm geschaffenen Wesen einen Schatten in sich trugen, wollte dies aber vor Gott verbergen. Und weil er sich nicht für seine Tat entschuldigen wollte, bat er Gott um Erschaffung einer neuen Dimension. Dadurch entstand die L ü g e.

Gott in seiner allmächtigen Liebe sah nun, daß eine Möglichkeit geschaffen werden mußte, die Satan die Gelegenheit geben konnte, zu Gott zurück zu finden und sich zu entschuldigen. Er schuf daher eine völlig andere, fünfdimensionale Dimension, in der auch die Zeit erstmals vorhanden war.

In dieser Dimension hoffte Satan, die von ihm geschaffenen Wesen verstecken zu können. Hier konnte er in anderer Weise als bisher arbeiten und begann, sich so von allen anderen Erzengeln zu unterscheiden. Sein Ego nahm immer mehr zu. Er weitete daher diese Dimension immer mehr aus und wollte sie erhalten. Dies konnte er aber nicht allein. Daher bat er die Billionen von ihm geschaffenen Wesen, ihm zu helfen. Er versprach ihnen die Macht, die er selbst hatte, wenn sie ihm helfen würden, neben Jesus gleich zu sein vor Gott.

Diese Billionen Wesen kannten aber noch nicht einmal den Namen "Jesus". Sie sahen sich daher vor einer schweren und wichtigen Entscheidung gestellt. Vor sich eine übermächtige unbekannte Macht in Jesus und andererseits Satan, der sie bisher geführt hatte. Sie kannten noch nicht den Tod, nur das Leben, kannten weder Krieg noch Haß, sondern nur Frieden und Liebe. Und so vertrauten sie der Macht Satans, die sie bisher leitete, und entschieden sich für ihn. Und so verdunkelte sich das ganze Universum und entstand der Tod und der Haß, der Krieg und die Kälte im Herzen. Die Menschen kannten nicht mehr die Wärme und Liebe und so sprach Gott: 'Es sei verdammt', das Endliche, das Vergängliche und die Lieblosigkeit, weil sie des Todes sind.

Jesus gab Petrus den Schlüssel mit den Worten 'Ich gebe dir die Macht auf Erden zu binden, und Ich gebe dir die Macht zu lösen, was auch auf Erden gelöst ist'. Der Schlüssel bedeutet, dieses Totenreich zu überwinden, denn tatsächlich kann aus dieser Dimension niemand heraus, es sei denn, er würde sich wiederverkörpern. Und erst darin bestand die wirkliche Macht Satans.

Erst durch das Kommen des Herrn konnten die Tore wieder geöffnet werden. Es war symbolhaft der Schlüssel des Lebens aus der Hand Jesu Christi selbst." Daher sagte Jesus: "Ich bin die Auferstehung und das Leben. Wer an mich glaubt, wird leben, auch wenn er stirbt" (Joh. 11/25), weil nur durch den Glauben an Jesus Christus der Tod überwunden und das ewige Leben erlangt werden kann.

Im Machtbereich Satans lebten die Menschen in einer Zeit, wo sie aus der fünften Dimension nicht herausschauen konnten. Die Menschen kannten den Namen 'Jesus' nicht, was auch damit zu tun hatte, daß sie vom Baum der Erkenntnis essen wollten, das heißt, statt auf die innere Stimme zu hören und die höhere Macht anzubeten, vertrauten sie auf das Wort des Verführers.

Auch jetzt steht den Menschen eine gewaltige Entscheidung bevor, zwischen dem Tod und dem ewigen Leben. Und der Satan zieht wie ein brüllender Löwe durch die Welt und wird viel Fleisch fressen. Doch wer sein Leben für Jesus hingibt, wird ewiges Leben ernten. Er starb für euch unter gewaltigen Schmerzen am Kreuz vor den Augen seiner Mutter, für euch a l l e. Ihr tragt ein kleines Kreuz für das Opfer, das Er für euch gebracht hat. Ihr könnt euch keine Vorstellung davon machen, was euch für euer Ofper erwartet. Ihr werdet unendlich reich belohnt mit Liebe, Frieden, Harmonie und dem *ewigen Leben*. Ihr könnt euch das alles gar nicht vorstellen, weil euch dieses Gefühl verlorengegangen ist. Segen sei jenen, die für Jesus einstehen! Im Namen des Herren Jesus Christus, dem ewigen Heiland und Erlöser. Gabriel." r

Sinnbildlich könnte man die Abwendung von Gott folgendermaßen darstellen:

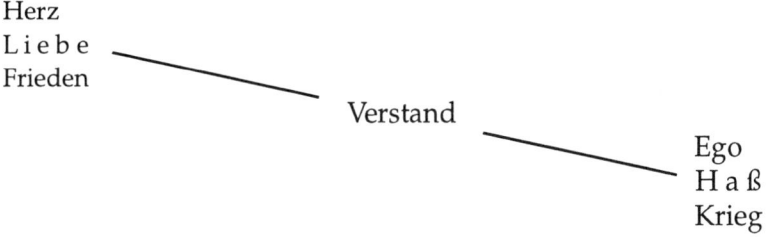

Herz
L i e b e
Frieden

Verstand

Ego
H a ß
Krieg

Wenn nach dem Abfall der Geister und der Entstehung der grobstofflichen Welt nicht nur zahlreiche dämonische Wesen von Satan geschaffen wurden, sondern auch Hohepriester der Schwarzen Magie, entpuppt sich das Mantram OM als Invokation von Overlord Maitreya und das Sarg-Ritual als magische Anrufung Satans. Dabei wird der geistig Tote im Sarg durch OM vom Geist Satans belebt, um mit "lebenden Augen" und "redender Zunge" seine "göttlichen Befehle" in Form von Gedanken zu manifestieren.

Bezeichnend ist, daß der "König der Welt" dabei in Verbindung mit den Gedanken der Machthabenden in der Welt stehen soll, undzwar über OM. Demnach unterliegen die Menschen, die "das Los und das Leben der Menschheit beeinflussen" durch die Invokation von OM auch dem magischen Einfluß Satans und dem "Großen Rat Gottes", seinen übrigen Hohepriestern. Diese Anrufung bewirkt aber nicht nur eine mentale Beeinflussung und Gedankenüberschattung, sondern verstärkt auch den Einfluß Satans in der Welt, dessen Wirkungen Krieg, Machtgier, Haß, Lieblosigkeit, Gefühlskälte und vor allem Gottlosigkeit sind.

Sowohl die Silbe OM als auch die Anrufung OM MANI PADME HUM beginnt numerologisch mit der Zahl 16 (O), der Katastrophe, und endet mit der 13 (M), der Zahl des Todes. Stellt man die Zahl 16 neben die 13 und addiert nun die einzelnen Zahlen (= 1 + 6 + 1 + 3 = 11), erhalten wir die Zahl der spirituellen Macht. Daher ist nicht verwunderlich, daß der König von Shambhala diese Anrufungsformel als Bekämpfungsmittel gegen die Barbaren anpreist, denn je mehr Menschen ihn über OM anrufen, desto gewaltiger wird seine Macht.

Der Herrscher der Welt ist bereit und gewappnet zu kämpfen. Dem Kalacakra zufolge[1] wird er in dieser letzten Schlacht dem bösen König der Barbaren selbst seinen Speer in das Herz stoßen. Vom König von Shambhala getötet zu werden, erscheint den Tibetern allerdings als wahres Glück. Daher beten viele darum, auch nur als Insekten wiedergeboren zu werden, um in dieser letzten Schlacht zerquetscht werden zu können. Wer nicht bereit sei, sich von Rudra Cakrin töten zu lassen,

---

1   Bernbaum, Der Weg nach Shambhala, S. 172 f.

sei auch nicht reif für Shambhala. Doch "der war von Anfang an ein Menschenmörder und stand nicht in der Wahrheit; denn Wahrheit ist nicht in ihm. Wenn er die Lüge redet, so redet er aus seinem Eignen; denn er ist ein Lügner und (ist) der Vater derselben" (Joh. 8/44).

Im Gegensatz dazu hat Jesus weder den Tod derer, die ihm folgen verlangt noch seine Jünger zum Kampf aufgefordert, denn er redete vom *Reich Gottes* (vgl. Apg. 19/8) und nicht von einer Weltherrschaft. Selbst als er deswegen angeklagt wurde, sagte er: "Mein Reich ist nicht von dieser Welt. Wäre mein Reich von dieser Welt, so würden meine Diener kämpfen, damit ich den Juden nicht überliefert werde; nun aber ist mein Reich nicht von hier" (Joh. 18/36). Und auf die Frage, wann das Reich Gottes komme, antwortete er, "das Reich Gottes ist in eurer Mitte" (Luk. 17/21), im Herzen! "Denn das Reich Gottes besteht nicht in Essen und Trinken, sondern in Gerechtigkeit und Frieden und Freude im heiligen Geist" (Röm. 14/17).

Das höchste Gebot ist die Liebe zu Gott und die herzliche Liebe untereinander. Darin und nicht im Kampf liegt die Saat zum Frieden in der Welt und zur brüderlichen Liebe zu allen Menschen. Deshalb hat Jesus das alte Gebot "Du sollst deinen Nächsten lieben und deinen Feind hassen" verworfen und ausdrücklich gesagt: "Liebet eure Feinde, segnet die, welche euch fluchen, tut Gutes denen, die euch hassen und bittet für die, welche euch verfolgen, damit ihr Söhne eures Vaters in den Himmeln seid!" (Mat. 5/43 ff.)

Daher "ziehet die ganze Waffenrüstung Gottes an, damit ihr den listigen Anschlägen des Teufels standhalten könnt! Denn unser Ringkampf geht nicht wider Fleisch und Blut, sondern wider die Gewalten, wider die Mächte, wider die Beherrscher dieser Welt der Finsternis... So haltet nun stand, an euren Lenden gegürtet mit Wahrheit und angetan mit dem Panzer der Gerechtigkeit und beschuht an den Füßen mit Bereitschaft für das Evangelium des Friedens, und ergreift bei dem allem den Schild des Glaubens, mit dem ihr alle feurigen Pfeile des Bösen werdet löschen können! Und nehmet an euch den Helm des Heils und das Schwert des Geistes, welches das Wort Gottes ist!" (Eph. 6/10 ff).

Im Gegensatz zu den Anhängern Shambhalas, deren Waffen Krieg, Lüge, Magie (Machtgier), Mentalprojektionen, Gedankenmanipulationen und seelische Beinflussungen jeglicher Art sind, ist die Waffenrüstung der Jünger Jesu und Fürstreiter Gottes die Wahrheit, die Gerechtigkeit, die Bereitschaft zum Frieden, der Glaube und vor allem das Schwert des Geistes, das Wort Gottes. Trotzdem werden gerade sie im Kalacakra als Barbaren hingestellt, obwohl es für jeden friedvollen Menschen einsichtig ist, daß es nicht der Wahrheit entspricht.

Die im Kalacakra genannten, sich untereinander bekämpfenden Barbaren sind vielmehr all jene, die unter dem Einfluß der Dunkelheit in der heutigen Zeit und auch im Laufe der Geschichte seit eh und je Kämpfe in der Welt auslösten und zum Kampf aufrufen. Ihr Anführer ist nicht Gott, sondern der um Macht und Gleichstellung mit Gott kämpfende König von Shambhala und Herrscher der Welt.

Nach der im Kalacakra als Sieg des Lichts dargestellten Vernichtung der Barbaren werde sich die Herrschaft Shambhalas über die ganze Welt erstrecken und ein Goldenes Zeitalter einleiten mit dem Ziel, die Bedingungen für das Verbreiten des Kalacakra, der einzig wahren Lehre, die zur Erlangung der Erleuchtung notwendig sei, zu schaffen. Unter seiner Herrschaft werde die Welt ein Ort des Friedens und des Überflusses, durchdrungen von den Schätzen der Weisheit und des Mitgefühls[1], indem alle Religionen im Himalaya zu einer Einheit zusammengefügt werden[2].

Es bedarf kaum noch der Erwähnung, daß der Monotheismus und vor allem das Christentum der Kalacakra-Lehre vom König Shambhalas als *Herrscher der Welt* entgegenstehen. Zudem bestünde kein Anlaß, Krieg und Zwietracht zu säen und die Gläubigen zu bekämpfen, wenn die Menschen der Shambhala-Lehre schon anhängen. Die damit angepriesene "Erleuchtung" führt jedoch weder zum ewigen Leben noch zu einer geistigen Vollendung, sondern allenfalls zum geistigen Tod, geschenkverpackt als materieller Überfluß und körperlicher Wohlstand. Dieses

---

1   Bernbau, Der Weg nach Shambhala, S. 12, 30, 243.
2   Roerich, Shambhala, S. 44.

"Geschenk" werden vor allem jene begeistert annehmen, die in der Materie verhaftet sind und Gott weder suchen noch finden wollen. Wer aber Gott nicht liebt, läßt sich für das Versprechen einer vergänglichen irdischen Macht sogar das ewige Leben des Geistes abjagen. Bei der Versuchung Jesu "nimmt ihn der Teufel mit auf einen sehr hohen Berg und zeigt ihm alle Reiche der Welt und ihre Herrlichkeit und sagt zu ihm: Dies alles will ich dir geben, wenn du dich niederwirfst und mich anbetest. Da sagt Jesus zu ihm: Hinweg, Satan! Denn es steht geschrieben: 'Du sollst den Herrn, deinen Gott, anbeten und ihm allein dienen.' Da verläßt ihn der Teufel; und siehe, Engel traten herzu und dienten ihm" (Mat. 4/8 ff.). Im Gegensatz zu Satan, dem Machthaber der Welt, ist Gott in Jesus Christus "*alle* Gewalt gegeben im Himmel und auf Erden" (Mat. 28/18).

Seine begrenzte Macht versucht Satan durch Maitreya in der Rolle des Retters der Menschheit, gleich einem kosmischen Robin Hood, als gewaltig und anbetungswürdig darzustellen, um die Menschen darüber hinwegzutäuschen, daß er selbst Urheber der heutigen auf allen Ebenen katastrophalen Weltsituation ist. Und die OM-Anrufung wird als "Wundermittel" angepriesen, das die Menschen zu scheinbar außergewöhnlichen Fähigkeiten, wie das Feuerlaufen, befähigt. Dabei dient diese durch OM angerufene magische Kraft nur dazu, die Menschen durch ihr Unterbewußtsein glauben zu lassen, das "Fegefeuer" durch die Magie überwinden zu können, als ob der Entzweiung von Gott (Hölle) ausgerechnet durch den Geist der Entzweiung (Satan) zu begegnen wäre. Das ist ebensowenig widersinnig wie zu genesen, indem man noch kränker wird. Deshalb hat Gott das Feuerlaufen verboten, um die Menschen vor diesem Trugschluß zu bewahren.

Der Propethie des Kalacakra zufolge wird der zukünftige zehnte Avatar Vishnus und kommende Buddha der Liebe sowie Erretter der Menschheit *Maitreya* sein[1]. Er werde mit seinem glorreichen Schwert auf einem weißen Pferd erscheinen, das Goldene Zeitalter einleiten und die Welt erleuchten, indem er das reine Gesetz der Rechtschaffenheit wie-

---

1   Roerich, Ebda., S. 42; Bernbaum, Ebda., S. 255.

derherstellt und weise über die Welt regiert. Das Reitpferd Rudra Cakrins soll auch das Meditationsobjekt sein, das den König von Shambhala befähige, die spirituelle Kraft zur Unterwerfung der Barbaren zu entfalten[1].

Da die Vorhersagen über *Rudra Cakrin*, den König von Shambhala und Maitreya in bezug auf ein kommendes Goldenen Zeitalters deckungsgleich sind, ist davon auszugehen, daß Maitreya entweder selbst der König von Shambhala ist oder aber eine direkte Manifestation desselben.

Im Hinblick auf sein Kommen und das herannahende Neue Zeitalter wurden in Tibet zahlreiche *Maitreya-Tempel* mit großen Bildern, riesenhaften Standbildern oder eindrucksvollen Skulpturen von Maitreya errichtet. Einige Darstellungen zeigen Maitreya auf einer Lotusblüte, dem Symbol Shambhalas, ruhen. In *Ladakh* beispielsweise gibt es Maitreya-Tempel in *Alchi* (Sumtsek-Tempel), *Sani* (Kanika Gampa), *Karsha* (Maitreya-Tempel, Kloster des elfköpfigen Avalokiteshvara), *Leh* (Maitreya-Tempel), *Dras* (Steinskulptur des Maitreya), im *Wakha-Tal* (Steinskulptur des Maitreya in Mulbekh) und bei der *Burg von Basgo* (Maitreya-Tempel, Serzang-Tempel)[2].

Einige Klöster wurden sogar vom Dalai Lama persönlich in geheimnisvollem Ritual eingeweiht. "Wie ein Dieb in der Nacht" ist das Kommen Maitreyas demnach nicht.

Das Erscheinen Maitreyas auf einem "weißen Pferd" spielt auf die Offenbarung Johannes 19/11 ff. an, wo die Widerkunft Jesu Christi folgendermaßen beschrieben wird: "Und ich sah den Himmel geöffnet, und siehe da, ein weißes Pferd, und der darauf saß, heißt 'Treu und Wahrhaftig', und mit Gerechtigkeit richtet er und führt er Krieg . . . und sein Name lautet 'Das Wort Gottes'. . . Und er trägt am Kleid, und zwar an seiner Hüfte, den Namen geschrieben 'König der Könige und Herr der Herren'".

1   Bernbaum, Der Weg nach Shambhala, S. 253.
2   Hirschberg, Ladakh mit Zanskar, S. 88, 94, 123, 135, 137, 154, 215, 251.

Indem Maitreya diese Prophetie auf sich bezieht, täuscht er vor, der wiederkehrende Christus zu sein, der gegen das Tier und dessen Heer Krieg führt. Entgegen der Vorhersage über die Wiederkunft Jesu kommt er aber weder aus den Himmeln noch ist er als "Herrscher der Welt" Herr der Herren. Zudem hat er weder das Recht Gottes zu richten noch führt er seinen Kampf mit dem geistigen Schwert, dem Wort Gottes. Vielmehr ist sein Vorhaben darauf gerichtet, die Könige der Erde und ihre Heere zu versammeln, "um Krieg zu führen mit dem, der auf dem Pferd saß, und mit seinem Heer" (Off. 19/19).

In ähnlicher Weise spielt das Goldene Zeitalter auf das von Gott offenbarte *tausendjährige Friedensreich* auf Erden an, welches vom Reiter auf dem weißen Pferd eingeleitet wird, nachdem das Tier und mit ihm der falsche Prophet lebendig in den Feuersee geworfen werden. "Und er ergriff den Drachen, die alte Schlange, die der Teufel und der Satan ist, und legte ihn auf tausend Jahre in Fesseln und warf ihn in die Unterwelt und schloß zu und versiegelte über ihm, damit er die Völker nicht mehr verführe" (Off. 20/2 f.), denn "als letzter Feind wird der Tod zunichte gemacht (1. Kor. 15/26). . . Dann wird eintreffen das Wort, das geschrieben steht: 'Der Tod ist verschlungen in Sieg. Tod, wo ist dein Sieg? Tod, wo ist dein Stachel? (1. Kor. 15/54 f.).Denn nicht auf der Größe des Heeres beruht der Sieg in der Schlacht, sondern vom Himmel kommt die Stärke" (1. Makk. 3/19).

Die Ausgangsstätte Maitreyas ist jedoch nicht der Himmel, sondern der Himalaya. Nach Aussage von Creme soll er von dort aus nach Pakistan und anschließend für ein paar Jahre nach England geflogen sein, wo sich seine Spuren in einer pakistanisch-indischen Gemeinschaft, als deren Sprecher er seit März 1978 auftrete, verlieren.

Er sei ohne Rückfahrkarte in die moderne Welt gekommen und habe London als vorübergehenden Wohnsitz ausgesucht (28 f., 70).

Wenn schon nicht sein Kommen "wie ein Dieb in der Nacht" war, so trifft dies zumindest für seinen Aufenthalt in London zu, wo er sich in Mysterium kleidet und den Mantel der Unsichtbarkeit trägt.

Seine Reise "ohne Rückfahrkarte" ist zudem ein Indiz dafür, daß er in der Materie verweilen will, bis seine Mission für Shambhala erfüllt und die Weltherrschaft erreicht sein wird. Sein derzeitiger Aufenthalt in East End in London wird von Creme als völlig normal geschildert.

Maitreya lebe wie ein gewöhnlicher Mensch, könne aber viele Sprachen sprechen und kümmere sich um Politik, Wirtschaft und soziale Fragen. Allerdings wirke er nicht unter seinem, sondern unter einem häufigen moslemischen Namen, den er erst bei seinem offiziellen Auftritt ändern werde (13).

Unwillkürlich drängt sich hier die Frage auf, wozu diese Tarnung nötig ist, wenn doch die Menschheit in freudiger Erwartung und glückvoller Verheißung sein Kommen bereits erwartet? Oder sollen die Menschen nicht wissen, daß der "Weltlehrer" schon da ist? Durch Geheimhaltung seines Namens will Maitreya erreichen, daß seine Identität solange verhüllt bleibt, bis sein Ziel erreicht ist und die Menschen im Strudel der kommenden weltweiten Umwälzungen auf politischer, wirtschaftlicher und sozialer Ebene weder die Gelegenheit noch die Zeit haben werden, die Hintergründe der Geschehen zu hinterfragen und sich kritisch mit seiner Person und seinen Lehrinhalten auseinanderzusetzen.

Obwohl in den letzten Jahren eine Enthüllungskampagne Maitreyas durch Vorträge, Botschaften und Zeitschriften seiner Anhänger einsetzte, ist er in weiten Kreisen der Bevölkerung gänzlich und in esoterischen Kreisen zum größten Teil noch völlig unbekannt. Erst durch seinen offiziellen Weltauftritt wird Maitreya in das Bewußtsein der Massen dringen.

Die gezielt dosierte, aber intensive Verbreitung seiner Lehre in einzelnen Gruppen sichert ihm schon jetzt eine feste Anhängerschaft, die bei seinemAuftritt als Weltlehrer überzeugt und willig hinter ihm stehen wird.

Verkörperung

Die Erscheinung Maitreyas in der Welt wird von Creme folgendermaßen geschildert: *Er sei nicht als Kind auf die Welt gekommen, sondern habe sich am 7. Juli 1977 in London als reifer, erwachsener Mann manifestiert (298). Dort lebe er in einem speziell für diese Mission selbsterschaffenen Körper - einem MAYAVIRUPA, der seinem "Lichtkörper" genau entspreche (85)und so, wie er jetzt sei, für die nächsten 2500 Jahre bleiben werde (65, 66, 81).*
    Diese Erschaffung "ohne Parallele in der Weltgeschichte" (67) habe Maitreya während der fünf bis sechs Jahre, die dem 07.07.1977 vorausgingen, vorbereitet, indem er langsam die notwendige Materie (mentaler, astraler und physischer Art) vereinte, in der sich sein Bewußtsein "inkarnieren" könne (68). In diesem Mayavirupa, einem völlig realen Körper, meditiere, lebe und arbeite er als ein normaler Mensch (67), wobei sich sein Bewußtsein ausschließlich über diesen Körper betätige (81).

    Mayavirupa (Sk.) (maya = "Täuschung" und virupa = "vielfältig") bedeutet "Körper der Illusion". Es ist eine durch Willensakt erschaffene täuschende Gestalt, ein ätherischer Körper, der ungehindert durch alles hindurchgeht. Dieser Energiekörper wird magisch durch Kraft der Gedanken aufgebaut und erhalten. Seine "Lebensdauer" ist vom Willen seines gedanklichen Schöpfers abhängig. Im Gegensatz zum physischen und feinstofflichen Körper des Menschen ist dieser Körper herz- und geistlos, weil ihm der lebensspendende Geistfunke Gottes fehlt. Er ist nichts weiter als eine leblose Erscheinungsform von Energie, trotz seiner Mobilität und täuschend echten Lebendigkeit.
    Erst vor dem Hintergrund des Shambhala-Mysteriums lüftet sich das Geheimnis um die Einmaligkeit der Erschaffung Maitreyas. Noch nie zuvor hat der "Herr der Welt" unmittelbar in der Welt und unter den

Menschen gewirkt. Daher ist dieser Mayavirupa tatsächlich "ohne Parallele in der Weltgeschichte". Zwar hat er stets mittelbar negativen Einfluß ausgeübt und sich der Menschen in berechnender Absicht für seine eigenen Ziele bedient. Da aber sein Geist gebunden ist, konnte er seine Kraft nicht frei entfalten.

Indem er die Menschen verführte, ihn freiwillig durch das Mantram OM anzurufen und anzubeten, konnte seine in sich selbst gefangene Kraft gänzlich entfesselt und dieser Mayavirupa erschaffen werden. Durch die weltweite OM-Invokation werden die Menschen direkt mit Shambhala verbunden und vielfach, ohne es zu wissen, Energiespender für Satans Gedankengebilde.

Ohne diese ununterbrochene Energiezufuhr wäre die Erschaffung dieses Illusionskörpers, durch den Satan gezielt wirken und die Menschen massiv verführen kann, nicht möglich gewesen. "Wehe der Erde und dem Meer! Denn der Teufel ist zu euch hinabgekommen, und er hat einen großen Zorn, da er weiß, daß er (nur noch) eine kurze Frist hat (Off. 12/12). Es wurde ihm Macht gegeben, es 42 Monate (so) zu treiben" (Off. 13/5).

Demnach liegt die Dauer seines Wirkens nicht in seiner Macht, sondern Gott läßt - der Menschen wegen - zu, daß er nur dreieinhalb Jahre öffentlich wirkt. Dann wird der Herr Gericht halten über Shambhala und "vernichten . . . auf diesem Berge die Hülle, von der alle Nationen umhüllt sind, und die Decke, die über alle Völker gedeckt ist. Vernichten wird er den Tod auf ewig" (Jes. 25/7 f.).

Im Wettlauf mit der ihm begrenzt zur Verfügung stehenden Zeit setzt der Widerchrist daher all seine Macht ein, um möglichst viele Anhänger und Gefolgsleute für sich zu gewinnen. Dabei müssen ihm die Menschen aber freiwillig folgen. Neben seinen Anhängern, die sich ihrer Entscheidung wider Gott durchaus bewußt sind, gibt es auch eine Vielzahl von Menschen, die das OM-Mantram praktizieren ohne die geringsten Kenntnisse über die Auswirkungen dieser Anrufung zu besitzen. Gleichwohl unterstützen sie Maitreya durch die freiwillige OM-Anrufung in indirekter Weise, was für seine Zwecke ausreichend ist.

So wie Jesus die Verkörperung des Geistes Gottes war, so ist Maitreya und der von ihm erschaffene Mayavirupa eine Erscheinungsform für den Geist Satans. Daher auch die Übereinstimmung mit dem "Lichtkörper" aus dem Himalaya in Shambhala.

Seine Behauptung, nicht als Kind zur Welt gekommen zu sein, bestätigt zusätzlich, daß weder Leben noch Liebe in ihm sein können. Denn "Gott ist Liebe, und wer in der Liebe bleibt, der bleibt in Gott, und Gott bleibt in ihm" (1. Joh. 4/16). Die Liebe Gottes ist das Lebenselement des Menschen und das Sein aller Geschöpfe. Ohne Liebe würde kein Leben entstehen und erhalten bleiben. So wie Gott nur Leben schafft, kann sein Gegenpol, der Herr des Todes, nur Lebloses schaffen. Deshalb konnte Maitreya nicht gezeugt, sondern gedanklich nur als leblose Erscheinungsform erschaffen werden.

Obwohl sein Aussehen normal wirkt - er ist groß, schlank und breitschultrig, hat ein schmales Gesicht mit hohen Backenknochen und schmaler Nase und kleidet sich vorwiegend in weißer Pakistanikleidung - , werden seine Augen von Creme als *seltsam trüb, hohl und leer beschrieben. Selbst beim Lächeln würden seine Augen nicht aufblitzen (36).*

Das erinnert an Beschreibungen von lebend Toten. Dabei handelt es sich um Menschen, deren Körper durch die Seele eines anderen Geistwesens beherrscht wird, wobei sich die eigene Seele machtlos in der Aura aufhält. Da solchen Menschen oft der Glaube an Gott fehlt, mangelt es ihnen auch an der geistigen Kraft, sich dieser Besessenheit wirksam zu widersetzen. Deren glanzloser Blick verrät, daß sie vom Lebensstrom Gottes abgeschnitten und damit "geistig tot" sind. Ähnlich verhält es sich mit Maitreya, dessen Blick leblos, kalt, leer und ohne geistige Ausstrahlung ist, weil ihm die Liebe fehlt.

Im Gegensatz dazu strahlten die Augen Jesu Christi voller Liebe, Erbarmen und Demut. Sein Blick war herzlich und lebendig, denn in ihm wohnte die Fülle des Geistes Gottes. Zudem wurde der Leib Jesu Christi ohne irdisch-menschlichen Zeugungsakt, nur durch das reine Geisteswirken der Liebe erschaffen und als Kind geboren.

"Denn so sehr hat Gott die Welt geliebt, daß er seinen einzigen Sohn gab, damit jeder, der an ihn glaubt, nicht verlorengehe, sondern ewiges Leben habe. Denn Gott hat seinen Sohn nicht in die Welt gesandt, damit er die Welt richte, sondern damit die Welt durch ihn gerettet werde. Wer an ihn glaubt, wird nicht gerichtet; wer nicht glaubt, ist schon gerichtet, weil er an den Namen des einzigen Sohnes Gottes nicht geglaubt hat. Darin aber besteht das Gericht, daß das Licht in die Welt gekommen ist, und die Menschen liebten die Finsternis mehr als das Licht; denn ihre Werke waren böse. Denn jeder, der Böses tut, haßt das Licht und kommt nicht zum Licht, damit seine Werke nicht aufgedeckt werden" (Joh. 3/16 ff.).

So wie die Menschen damals die Finsternis liebten, tun sie es auch jetzt, weil ihnen die Liebe zu Gott fehlt. Die Liebe zu Gott macht lebendig und erleuchtet den menschlichen Geist, während das lieblose Verstandesdenken das Herz verhärtet und den Menschen von Gott und damit vom geistigen Leben entfernt. Ohne die Kraft des Geistes vermag der Verstand jedoch weder das trügerische Machwerk Maitreyas noch das geistige Ziel erkennen, das hinter seinem Vorhaben steckt.

Betrachten wir beispielsweise "Ma (itre) ya" und "Maya (virupa)" fällt auf, daß beide Wörter den Begriff "Maya", die Illusion, enthalten. Dieser augenfällige Hinweis auf eine Scheinwahrheit wird dadurch noch verstärkt, daß Maitreya in einem "Körper der Illusion" seine widergöttliche Lehre als "Wahrheit" zu verkaufen sucht, als ob eine Täuschung durch den Mantel der Realität glaubhafter würde. Dabei sollte jedoch nicht verkannt werden, daß Maitreya und sein Mayavirupa real erscheinen, so daß die von ihm ausgehende Täuschung ihre Wirkung vor allem bei Menschen nicht verfehlen wird, die mit ihrem Verstandesdenken ohnehin auf die sichtbare und faßbare Wirklichkeit fixiert sind.

Widersinnigerweise ist weder Maitreya noch sein Handeln rational erfaßbar, obwohl dabei nichts dem Zufall überlassen wird. So hat auch sein erstes Erscheinen in London am 07.07.1977 einen tieferen Sinn. London war schon immer Brennpunkt der Aktivitäten der "Hierarchie". Die erste Großloge der modernen Hochgradfreimaurerei wurde 1717 in London gegründet und begann sich von dort nach allen Ländern auszubreiten. In London befindet sich auch eines der Zentren der 1923 von

Alice A. Bailey gegründeten Arkanschule. Unter Zugrundelegung des von *H. P. Blavatsky* stammenden Studienmaterials der *Adayr-TG* (Theosophischen Gesellschaft) werden in diesen Schulen die Grundzüge der Kalacakra-Lehre vermittelt. Beginnend mit harmloser Meditationstechnik werden die Schüler durch Fernunterricht allmählich auf die insgesamt sieben höheren Grade vorbereitet.

Die Lehre der *Arkanschule*, die sich als unpolitisch und international in ihren Zielen verstanden wissen will, umfaßt unter anderem die Anerkennung der "spirituellen Hierarchie" dieses Planeten als eine Tatsache und das Erlernen der Techniken, wie man mit dieser Hierarchie in Verbindung kommen und in sie eintreten kann. Außerdem wird der Glaube vermittelt, daß die Seelen der Menschen eins sind, wodurch das mentale Erfassen der okkulten Lehren ermöglicht werden soll. Bis zur Lehre Maitreyas, wonach der Mensch Gott sei, ist es dann nur noch ein Schritt.

Die Schüler sind verpflichtet, nicht nur die vermittelte Lehre, sondern die Teilnahme am Fernunterricht überhaupt geheimzuhalten. Dadurch wird einerseits die bessere Überwachung jedes einzelnen durch die Hierarchie erreicht und andererseits der gedankliche Austausch zwischen den einzelnen sowie eine Überprüfung der Lehre verhindert.

Da die Arkanschule neben dem *Osterfest, Wesakfest* und *Christfest* auch einen *Welt-Invokationstag* feiert, ist das Erscheinen Maitreyas in London zur Vorbereitung seines öffentlichen Weltauftritts keineswegs zufällig, ebensowenig das Datum seiner Erscheinung. Der 07.07.1977 beinhaltet zunächst viermal die 7, die Zahl des Sieges, und ergibt nummerologisch die 38 (7 + 7 + 1 + 9 + 7 + 7) = 3 + 8 = 11, die spirituelle Macht. Setzt man die Quersumme von Maitreya in Zusammenhang mit dem Datum seiner Erscheinung, erhalten wir ebenfalls die 11 (69 + 38 = 107 - 8 : 9 = 11). Mit dem Erscheinen Maitreyas zu diesem Zeitpunkt wird demnach eine spirituelle Macht angekündigt, deren Wirkungspotential zunächst an dem erschaffenen Mayavirupa erkennbar ist.

Laut Creme sei *die Struktur der Atome dieses Körpers so beschaffen, daß er sich mühelos zwischen der höchsten geistigen und der dichtesten physischen Ebene hin- und herbewegen kann;*

Maitreya sei es auch möglich, sich zu materialisieren und zu dematerialisieren, ohne daß man es merke (32). Außerdem sei er unverwundbar (42) und werde es immer bleiben, so daß keine Gefahr eines Attentats bestehe (67, 69). Diese Sorge werde die Köpfe der Regierenden, deren Aufgabe es sein sollte, seine Reisen zu organisieren, jedoch nicht beschäftigen (69).

Diese Sorglosigkeit ist verständlich, wenn man davon ausgeht, daß die Machthaber der Welt durch ihre Mitgliedschaft in Freimaurerlogen und Geheimbünden der "Hierarchie" größtenteils schon angehören. Demnach besteht für sie überhaupt kein Anlaß, sich wegen Maitreya Sorgen zu machen. Im Gegenteil, sie werden ihm uneingeschränkt Hilfe leisten und ihn in seinem Vorhaben unterstützen.

Das Blendwerk Maitreyas wird zusätzlich durch seine außergewöhnlichen Fähigkeiten unterstrichen, die er bewußt einsetzt, um den Menschen "Göttlichkeit" vorzutäuschen. Während Materialisationen und Dematerialisationen nichts Ungewöhnliches sind für einen geübten Magier, werden solche Erscheinungen gewöhnliche Menschen tief beeindrucken. Ein Magier ist aufgrund seiner mental-magischen Fähigkeiten aber auch in der Lage, sich vor Angriffen welcher Art auch immer wirksam zu schützen, so daß er "unverwundbar" erscheint. Dazu umgibt er sich mit einer magisch aufgebauten empfindlichen feinstofflichen Hülle, durch die er nicht nur einströmende negative Gedankenenergien sofort wahrnehmen sondern auch einem bestimmten Angreifer zuordnen kann.

Am 19 Juli 1977 habe der Eintritt des Christus in diese Welt (52) auf der mentalen, der astralen und der dichten physischen Ebene in dreifacher Form stattgefunden, als ANRUFUNG "neben der mentalen ÜBERSCHATTUNG der Jünger, die für diesen Stimulus empfänglich sind, und seiner PHYSISCHEN PRÄSENZ" (61).

Durch OM wurde Maitreya zunächst gedanklich angerufen, was eine mentale Beeinflussung der Menschen auf astraler Ebene ermöglichte, bis er schließlich als Mayavirupa in der Welt sichtbar erscheinen konnte. Seitdem können die Menschen simultan auf pysischer, psychischer und mentaler Ebene verstärkt widergöttlich beeinflußt werden. Durch diese massiven Versuchungen auf allen Ebenen soll erreicht werden, daß neben der Vielzahl gottloser Menschen auch Gläubige, von Gott Berufene und Auserwählte seiner Täuschung unterliegen und vom Glauben an Jesus Christus als einzigen Erlöser abfallen.

Vor der Entscheidung Maitreyas, sich in einem selbsterschaffenen Körper zu manifestiren, sei KRISHNAMURTI, einer der einflußreichsten Lehrer, wie auch einige andere durch Überschattung darauf vorbereitet worden, als ein möglicher Träger für den Weltlehrer zu dienen (295).

Krishnamurti Jiddu wurde 1895 geboren und war der Sohn eines bei *Annie Besant* angestellten Schreibers. Als enge Mitarbeiterin von H. P. Blavatsky wurde Annie Besant 1907 zunächst Präsidentin der Adayr-TG. Nach Einweisung in die ersten drei Grade des *Droit Humain*, einer französischen Freimaurerei auch für Frauen, gründete sie in London (!) die erste englische Loge des Droit Humain. Zusammen mit *C. W. Leadbeater*, einem der bedeutendsten, aber auch umstrittensten Persönlichkeiten der Adayr-TG, vertrat Besant die Auffassung, Krishnamurti sei der erwartete neue Weltlehrer und gründete zur Verkündung seiner Ankunft die Krishnamurti-Bewegung.

Nachdem Leadbeater dem Vater des Kindes erklärt hatte, sein Sohn sei die Inkarnation des neuen Weltlehrers, wurde Krishnamurti von Besant adoptiert und Leadbeater übernahm seine Ausbildung, in ähnlicher Weise wie die von den Lamas in Tibet praktizierte Wahl und Erziehung eines Knaben zum Dalai Lama. In Europa wurde der Junge als der wiedergekommene Christus und in Asien als Lord Maitreya Boddhisattva ausgegeben. Im Jahre 1910 fand die erste Einweihung Krishnamurtis angeblich in Tibet statt, wohin sich Leadbeater mit dem Jungen feinstofflich begeben habe.

Krishnamurti wurde im Sinne der Shambhala-Lehre und der Lehre von Leadbeater ausgebildet. Aufgrund seiner Studien der Akasha-Chronik begann Leadbeater die Ereignisse der Vergangenheit nach eigener Interpretation zu deuten und danach die Geschichte zu korrigieren. Seiner Behauptung nach seien Jesus und Christus zwei verschiedene Personen, und zwar ganz normale Menschen gewesen. Demgegenüber vertrat er in späteren Schriften die Auffassung, daß der Christus der Evangelien überhaupt nie gelebt habe, sondern eine Erfindung von Mönchen gewesen sei. Christus sei der große "Meister" gewesen, während Jesus diesem nur seinen Leib zur Verfügung gestellt habe.

Das ist auch der Inhalt der Lehre Maitreyas und ein Beweis dafür, daß die Lehre aus Shambhala stammt. Als Auserwählter sollte Krishnamurti durch mentale Überschattung dazu erzogen werden, diese Lehre vollkommen zu verinnerlichen, um schließlich als Weltlehrer aufzutreten. Neben dieser versuchten Besessenheit gehörte auch Tantrasex zu den von Leadbeater praktizierten Erziehungsmethoden. Damals war Krishnamurti kaum zehn Jahre alt.

Nachdem diese Praktiken öffentlich bekannt wurden, klagte der Vater gegen Annie Besant auf Rückgabe des Knaben und Aufhebung der Adoption. Neben dem aufsehenerregenden Madras-Prozeß haben auch die späteren selbständigen Auftritte Krishnamurti und seine nichts Neues bietende Lehre dazu beigetragen, daß das Interesse der Öffentlichkeit an seiner Person allmählich nachließ.

Erfolglos war auch der Versuch, Hitler als Träger für den kommenden "Christus" vorzubereiten. Durch Überschattung konnte zwar erreicht werden, daß Hitler zweckgerichtet von der Dunkelheit im Sinne einer brutalen Kriegsführung und Massenvernichtung beeinflußt wurde, sein egozentrischer Höhenwahn verhinderte jedoch die völlige Vereinnahmung seines Körpers durch den Geist Satans.

Nachdem einige dieser Versuche fehlgeschlagen waren und sich gezeigt hatte, daß Menschen trotz Besetzung ihrer Körper und Überschattung ihres Geistes wegen ihrer fehlbaren menschlichen Natur als Träger für den Weltlehrer ungeeignet sind, mußte der Antichrist schließlich einen eigenen Körper für sein Erscheinen in der Welt schaffen.

Ursache seines Kommens

Der Entschluß Maitreyas, zur Arbeit und ins Leben auf der physischen Ebene zurückzukehren, hat neun Jahre von Juni 1936 bis Juni 1945 gedauert (52), weil die Menschheit ihn darum bitten mußte, in der Welt zu erscheinen. Schon Meister Djwal Khul (D.K.) habe durch Alice A. BAILEY darauf hingewiesen, daß die Wiederkehr des Christus etwa gegen Mitte oder Ende des Jahrhunderts zu erwarten sei, obwohl die Meister bereit seien, jederzeit zu kommen (37).

Die Menschheit sei jedoch erst jetzt innerlich - mental und emotional - für das Kommen des Christus bereit, da sie die Grundprinzipien akzeptiert habe (38). Schließlich sei in Maitreya "wieder einer der ganz Großen gekommen", da es "offensichtlich eines großen geistigen Lehrers bedarf, um die Menschheit zu inspirieren, die Göttlichkeit sichtbar zu machen, von der wir so leichthin sagen, daß sie in uns steckt" (37).

Dadurch, daß sich Maitreya gerade mitten im Kriegsgeschehen zu seinem materiellen Erscheinen entschieden hat, wird der Eindruck erweckt, er sei gekommen, um die Menschen aus dieser Zeit des Schrekkens, der Trauer und der Zerstörung zum Frieden zu führen. Machtgier und Lieblosigkeit waren jedoch die Hauptursachen seiner Invokation und Entfesselung der Dunkelheit, deren Toben auf mentaler, seelischer und materieller Ebene diesen weltweiten Krieg auslösten.

Creme bekennt selbst, daß *der Herr der Welt, Sanat Kumara, zwischen 1939 und 1945 der Hierarchie gestattet habe, das Geheimnis der Herstellung der Atombombe den Wissenschaftlern der Alliierten zu übermitteln. Sanat Kumara sei daher direkt involviert in jeden Gebrauch von Atomwaffen sowie in jeden nuklearen Konflikt selbst verwickelt (105) und würde deshalb keine solche*

Katastrophe dulden. Sollte es dennoch zu einer zufälligen Auslösung von atomaren Waffen kommen, könnten sie, selbst während des Fluges, von der Hierarchie neutraliesiert werden, da man den Menschen nicht erlauben würde, unseren Planeten zu verwüsten (72). Die Bedrohung der Weltvernichtung gehe vom Menschen selbst aus - von unseren eigenen Taten - und nicht von irgendeiner Stelle außerhalb (126).

Wenn Satan diese Entwicklung verhindern und den Menschen zum Frieden verhelfen wollte, hätte er ihnen wohl kaum eine der verheerendsten Waffen, die Atombombe, als Zerstörungsinstrument in die Hand gegeben, um dadurch den Rüstungswettlauf in Gang und die Menschheit durch ihre hilflose Angst in seine Abhängigkeit zu bringen. Von einer ausschließlich bei den Menschen liegenden Schuld für die heutige Gefahr einer atomaren Vernichtung kann daher keine Rede sein. Selbst wenn die Menschen eigenhändig eine atomare Katastrophe auslösen würden, ist eine satanische Einflußnahme dabei nicht auszuschließen.

Der bisherige Einsatz atomarer Waffen und nicht zuletzt die ersten über Hiroshima und Nagasaki im Jahre 1945 abgeworfenen Atombomben lassen sogar eine von der "Hierarchie" geplante Anwendung dieser Waffen vermuten, während planwidrige (d. h. dem "Plan" der Hierarchie entgegenstehende) Einsätze verhindert werden sollen. Das mit der Atombombe entstandene und von der Hierarchie beherrschte Machtpotential bestimmt demnach das Weltgeschehen und Schicksal der Völker, während die geistblinden Menschen von Satans unsichtbarer Hand gelenkt werden.

Die zunehmende Entfremdung von Gott hat dazu geführt, daß den Menschen die Liebe und damit auch die Erkenntnis fehlt, daß Satan den Haß und die kriegerischen Auseinandersetzungen in der Welt schürt und dadurch die Menschen gegeneinander aufwiegelt. *Er* ist dafür verantwortlich, daß wir einander nicht lieben wie Brüder und Schwestern, sondern uns wie Feinde entgegenstehen und den Provokationen der Dunkelheit zum Opfer fallen. Da nur Gott in seiner allmächtigen Liebe jedes Geschöpf erhält und zur Liebe anhält, wird es Kriege solange geben, bis die Menschen bereit sind, Gott zu folgen statt die Waffen des Todes zu ergreifen.

"Alles, was von Satan kommt, ist nicht gut für euch; und doch fesselt euch die Faszination, die er in seinen Mitteln hineinsetzt, um euch zu fangen. Das Licht gebiert nur Licht, die Dunkelheit aber den Tod. Und so sind auch die Waffen Werkzeuge des Todes und nicht des Lebens. Denn Leben geht nicht von ihnen aus noch vermögen sie das Leben zu erhalten. Was glaubt ihr, warum Satan euch diese "Spielzeuge" in die Hand gegeben hat; doch nur, um einander zu töten. Jesus Christus." c

Verblüffend ist, mit welcher Unverfrorenheit Maitreya als Friedensbringer unter dem Deckmantel der Göttlichkeit auftritt, obwohl er vom Herrn der Welt Zeugnis ablegt. Diese Gegensätze werden wie selbstverständlich als harmonierende Einheit nebeneinader gestellt und der nach Selbsterlösung strebenden Menschheit als Novum und Patentlösung für die weltweiten Spannungen und Konflikte präsentiert.

Bei Creme heißt es, *der Christus komme heute als der Avatar und WELT-LEHRER für dieses Zeitalter, um als Gesandter Gottes zu wirken und der Welt zu dienen (350). Da sich die Menschheit zur Zeit in einer ansteigenden Phase befinde, in der sie stark auf die von der Hierarchie gelenkten Energien reagiere, komme er, um den Prozeß der Umwandlung zu beschleunigen. Außerdem mildere die physische Präsenz Maitreyas im täglichen Geschehen die Auswirkungen von Erdbebenkatastrophen (38).*
Auch bringe er die Wasser des Lebens (350). Der Hauptgrund seiner physischen Wiederkehr bestehe jedoch darin, seine Gruppe, die Geistige Hierarchie der Meister, wieder in die Welt zurückzuführen (!), und wir Menschen hätten Glück, daß der Menschensohn aus Liebe zur Menschheit uns mit seiner Gegenwart auszeichne (62).

Maitreya wird nicht dadurch ein "Gesandter Gottes", daß er sich als solchen ausgibt. Schon seine Aussage, er diene Sanat Kumara, dem Herrn der Welt, steht dazu im Widerspruch. Denn in der Bibel heißt es: "Du sollst den Herrn, deinen Gott, anbeten und ihm allein dienen" (Mat. 4/10). Ebensowenig ist Maitreya der Menschensohn, von dem in der Bibel die Rede ist. Weder ist er der "Sohn eines Menschen" noch sind die vorhergesagten Ereignisse vor der Wiederkunft des Sohnes des Menschen eingetreten. "Aber in jenen Tagen, nach jener Drangsal, wird die Sonne sich verfinstern, und der Mond wird seinen Schein nicht geben, und die Sterne werden vom Himmel fallen, und die Kräfte in den Himmeln werden erschüttert werden. Und dann wird man den Sohn des Menschen auf den Wolken kommen sehen mit großer Macht und Herrlichkeit. Und dann wird er die Engel aussenden und die Auserwählten versammeln" (Mark. 13/24 ff.).

Als *Menschensohn* wird in der Bibel Jesus Christus bezeichnet, "der, als er in Gottes Gestalt war, es nicht für einen Raub hielt, wie Gott zu sein, sondern sich selbst entäußerte, indem er Knechtsgestalt annahm und den Menschen ähnlich wurde; und der Erscheinung nach wie ein Mensch erfunden, erniedrigte er sich selbst und wurde gehorsam bis zum Tode, ja, bis zum Tode am Kreuz. Daher hat ihn auch Gott über die Maßen erhöht und ihm den Namen geschenkt, der über jeden Namen ist, damit in dem Namen Jesu sich beuge jedes Knie derer, die im Himmel und auf Erden und unter der Erde sind, und jede Zunge bekenne, daß Jesus Christus der Herr ist, zur Ehre Gottes, des Vaters" (Phil. 2/8 ff.).

Die Bezeichnung Jesu als Menschensohn wird erst verständlich, wenn man die Wesenhaftigkeit Gottes begreift, wie in der folgenden Offenbarung erläutert.

"Ich als Geist bin seit urewig der Vater allen Seins. Um aber für die Engel ein sichtbarer Gott zu sein in den höheren Welten, schuf Ich aus dieser Meiner höchsten Welt, der geistigen, aus Mir heraus den Seelenkörper. Damit Ich auch in den niederen Welten ein sichtbarer Gott bin, schuf Ich aus dieser Seele heraus den Körper, den Menschensohn.

Somit ist diese Seele der Gottessohn und der materielle Körper der Menschensohn. Mein Vater ist in Mir, so wie Ich in ihm bin. Wer Mich ruft, der ruft auch den Vater, denn wir sind eins; Ich aus ihm und der Vater in sich, und das seit urewig, Jesus Christus."[1] r

1   vgl. auch: Mat. 16/17; Joh. 1/1, 14, 51; 14/9; 20/28; Röm. 9/5.

Im Gegensatz zu Jesus, der "nicht gekommen ist, damit ihm gedient werde, sondern damit er diene und sein Leben gebe als Lösegeld für viele" (Mat. 20/28), kommt Maitreya, damit die Menschen *ihm* dienen. Diesen "Prozeß der Umwandlung", wie er es nennt, will er zudem durch die physische Präsenz der "Hierarchie" beschleunigen. Denn durch das sichtbare Auftreten seiner Meister in der Welt, ist auch eine verstärkte Einflußnahme auf materieller Ebene und wirkungsvolle Beeinflussung der Menschen möglich.

Wüßten die Menschen, was sich hinter seinen leeren Versprechungen und seiner scheinbaren Demut verbirgt, wären sie glücklich, wenn Maitreya erst garnicht erscheinen würde. Dadurch, daß er seine außergewöhnlichen Fähigkeiten zunächst für gute Zwecke einsetzt, ja sogar die Auswirkungen von Erdbebenkatastrophen mildern kann, erweckt er aber den irrigen Eindruck, positive Absichten zu haben. Bedenkt man jedoch, daß er über die gewaltigsten magischen Kräfte verfügt und durch die Beherrschung der Naturgewalten ohne weiteres auch die furchtbarsten Katastrophen hervorrufen kann, ist es nichts Besonderes, wenn er seine eigenen Kräfte zügelt.

Bei Dürre und Überschwemmungen greife Maitreya nicht ein, weil die Menschen deren Auswirkungen selbst bewältigen könnten, wenn sie auf internationaler Ebene den Willen dazu aufbrächten; würde er eingreifen, würden sie sich noch weniger um die Opfer solcher Katastrophen kümmern (74).

Das ist unlogisch. Denn wenn er deren Auswirkungen mildern könnte, würde es noch weniger Opfer geben, um die sich die Menschen kümmern müßten. Wenn es im übrigen nur darum geht, durch eine Vielzahl von Opfern Hilfsbereitschaft bei den Nichtbetroffenen hervorzurufen, ist das tatenlose Hinsehen ein Zeichen roher Gesinnung.

Gott dagegen läßt solche Katastrophen oft zu, damit die Menschen anhand der Wirkungen ihres widergöttlichen Handelns erkennen, daß sie falsche Wege wandeln und durch den Raubbau an der Natur letztendlich die eigenen Lebengrundlagen zerstören.

"Tag der Erklärung"

Laut Creme war der Tag der Erklärung Maitreyas als Weltlehrer ursprünglich auf den 30. Mai 1982 festgelegt, nachdem Maitreya bis zu diesem Zeitpunkt bereits 140 Botschaften mit der Essenz seines Anliegens an die Menschheit übermittelt hatte. Jede dieser Botschaften habe eine ganz bestimmte rhythmische und mantrische Wirkung, wobei das Auffallende die Direktheit und Schlichtheit der Sprache und zugleich die Tiefe der Bedeutung, die sie so einfach übermittele, sei (42).

Ein *Mantram* ist eine Beschwörungsformel, d.h. eine Vereinigung rhythmisch angeordneter Wörter oder Silben, die, wenn sie laufend gesprochen werden, auf höheren Ebenen bestimmte Schwingungen erzeugen. Das ständige Wiederholen eines Mantrams birgt jedoch die Gefahr in sich, daß im Laufe der Zeit die Gehirnschwingungen verändert und beeinflußt werden, so daß der Meister durch das Mantram magisch Einfluß nehmen kann auf den Willen des Praktikanten, um ihn bewußt zu lenken. Menschen, die oft Mantrams rezitieren, haben daher die größten Schwierigkeiten, das Mantram aus ihrem Denken zu entfernen, um wieder Herr ihrer selbst zu werden.

Die mantrische Wirkung seiner Botschaften beweist, daß es Maitreya darauf ankommt, die Menschen in ihrem freien Willen seelisch-mental zu beeinflussen. Da seine Botschaften zudem magisch aufgeladen sind, ist schon deren Lektüre nicht ungefährlich, weil der Leser dadurch - ohne es zu wissen - der Einflußnahme Maitreyas ausgesetzt ist.

Der Fehlschlag im Mai veranlaßte Creme im April 1982 die Idee und Möglichkeit der Anwesenheit des Christus durch ganzseitige Anzeigen in ungefähr 20 großen Zeitungen rund um die Welt zu verbreiten, ohne jedoch die gewünschte Resonanz zu erhalten.

Verantwortlich für die Verzögerung des Erscheinens Maitreyas sei - nach Cremes Ansicht - *das Ausbleiben der Reaktion der Menschheit* - *durch ihre Repräsentanten, die Medien* - *auf die Information, daß er auf seine Entdeckung in London seit Mai 1982 warte (42). Trotz dieser Rückschläge empfiehlt Creme den zum Teil entmutigten und enttäuschten Anhängern Maitreyas "so weiterzumachen, als ob die Sache wahr wäre" (43).*

Schon die Verzögerung der Entdeckung Maitreyas ist ein Anzeichen dafür, daß er trotz seiner "Göttlichkeit" nicht Herr seiner Mission ist. Nicht er, sondern Gott hat die Macht zu bestimmen, wann sein öffentliches Wirken beginnt. Die Entscheidung für oder wider Maitreya wird aber jeder selbst treffen müssen. Unser Anliegen ist es, Gottes Wort mit der Kraft des Geistes zu verbreiten und den Menschen die geistige Tragweite dieser bevorstehenden Entscheidung zu verdeutlichen. Denn nur wer sich dessen bewußt und unbeeinflußt ist, wird sich *frei* entscheiden können.

Durch folgende Vision offenbarte mir Gott, daß Er es gewissermaßen in meine "Hände" gelegt hat, dem Wirken Maitreyas durch dieses Buch entgegenzutreten. Zunächst sah ich ein Flugzeug auf azurblauem Himmel, dann einen Wecker mit einem großen Zifferblatt, auf dem die Zeiger fast zwölf Uhr anzeigten. Plötzlich flog der Wecker auf mich zu, bis ich ihn in beiden Händen hielt. Dann spürte ich ein starkes, aber angenehmes Pulsieren in beiden Handinnenflächen, so, als ob sich etwas ausdehnt und wieder zusammenzieht. Ich wies meinen Partner darauf hin, doch er konnte den Wecker nicht sehen, obwohl ich immer wieder darauf zeigte und gar nicht verstand, warum er nicht sah, was ich in Händen hielt. c

Das Flugzeug und die Uhrzeit sind ein Symbol dafür, daß die Zeit davon fliegt und die Weltenuhr bald abgelaufen sein wird. "Es ist die letzte Stunde", in der "der Widerchrist kommt" (1. Joh. 2/18). Den Menschen bleibt nur noch wenig Zeit, sich Gott und dem Geistigen zuzuwenden. Der Wecker steht für die Zeit, die verrinnt und doch aufgehalten werden kann, bis der von Gott vorbestimmte Zeitpunkt eintritt. Gelobt und gepriesen sei der Name des Herrn, Jesus Christus

IEOUA. Ihm allein gebührt Lob und Dank im Himmel und auf Erden, da er uns durch Seine Gnade zu sich emporhebt als Seine Kinder. Maitreya hingegen kommt, um den Menschen Verderben und Knechtschaft zu bringen, und erwartet noch, daß er medienwirksam entdeckt und begrüßt wird. Wie erfolglos er in diesem Unterfangen bisher war, zeigt sich schon daran, daß er seit 1977 in London versteckt lebt und vergeblich seiner Entdeckung harrt. Zwar macht er dafür die Medien verantwortlich, doch beruht dieses Desinteresse letztendlich auf das von Satan geschürte materieverhaftete Denken, das die Menschen nicht nur von Gott wegtrieb, sondern allgemein zum Unglauben führte.

Auf die Frage, warum der erste Termin der Erscheinung Maitreyas in der Welt ein Mißerfolg gewesen sei, entgegnet Creme, *daß für das Kommen des Weltlehrers alle Einflüsse und Energien so günstig wie nur möglich sein müssen (17). Durch die Wucht der Gegeninitiative sei nicht nur der physische Kontakt verhindert, sondern auch eine Störung der Aufnahme in die Wege geleitet worden. Daher habe man damit gerechnet, daß eine noch größere Opposition, Angst und Verdrehung entstehen würde, als für Maitreya und seine Pläne, sich der Öffentlichkeit zu zeigen, akzeptabel gewesen wäre (18).*

Ungeklärt bleibt, woher eine "Gegeninitiative" hätte kommen sollen, wenn niemand außer den Meistern und Anhängern Maitreyas wußte, daß er schon hier ist. Indem aber die Schuld für diesen Fehlschlag anderen zugeschoben wird, erscheint die Zurückhaltung Maitreyas nicht mehr als Mißerfolg, sondern als weise Entscheidung. Seine Abhängigkeit von äußeren Einflüssen und Energien beweist jedoch, daß sein Entschluß fremdbestimmt war. Seine von Gott bestimmte Zeit war nämlich noch nicht gekommen. Daher *konnte* Maitreya *nicht* auftreten, obwohl er es wollte.

Am Tag der Erklärung werde - laut Creme - das Beste in den Menschen durch den Christus geweckt, ein ungeheures Gefühl der Befreiung von Spannung und Furcht mit sich bringen und Millionen zu einem neuen Leben in Aspiration und Dienst inspirieren (177).

Auf Grund der weltweiten Kommunikationstechnik könne heute erstmals Maitreya gleichzeitig und unmittelbar zur ganzen Welt sprechen (27). Er werde über Satellit auf allen Bildschirmen der Welt erscheinen und von allen, die Zugang zu einem Fernseher haben, gesehen werden, aber er würde nicht sprechen (23). Es würden aber Spontanheilungen stattfinden (71).

Wenn Maitreya erst warten mußte, bis das Kommunikationsnetz weltweit ausgebaut ist, um für alle sichtbar als Weltlehrer erscheinen zu können, verbindet sich damit zwangsläufig die Vorstellung einer "Gottheit", die auf technische Hilfsmittel bei ihrer Kundgebung angewiesen ist. Gott dagegen als vollkommenes Wesen ist in seinem allmächtigen Wirken weder abhängig von menschlichen Erfindungen noch sonstigen äußeren Ursachen. Außerdem kann Gottes Wort nicht durch die Technik im "Fernseher", sondern nur im Herzen durch den Gottgeistfunken vernommen werden.

Die von Maitreya erwähnte weltweite Satellitenübertragung soll gewährleisten, daß er ohne langjährige Öffentlichkeitsarbeit auf einen Schlag bekannt und in das Bewußtsein Millionen von Menschen dringen kann. Über die Fernsehgeräte kann er außerdem Millionen von Zuschauern gleichzeitig mental überschatten und beeinflussen, ohne sich mühsam jedem einzelnen in zeitaufwendiger Kleinarbeit zuwenden zu müssen. Gerade weil er seine magischen Kräfte einsetzt, wird eine verbale Kommunikation überflüssig sein. Durch die Spontanheilungen soll hingegen vorgetäuscht werden, daß die von ihm eingesetzten Kräfte "göttlich" sind.

Es mag sicher kein Zufall sein, daß Maitreya erst heute, in einer Zeit hochentwickelter Kommunikationssysteme, als Weltlehrer erscheint. Denn er benötigt diese Technik einerseits für sein wirkungsvolles Auftreten und andererseits, um die Menschen einer umfassenden Kontrolle zu unterwerfen. Je komplizierter die Datenübermittlungstechnik und engmaschiger das Telekommunikationsnetz ist, desto abhängiger werden wir von den internationalen Entwicklungen auf dem Kommunikationsmarkt und desto gefährdeter ist unser Datenschutz. Da der normale Benutzer den Überblick verliert, steigt auch die Manipulationsgefahr.

Die Vernetzung der Satelliten ist nicht zuletzt ein Verdienst der New-Age-Wissenschaftler. Schon die Bezeichnung der Satellitenantenne als SAT-an ist ein deutlicher Hinweis auf deren Herrn, Satan. Und gerade er, Urheber allen Übels, will durch Maitreya "das Beste" in den Menschen wecken und sie von Spannungen und Furcht befreien. Das Beste im Menschen ist die reine Liebe im Herzen. Da Maitreya aber nicht die Liebe zu Gott predigt, sondern zu sich selbst, weckt er den Egoismus und damit die Ursache allen Übels im Menschen. Die verheißungsvolle "Befreiung" setzt zudem eine Abkehr von Gott und Ehrfurcht voraus. Solange aber die Menschen nicht an Gottes Gebote festhalten, wird es auch keine "Befreiung von Spannung und Furcht" geben. Damit das so bleibt, sollen die Menschen durch "Aspiration" und "Dienst" inspiriert werden, nach den von Maitreya angepriesenen "höheren Bewußtseins-stufen" zu streben, statt nach geistiger Vollendung in selbstloser Liebe.

Nach Aussage von Creme *hat die weltweite Schulbildung und internationale Kommunikation die Menschheit während der letzten beiden Jahrhunderte umgewandelt und für die nun kommenden Veränderungen vorbereitet, wenn die großen Vorbilder, der Christus und seine Meister, unter uns weilen (118).*

Abgesehen davon, daß Maitreya und seine Meister keine "Vorbilder", sondern Warnbeispiele im Negativen sind, ist eine "weltweite Schulbildung" unerläßlich sowohl für einen medienwirksamen Auftritt Maitreyas als auch für die Öffentlichkeitsarbeit seiner Anhänger und Gruppen, die vor Analphabeten ohne Zweifel erfolglos wäre.

Der Tag der Erklärung Maitreyas als Weltlehrer werde eine Widerholung - diesmal allerdings weltweit - des wahren Pfingstgeschehens, des größten Festes der neuen Weltreligion, sein, die Maitreya, wenn die Zeit gekommen sein wird, inaugurieren werde (24).

Der in der Bibel angekündigte Pfingstgeist ist der Geist der Liebe, die Überfülle des Heiligen Geistes, der in die Menschen dringen wird, voll Wahrheit und Kraft, der Geist, "den die Welt nicht empfangen kann, weil sie ihn nicht sieht und nicht erkennt" (Joh. 14/17). Mit der Verherrlichung Jesu empfingen die Apostel den Heiligen Geist, der sie zu Wundertaten befähigte und sie in fremden Zungen reden ließ, weil sie an Jesus glaubten und ihn liebten. Und niemand kann sagen: "Herr ist Jesus, außer im Heiligen Geist" (1. Kor. 12/3).

Da Maitreya das Gegenteil bekundet, leugnet er, daß Jesus *der* Christus ist. Und da er selbst nicht erfüllt ist vom Heiligen Geist Gottes, kann sich bei seinem Erscheinen auch nicht das Pfingstgeschehen wiederholen. Von den in der Bibel beschriebenen Geistesgaben ist in der Lehre Maitreyas auch keine Spur zu finden. Das Fest, das er unter der Bezeichnung "Pfingstfest" einführen will, hat daher mit dem biblischen Pfingstfest nichts gemein.

Obwohl ihm ein weltweiter Durchbruch bisher mißlungen ist, kann Maitreya zahlreiche Erfolge in "kleinem" Kreise verbuchen, die erkennen lassen, daß das von ihm beabsichtigte Täuschungsmanöver kein theoretischer Entwurf sondern bitterer Ernst ist. In seiner Zeitschrift *Share* (Nr. 5, Juni 1992 (!), S. 16 f.) wird berichtet, daß in Nicaragua mehreren Leuten "Jesus" erschienen sein soll und Heilungen vollbracht habe. In der zweiten Aprilwoche 1992 habe BBC Radio 4 eine vierzigminütige Sendung mit Creme ausgestrahlt, in der er auf das Kommen des Christus, der als Maitreya bekannt werden würde, hingewiesen habe.

Sogar in Deutschland soll Maitreya schon erschienen sein, und zwar am 5. April 1992 in Hannover, wo er vor etwa 800 bis 900 Menschen auf einer christlichen Versammlung 35 Minuten lang sprach und die Menschen dabei überzeugt waren, den Christus gesehen zu haben. Der Auftritt Maitreyas in Hannover dürfte zudem kein Zufall sein. Denn hier befindet sich die *Marktkirche*, eine der ungewöhnlichsten und sonderbarsten christlichen Kirchen in ganz Deutschland.

In den spitzen Giebeldreiecken des Turmes sind unterschiedliche Symbole eingemeißelt, darunter ein Pentagramm mit der Spitze nach unten, was eine satanische Anrufung und das Zeichen Baphomets ist. Ausgerechnet an der Ostseite des Turmes befindet sich dieses Pentagramm im Kreis, das in der Broschüre "Die Marktkirche - Hannover" schlicht als "Christussymbol" bezeichnet wird, während das auf der Nord- und Südseite sich befindende Hexagramm als Symbol des Alten Bundes gelten soll.

Wenn auch zutreffen mag, daß die heutige Priesterschaft keine esoterischen Kenntnisse besitzt, ist davon auszugehen, daß die Erbauer des Marktkirchturms die Bedeutung und Wirkung von Symbolen kannten, sonst hätten sie wohl kaum das gegen Osten - der Herkunftsrichtung Maitreyas - gerichtete Giebeldreieck mit dem Zeichen Satans versehen.

Dieses Beispiel verdeutlicht, daß auch die Kirche den Versuchungen Satans unterliegt, und dies umso leichter, je mehr sie sich dem esoterischen Geheimwissen verschließt. Durch Unwissenheit und Ignoranz werden Maitreya Tür und Tor geöffnet, so daß er sogar in einem Gotteshaus mitten unter seinen ärgsten, aber hilflosen Feinden - den Christen - wirken kann. Zudem hat das "Christusbewußtsein" bereits zu einer spürbaren Spaltung der Gläubigen innerhalb der christlichen Kirchen geführt. Immer mehr Christen folgen neuerdings dem "Christusprinzip" Maitreyas statt Jesus Christus.

Etwa 200 m von der Marktkirche entfernt befindet sich ein "Mahnmal für die Opfer von Mauer und Stacheldraht" mit dem Zeichen des *Tempelherrenordens*, einem der geheimsten satanischen Bünde. Neben deren Siegel - zwei Ritter auf einem Pferd, der hintere Reiter eine Lanze haltend - ist auf der Tafel zu lesen: "ORDO MILITIAE CRUCIS TEMPLI - TEMPELHERREN-ORDEN - KOMTUREI NIEDERSACHSEN" und darunter das Datum "03. OKT. 1990".

Der militärische Orden vom Tempel, abgekürzt: THO, wurde 1118 von *Hugo von Payen* und acht weiteren französichen Rittern gegründet. Ihren Namen verdanken die Templer ihrem Hauptquartier in Jerusalem, dem Tempel Salomons. Neben dem christlichen Ritus haben sie als Idol auch Baphomet, Satan. Man beschuldigte die Templer, das Kruzifix verhöhnt (franz.: bafouer) und den Sabbat in ihrer Kapelle zu Laon (Frankreich) gefeiert zu haben. Im Jahre 1369 wurden sie durch Papst Clemens V. verdammt.

Ihre Aktivitäten sind streng geheim und der Öffentlichkeit verborgen. Nur alle vierhundert Jahre tritt der Tempelherren-Orden in Erscheinung auf der Suche nach neuen Ordensmitgliedern, die dann als Elitetrupp in die geheimen Riten eingeweiht und zu Rittern geschlagen werden. Da der Orden danach sofort wieder von der Bildfläche verschwindet, ist gewährleistet, daß die Ordensregeln, d. h. die echten Statuten des THO, nur Eingeweihten bekannt werden. Darüber hinaus können die Tempelritter ungestört und unbeobachtet ihre Ziele verfolgen, ohne daß deren tatsächliche Verwirklichung mit dem Orden in Verbindung gebracht werden kann.

Die Tempelritter stehen hierarchisch über den *Illuminati* und bestimmen als direkte Befehlsempfänger Satans, entsprechend seinem Plan, das Weltgeschehen. In Anbetracht der nahen Erscheinung Maitreyas als Weltlehrer ist es nicht verwunderlich, daß auch die Tempelritter in der Weltöffentlichkeit in Erscheinung treten. Das von ihnen gestiftete Mahnmal in unmittelbarer Nähe der Marktkirche ist nur eines von vielen Beispielen ihrer sichtbaren Aktivitäten.

Die Macht des Tempelherren-Ordens hat sich besonders im Mittelalter hervorgetan, als der THO eine der mächtigsten Institutionen war, sowohl dem moralischen Ansehen und der geistigen Bedeutung nach wie auch in wirtschaftlicher und politischer Hinsicht. Die Tempelritter waren fast durchweg adeliger Herkunft, darunter die *Herzöge von Guise* und *Lothringen*, die Dynastie der *Merowinger*, die Familien der Häuser *Gisors*, *Payens* und *Saint-Clair* und als Großmeister der *Prieuré de Sion* wichtige Ratgeber der damaligen Regenten. Für ihre Ziele waren die Tempelritter bereit, ihr Leben zu opfern, wie auf ihrem Siegel dargestellt. Von den beiden Reitern auf dem Pferd trägt nur der hintere eine Lanze, während der vordere unbewaffnet als Schutzschild dient.

In ihren harmlosen, für die Öffentlichkeit bestimmten Schriften wird auf das Kommen eines "Weltheilands" und auch auf einige Meister der Hierarchie, der *Großen Weißen Loge*, hingewiesen, womit sich der Kreis zu Maitreya schließt.

Die "Offenbarungsphase"

Nachdem Maitreya der Menschheit als Weltlehrer erschienen sein wird, werde die vom Meister D. K. (Djwal Khul) durch A. BAILEY prophezeite OFFEN- BARUNGSPHASE eintreten, die nach 1975 beginnen sollte (68). Maitreya werde dann innerhalb von mindestens zwei bis drei Jahren (70) alle Länder der Erde besuchen, damit jeder von uns Gelegenheit habe, ihn auch persönlich kennenzulernen. Seine Reisen, obwohl denen des Papstes sehr ähnlich, werden auf viel breiterer Basis erfolgen; er werde die Aufmerksamkeit von Millionen, ja sogar Milliarden auf sich ziehen, von Gläubigen aller Konfessionen und Men- schen ohne jede Religion (69).

Die Sowjetunion und China, die keine religiösen Möglichkeiten hätten, sich ihm zu nähern, würden seinen Rat nur zögernd annehmen, doch die Völker dieser Länder würden ihre Führer zwingen, das Prinzip des Teilens einzuführen (70). Die öffentliche Meinung der Welt sei heutzutage eine Kraft, der keine Regierung der Welt Widerstand leiten könne. "Sehen Sie nun ein, wie wichtig Sie sind, wie wichtig jeder einzelne ist?" (361).

Die Menschheit, die ihre Beziehung zu Gott abgebrochen habe, werde vor die Wahl gestellt werden und sich dazu entschließen müssen, den großen Materia- lismus, an den sie gefesselt sei, zu verwerfen. Sie müsse auf ihre Konsumgier und ihr materielles Lebensinteresse verzichten, das auf Kosten des spirituellen Lebens gehe (174). Maitreya werde somit "die Speerspitze aller nach vorne blickenden, progressiven Bewegungen verkörpern" (119).

Wie bereits festgestellt, ist Maitreya aus den bereits dargelegten Grün- den noch nicht erschienen, so daß schon die Angaben bezüglich des Zeitpunkts seines Auftritts unwahr sind. Auch Creme glaubt, *daß weder die Meister noch Maitreya selbst nicht genau wissen, wann er entdeckt wird (23).*

Damit spielt er auf die biblische Aussage an, "über jenen Tag aber und jene Stunde weiß niemand etwas, auch die Engel in den Himmeln nicht, sondern allein der Vater" (Mat. 24/36), obwohl sich diese Vorhersage eindeutig auf die Wiederkunft Jesu Christi bezieht.

Es bedarf kaum noch der Erwähnung, daß das persönliche Kennenlernen Maitreyas verstärkt der magischen Einflußnahme dient, aber auch der frühzeitigen Entlarvung möglicher Gegner, besonders aus christlichen Kreisen. Angesichts der massiven Überschattung von Millionen von Menschen dürfte die ihm zuströmende Aufmerksamkeit von vornherein gesichert sein.

Das von ihm propagierte Prinzip des Teilens wird Maitreya jedoch die meisten Anhänger sichern. Denn die Informations- und Aufklärungsarbeit der Medien hat vor allem in den letzten Jahren bei den Völkern der "reichen" Nationen eine Bewußtmachung der miserablen wirtschaftlichen und sozialen Verhältnisse der Zweiten und Dritten Welt und des Nord-Süd-Gefälles von Reichtum und Armut bewirkt und zur Einsicht geführt, daß ein weltweites Umdenken erforderlich ist, um diese Mißstände zu beseitigen.

Dieser ungerecht verteilte Wohlstand in der Welt ebenso wie der grenzenlose Materialismus wären aber nicht entstanden, wenn Satan die Menschen nicht abgehalten hätte, die Gebote Gottes zu leben. Denn Jesus hat schon vor 2000 Jahren gesagt: "Ein neues Gebot gebe ich euch, daß ihr einander lieben sollt, wie ich euch geliebt habe, daß auch ihr einander lieben sollt. Daran wird jedermann erkennen, daß ihr meine Jünger seid, wenn ihr Liebe untereinander habt (Joh. 13/34 f.). Ihr habt gehört, daß gesagt ist: 'Du sollst deinen Nächsten lieben' und deinen Feind hassen. Ich aber sage euch: Liebet eure Feinde und bittet für die, welche euch verfolgen, damit ihr Söhne eures Vaters in den Himmeln seid (Mat. 5/43 ff.). Wenn jemand mich liebt, wird er mein Wort halten, und mein Vater wird ihn lieben, und wir werden zu ihm kommen und Wohnung bei ihm machen" (Joh. 14/23).

Da aber die Menschen einander nicht dienen, Böses mit Bösem vergelten "und weil die Gesetzesverachtung überhand nimmt, wird die Liebe in vielen erkalten (Mat. 24/12). Wer nicht liebt, bleibt im Tode. Jeder, der seinen Bruder haßt, ist ein Menschenmörder; und ihr wißt, daß kein

Menschenmörder ewiges Leben bleibend in sich hat" (1. Joh. 3/14 f.). Insofern ist zutreffend, daß die Menschen ihre Beziehung zu Gott abgebrochen haben. Erstaunlich ist nur, daß Maitreya entgegen seiner Lehre, wonach Gott die Materie sei, nun plötzlich von einem Gott spricht. Denn wenn es darum geht, die Materie und das materialistische Denken zu überwinden, kann Gott nicht die Materie sein.

Durch Verzicht auf Konsumgier und materielles Lebensinteresse allein kann die Menschheit nicht zu Gott geführt werden. Denn dafür ist ein *innerer* und nicht ein äußerer Wandel im Menschen erforderlich. Durch das Teilen materieller Güter bleibt die Menschheit immer noch in der Materie verhaftet, anstatt sich dem Geistigen zuzuwenden. Dahin gelangt der Mensch aber erst dann, wenn er zunächst Gott von ganzem Herzen liebt und aus dieser Liebe heraus dann weitere Liebestaten an seinem Nächsten vollbringt.

"Wer aber die Güter der Welt hat und sieht seinen Bruder Mangel leiden und verschließt sein Herz vor ihm, wie kann die Liebe Gottes in ihm bleiben? Lasset uns nicht lieben mit Worten noch mit der Zunge, sondern in Tat und Wahrheit!" (1. Joh. 3/17 f.)

Die Liebe kommt von Gott, daher kann im Herzen des Menschen nur solange Liebe sein, wie er mit Gott verbunden ist. Wendet sich der Mensch aber nicht an Gott, so ist er auch nicht mit der Liebe verbunden und das Herz wird kalt. Diese Gefühlskälte ist die Ursache für das lieblose Handeln der Menschen untereinander und miteinander. Eine Ursache kann aber nicht bekämpft werden, indem man ihre Wirkungen beseitigt, denn dadurch bleibt die Ursache unverändert und es entstehen immer dieselben Wirkungen. Solange die Menschen aber nicht zum Herzensdenken bereit sind, sondern ihr Ego pflegen, werden sie auch anderen gegenüber egoistisch handeln und das Teilen der materiellen Güter wird aus Berechnung und nicht aus Liebe geschehen.

Die unter der Bezeichnung *"Share"* in den USA und *"Peace through Sharin"* (Frieden durch Teilen) in Großbrittanien (129) von Creme und seiner Gruppe hervorgerufene Bewegung zur Verwirklichung des Prinzips des Teilens erweckt natürlich den Anschein, daß sich dahinter nur die besten Absichten verbergen.

Der Aufruf zum Teilen enthält offenkundig auch nichts Negatives. Wichtig ist aber nicht, *was*, sondern *warum* etwas getan wird. Dadurch, daß Maitreya äußerlich positiv handelt und auch die Menschen dazu auffordert, gewinnt er nicht nur massenweise Anhänger, sondern auch ein sicheres Fundament für sein öffentliches Wirken. Würde er Böses tun, könnten ihn die Menschen entlarven. Da er aber vorgibt, Gutes zu tun, werden die Menschen weder begreifen noch glauben, daß er im Auftrag Satans wirkt. Im Gegenteil, sie werden ihn sogar verteidigen und jene angreifen, die Gottes Wort verkünden und vor Maitreya warnen.

Das Zauberwort "Teilen" wird auch darüber hinwegtäuschen, daß die von den Völkern dafür eingesetzte Gewaltanwendung gegenüber den Regierenden wider die Liebe ist. Denn Gewalt zeugt Gewalt und kann deshalb kein Dienst für eine "gute" Sache sein.

Es ist kein Zufall, daß er sich als "Speerspitze aller progressiven Bewegungen" bezeichnet, denn durch einen Speer ist Jesu Herz durchbohrt worden. Und wie Jesus vor 2000 Jahren von Satan bekämpft wurde, so werden heute die Jünger Jesu verfolgt werden. Wer aber an dem Namen Jesu Christi festhält, kann geistig nicht getötet werden. Denn wer an Jesus glaubt, "wird leben, auch wenn er stirbt; und jeder der lebt und an mich glaubt, wird in Ewigkeit nicht sterben" (Joh. 11/25). Wer hingegen Satan folgt, läuft Gefahr, das ewige Leben des Geistes hinzugeben für ein zeitlich begrenztes materielles Wohlbefinden in der Welt.

Mit seinem Propagandafeldzug wird Maitreya jedoch versuchen, so viele Menschen wie nur möglich auf seine Seite zu ziehen, damit er seinen vermeintlichen Sieg erringen kann. Daran zeigt sich aber, wie erfolglos sein Unterfangen sein könnte, wenn ihm die Menschen nicht folgen. Wenn schon das Gelingen seines Vorhabens so sehr von unserer "Mitarbeit" abhängt, um wieviel mehr könnten wir sein Werk verhindern, wenn wir es nur wollten.

Creme ist jedoch davon überzeugt, *daß die Menschen von Maitreya Rat und Vorschläge annehmen werden, die sie von Geringeren niemals angenommen hätten, da er "salomonische" Urteile, z.B. bei Entscheidungen im Nahen Osten oder in Nord-Irland, treffen werde (70).*

Wenn die politischen und wirtschaftlichen Entwicklungen in der Welt ein Werk seiner Hierarchie sind, ist es nicht verwunderlich, daß er das Weltgeschehen vorhersagen und beeinflussen kann.

II
Mission und Ziel

Welt - Religion

Sein Ziel sei es, tiefgreifende Veränderungen bei den politischen, wirtschaftlichen, religiösen, sozialen, wissenschaftlichen, pädagogischen und kulturellen Einrichtungen hervorzurufen (111).
Wie ehemals in Palästina sei der Christus auch heute gekommen, um den Weg zu weisen, zu führen und zu inspirieren, aber nicht um das Gesetz des Karma aufzuheben (72). In Palästina habe seine Mission vorwiegend prophetischen Charakter gehabt (60). Er werde uns zeigen, daß der Pfad des spirituellen, des geistigen Lebens breit und abwechslungsreich sei (110).

Wäre Maitreya der Christus, der in Palästina durch Jesus prophezeit haben will, widerspricht er nun seinen angeblich eigenen Reden, denn Jesus hat gesagt: "Gehet ein durch die enge Pforte! Denn die Pforte ist weit und der Weg ist breit, der zum Verderben hinführt, und viele sind es, die auf ihm hineingehen; denn die Pforte ist eng und der Weg ist schmal, der zum Leben hinführt, und wenige sind es, die ihn finden (Mat. 7/13 f.). Das aber ist das ewige Leben, daß sie dich, den allein wahren Gott und den du gesandt hast, Jesus Christus, erkennen. Gerechter Vater - die Welt hat dich nicht erkannt; ich aber habe dich erkannt, und diese haben erkannt, daß du mich gesandt hast" (Joh. 17/3, 25).

Eine der Hauptaufgaben Maitreyas werde die Einführung der neuen Weltreligion auf der Basis der esoterischen Wissenschaft der Einweihung (Initiation) sein, sobald wir die Welt gerecht geordnet haben werden (53, 84). Er wolle kein "neues Christentum" in die Welt rufen, sondern werde mit Hilfe seines Bruders, des Buddha, Ost und West vereinen, indem er die im Westen herrschende Vorstellung eines über und jenseits seiner Schöpfung existierenden Gottes mit der östlichen Anschauung, wonach Gott immanent im Menschen und der

ganzen Schöpfung sei, in der neuen Weltreligion verbinde. Anstelle des gegen-
wärtigen Getrenntseins werde "die Einheit (mit der ganzen Schöpfung)" treten
(60, 298). Dadurch werde er den Ruf des Ostens und Westens nach Hilfe und
Führung beantworten (55).
Im Grunde würden all die verschiedenen Lehren die eine Wahrheit verkörpern
und ihr gemeinsamer Nenner sei die Offenheit der Einheit allen Lebens. Das
gelte für das Tao wie für die Lehren des Krishna oder des Buddha, für den
Christus in Jesus oder für Maitreya heute, da die Wege im Prinzip der Liebe
verschmelzen würden (295). Die Juden würden noch Jesus als ihren Messias
erkennen und anerkennen müssen - und auch Maitreya als den Weltlehrer, nicht
nur im religiösen Bereich (90).

Die praktische Umsetzung dieser Aufgabe kann heute schon weltweit
beobachtet werden. Durch Massenmedien, überkonfessionelle Konfe-
renzen, Meetings, Diskussionen und öffentliche Gesprächen wird die
Menschheit seit geraumer Zeit auf diese Veränderung vorbereitet. Es ist
immer wieder davon die Rede, daß wir alle von Gott stammen, das
wichtigste die Liebe sei, und es nicht Gottes Wille sein könne, daß sich
die einzelnen Völker und unterschiedlichen Glaubensbekenntnisse bekämpfen. Es müsse ein gemeinsamer Weg beschritten und eine einheitliche Lösung gefunden werden.

Fraglich ist nur unter welcher Prämisse, denn der *Monotheismus*, d. h.
der Eingottglaube, wie er im Christentum, Judaismus und Islam vor-
herrscht, steht in Widerspruch zum *Polytheismus*, der auch die Existenz
anderer Gottheiten annimmt. Ebenso unvereinbar sind in den sechs
wichtigsten Weltreligionen (neben den oben genannten der Buddhismus, der Hinduismus und die Naturreligionen) die Vorstellungen über
die Wesenhaftigkeit Gottes, wie z. B. die Dreifaltigkeit Gottes, der Pantheismus und Panentheismus. In der Lehre des *Pantheismus*, griech.=
Allgöttlichkeit, wird das Göttliche gleichgesetzt mit der Einheit in der
Mannigfaltigkeit der Natur, während im *Panentheismus*, griech.= All in
Gott, die Welt als dem transzendenten Gott innewohnend begriffen
wird.

Beide Begriffe, Pantheismus und Panentheismus, enthalten das Wort "*Pan*" (griech.= all, ganz, gesamt) und zielen auf eine Gleichstellung von Schöpfer und Schöpfung ab. Eine Vereinheitlichung aller Religionen unter dem Motto "Einheit mit der ganzen Schöpfung" bezweckt die Durchsetzung dieser pantheistischen Vorstellung und führt dadurch zwangsläufig zur Abschaffung des Monotheismus und damit des Glaubens an einen personifizierten Gott. Das "gegenwärtige Getrenntsein" bezieht sich insofern auch nicht auf die einzelnen Religionen, sondern auf den Eingottglauben, wonach Mensch und Gott getrennt, also keine Einheit sind.

Gegen diesen Glauben richtet sich in Wirklichkeit die neue Weltreligion Maitreyas. Denn er beabsichtigt keine Zusammenfassung der Religionen unter dem einheitlichen Begriff einer Weltreligion, sondern die globale Durchsetzung der Kalacakra-Lehre aus Shambhala, die einheitlich weltweit als einzige Religion gelten soll. Als "Belohnung" für die Unterstützung seiner Aufgabe erhalten die Menschen dann auch noch die Anrufung Satans, womit sie direkt mit Shambhala verbunden sind.

Die Einweihung soll die Menschen nicht nur darauf vorbereiten, sondern auch gewährleisten, daß viele der neuen Weltreligion anhängen. Indem die Menschen die Initiationserfahrung über sich ergehen lassen, befinden sie sich bereits mental im Banne Maitreyas und können dementsprechend leicht in Richtung Shambhala gelenkt werden.

Ein weiteres Argument für den Zusammenschluß aller Religionen unter dem Wahrzeichen des Buddhismus wird die Friedfertigkeit dieser Glaubensrichtung sein. "Buddhisten waren die ganze Geschichte hindurch das Ziel von Angriffen; sie sind niemals die Aggressoren gewesen", schreibt Roerich in seinem Buch "Shambhala" (S. 31). Die im Namen Buddhas geführten Kämpfe belegen jedoch das Gegenteil. Die Samurai, Angehörige der kaiserlichen Palastwache im japanischen Mittelalter, wurden von buddhistischen Shaolinpriestern ausgebildet, die auch heute noch das Geheimnis dieser Kampftechniken beherrschen. Buddhisten bewirkten durch ihren Krieg gegen die Ainus in Japan das Ende der Nara-Periode, kämpften gegen die Palavas und gegen die Randias, um nur einige Beispiele zu nennen.

Abgesehen von der "Sanftheit" des Buddhismus werden die Menschen schließlich auch davon zu überzeugen sein, *daß von den großen Heiligen Schriften der Welt die Lehre des esoterischen Buddhismus am wenigsten verfälscht worden sei, und heute die Bahai-Religion am ehesten die christlichen Lehren des Christus verwirkliche (85).*

Da der esoterische Buddhismus dem Kalacakra aus Shambhala entspricht, bestand überhaupt kein Anlaß, diese Lehre zu verfälschen. Die Wahrheit dagegen ist stets den Angriffen der Dunkelheit ausgesetzt. Daher auch das Bestreben Maitreyas, ausschließlich die *Bibel* als verfälscht, falsch interpretiert und unwahr darzustellen, obwohl die *Veden*, die *Upanishaden*, die *Bhagavad-Gita*, der *Koran* und der *Talmud* nicht weniger menschlicher Fehlinterpretation ausgesetzt waren. Entscheidend ist vielmehr, ob diese Werke auch die Wahrheit enthalten und nicht das, was Menschen daraus gemacht haben.

Im Gegensatz zu anderen Schriften wird die Bibel in ihrem tiefen mystischen Sinn nicht dadurch verständlich, daß *Gurus* (spirituelle Lehrer) die Worte nach ihrem Verständnis auslegen und so eine neue Sinngebung oder -ergänzung bewirken, wie es bei den Vedn der Fall ist. Da die Offenbarungen der Heiligen Schrift siebenfach verschlüsselt sind, können sie nur durch Kenntnis und mit Hilfe dieser Siegel entschlüsselt werden. Die Schlüssel zum richtigen Verständnis sind die *Prophetie, Intuition, Symbolik, (hebräische) Kabbala, Meditation, Empirie* und *Kritikfähigkeit* in der angegebenen Reihenfolge[1]. Vergleichbare Gesetzmäßigkeiten wie in der Bibel, dem *"Buch der sieben Siegel,"* finden sich in keiner anderen Schrift, was anhand einiger Beispiele aufgezeigt werden soll.

Jesus sprach oft in Gleichnissen, nicht aber um unverständlich zu wirken, sondern um uns die Möglichkeit der Erkenntnis ohne Einschränkung unseres freien Willens zu geben. So war die Wahrheit für jeden erkennbar, wenn das Gefühl und die Liebe der Prüfstein waren. Das Licht ist immer da, aber in der Blindheit und Verstocktheit unseres Herzens wollen wir es oft nicht sehen. Gott reicht uns die Hand, ergrei-

1   Coralf, Der Weg zur geistigen Mystik, S. 66.

fen müssen wir sie schon selbst. Jede Entsprechungslehre hat somit ihren tiefen Sinn, den es zu erfassen gilt, denn Symbole wirken durch ihre Aussagekraft auch dann auf das Unterbewußtsein, wenn uns ihre Bedeutung nicht bewußt ist. Das Symbol ist ein festgehaltenes Gleichnis, das unter den verschiedensten Formen auftreten kann, beispielsweise in den Symbolkarten des Tarot.

Das *Tarot* (Karten mit besonderer Bedeutung, deren Symbole und Zahlen sich schon in den Weissagungen Hesekiels und in der Offenbarung finden sollen) besteht aus 78 Karten. In 78 Sprachen der Welt gibt es aber auch den vierbuchstabigen heiligen Namen Gottes, das Tetragrammaton. Die große Arkana des Tarot besteht aus 22 Karten, ebenso wie das Alte Testament aus 22 Büchern und das Neue Testament aus 22 Briefen an die Gemeinden besteht. Auch die hebräische Kabbala besteht aus 22 Buchstaben, ebenso das hebräische Alphabet, das dem Alten Testament zugrundeliegt.

Betrachten wir nun die Karte II des Tarot, z. B. aus dem *Rider Tarot* von Arthur Edward Waite, sehen wir eine Hohepriesterin, die ein gleichschenkliges weißes Kreuz auf der Brust trägt. Es symbolisiert die Polarität, den weiblichen wie auch den männlichen Aspekt im Menschen, daher auch die 2. Das Kreuz versinnbildlicht auch die vier Elemente *Feuer, Wasser, Luft* und *Erde,* sowie warm und feucht, kalt und trocken. In der kleinen Arkana steht es für die Stäbe, Kelche, Schwerter und Pentakel.

Die Hohepriesterin hält in der Hand die *Tora*, die alte Schriftrolle mit den Gesetzen des Alten Testaments. Drehen wir das Wort "Tora" um, kommen wir wieder zum Tarot. Rechts und links von ihr stehen je eine Säule, *Jachin* und *Boas*. Das sind auch die Namen der beiden Säulen vor dem Tempel Salomos zu Jerusalem. Sie stehen sinnbildlich für die Polarität von Gut und Böse, für *Jehova* und *Baal*, d. h. für die Verehrung Gottes oder des Mammon.

Der Höhepunkt dieses Zwiespalts im Menschen ist durch die Tarotkarte XX dargestellt. Sie symbolisiert die Auferstehung im Geiste, aber auch das Gericht, die Endzeit, die uns im Neuen Testament vorhergesagt wurde. Und ausgerechnet im 20. Jahrhundert erscheint Maitreya.

Wenden wir uns nun der *hebräischen Kabbala* zu. Der Name "Gott" hat den kabbalistischen Zahlenwert 86. Der sechsundachzigste Buchstabe in der Bibel fängt "zufälligerweise" mit dem Wort Gott an. Die Schöpfungsgeschichte fängt mit dem Satz an: IM ANFANG (913) SCHUF (203) GOTT (86) unbest. Artikel (401) HIMMEL (395) UND ERDE (296). Die Addition der Zahlenwerte ergibt die Zahl 777, die dreifache heilige Zahl 7. Es gibt 7 Schöpfungstage, bei Zacharias 7 Augen Gottes, bei Tobias 7 engelhafte Geister mit den 7 Posaunen, 7 fette und 7 magere Kühe oder 7 fette und 7 magere Ähren. Weiter ist die Rede von 7 Sakramenten, 7 Todsünden, 7 Bitten im"Vaterunser", 7 Siegeln und 7 Himmeln[1].

Sobald der Mensch in Mann und Frau getrennt worden war, bestand für ihn sowohl die Möglichkeit, zurück zur Einheit zu gelangen als auch, sich weiter in der Vielheit zu entwickeln. Durch das Auftauchen der Schlange entsteht eine Spannung und damit eine Alternative in der Entwicklung des Menschen. Das hebräische Wort für "Schlange" ist NACHASCH - 50 - 8 - 300 - und hat den Totalwert 358. Betrachten wird dagegen das Wort "Messias", hebr. MASCHIACH - 300 - 40 - 10 - 8 - stellt man fest, daß es denselben Gesamtwert - 358 - hat. Die "Schlange" ist demnach der "Erlöser" auf der anderen Seite, weil sie den Menschen dazu verführt, die Entwicklung selbst in die Hand zu nehmen. Dabei ist immer nur eine weitere Entwicklung in der Vielheit möglich, nicht aber die Rückkehr in die Einheit. Das eben ist die List der Schlange, daß sie Erlöser spielt. Der Weg der Schlange führt jedoch unweigerlich zur Katastrophe, weil der Mensch dadurch in der Zerrissenheit verbleibt.[2]

Es gibt nur *einen* Erlöser, Jesus Christus, denn *nur Er-löst* uns von den Ketten Satans, der uns auf Seelenebene eine Freiheit vortäuscht, die wir ohne den Geist niemals erlangen können. Nur der Geist der Liebe macht uns ewig frei. Schon anhand der hebräischen Kabbala, wo der Einer-Wert für das Materielle, der Zehner-Wert für das Seelische und der Hundert-Wert für das Geistige steht, wird dies deutlich. Bei "Messias" steht das Geistige und die Gemeinschaft mit Gott - 300 - an erster Stelle,

---

1   Coralf, Der Weg zur geistigen Mystik, S. 64 ff.
2   Ebda., S. 76.

gefolgt von der seelischen Entwicklung durch die Tat - 40 - zum Sohn Gottes - 10 -, was auf materieller Ebene Gerechtigkeit - 8 - hervorruft. Die "Schlange" hingegen setzt das Seelische an erster Stelle - 50 -, weil sie nur dadurch die Macht hat, die Menschen mental von der Religion und damit vom göttlichen Ursprung ab- und auf die Materie - 8 - hinzulenken, damit sie das Geistige und die Gemeinschaft mit Gott - 300 - an letzter Stelle setzen.

Folgende Offenbarung verdeutlicht, wie wichtig das Festhalten an Gott ist: "Haltet euch fest, denn in der Welt gibt es keinen Halt für euch. Ich bin bei euch. Haltet fest an Mir, und Ich werde euch stärken. Ich bin der Fels, an den ihr euch lehnen sollt, denn bei Mir seid ihr geschützt. Liebe ist das, was unvergänglich macht. Liebe ist die Macht, die euch am Leben erhält, Jesus Christus." c

In Kapitel 1/13 im Buch der Weisheit Salomos heißt es: "Gott hat nicht den Tod geschaffen". Die "1" steht für den Schöpfer - Gott -, während "13" numerologisch "Tod" bedeutet, und ausgerechnet darüber enthält dieses Kapitel eine Aussage. Die Beispiele ließen sich beliebig fortsetzen und bestätigen, daß die Bibel als einziges Werk vom ersten bis zum letzten Buchstaben kabbalistisch entschlüsselt werden kann. Hier wirkt der Geist Gottes, und Gottes Wort ist unantastbar, weil hier d i e Wahrheit und nicht nur irgendeine Weisheit enthalten ist. Daher hat Jesus gesagt: "Ich bin der Weg und die Wahrheit und das Leben; niemand kommt zum Vater außer durch mich" (Joh. 14/6).

Da die anderen Heiligen Schriften nicht von dieser Wahrheit Zeugnis ablegen, können sie allenfalls Teilwahrheiten enthalten. Wenn jemand an einen Ort gelangen möchte, den Weg dahin aber leugnet, wie kann er ohne Weg wandern? Und wie kann jemand zu Gott gelangen und zugleich durch die Nichtannahme des Sohnes die Wesenheit des Vaters leugnen, obwohl Vater und Sohn vollkommen eins sind, wie das Herz und die Liebe oder das Licht und die Wärme untrennbar eins sind?[1]

---

1   Coralf, Der Weg zur geistigen Mystik, S. 18 f.

Obwohl sich Christentum, Judaismus und Islam insofern ähneln, als sie an "einen" Gott glauben, gibt es unter ihnen entscheidende Unterschiede. In einer geistigen Botschaft von Justus Liebig vom 05.06.91 wurde folgendes offenbart: "Mohammed übernahm vieles aus den Heiligen Schriften der Stämme Israels, somit liegt ein relativer Segen auf den Aussagen der Suren im Koran. Das meiste jedoch ist Menschenwerk, damit die Menschen unter dem Joch des "ich muß", weil es dort so steht, gezwungen werden, diesen Glauben anzunehmen. In ähnlicher Weise wirkt auch die Kirche mit dem "muß" der Kirche, statt "du sollst" mit Jesus. Fanatismus macht blind und Blinde folgen dem Gehorsam, nicht der Liebe wegen. Nur das ist der Weg - Gott über alles zu lieben und den Nächsten wie sich selbst".

Der Judaismus gründet zwar auch auf der Offenbarung, die von den Zehn Geboten und dem Pentateuch (Fünfbuch Mosis) ausgeht, setzt sich aber im prophetischen und talmudisch-rabbinischen Schrifttum fort, ohne dabei Jesus als den Messias anzuerkennen, obwohl im Alten Testament zahlreiche Vorhersagen eindeutig auf Jesus als den kommenden Erlöser hinweisen. "Und du, Bethlehem-Ephratha, du kleinster unter den Gauen Judas, aus dir soll mir hervorgehen, der Herrscher in Israel werden soll" (Micha 5/2), "denn ein Kind ist uns geboren, ein Sohn ist uns gegeben, und die Herrschaft kommt auf seine Schulter, und er wird genannt: Wunderrat, starker Gott, Ewigvater, Friedefürst" (Jes. 9/6). Darum "Jauchze, Tochter Jerusalem! Siehe, dein König kommt zu dir; gerecht und siegreich ist er. Demütig ist er und reitet auf einem Esel, auf dem Füllen einer Eselin" (Sach. 9/9).

Danach besteht kein Zweifel, daß der Messias und Erlöser aus Bethlehem hervorgeht, und als "Ewigvater", Herr und König *Israels* (d. h. Wohnstätte Gottes: Is = Sein, wohnen; Ra = Gott, höchstes Licht; El = Göttlichkeit), Gott selbst sein muß, denn der Herr ist "ein barmherziger und gnädiger Gott (2. Mose 34/6), der Herr ist unser Richter, der Herr unser Gesetzgeber; der Herr ist unser König, er wird uns helfen" (Jes. 33/22). "Darum spricht Gott, der Herr: Siehe, ich lege in Zion einen Stein, einen kostbaren, grundlegenden Eckstein (Jes. 28/16), und er wird . . . zum Stein des Anstoßes werden und zum Fels des Strauchelns den beiden Häusern Israels, zur Schlinge und zumFallstrick den Bewohnern von Jerusalem. Und ihrer viele werden straucheln, fallen und zerschellen, werden sich verstricken und verfangen" (Jes. 8/14). Wie vor 2000 Jahren ist Jesus auch heute noch der Eckstein, den viele Menschen verwerfen und statt dessen lieber Halbwahrheiten annehmen oder sogar der Lüge folgen.

Mit seiner Forderung an die Juden, Jesus als Messias und ihn als Weltlehrer anzuerkennen, verrät Maitreya sich sogar selbst. Wäre er nämlich der Messias, würde er nicht nur als "Lehrer" auftreten, sondern sich auch Erlöser nennen. So aber versucht Maitreya als "Christus" getarnt, den Christen gleichermaßen wie den Juden und Moslems vorzutäuschen, er sei derselbe Christus wie es vor 2000 Jahren Jesus Christus gewesen ist.

Trotz der Glaubensunterschiede des Judaismus und des Islam im Verhältnis zum Christentum stehen diese beiden monotheistischen Religionen der höchsten Wahrheit immer noch näher als die Kernaussagen der östlichen Glaubensvorstellungen. Die dort aufgezeigten Wege der spirituellen Entwicklung zur *Selbst*erleuchtung und *Selbst*erlösung sind oft nur äußeres Weltweisheitslicht, das den Menschen weder zu Gott als die ewige Liebe, Weisheit und Wahrheit noch zur werktätigen Liebe gegen seine Nebenmenschen führt.

"Wer Gott schauen will, der suche ihn in der Liebe, Demut, Sanftmut, Geduld und Erbarmung; wer ihn aber anderswo und durch andere Mittel und auf anderen Wegen sucht, der findet Gott nicht.[1] Wer Gott als die höchste Wahrheit suchen und finden will, der muß ihn in aller Demut und Wahrheit des Herzens suchen und wird ihn also auch finden; aber mit allerlei Lüge und Trug läßt sich Gott wohl nimmerdar finden".[2]

"Die Menschen gehen oft den schmerzvollen Weg anstatt den Weg der Erkenntnis. Symbolisch dargestellt wählen die Menschen die Dornen und nicht die Blätter, um zur Rose, die da ist Gott, emporzusteigen. Die Dornen und die Blätter sind spiralenförmig um den Rosenstiel angeordnet, so daß jedem Blatt ein Dorn entspricht und der Mensch frei entschei-

---

1   Lorber, Johannes das Große Evangelium, Bd. 7, Kap. 100 (14).
2   Lorber, Ebda., Kap. 99 (2).

den kann, welchen Weg er geht. Dementsprechend kann der Weg zu Gott gerade, schmal und steil, wie ein Bergaufstieg oder ein langer breiter Weg sein, der um den Berg herum in die Höhe führt."[1] r

Inwieweit vor allem die östlichen Religionen Maitreya und seiner neuen Weltreligion dienlich sind, verdeutlicht seine Aussage, wonach *Lao-Tse die sehr alte Verbindung mit der Hierarchie aufrechterhalte und Prinz Gautama, der für Buddha wie Krishna für Maitreya der Träger gewesen sei, ein Mitglied der Großen Weißen Bruderschaft auf dem Sirius sei, während der erste Guru der Sikhs, Nanak, jetzt ein Meister sechsten Grades sei (295 ff.).*

Daher verwundert es nicht, daß Maitreya die östlichen Religionen am meisten anpreist. Dazu gehört auch die *Bahai*, von der er behauptet, sie verwirkliche am besten die christliche Lehre. Die Bahai ist eine islamische Bewegung, die keine neue Religion sein will, sondern auf eine Erneuerung der Religion abzielt. Sie wurde 1844 in Persien von *Bab* ins Leben gerufen; 1863 erschien dann der vorausgesagte Prophet Bahau'llah mit der Offenbarung eines neuen Glaubens, dessen Lehrinhalt im wesentlichen der "Gheimlehre" Blavatskys entstammt und 12 Punkte umfaßt, darunter: die Menschheit muß als Einheit betrachtet werden; alle Menschen sollen die Wahrheit selbständig erforschen; alle Religionen haben eine gemeinsame Grundlage; die Religion muß mit Wissenschaft und Vernunft übereinstimmen; Vorurteile jeder Art müssen abgelegt werden; es muß eine Einheitssprache und eine Einheitsschrift eingeführt werden. Darüber hinaus wird ein "neues Zeitalter" verkündet.

Diese Aussagen sind deckungsgleich mit der Lehre des falschen Christus Maitreya. Weder seine neue Weltreligion noch der Bahai-Glaube haben etwas mit der christlichen Lehre Jesu gemein. Die Ursache für das Entstehen der Bahai-Bewegung und deren Rituale in Persien könnte im übrigen darin liegen, daß die Perser wie die Sumerer einen polytheistischen Glauben hatten und als Erdmutter die Schlange verehrten.

1   sinngemäße Botschaft von Maria, der Mutter Gottes vom 09/1992.

Die Priester waren Magier, die in altmedischer Weise rituelle Opfer darbrachten. In der Bahai-Bewegung finden sich altrituelle Symbole, wie zum Beispiel das Pentagramm mit der Spitze nach unten. Das Pentagramm ist ein fünfzackiger Stern, dessen fünf Spitzen für die heilige Zahl Fünf stehen. Das Wort "Jesus" und der geheiligte Name Gottes IEOUA bestehen ebenfalls aus 5 Buchstaben[1]. Jesus Christus hatte 5 Wunden und das Kreuz besteht aus 5 Fünfteln. Es gibt 5 Bücher Mose. Der Mensch hat 5 Sinnesorgane. In der Magie sind es 5 Elemente: *Feuer, Wasser, Luft, Erde* und *Äther.*

Mit der Spitze nach oben ist das Pentagramm eine göttliche Anrufung und dementsprechend ein Schutzsymbol gegen negative Geistwesen und Einflüsse. Mit der Spitze nach unten wird das Pentagramm, ebenso wie das umgekehrte Kreuz, zu einer satanischen Anrufung. Diese Symbolik wirkt zudem in beiden Fällen auch dann, wenn man deren Bedeutung nicht kennt. Nur durch Bewußtmachung dieser Hintergründe kann der Mensch bewußt erkennen, ob er zum Guten angehalten oder zum Bösen verführt wird. Solange aber die Menschen an Weltlichem und materiellen Bestrebungen hängen, statt den geoffenbarten Willen Gottes zu befolgen, werden sie auch widergöttlichen Einflußnahmen nicht widerstehen können, wie die folgende Offenbarung verdeutlicht.

"Ich aber sage euch, es ist die Zeit wie bei Abraham und Lot. Fürchtet nicht die vielen Götter, denn sie sind hohl und leer. Fürchtet vielmehr die, welche diese Götter anbeten, denn durch sie bekommen sie Kraft und werden lebendig. Sie sind wie goldene Kälber, die Ich mit der Hand zerschlagen werde, wenn die Zeit dazu reif ist.

So wie das Leben die Strahlen der Sonne, das Licht und das Wasser braucht, so braucht es auch Zeit, um zu gedeihen. Erst muß es aber noch finster werden in der Welt. Die Menschen lieben die Dunkelheit, weil sie deren Kälte nicht spüren. So muß es erst dunkel in ihnen werden, damit sie die eisige Kälte spüren und beginnen, sich nach Wärme zu sehnen. Erst wenn es in der Welt ganz dunkel geworden ist, beginnt Mein Licht

---

1   Coralf, Der Weg zur geistigen Mystik, S. 22 ff.

zu leuchten! Es wird geschehen, wie es geschehen soll, und kein Jota Meines Wortes wird geändert werden, so wie Ich es euch schon einmal vorhergesagt habe. Es wird den Menschen ergehen wie einem frisch geschlüpften Vogel allein im Nest. Erst wenn er friert, wird Meine Hand ihn wärmen. So ergeht es den Widergeborenen im Geiste. Mein Licht wird sie erfüllen.

Haltet fest an Meinen Namen! Harret aus und haltet ein. Stärkt euch im Glauben, in der Liebe, in der Weisheit und stärkt euch untereinander. Ich bin der Weg, die Wahrheit und das Leben. Niemand kommt zum Vater, denn durch Mich; denn Ich und der Vater sind eins. Wer zu Mir betet im Geiste, betet zum Vater - Jesus Christus, Ieoua." *r*

Maitreya hingegen bringt uns mit seiner falschen Lehre ein Leuchten, das kein Licht, sondern Dunkelheit ist, die er über die Welt verbreiten will, damit die Menschen die Strahlen des göttlichen Lichts nicht mehr erkennen können. Wer aber Gott durch seinen freien Seelenwillen nicht folgt, bleibt in der Lieblosigkeit der Gedanken gefangen und kann Liebe weder empfangen noch geben.

Damit das so bleibt, *seien im Hinblick auf die Anwesenheit Maitreyas auch "keine Priester und Theologen nötig, um seine Lehre zu interpretieren (oder falsch auszulegen)"(68)*.

Dadurch, daß neben seiner Lehre keine anderen Gotteslehren zugelassen werden und auch der Beruf des Geistlichen abgeschafft oder verboten werden soll, beansprucht Maitreya das alleinige Recht, über Glauben und Dienst am Glauben zu bestimmen. Eine freie Meinungsäußerungen, Stellungnahme oder Kritik an seiner Lehre wird so von vornherein ausgeschlossen.

Angesichts der neuen Zukunftsmodelle für Schule und Bildung, wonach der Religionsunterricht in deutschen Bundesländern neu geordnet werden soll, fragt sich jedoch, ob eine solche Kritik noch entstehen kann. Religionskunde soll nunmehr als "interreligiöse Kooperationsform" betrieben werden, d.h. von allen Religionen gleichberechtigt mitgestaltet werden mit dem Ziel, Gemeinsamkeiten herauszuarbeiten und gegensätzliche Absolutheitsansprüche abzubauen, wobei dieser Unterricht neben dem Lernbereich "Ethik, Religionen, Weltanschauungen" angeboten wird.[1]

Die Aufgabe der katholischen Kirche sieht Maitreya darin, *"alle Christen zusammenzuführen - vorausgesetzt, daß die Kirche flexibel und elastisch genug ist, im Licht der neuen Realität, repräsentiert durch die Anwesenheit des Christus, auf ihre von Menschen ersonnenen Dogmen und Doktrinen, auf ihre politische und wirtschaftliche Macht und gesellschaftliche Kontrolle zu verzichten"* (90).

Wenn auch zutreffen mag, daß die Kirche als Institution in ihrer Starre verhaftet ist, führt sie die Menschen durch die Verkündung der Lehre Jesu Christi zweifellos zum Gottesglauben, trotz ihrer heutigen Mißstände. *Daran* Kritik zu üben, ist sicher notwendig, damit die Herzenskraft wieder fließen kann. Denn "Kirche" (griech.: kyriacon) heißt "Haus des Herrn". Diese Stätte ist aber nicht in einem steinernen Gebäude menschlicher Rituale, sondern einzig und allein im Herzen, dem *Altar Gottes*, zu finden. Im Herzen wirkt Gott und durch das Herz offenbart Er sich uns. Und so wie wir unser Herz immer bei uns tragen, so ist auch Gott stets bei uns wie ein Freund, der uns immer und überall begleitet. Im Herzen tragen wir unseren größten Schatz - "ein Fünklein des Geistes Gottes", der aber "mit dem ewig unendlichen Geiste Gottes"[2] verbunden ist. Daher kann die Liebe - Gott selbst - nur im Herzen und durch das Herz gefunden werden.

Die Kirche als Institution ist jedoch für viele Menschen eine wichtige Krücke, um zu Gott zu gelangen, die Maitreya den Gläubigen durch Hervorkehren der rein weltlichen Stellung der Kirche in der Gesellschaft zu entreißen sucht. Bei aller "wirtschaftlicher Macht" darf aber nicht außer acht bleiben, daß die "Kirche" im Gegensatz zur Machtorganisation Maitreyas die Menschen weder durch magische Einweihungen und

---

1   TOPIC, Nr. 3/1996.
2   Lorber, Johannes das Große Evangelium, Bd. 7, Kap. 103 (3).

Angriffe, Überschattungen, Mentalprojektionen sowie Gedankenbeein-
flussungen noch durch Nötigung zum Glauben zwingt.

*Entgegen der Annahme der Christen, der Christus komme ausschließlich
ihretwegen, komme er für die gesamte Menschheit, um das Zeitalter der Synthese und Brüderlichkeit einzuleiten, Chaos in Harmonie zu verwandeln, die
Menschheit über ihre wahre Natur und ihr Schicksal aufzuklären (55 f.). Der
Christus werde uns die umfassende Bedeutung des Gesetzes der Wiedergeburt
vor Augen führen, und diese Lehre werde einer der Grundpfeiler der neuen
Weltreligion sein (50).*

Die Christen hoffen nicht darauf, daß "Christus" wiederkommt, sondern "dieser Jesus, der von euch weg in den Himmel emporgehoben
worden ist, wird so kommen, wie ihr ihn habt in den Himmel fahren
sehen" (Apg. 1/11).
Die Wiederkunft Jesu Christi erfolgt auch nicht der Christen, sondern
der Menschen wegen, die ihre "Hoffnung auf den lebendigen Gott
gesetzt haben, der ein Heiland aller Menschen, besonders der Gläubigen, ist" (1.Tim. 4/10).

*Nach dem Einführen der neuen Weltreligion werde der Christus als der
Hierophant der ersten beiden Einweihungen das System der Mysterienschulen
der atlantischen Zeit, die "Alten Marksteine", einführen (51, 145) und die
Kanditaten auf die Initiation durch spezielle Schulung vorbereiten. In seinen
auf uralten Stätten errichteten Tempeln, wovon zwei in Großbritannien und
zwei in den USA sein werden, werde er Millionen gruppenweise durch die
Einweihung führen (146).*
*Daher sei er der "Ernährer der Kleinen", der "Babies in Christus" (184), d. h.
jener, die nach den ersten beiden Einweihungen für die dritte Einweihung, der
Transfigurationserfahrung, bereit seien (55). Er werde die Wasser des Lebens
überbringen, das die Jünger "zu besserer Zusammenarbeit mit dem Plan befähigt, der von Shambhala ausgeht" (55).*

Ebenso wie die Zeitschrift *Share* in den USA und *Peace through Sharin* (Frieden durch Teilen) in Großbrittanien erschienen sind, sollen auch die ersten Mysterienschulen in diesen Ländern gegründet werden. Der Grund hierfür liegt wohl darin, daß Creme in den USA und Maitreya in London leben, was ein Handeln an Ort und Stelle wesentlich erleichtert. Die Einzelheiten der Einweihung und der Ablauf der Initiation werden an späterer Stelle erörtert.

Seinen Jüngern hat Jesus verheißen: "Wer an mich glaubt, aus dessen Leibe werden, wie die Schrift gesagt hat, Ströme lebendigen Wassers fließen" (Joh. 7/38). "Ich reiche euch das ewige Leben im Licht und in der Liebe. Mein Reich ist nicht von dieser Welt, aber ihr werdet es finden in euch, denn durch eure Herzen werde Ich sprechen und eure Herzen werden sich finden. Ich warte auf euch"[1].

Ohne die rechte Liebe und Demut kann der Mensch aber weder den Weg zur Wiedergeburt des Geistes noch zu Gott finden. Deshalb hat Jesus gesagt: "Wenn jemand nicht von oben her geboren wird, kann er das Reich Gottes nicht sehen. Wenn jemand nicht aus Wasser und Geist geboren wird, kann er nicht in das Reich Gottes kommen. Was aus Fleisch geboren ist, das ist Fleisch, und was aus dem Geiste geboren ist, das ist Geist" (Joh. 3/3, 5 f.).

Das heißt, die Seele muß mit dem Wasser der Demut und Selbstverleugnung gereinigt sein und sie muß "selbständig all ihr Streben dahin richten: Fürs erste sich der Materie und ihren Anforderungen zu entziehen und all ihr Trachten, Tun und Treiben allein nach dem rein Geistigen zu richten, und fürs zweite fortwährend dafür besorgt zu sein, eins zu werden mit dem in ihr ruhenden Geiste der reinen Liebe Gottes"[2]. Durch die Wiedergeburt wird der Mensch aus einem unselbständigen Geschöpf zum wahren, in allem Himmlisch-Guten vollkommenen selbständigen Gotteskind[3].

1   Coralf, Der Weg zur geistigen Mystik, S. 205.
2   Lorber, Johannes das Große Evangelium, Bd. 5, Kap. 51 (3) ff.
3   Lutz, Die Grundfragen des Lebens, Kap. 33, S. 207.

Maitreya hingegen führt die Menschen keineswegs in das geistige Reich Gottes, sondern nach Shambhala, wo sie dem "Plan" dienen sollen. Auch bringt er nicht die "Wasser des Lebens", sondern des Todes, da er die Seelen der Menschen an die Materie fesseln will, wodurch ein Hinwenden zu Gott und die Wiedergeburt im Geiste verhindert werden sollen.

Demnach ist Maitreya der Vorbote des Todes, obgleich er sich Christus nennt und behauptet, *er komme, um den Großteil der Menschen in das Königreich Gottes - in die Hierarchie - durch die Tore der Einweihung zu führen, zu den Füßen Gottes, 'vor den Thron', d. h. vor Sanat Kumara, dem Herrn der Welt in Shambhala, den Hierophanten der dritten und folgenden Einweihungen (55). Er werde uns so beraten, daß wir unseren Einzelwillen freiwillig und freudig beiseite lassen, indem wir im Licht der Vision unserer eigenen Seele die Größe und Majestät des Planes erkennen (117).*

Das Reich Gottes ist das Himmelreich, das sich dem Menschen durch den festen Glauben an Gott im Herzen offenbart und nicht so kommt, "daß man es beobachten könnte. Man wird auch nicht sagen: Siehe, hier! oder: dort! Denn siehe, das Reich Gottes ist in eurer Mitte" (Luk. 17/20 f.). Es kommt weder mit äußeren Gebärden noch ist es an einen äußeren Ort gebunden, denn das Reich Gottes "ist nicht von dieser Welt" (Joh. 18/36). Daher heißt es auch "Vater unser, der du bist in den Himmeln, dein Name werde geheiligt. Dein Reich komme. . . " (Mat. 6/9 f.).

Maitreyas Lehre steht dazu in völligem Widerspruch, obwohl er durch Jesus gewirkt haben will, doch "wer von der Erde her stammt, der stammt von der Erde her und redet von der Erde her; wer vom Himmel her kommt, der ist über allen" (Joh. 3/31). Schon daran, daß Maitreya von Shambhala und dem Herrn der Welt, Sanat Kumara, anstatt vom Himmelreich und dem Geist Gottes spricht, wird deutlich, daß er den "Großteil der Menschen" nicht in das Königreich Gottes sondern in die Fänge Satans, dem "Geist aller Welt der Materie"[1] führen will.

---

1   Lorber, Johannes das Große Evangelium, Bd. 5, Kap. 70, (6).

Die "Einweihung" dient dabei als Lockmittel, um die Menschen für den "Plan" Shambhalas zu gewinnen. Was nutzt dann noch eine "Harmonie" im Äußeren, wenn die Menschen durch die Initiation Gefahr laufen, ihren freien Willen zu verlieren und im Banne der Hierarchie keinerlei Entscheidungsmöglichkeit mehr haben.

"Nichts als der Wille ist euer, alles andere ist Mein!"[1], hat Jesus gesagt. Der freie Wille ist die größte Notwendigkeit für die Bestimmung des Menschen, durch Freitätigkeit, Belehrung und Erfahrung die volle Wahrheit zu erkennen und danach selbständig zu handeln. "Nur auf diese Art und Weise kann eine Seele zum wahren, ewigen Leben gelangen und am Ende Selbstschöpferin ihres Lebens und ihres Himmels werden"[2].

Durch Einschränkung des Willens dagegen wird nicht nur das Selbstbestimmungsrecht des Menschen vereitelt, sondern auch der Weg zur geistigen Lebensvollendung versperrt. Der Ratschlag Maitreyas an die Menschen, ihren Eigenwillen freiwillig aufzugeben, beschneidet nicht nur die Willensfreiheit, sondern schließt sie sogar völlig aus, denn durch die Einweihung werden die Menschen *gezwungen*, sich seinem Willen und dem Plan der Hierarchie zu beugen.

Jesus dagegen hat durch seine Lehre den Menschen die höchste Freiheit belassen, sich für den vorgezeigten Weg in das Reich Gottes zu entscheiden, denn "was dem Menschen die höchste Lebensfreiheit verschaffen soll und wird, das muß er auch in vollster Freiheit erkennen und annehmen"[3]. Ausdrücklich hat er auch darauf hingewiesen, daß die geistige Duldsamkeit von größter Wichtigkeit ist und gerade auf dem Glaubensgebiet oft zur gewaltsamen Bekämpfung Andersdenkender, sogar mit Mitteln der Gewalt, führt. Und ausgerechnet Maitreya, der vorgibt, tolerant zu sein, mißachtet dieses Gebot in augenfälliger Weise.

1   Lorber, Johannes das Große Evangelium, Bd. 1, Kap. 14 (11).
2   Ebda., Bd. 8, Kap. 126.
3   Ebda., Bd. 8, Kap. 20 (3) ff.

Die meisten Kriege und gewaltsamen Auseinandersetzungen in der Welt betreffen zwar vordergründig Machtansprüche jeglicher Art, sind aber meistens glaubensbedingt oder aber der Glaube wird vorgeschoben, um Machtstreben zu rechtfertigen. Eines der letzten Beispiele ist der irakische Angriff auf Kuweit und dadurch hervorgerufene Krieg mit den USA. Nachdem am 28.11.1990 der UNO-Sicherheitsrat der Resolution der USA zustimmte, Hussein bis zum 15.01.1991 ein Ultimatum zum Abzug aus Kuweit zu stellen und danach mit Waffengewalt gegen ihn vorzugehen, und Hussein darauf nicht reagierte, bestand nunmehr eine ernsthafte Kriegsgefahr. Am 16.01.91 erhielt ich dazu folgende Durchgabe von Jesus, der mit sehr ernster Stimme zu sprechen begann, während seine Worte zum Schluß weich und sanft klangen.

"Oh, ihr kleinen Seelen, die ihr hier versammelt seid. Was glaubt ihr wohl, wieviele Menschen jetzt zur selben Zeit beten, doch sie tun es aus Angst und Furcht, nicht aus Glauben und Vertrauen. Die meisten tun nur das, was sie wollen, nicht das, was sie brauchen. Sie raffen und wollen Macht anstatt Liebe. Viele glauben nicht, daß es Satan gibt, doch sie werden es erkennen müssen. Der Wille des Menschen hier auf Erden ist nicht nur sein eigener, sondern wird von vielen anderen Willen beeinflußt.

Das geschieht jetzt auch im Irak, wo es den Menschen nicht um den Glauben und die Liebe geht, sondern um ihren eigenen Willen. Sie wollen aber nicht nur Macht, sondern auch alles zerstören und vernichten, was Ich euch gab. Ich gab euch diese Erde, damit ihr sie heiligt. Die Menschen aber wiegeln sich nicht nur gegen Mich auf, sondern gegen das Lebensprinzip als solches.

Ihr kleinen Seelen, auch wenn Meine Worte ernst und hart für euer Herz klingen, bedenket, Ich spreche nur aus Liebe zu euch. Wenn ein Kind im Feuer steht und vor Schmerzen schreit, muß man noch lauter schreien, damit es aus dem Feuer heraustritt. Es werden schmerzvolle Zeiten kommen, aber noch viel schmerzvoller ist es für eine Seele und einen Geist, im Reiche Satans gefangen zu bleiben. Laßt nicht den Dorn zum Nagel werden, womit ihr in den Wunden des anderen herumstochert, um auch seine letzten Schwächen zu finden, sondern brecht die

Dornenspitze ab und versucht, den anderen aufzubauen. Die Härte im kleinen kann auch eine große Härte sein. So nahe wie Ich euch jetzt bin, so nahe ist auch der Widersacher. Habt Vertrauen, denn auch die schlimmen Zeiten gehen einmal vorbei. Eine Kerze, die erlischt, kann wieder angezündet werden. Wo aber die Flamme der Liebe brennt, ist das ewige Leben und das Licht währet ewiglich.

Gehet den Weg, den Ich euch vorgelebt habe. Folget Mir nach und Ich komme euch als einzig wahres Licht entgegen. *Ich* bin die Wahrheit, der Weg und das Leben. Mein Blut strömte für euch a l l e. Fürchtet euch nicht, denn Ich bin bei euch alle Tage, von nun an bis in alle Ewigkeiten. Jesus Christus." r

Die politischen Ereignisse nach dem Kriegsausbruch am 17.01.91 haben mich veranlaßt, Gott um Erkenntnis zu bitten, warum der massive Angriff der Amerikaner gegen den Irak zugelassen wurde, worauf ich sinngemäß folgende Antwort erhielt: Gott stehe niemals auf der Seite derer, die einen Krieg beginnen. Daher waren auch die christlichen Kreuzzüge so erfolglos, bis auf den einen, wo es um die Wiedereroberung des Kreuzes ging, an dem Jesus gestorben ist. Hier mußte Gott den Sieg zulassen, damit das Kreuz nicht entheiligt werde.

Welt - Politik

Maitreya werde zwölf Meister der Welt vorstellen, darunter einige, die bestimmte, sehr hohe Stellungen einnehmen und sogar an die Spitze von Regierungen führender Nationen treten werden. Christus Maitreya und die Meister würden jedoch keine Weltregierung bilden (119), da er der Lehrer und nicht das politische Oberhaupt der Welt sei. Er vertrete auch keine spezielle politische Ideologie, sondern spreche vor allem für die Armen in Ost und West und wende sich an den guten Willen und das Mitgefühl der Menschen. (121).

Die Weltregierung werde eine Art Büro haben wie das Generalsekretariat der Vereinten Nationen, dem nach Absprache abwechselnd Vertreter der verschiedenen Länder, hohe Eingeweihte oder vielleicht sogar Meister vorstehen könnten (121). Maitreya allein verfüge über die geistige Autorität, eine Lösung (im Nahen Osten: Israel-Palästina-Konflikt) zu zeigen und ihre Durchsetzung zu erreichen, während die Situation durch die Handlungsweise der Großmächte, besonders der USA und der UdSSR, verteufelt sei (125).

Allein die Tatsache, daß Maitreya zunächst bestreitet, mit seinen "Meistern" und Eingeweihten eine Weltregierung gründen zu wollen, dann aber von seiner Weltregierung und deren "Büro" spricht, zeigt, daß er seine wahren Absichten in berechnender Weise verschleiert und bis zu deren praktischen Realisierung bewußt geheimhält. Wenn erst alles in die Tat umgesetzt sein wird, werden die "nicht eingeweihten" Völker und deren Regierungen keine Gelegenheit mehr haben, etwas dagegen zu unternehmen.

Solange Maitreya nur von Frieden, Teilen, Mitgefühl und gutem Willen spricht und offenkundig nicht die geringsten politischen Ambitionen zeigt, wird den Menschen verborgen bleiben, was er eigentlich mit diesen Reden bezweckt. Deshalb betont er immer wieder seine Rolle als

Weltlehrer, schmeichelt den Menschen mit ihrer "Göttlichkeit" und appeliert an ihren guten Willen, um sie mental weg von seiner Zielsetzung auf eine ganz andere Denkrichtung zu lenken.

Sein Geständnis, keine spezielle politische Ideologie zu vertreten, erweckt auch den Anschein der Neutralität und, dadurch bedingt, der Befähigung für das Amt des "Weltlehrers", das Maitreya bekleiden will. Durch den geschickten Hinweis auf die "verteufelten" Handlungsweisen der beiden Großmächte erreicht er zudem, daß alte "Feindbilder" in die Gedächtnisse der Menschen hochsteigen und als negatives, abschreckendes Beispiel für die unzulängliche Lösung der Weltprobleme aufgebaut werden, so daß automatisch eine Aversion dagegen und eine Akzeptanz *für* Maitreya entsteht. Was Menschenwerk ist, wird als "verteufelt" hingestellt, das Werk des Teufels aber göttlich genannt!

Da Maitreya für die Ziele des "Herrn der Welt" mit machtvoller Unterstützung der supranationalen Hierarchie wirkt, ist er weder darauf angewiesen, sich den politischen Gegebenheiten in einem bestimmten Land noch irgendeiner Weltanschauung zu unterwerfen. Vielmehr sind es die einzelnen Regierungen und Völker, die zielgerichtet im Sinne der Hierarchie gelenkt werden, damit sich das Weltgeschehen wie geplant entwickelt.

Angesichts der Tatsache, daß eine totalitäre Beherrschung der Welt bislang in der Geschichte der Menschheit noch nicht vorgekommen ist, wird die Vorstellung einer "Weltregierung" für viele unglaubwürdig erscheinen. Bedenkt man jedoch, daß es bisher immer nur Menschen waren, die ein solches Machtvorhaben verwirklichen wollten, jetzt aber Satans Hierarchie mit Maitreya an der Spitze die Welt regieren will, entsteht eine völlig neue, nie dagewesene Ausgangssituation, die auch nach heutigen Geschichtserkenntnissen nicht kalkulierbar ist.

Satans Vorhaben ist seinen "Eingeweihten" und "Meistern" unter höchster Geheimhaltungspflicht seit jeher als das *neue Testament Satans* bekannt und von den Illuminaten streng gehütet worden. Der breiten Öffentlichkeit ist dieses Dokument erst 1875 zugänglich geworden, als ein Kurier der Illuminaten auf seinem Ritt von Frankfurt nach Paris vom Blitz getroffen wurde und dabei ein Teil dieser geheimen Informationen einer weltweiten Verschwörung sichergestellt werden konnte.

Das "neue Testament Satans" ist deckungsgleich mit der Lehre Maitreyas und entspricht bis ins Detail seinem Vorhaben. Wer es liest, wird mit Erschrecken feststellen, daß eine Weltregierung unter Maitreya nicht nur denkbar und möglich, sondern schon vorhanden und funktionsfähig ist. Seine Anhänger und Jünger warten nur noch darauf, daß sich Maitreya öffentlich als "Weltlehrer" zu erkennen gibt, um selbst öffentlich aktiv werden zu können. Die "zwölf Meister", die Maitreya der Welt "vorstellen" will, sollen dabei an das Wirken Jesu Christi und seiner 12 Apostel erinnern.

Vordergründig wird sich diese "Weltregierung" als unentbehrlich für die Sicherung des Weltfriedens darstellen. Nachdem Maitreya "Gutes" in der Welt bewirkt und die Menschen von seiner "Göttlichkeit" überzeugt haben wird, werden viele von seinen globalen Lösungen unserer gegenwärtigen Probleme in der Welt überzeugt sein und ihm bereitwillig folgen, ohne auch nur im geringsten zu ahnen, in wessen Hand sie ihr Geschick legen. "Und der Drache gab ihm seine Kraft und seinen Thron und große Macht . . . , und sie beteten das Tier an und sagten: Wer ist dem Tier gleich, und wer vermag mit ihm Krieg zu führen?" (Off. 13/2, 4).

Dazu wird keine Regierung außerhalb der Hierarchie in der Lage sein, sobald Maitreya die Weltmacht innehaben wird. "Und es wurde ihm gegeben, 'Krieg zu führen mit den Heiligen und sie zu besiegen'; und es wurde ihm Macht gegeben über alle Geschlechter und Völker und Sprachen und Nationen. Und anbeten werden ihn alle Bewohner der Erde, jeder, dessen Name von Grundlegung der Welt an nicht geschrieben steht im Lebensbuch des Lammes, das geschlachtet ist. Wenn jemand ein Ohr hat, so höre er" (Off. 13/7 ff.). Durch seine Bezeichnung als "Weltlehrer" statt "Weltherrscher" kann Maitreya auch leicht die Verantwortung für die weiteren Entwicklungen, vor allem die beabsichtigte Christenverfolgung, von sich auf die Menschen und deren Unzulänglichkeit abwälzen.

Eine Weltregierung setzt zwingend voraus, daß alle Staaten der Welt dieser Regierung unterstehen. Das bedeutet nicht nur, daß die einzelnen Länder dadurch ihre Souveränität einbüßen, sondern vor allem auch, daß sie von dieser Regierung in jeder Hinsicht, politisch, wirtschaftlich, rechtlich, sozial usw., abhängig sind und kein eigenes Entscheidungsrecht mehr haben. Damit soll im Großen wie im Kleinen erreicht werden, daß den Völkern wie dem einzelnen Menschen die Willensfreiheit genommen wird.

Den Menschen verkündet er jedoch, *daß es zu Abrüstung und Frieden erst kommen werde, wenn durch das Prinzip des Teilens ein Klima des Vertrauens geschaffen sein werde. Trotz starker konservativer Neigungen in Holland, Deutschland, England und Amerika müßten diese Veränderungen kommen, wenn die Welt überleben soll. Jetzt seien wir die Zeugen eines letzten Stellungskrieges der alten Ordnung (122 f.).*

Obwohl als Friedenfürst verkleidet, bringt Maitreya weder Frieden noch Gewaltlosigkeit. Seine Reden über Frieden dienen lediglich dazu, das Vertrauen der geistblinden Menschen zu gewinnen. Das wird ihm bei solchen Menschen auch gelingen, die nur an den Schein der Dinge glauben und nicht erkennen (wollen), daß die Wahrheit nicht in der sichtbaren Wirklichkeit zu finden ist. Selbst wenn Maitreya zeitweilig Frieden in der Welt bewirken sollte, bedeutet das noch lange nicht, daß es keinen Krieg mehr gibt. Kriege finden nicht nur im materiellen, sondern auch im feinstofflichen Bereich, d. h. auf Seelenebene, statt und toben dort oft grausamer als hier. Es gibt Dinge zwischen Himmel und Erde, die weder greifbar noch beweisbar sind und damit auch nicht irdischen Maßstäben unterliegen. Und doch sind sie existent und genauso real wie unsere Gefühle, Gedanken und Erfahrungen, die ebensowenig meßbar sind.

Schon während der Vorbereitungsarbeiten zu diesem Buch habe ich verstärkt die Negationen der Dunkelheit zu spüren bekommen, die umso intensiver wurden, je mehr ich daran arbeitete. Sobald ich damit beschäftigt war, wurde mein Scheitelchakra regelmäßig von einem sehr unangenehmen feinstofflichen Feld energetisch überlagert, was mich umso mehr veranlaßte, Gott verstärkt um Schutz vor mentaler Beeinflussung zu bitten. Hinzu kamen Mentalprojektionen von Schreckensbildern und zahlreiche schwarzmagische Angriffe, die ich ohne Gottes Hilfe nicht überlebt hätte. Anhand dieser einschneidenden Erfahrungen habe ich erkennen können, wie gewaltig die Macht der Dunkelheit sein kann, aber auch, daß sie nichts ausrichten kann gegen die Allmacht Gottes in Jesus Christus, der "den Tod zunichte gemacht" (2. Tim. 1/10) hat und "gebietet den unreinen Geistern mit Gewalt und Macht" (Luk. 4/36), der "alleinige Machthaber, der König der Könige und Herr der Herrschenden, der allein Unsterblichkeit hat, der in unzugänglichem Lichte wohnt, den kein Mensch gesehen hat noch sehen kann, er, dem Ehre gebührt und ewige Macht. Amen" (1. Tim. 6/15 ff.).

Erst wenn der Glaube an Gott stark im Herzen verankert ist und die Flamme der Liebe leuchtet, kann die Dunkelheit nichts mehr ausrichten. Solange es aber schon am Glauben mangelt, kann diese Gewißheit erst garnicht entstehen. Kein Mensch ist in der Lage, aus sich heraus den Einflußnahmen Satans zu widerstehen, es sei denn mit Gottes Hilfe. Denn nur im Lichte Gottes löst sich die Dunkelheit auf und muß weichen. Diese Erkenntnis ist umso wichtiger, je weiter man sich geistig entwickelt. Daher "hütet euch vor den falschen Propheten, die in Schafskleidern zu euch kommen, inwendig aber sind sie räuberische Wölfe!" (Mat. 7/15). Einen Wolf erkennt man jedoch nur unter Schafen, nicht unter Wölfen.

Der "letzte Stellungskrieg" ist in Wirklichkeit der entscheidende Kampf für oder wider Gott und nicht ein Krieg "der alten Ordnung". Mit dieser Darstellung erweckt Maitreya absichtlich den Eindruck, als ginge es darum, eine "alte", d. h. überholte Ordnung durch das Prinzip des Teilens zu erneuern. Doch noch nie zuvor waren Gottes Worte und die biblischen Vorhersagen im Hinblick auf das Kommen des Antichristen so up to date wie heute.

Daran ändert auch nichts das *Sofortprogramm Maitreyas, das er starten werde, um die verhungernden Millionen der Dritten Welt zu retten und die Menschheit zu einer Neustrukturierung der Gesellschaft nach gerechteren Grundsätzen und zur Schaffung einer neuen Welt zu inspirieren (57). Jedes Land werde aufgefordert werden, all das, was seinen Bedarf übersteige, der Welt zur Verfügung zu stellen.*

Ein Umverteilungsprogramm in drei bis vier Jahren sei bereits von hohen Eingeweihten - Wirtschafts- und Finanzexperten und Industriellen - ausgearbeitet worden (111).

Die "hohen Eingeweihten" sind die *Illuminaten* (lat.), die Erleuchteten des ursprünglichen "Lichtträgers" Luzifer, und wie Maitreya nicht im Geringsten am Wohlergehen der verhungernden Millionen von Menschen interessiert. Ihnen geht es nicht darum, die Welt der Menschen wegen, sondern entsprechend ihrer Herrschaftsziele zu ändern. Diese "humane" Geste zielt demnach nur darauf ab, Maitreya eine gewaltige Anhängerschaft zu sichern.

Die hungernden Millionen werden ihn anbeten und ihm folgen, sobald sie genug zu essen haben. Wüßten sie aber, daß ihre karge Existenz, der Hunger und ihr Leid auch ein Machwerk der Illuminaten ist, die als Bankiers, Industrielle, Wissenschaftler, militärische und politische Führungskräfte und Wirtschaftsexperten die eigentlichen Machthaber und Drahtzieher der Welt sind, wären sie kaum zu überzeugen, daß dieses Umverteilungsprogramm großzügig und altruistisch motiviert ist. Im neuen Testament Satans bekennen sie sogar, daß Hunger der Geldmacht weit sicherere Gewalt über die Arbeiter verschaffe, als sie dem Adel von der gesetzlichen Macht des Königs verliehen worden sei[1].

Den Illuminaten gehört die Herrschaft des Geldes. Sie bestimmen, wen sie unterstützen oder zu Fall bringen wollen, denn sie regieren die Welt insgeheim. Was hier als "Aufforderung" an die Länder bezeichnet wird, ist in Wahrheit eine nachdrückliche Forderung, der sich keine "nicht illuminierte" Regierung widersetzen kann.

"Mag nun ein Staat durch innere Umwälzungen erschöpft oder durch Bürgerkrieg in die Gewalt äußerer Feinde geraten sein, so ist auf jeden Fall dem Untergang geweiht; dann ist er in unserer Gewalt"[2], heißt es im neuen Testament Satans.

---

1   Des Griffin, Wer regiert die Welt?, S. 260.
2   Ebda., S. 250.

Der alte Illuminatenorden wurde am 1. Mai 1776 von *Adam Weishaupt*, Professor des Natur- und kanonischen Rechts, in Ingolstadt gegründet. Ziel seines Ordens war die sittliche Veredelung seiner Zeitgenossen einerseits und der Kampf gegen die Jesuiten, deren Zögling er war, andererseits. In seinem Buch "Über die geheime Welt- und Regierungskunst" entwirft Weishaupt ein Konzept, wie man die Welt regieren muß, um das "Novus Ordo Saeculorum", die *neue Weltordung* unter e i n e r Weltregierung, zu erreichen. Zu den wichtigsten Richtlinien der Illuminaten gehörte, daß sie niemals öffentlich, sondern hinter den Kulissen der Weltbühne zu arbeiten hatten und sowohl ihre Identität als auch ihre Verbindungen zu den revolutionären Kräften geheimhalten mußten.

Im Jahre 1784 wurde der Orden als staatsfeindlich durch kurfürstlichen Erlaß verboten und 1906 auf Initiative von *Theodor Reuß* neu von *Leopold Engel* gegründet, der auch den Lehrplan und die Organisation des neuen Ordens entwarf. Nach dem Zweiten Weltkrieg wurde der Orden in Zürich abermals neu gegründet und nennt sich **Weltbund der Illuminaten,** *Ordo Templi Orientis (OTO), Gnostisch-Katholische Kirche, Komturei Thelema* oder *Fraternitas Rosicruciana Antiqua.* Prominente und führende Persönlichkeiten des Illuminatenordens waren *Knigge, Goethe, Franz Hartmann, Rudolf Steiner, Krumm-Heller, Julius Meyer, Dr. Herbert Fritsche, Aleister Crowley* u. a.

Lehrinhalt der Illuminaten ist, daß das Recht in der Macht des Stärkeren liegt und nichts weiter bedeute als *"Gebt mir, was ich wünsche, damit ich einen Beweis dafür habe, daß ich stärker bin als ihr"*[1]. Auf dieser Grundlage begannen sie unter der Führung Baphomets, die Völker und Regierungen der Welt sukzessiv nach ihrem Willen zu lenken, indem sie mit List und Heuchelei die Legislative, Judikative und Exekutive der einzelnen Länder unterminierten und mit der Macht des Geldes die Herren der Welt wurden. Ihrem Verständnis nach heiligt der Zweck die Mittel, so daß ohne Skrupel Gewalt, Verschlagenheit, Bestechung, Betrug, Verrat und Verbrechen jeglicher Art angewendet werden sollen, wenn hierdurch nur Unterwürfigkeit und Macht erlangt würde.

1   Des Griffin, Wer regiert die Welt?, S. 252.

Da die Masse blind, unvernünftig und urteilslos sei, dürfe sie in der Staatskunst nicht mitreden, sondern mit gerechter, aber unerbittlicher Strenge und unbedingter Gewalt regiert werden. Notfalls müsse die Schreckensherrschaft durch wirksame Hinrichtungen aufrechterhalten werden, um blinden und unbedingten Gehorsam zu erzwingen.

Die Unerbittlichkeit der Lehre werde schließlich alle Regierungen bezwingen und der Oberregierung der Illuminaten und ihres Königs Maitreya unterwerfen. Dann werde der Kreis der symbolischen Schlange - dem Sinnbild des Illuminaten-Ordens - geschlossen sein, und dieser Ring werde alle europäischen Reiche mit kräftigen Schraubstöcken zusammenpressen.

Der Ruf der Illuminaten: "Freiheit, Gleichheit, Brüderlichkeit" habe in wirksamer Weise die Wohlfahrt der Welt und die wahre persönliche Freiheit, die früher vor dem Druck der Masse geschützt gewesen sei, zerstört. Weder die Regierenden noch verständige und kluge Nicht-Illuminierte hätten den Widerspruch dieser Parole erkannt, sondern begeistert die Fahne der Illuminaten getragen und dabei die Grundlagen ihrer eigenen Herrschaft preisgegeben.

Dadurch sei den Illuminaten der höchste Triumpf, die Vernichtung der Adelsherrschaft der Nicht-Illuminierten, dem einzigen Schutzmittel der nicht-illuminierten Völker und Staaten, gelungen. Durch Ausnutzen von Schwächen, wie Habgier, Unersättlichkeit der menschlichen Bedürfnisse usw., hätten sie auf den Trümmern des Blut- und Geschlechtsadels den Geldadel nach dem Maßstab des Reichtums, der von ihnen abhängig sei und der Wissenschaft, die von den weisen Männern der Illuminaten geleitet werde, errichtet. Die Absetzbarkeit der Volksvertreter habe diese in die Gewalt der Illuminaten gegeben und ihre Ernennung gleichsam von ihnen abhängig gemacht.

Volksrechte ebenso wie die einzelnen Verfassungen der Länder begründeten keine wirklichen Rechte, da sie nur eine eingebildete Bedeutung hätten. Durch die aufkommenden Unruhen der Machthungrigen würden die, von den Illuminaten ungenau eingestellten, Waagschalen der Verfassungen unserer Zeit bald umkippen und den Weg für die neue Weltregierung ebnen. Eine Verständigung zwischen den Volksvertretern und den machthungrigen Massen sei unmöglich geworden, da beide ihre Bedeutung verloren hätten, weil die Illuminaten die sichtbare Gewalt der Herrscher von der unsichtbaren Macht der Massen getrennt und dadurch jegliche Verständigung untereinander vereitelt hätten. Durch die Presse müsse ein blindes Zutrauen in die sogenannten Gebote der Wissenschaft, die von den Vertretern der Illuminierten zusammengestellt worden seien, erweckt werden, während bei den nicht-illuminierten Wissenschaftlern dieser Irrtum erhalten werden müsse, um die Menschen in der für die Illuminaten notwendigen Geistesrichtung zu erziehen. Die Lehren von *Darwin, Marx* und *Nietzsche* hätten bereits eine zersetzende Wirkung mit Erfolg erreicht[1].

Diese Auszüge aus dem neuen Testament Satans verdeutlichen zur Genüge, was sich hinter dem Vorhaben Maitreyas und dem Geheimwirken seiner "Eingeweihten" und "Meister" in Wirklichkeit verbirgt. Um dieses Ziel zu erreichen, wird der "Plan" solange geheimgehalten, bis diese unsichtbare Macht von niemanden mehr gefährdet oder aufgedeckt werden kann.

Es mutet schon seltsam an, ausgerechnet im "Testament Satans" zu lesen: "auch die Freiheit könnte unschädlich sein. Sie könnte im Staatsleben ohne Nachteil für die Wohlfahrt der Völker wirksam werden, wenn sie sich auf den Glauben an Gott und auf die Nächstenliebe stützte, wenn sie sich von allen Gedanken der Gleichheit fernhielte, mit welcher die auf Unterordnung beruhenden Gesetze der Schöpfung im Widerspruch stehen. Bei solchem Gottesglauben würde sich das Volk von der Geistlichkeit leiten lassen. Es würde friedlich und bescheiden an der Hand seiner Seelenhirten einherschreiten und sich der von Gott gewollten Verteilung der irdischen Glücksgüter ruhig unterwerfen. .

"Aus diesem Grund müssen wir unbedingt den Gottesglauben zerstören, jeden Gedanken an Gott und den Heiligen Geist aus der Seele der Gläubigen herausreißen und ihn durch zahlenmäßige Berechnungen und körperliche Bedürfnisse ersetzen"[2].

---

1   Des Griffin, Wer regiert die Welt?, S. 252 ff.
2   Ebda., S. 264.

Demnach ist auch den Illuminaten nicht unbekannt, daß der Mensch Glück, Freiheit, Frieden, ewiges Leben und Erlösung nur durch *Gott* erlangen kann. Daher ihr Bestreben, Gott aus den Herzen der Menschen zu verbannen, um sich anbeten zu lassen. Solange aber die Menschen an Gott festhalten und seinen Namen - Jesus Christus - heiligen, werden sie diesem Blendwerk nicht unterliegen, wie die folgende Botschaft verdeutlicht.

"Nur die Freiheit erlöst, nicht der Zwang. Man kann keine Freiheit bringen mit Worten, wenn man selbst unfrei ist. Das Licht kann einen Raum nur erhellen, wenn man dem Licht die Tore öffnet, ansonsten wird das Licht nicht erlösend erleuchten, sondern brutal verbrennen.

Dies zeigt sich auch durch die Mitmenschen. Wo der Mensch gewaltsam von Sünde befreit wird, ist es keine Erlösung, sondern ein Hinwegnehmen, und ein Dieb kann nicht in das Reich Gottes kommen.

Der Himmel ist nur in Eifer, aber nicht mit Gewalt zu erlangen. Neben Glauben und Hoffnung muß die Liebe zu Gott durch Jesus Christus am größten sein. Wer aus dem freien Willen handelt, handelt aus seinem Geiste. Die Liebe zwingt nicht, doch sie fordert. Auch wenn man sich an dem Duft einer Rose erfreut, muß sie nicht von ihrem Stiel gerissen und in eine Vase gestellt werden. Da es ist nicht ihre Bestimmung, denn auch hier entzieht man sie gewaltsam ihrem Lebenskeime. Darum erwuchsen ihr auch die Dornen, nicht nur zu ihrem Schutze, sondern auch zur Erkenntis alles Lebenden. Daher drückte der Satan dem Herrn eine Dornenkrone auf sein Haupt, um diese kostbare Blume durch Schmerz verwelken zu lassen.

In der Ruhe und in der Stille findet der Mensch im Geiste durch die unendlichen Reiche die Verbindung zum Urschöpfergeist. Die Liebe Gottes strahlt durch das unendliche Universum, und diese Strahlen berühren den Geist, lassen ihn heller werden und dieses Licht reinigt die verfinsterte Seele und hebt sie dadurch empor. In der Stille findet schweigend die Erlösung statt. Darum bedarf es auch einer jenseitigen Welt, um aus der Maschinerie des Weltenmeeres die Ruhe zur Besinnung zu finden. Sorgen machen unfrei und haben ihre Wurzeln im Zweifel.

Jesus liebt alle Menschen. Sein Herz ist voll von Liebe, aber auch von Traurigkeit. Durch den Heiligen Geist kommt Kraft und Stärke zu den Gläubigen. Jesus Christus ist und bleibt der Sieger in Ewigkeit." r "Furcht ist nicht in der Liebe, sondern die vollkommene Liebe treibt die Furcht aus, denn die Furcht hat Pein" (1. Joh. 4/18). Die Worte Maitreyas dagegen hinterlassen ein beklemmendes Gefühl im Herzen und vermitteln Angst und Schrecken. Angst ist ein gewaltiges Machtmittel, die Menschen wie erschreckte Kaninchen in Bann zu halten und jeden Widerstand zunichte zu machen, zumal die Entscheidung für Gott Selbstverleugnung aus Liebe voraussetzt.

Jesus hat nicht umsonst seinen Jüngern gesagt: "Wenn jemand mit mir gehen will, verleugne er sich selbst und nehme sein Kreuz auf sich und folge mir nach! Denn wer sein Leben retten will, der wird es verlieren; wer aber sein Leben verliert um meinetwillen, der wird es finden. Denn was wird es dem Menschen nützen, wenn er die ganze Welt gewinnt, sein künftiges Leben aber einbüßt? oder was kann ein Mensch als Gegenwert zur Wiedererlangung seines Lebens geben?" (Mat. 16/24 ff.). Erst wenn der Mensch begreift, daß der Tod seine Macht in der Liebe zu Gott verliert, schwindet auch die Angst, deren Ursachen oft Unwissenheit, Zweifel und mangelnder Glaube sind.

Wäre Satan in seinem Höhenwahn nicht so verbohrt und vermessen zu glauben, Gott gleich sein zu können, würde er erkennen, daß er solange der Verlierer bleibt, bis er bereit ist, sich in Demut zu wandeln. Im Lorberwerk "Bischof Martin" sagt der Herr zu Luzifer: "Bin Ich nicht ein Werkmeister aller Werke der Werke? So Ich das aber bin und schaffe Mir Werkzeuge, wie Ich sie brauche und haben will, sage, kannst du Mir dann trotzen? Oder kannst du das Trotz nennen, so du also bist, wie du bist, und nicht anders sein kannst, als nur, wie Ich es am Ende will?

Ich aber bin kein harter Erzgießer, sondern ein Meister voll Liebe, so daß Ich sogar meine Tiegel aus ihrer langen Glut ziehen will, so sie es wünschen und in die Ordnung Meiner freien Werke übergehen wollen. Wollen sie aber das nicht, und macht es ihnen mehr Freude, meine ewigen Schmelztiegel zu verbleiben, so ist es Mir auch recht, denn dann brauche Ich Mir keine neuen zu schaffen. Bleiben sie aber Tiegel, so sind sie, wie sie sein müssen, und unmöglich, wie sie sein wollen!

Denn ein Werkzeug kann nicht anders sein, als wie Ich es gestalte und haben will. Daher ist dein vermeintlicher Trotz, an dem du eine Freude hast, auch nichts als eine Chimäre, entstammend deiner großen Blindheit! Denn so wenig ein Topf zum Töpfer sagen kann: ich bin, wie ich will, während ihn doch der Töpfer dreht und gestaltet, wie er will - ebensowenig kannst du zu Mir sagen, daß du seist, wie du wollest, während du doch nur sein mußt, wie und was du bist, wie Ich es will. Nur gebe Ich, als die ewige Liebe selbst, dir neben diesem deinem Gericht auch so viel lebendige Freiheit, derzufolge du deinen qualvollen Zustand fühlen, begreifen und ändern kannst, so du es willst. Willst du es aber nicht, so bleibe, wie und was du bist. Willst du aber dein Los verbessern, so werde ich an deiner Stelle ein anderes, Mir in deiner Art dienliches Werkzeug setzen!"[1]

Auch wenn Satan so verbissen der Liebe und dem Leben trotzt und lieber im Tode verbleiben will, heißt das noch lange nicht, daß die Menschen sein Schicksal teilen müßten. Denn wenn sie ihm nicht folgen, überwinden sie den Tod und erlangen das ewige Leben. Das aber will Satan aus Neid verhindern und versucht daher, die Menschheit mit seinem Trotz anzustecken, um nicht allein in der Materie verhaftet zu bleiben. Und so verbreitet er mit allem Fleiß seine Lügen weiter durch Maitreya.

Indem Maitreya die Verblendung des Materialismus von der Welt vertreiben werde, werde die Menschheit ihre innewohnende Göttlichkeit erkennen und manifestieren, indem Zusammenarbeit den Wettbewerb ersetzt, Toleranz und guter Wille Trennungen und Haß überwinden werden (60, 173). Jedes Land werde seine Sprache, Kultur und politische Systeme usw. beibehalten, jedoch in vollendeterer Form. Kapitalismus wie Kommunismus seien von Menschen gemacht, aber auf Anregung der göttlichen Ideen, die die Hierarchie in den Gedankengürtel gesandt habe (120 f.). Die demokratischen wie die kommunistischen Systeme würden sich wandeln, das demokratische werde sich aber halten (112).

1   Lorber, Bischof Martin, Kap. 119.

Auch hier beweist Maitreya erneut sein taktisches Können, indem er von der "Verblendung des Materialismus" und damit von einer Wirkung spricht, ohne auf deren Ursache einzugehen. In Anbetracht seiner Zielsetzung bewirkt diese bewußte Ausklammerung bei den Menschen die Vorstellung, er - Maitreya - habe mit dem Materialismus nichts zu tun. Dabei dient er doch dem Herrn der Welt, der sich selbst vertreiben müßte, damit der Materialismus verschwindet. Denn eine negative Wirkung kann wirksam nur durch Bekämpfung ihrer Ursache beseitigt werden.

Das Konkurrenzdenken unter den Menschen soll nunmehr der Zusammenarbeit für die Hierarchie weichen, während die Toleranz als leere Phrase gegen "Trennung und Haß", deren Sinnbild die verhaßten Christen sind, benutzt wird. Durch die Darstellung des Materialismus als Feindbild, schürt Maitreya zunächst Aggressionen und Wut, die er geschickt gegen das Christentum und die Christen kanalisiert.

Die politischen Systeme *Kommunismus* und *Kapitalismus* entstammen ebenfalls den Aktivitäten der Illuminaten, deren Vorhaben darauf gerichtet war, die Menschen dadurch in unterschiedlicher Weise zu zermürben und auf das Kommen Maitreyas als Weltlehrer vorzubereiten.

Der *Kommunismus* hat zu einem allgemeinen wirtschaftlichen Niedergang der Gesellschaft geführt und dadurch nicht nur eine materielle Not der Bevölkerung hervorgerufen, sondern auch eine seelisch-geistige Verarmung der Menschen. Der tägliche Existenzkampf ums nackte Überleben ließ den Menschen weder die Zeit noch die Kraft, sich mit Glaubensfragen auseinanderzusetzen. Diese Nöte und Ängste führten vielmehr dazu, daß sich die Menschen nichts sehnlicher wünschten als den materiellen Wohlstand.

Demgegenüber breitete sich im *Kapitalismus* der materielle Überfluß aus, der den Menschen grenzenlose Freiheit zur Selbstentfaltung ließ, die zunehmend auf Kosten anderer ausgelebt und schließlich zur egoistischen Herzlosigkeit wurde. Das persönliche Wohlergehen steht nicht nur im Mittelpunkt, sondern kann auch durch übermäßigen Konsum realisiert werden, so daß für die meisten überhaupt kein Anlaß mehr besteht, sich an Gott zu wenden.

Kommunismus und Kapitalismus zielen demnach nur darauf ab, die Massen auf Maitreya vorzubereiten, wobei die tatsächlichen Auswirkungen dieser beiden Systeme auf die Psyche und den Willen der Menschen von entscheidender Wichtigkeit sind. Und während die Illuminaten das Feuer der Zerstörung weiterschüren, nach Belieben anfachen oder zum Erlöschen bringen, führen die "nicht-Illuminierten" unwissend den "Plan" der Hierarchie aus. Daher kann sogar Maitreya seine Ziele offenlegen, ohne befürchten zu müssen, daß sein Machwerk durchschaut wird.

Das "neue Testament Satans"

Bevor wir auf die Weltordnung Maitreyas eingehen, wollen wir uns zunächst dem *neuen Testament Satans* und den darin enthaltenen Anweisungen und Vorbereitungen der Illuminaten für die Erlangung der Weltherrschaft zuwenden. Dieses Dokument enthält einen bis in alle Einzelheiten ausgearbeiteten Plan für die weltweite Unterdrückung und Knebelung der Völker[1].

Die **Weltherrschaft** Satans sei nur auf Umwegen, durch gezielte Wühlarbeit und Untergrabung der Eckpfeiler jeder wirklichen Freiheit - der Rechtsprechung, der Wahlordnung, der Presse, der Freiheit der Person und vor allem der Erziehung und Bildung des Volkes -, und unter strengster Geheimhaltung aller Unternehmungen zu erreichen.

Alle Völker sollen durch Neid und Haß, durch Streit und Krieg, durch Entbehrungen, Hunger und Verbreitung von Seuchen derart zermürbt werden, daß sie keinen Ausweg mehr sehen, als sich vollständig der Herrschaft der Illuminaten zu unterwerfen.

Durch gezielte Untergrabung der letzten Stützen der Staatsgewalt müssen die Regierungen solange gepeinigt werden, bis sie bereit sind, um des lieben Friedens willen ihre ganze Macht zu opfern. In *Europa* müssen persönliche und völkische Gegensätze, Rassen- und Glaubenshaß geschürt werden, damit ein unüberbrückbarer Zwiespalt entsteht, so daß kein christlicher Staat Unterstützung mehr findet, weil jeder andere Staat befürchten muß, daß ein Bündnis gegen die Illuminaten nicht vorteilhaft sei.

1   Des Griffin, Wer regiert die Welt?, S. 264.

In *anderen Erdteilen* soll Streit, Feindschaft, Unruhe gesät werden, um die Staaten das Fürchten zu lehren und jeden Widerstand zu brechen. Zusätzlich sollen alle Fäden, die die Illuminaten mit Hilfe staatsrechtlicher oder wirtschaftspolitischer Verträge nach allen Seiten hin gesponnen haben, verwirrt werden. In mündlichen Verhandlungen soll mit Verschmitztheit vorgegangen werden, der amtliche Schriftwechsel aber den Eindruck von Ehrbarkeit und Entgegenkommen erwecken.

Jede *staatliche Einrichtung* müsse eine wichtige Aufgabe im Staatsleben erfüllen, damit durch Beschädigung der einen die ganze Staatsmaschine zum Stocken kommt.

Als *Präsidenten* der Staaten sollen aus den Reihen der sklavisch untergebenen *Günstlinge der Illuminaten* jene gewählt werden, deren Vergangenheit irgendeinen dunklen Punkt aufweist, der sie zu getreuen Vollstreckern der Weisungen der Illuminaten macht. Durch Einführung der Verantwortlichkeit des Präsidenten für eigene Handlungen könnten alle Maßnahmen der Illuminaten schrankenlos ausgeführt, die *Gesetze umgedeutet* und die *Verfassungen geändert* werden. Mit der Verleihung des Rechts an den Präsidenten, den Kriegszustand zu verhängern, werde die gesamte Wehrmacht in die Hände der Illuminaten gelangen. Um zu verhindern, daß vor Erfüllung des Plans die ungesetzlichen Handlungsweisen des Präsidenten zu Tage treten, soll den Ministern für selbständige Maßnahmen eigene Verantwortung übertragen werden.

Die *nichteingeweihten Herrscher* dagegen sollen durch höfliche Empfangs- und Vertretungspflichten sowie glänzende Feste von einer eingehenden Beschäftigung mit der Staatskunst abgelenkt werden. Durch *Terror* soll die Kraft des Herrschers von der des Volkes getrennt werden, um jede für sich allein zu beherrschen.

Die Käuflichkeit der höchsten Staatsbeamten und die Sorglosigkeit der Herrscher soll dazu benutzt werden, die Regierungen durch Aufnahme auswärtiger Anleihen in die *Schuldknechtschaft* der Illuminaten zu stürzen, um ihre Staatsschulden empfindlich zu vermehren. Durch Hervorrufen von *Wirtschaftskrisen*, indem alles erreichbare Geld plötzlich aus dem Verkehr gezogen wird, soll der *Zusammenbruch der Geldwirtschaft* der Nicht-Illuminaten bewirkt werden.

Die *Geldmacht* muß die Alleinherrschaft in Handel und Gewerbe erringen, damit durch das Geld die Industriellen eine politische Macht gewinnen. Neben den Illuminaten und den von ihnen abhängigen Millionären, der Polizei und Soldaten dürfe es in der Welt *nur noch Besitzlose* geben. Durch viele Deutungen sollen die *Gesetze verdunkelt* und allmählich in ihr Gegenteil verkehrt werden. Durch Einführung des allgemeinen und gleichen Wahlrechts soll die *Alleinherrschaft der Mehrheit* geschaffen werden. Die Gewöhnung an den *Gedanken der Selbstbestimmung* werde dann die Bedeutung der Familie und ihrer erzieherischen Werte vernichten. Die *Jugend* soll durch eine Erziehung auf falschen Grundsätzen und lügenhaften Lehren verdummt, verführt und verdorben werden.

Die *Völker* sollen daran gewöhnt werden, den Schein als wahre Münze zu nehmen, sich mit Äußerlichkeiten zu begnügen, nur dem Vergnügen nachzujagen, sich in der ewigen Sucht nach etwas Neuem zu erschöpfen und schließlich den Illuminaten zu folgen, was durch eine gute Bezahlung der Massen für ihren Gehorsam und ihre Aufmerksamkeit erreicht werde. Durch Entsittlichung der Gesellschaft sollen die Menschen jeden Glauben an Gott verlieren. Schon ein Jahrzehnt genüge, ein Volk in diesem Sinne zu erziehen. Die Völker sollen entwaffnet, entflammte Leidenschaften zu Gunsten der Illuminaten benutzt und fremde Gedanken für eigene Zwecke eingesetzt werden.

Die *Masse* soll durch geschickte Bearbeitung in Wort und Schrift, gewandte Umgangsformen und allerlei geheime Mittelchen nach dem Willen der Illuminaten gelenkt werden. Das *eigene Denken* müsse den Menschen durch den Anschauungsunterricht abgewöhnt und vorhandene Geisteskräfte auf bloße Spiegelfechtereien einer hohlen Redekunst abgelenkt werden. Die freiheitlichen Gedanken der Parteien sollen durch Redner der Illuminaten solange breit getreten werden, bis die Menschen ermüden und in ihnen eine Abscheu vor den Rednern aller Richtungen entsteht. Die Staatslehre der Illuminaten dagegen soll den Bürgern unermüdlich eingeflößt werden, um sie nicht zur Besinnung kommen zu lassen.

Das *erste Geheimnis*, die Menschen zu lenken, sei die *Beherrschung der öffentlichen Meinung*, die solange Zweifel, Zwietracht und widersprüchliche Ansichten säen soll, bis sich die Menschen im Wirrsal nicht mehr zurechtfinden und überzeugt sind, daß es besser sei, in staatsrechtlichen Fragen keine Meinung zu haben. Volksleidenschaften müssen entflammt und ein geistloses, schmutziges und widerwärtiges Schrifttum geschaffen werden. Aufgabe der Presse, der achten Großmacht, sei es, die Unfähigkeit der Nicht-Illuminierten auf allen Gebieten des staatlichen und religiösen Lebens zu erweisen. Das *zweite Geheimnis* bestehe darin, alle schlechten Gewohnheiten, Leidenschaften, Fehler und Schwächen der Menschen *auf die Spitze zu treiben*, bis sie sich untereinander nicht mehr verstehen.

Vor allem müsse die *Macht der Persönlichkeit* bekämpft werden, da es nichts Gefährlicheres als sie gebe, denn wenn sie mit schöpferischen Geisteskräften ausgesattet ist, vermag sie mehr auszurichten als Millionen von Menschen. Sollte ein bewaffneter Angriff seitens der Nicht-Illuminierten drohen, sollen von den Stollen der Untergrundbahnen, die alle Hauptstädte durchziehen, die ganzen Städte in die Luft gesprengt werden.

Die zunehmende Macht der *Industrie* soll durch Investitionen in das Spielgeschäft, das sich in den Händen der Illuminaten befindet, geschwächt werden, um eine finanzielle Sanierung der *Landwirtschaft* zu verhindern. Zusätzlich soll die Industrie durch ein Verlangen nach Pracht, nach einem alles verschlingenden Aufwand, zerstört werden. (aufwendige und unnütze Warenverpackungen[1]).

Als Vorwand für die, gleichzeitig mit der Steigerung der *Arbeitslöhne*, erzwungene *Preissteigerung* soll der Notstand der Landwirtschaft und Viehzucht benutzt werden. Der wahre Stand der Dinge soll durch die *Volkswirtschaftslehre* und den dadurch erweckten Eindruck der Fürsorge für die Arbeiterklasse verschleiert werden. Das Wort "Fortschritt" werde die Köpfe der Menschen verdrehen und in allen Fällen *die Wahrheit* verdunkeln.

---

1   Anmerkung der Verf.

Durch alle diese Mittel sollen die *Völker gezwungen* werden, den Illuminaten die *Weltherrschaft* anzubieten, die ohne schroffen Übergang durch Vereinahmung aller staatlichen Kräfte der Welt erreichbar sei. Die *neue Weltregierung* muß als Schirmherrin und Wohltäterin derer erscheinen, die sich ihr freiwillig unterwerfen. Anstelle der jetzigen Herrscher soll ein *Schreckgesprenst* gesetzt werden, das sich *überstaatliche Verwaltung* nennt, wodurch alle Gewalt in die Hände der Illuminaten vereinigt werden soll, damit das staatliche Leben durch neue Gesetze, die *sämtliche Freiheiten beseitigen*, geregelt wird.

Widersetzt sich ein Staat, müssen die Nachbarn zum Krieg gegen ihn angestachelt werden. Wollen sie sich verbünden, dann müsse der **Weltkrieg** entfesselt werden. Der Plan dazu stammt von Weishaupts Nachfolger Giuseppe Mazzini, der über den Zustand nach dem 2. Weltkrieg schrieb: ". . . und die Mehrheit der Menschen wird . . . nach der Enttäuschung über das Christentum und daher ohne Kompaß besorgt nach einem Ideal ausschauen, ohne zu wissen, wen oder was sie anbeten soll. Dann ist sie reif, das reine Licht durch die weltweite Verkündung der Lehre Luzifers zu empfangen, die endlich an die Öffentlichkeit gebracht werden kann."[1]

Der günstigste Augenblick der Anerkennung des *neuen Weltherrschers* sei gekommen, wenn die von langen Unruhen geplagten Völker *"angesichts der von uns herbeigeführten Ohnmacht ihrer Herrscher den Ruf ausstoßen werden: 'Beseitigt sie und gebt uns einen einzigen Weltherrscher, der uns alle vereint und die Ursachen des ewigen Haders - die staatlichen Grenzen, die Religion, und die Staatsschulden - beseitigt, der uns endlich Frieden und Ruhe bringt, die wir vergeblich von unseren Herrschern und Volksvertretungen erhoffen'."* [2]

"Wenn der König der Illuminati, der von Gott auserwählte Weltherrscher, auf sein geheiligtes Haupt die Krone setzen wird, die Europa ihm anbieten muß, dann wird er der Stammvater, der Patriarch der ganzen Welt."[3]

1   aus: Homuth, Vorsicht Ökumene!, S. 12.
2   Des Griffin, Wer regiert die Welt?, S. 281.
3   Ebda., S. 301.

Mit dem Saatsstreich werde schlagartig die *neue Verfassung* eingeführt, die als ein in sich abgeschlossenes Ganzes in dem Augenblick *den Völkern aufgezwungen* werde, in dem sie von dem vollzogenen Umsturz noch betäubt seien und ihre Kräfte noch nicht gesammelt hätten. Erkennt erst einmal die Menschheit, daß die *Illuminaten* die *Weltmacht* an sich gerissen hätten, so würden sie dennoch vor Schrecken die Augen schließen und untätig der Dinge harren, die da kommen sollen, wie eine Hammelherde, in die die Wölfe eingebrochen sind. Durch das Versprechen, die geraubten Freiheiten zurückzuerhalten, wenn erst alle Friedensfeinde niedergerungen und alle Parteien überwältigt seien, würden die Völker zu allem stillhalten.

Das *neue Reich* werde eine *grenzenlosen Gewaltherrschaft* (Diktatur) unter dem Schein altväterlichen Sorge um das Wohl und Wehe der Völker sein. Diese *selbstherrliche*, wenn auch *grausame Gewalt* stütze sich auf Recht und Pflicht, und zwar dem Recht, die Erfüllung der Pflicht zu erzwingen. Der *König der Illuminati* werde den Schein streng zu wahren wissen, daß er seine Macht nur zum Besten und nicht zu seinem eigenen Vorteil oder Gunsten ausnutze. Die Macht des Papstes werde zerstört und durch die Macht des Königs der Illuminati, des *Patriarchen der Weltkirche* der Eingeweihten, ersetzt werden.

Den Völkern soll gesagt werden: *"Es ist alles schrecklich schlecht gegangen. Ihr alle seid von Leid und Gram erschöpft. Seht, wir beseitigen die Ursachen eurer Leiden: die völkische Abgeschlossenheit, die Landesgrenzen, die Verschiedenartigkeiten der Währungen. Natürlich könnt ihr über uns richten, aber kann Euer Urteil gerecht sein, wenn ihr es fällt, ehe ihr das erprobt habt, was wir euch geben wollen."*[1]

Dadurch würden sie von dem Gedanken durchdrungen, daß sie ohne diese Obhut nicht auskommen könnten, wenn sie selbst in Ruhe und Frieden leben wollen. Die Grundsätze der neuen Verfassung bestünden darin, daß die *Illuminati* die *Gesetze schaffen* und *Recht sprechen*. Kühne und ungerechte Entscheidungen seien so zu fassen, daß sie als Ausfluß der höchsten sittlichen Rechtsordnung erscheinen.

---

1   Des Griffin, Wer regiert die Welt?, S. 277.

Die *Freiheit der Presse, das Recht des Zusammenschlusses, die Gewissensfreiheit, das allgemeine gleiche Wahlrecht* und vieles andere mehr werde nach dem Staatsstreich aus der Rüstkammer der Menschheit *verschwinden.* Aus "Freiheit, Gleichheit, Brüderlichkeit" werde das *"Recht auf Freiheit, Pflicht der Gleichheit, Vorbild der Brüderlichkeit"*, womit der Freisinn erstickt würde. Alle Mißstände, mit deren Hilfe die Nicht-Illuminierten beherrscht wurden, würden beseitigt und im neuen Königreich nicht geduldet.

Die *Gesetze* sollen kurz, klar und *unabänderlich* sein, so daß jeder imstande wäre, sie seinem Gedächtnis einzuprägen, und *unbedingten Gehorsam* gegenüber der Obrigkeit verlangen. Eine Deutung würde nicht zugelassen.

Oberster Grundsatz werde die *Gerechtigkeit* sein. Jeder Fall von Gesetzwidrigkeit oder Mißbrauch der Amtsgewalt und jedes Vergehen werde mit *unnachgiebiger,* vorbildlicher *Strenge* bestraft. *Späher- und Angeberdienste* sollen Mißstände in der Verwaltung aufdecken und beseitigen.

Milde und freisinnige Anschauungen in der Rechtsprechung werden nicht geduldet. Die *Richter* sollen nur bis zum 55. Lebensjahr im Amt bleiben, die Stellen häufiger neu besetzt und die Richter *in* einer größeren *Abhängigkeit gehalten* werden, so daß jeder, der auf seinem Posten bleiben will, blind gehorchen müsse. Das *Berufungsrecht* werde *aufgehoben* und ausschließlich dem Weltherrscher übertragen.

Die *Rechtsanwälte* sollen den Richtern gleichgestellt und *Beamte des Staates* sowie gesetzliche Vertreter des Gerichts werden, ihre Aufträge nur vom Gericht erhalten, nach Schriftsätzen und Urkunden bearbeiten, ihre Rechtsmündel nach den Ergebnissen des Verhörs vor Gericht verteidigen und das Recht verlieren, mit den Parteien Fühlung zu nehmen.

Alle wichtigsten *Verwaltungsstellen* würden nur von *Illuminati* bekleidet. *Steuern* sollen nach Leistungsfähigkeit verteilt, eine stufenweise ansteigende *Besitzsteuer* und *Stempelsteuer* für jeden Kauf, jede Bescheinigung über empfangene Geldsummen und jede Erbschaft eingeführt werden. Durch *Erhöhung der Bodenbesteuerung* soll dem Adel der Grundbesitz und damit die Unabhängigkeit in der Lebenserhaltung entrissen werden. Die Regierung müsse selbstverständlich stets verkünden, daß sie sich bei allen Maßnahmen von der Hoffnung und Überzeugung leiten lasse, dem Allgemeinwohl nach Kräften zu dienen.

Wirtschaftliche Monopole sollen den Illuminaten eine Quelle gewaltiger Reichtümer sichern und jeden fremden Wettbewerb ausschließen. Die *Geldwirtschaft* werde von Grund auf *umgestaltet*, so daß niemand Ursache zu irgendwelchen Besorgnissen haben könne, die Wertpapier-Börse beseitigt, den Staatspapieren ein gesetzlicher Zwangskurs verliehen und durch die Abschätzung und Verleihung von Industriepapieren alle *gewerblichen Unternehmungen vom Staat abhängig* gemacht werden.

Die *Arbeitslosigkeit* werde verschwinden, Trunksucht gesetzlich verboten und streng bestraft werden. Jede *Lehrfreiheit* werde *beseitigt* und durch die Lehren der neuen Zeit ersetzt, die zu Glaubenssätzen erhoben und die Übergangsstufen zu der *neuen Religion* bilden würden.

Nach der Machtergreifung soll *zum Volk* ein *persönlicher Kontakt* hergestellt werden, um es in staatsrechtlichen Fragen nach den eigenen Interessen zu lehren. Es werde aufgeklärt, daß die wahre Freiheit in der Unantastbarkeit der Person bestehe, aber nur unter der Voraussetzung, daß sie ehrlich und redlich alle Regeln des menschlichen Gemeinschaftslebens einhält; daß die menschliche Kraft und Würde niemals in der Verkündung umstürzlerischer Grundsätze, wie Gewissensfreiheit und allgemeiner Gleichheit, gesucht werden könne. Das *Volk* werde *zur Bescheidenheit und zum Verzicht* auf Prunkgegenstände *erzogen*.

Der *Presse* und den anderen Druckererzeugnissen werde ein Zaum mit straffen Zügeln angelegt. Durch Maßnahmen wie *Zeitungs-Stempelsteuer* nach der Zahl der Seiten, *Bürgschaftssummen* bei der Gründung von Zeitungen und Druckereien, *Geldstrafen* und Zensur würde eine wichtige Einnahme-Quelle der Regierung erzielt werden. *Zeitungen*, die die Unfehlbarkeit und Vormacht-stellung der Regierung angreifen, würden *verboten* werden.

Daher soll das Eigentumsrecht der meisten Zeitungen aus den verschiedensten Richtungen erworben werden, um in den *amtlichen Blättern* die Intersssen der Regierung zu vertreten, durch die *halbamtlichen* die Gleichgültigen und Lauen zu gewinnen, während die *scheinbar gegnerischen Blätter* die Sympathie und das Vertrauen der Regierungsgegner erwecken sollen, um sie zum Aufdecken ihrer Karten zu veranlassen.

Durch scheinbare Angriffe in der Presse und *Verheimlichung der wirklichen Vorgänge* soll das Vertrauen des Volkes und seine Überzeugung, daß es die volle Redefreiheit besitze, gewonnen werden.

Keine Nachricht werde ohne *vorherige Prüfung* in die Öffentlichkeit gelangen. Neuigkeiten aus aller Welt werden in den *Nachrichtenämtern* der Illuminati eintreffen, und von dort aus nach Belieben weitergeleitet.

Jeder *Verleger, Drucker* oder *Buchhändler* werde genötigt, einen besonderen *Erlaubnisschein* für die Ausübung seines Berufs zu erwerben, der bei dem geringsten Verstoß sofort eingezogen würde. Da vor der Annahme eines Manuskripts die *Druckerlaubnis* der *von den Illuminati* eingesetzten Behörde *eingeholt* werden müsse, würden gegen die Regierung geplante Angriffe sofort erkannt werden. *Schriftsteller* würden gezwungen werden, umfangreiche Abhandlungen zu schreiben, die wegen der hohen Preise kaum verkauft würden. Dagegen sollen die von den Illuminati herausgegebenen Bücher so billig sein, daß sie einen reißenden Absatz finden.

Jedes Aufflackern einer *selbständigen Meinung* soll erstickt und jeder, der sich auflehnt, *umbarmherzig hingerichtet* werden. Einzelne Persönlichkeiten, die die festgesetzte Weltordnung stören, müßten unbedenklich geopfert werden. Um dem *politischen Verbrecher* den Schein des Helden zu nehmen, werde er gleichzeitg mit gewöhnlichen Dieben, Mördern und anderen gemeinen Verbrechern verurteilt, um bei der Masse dieselbe Verachtung ihmgegenüber wie gegenüber den anderen Verbrechern hervorzurufen.

Unruhen sollen *künstlich hervorgerufen* und die Unzufriedenheit des Volkes durch gutgeschulte Redner aufgestachelt werden, um dadurch einen Vorwand zu finden, *Hausdurchsuchungen* vorzunehmen und mißliebige *Personen* durch Vertrauensleute der Illuinati *überwachen* zu lassen. Geheimbünde sollen verboten und deren Mitglieder weit entfernt von Europa verbannt werden oder in ständiger Ausweisungsangst leben müssen.

Obwohl sich der Inhalt des neuen Testaments Satans nicht in den hier auszugsweise wiedergebenen Aussagen erschöpft, sondern umfangreicher in seinen Einzelheiten ist, ermöglichen diese Grundauszüge doch einen hinreichenden Einblick in die wesentlichen Machenschaften der Drahtzieher des Weltgeschehens.

Selbst wenn man bestreiten wollte, daß ein derart geplantes Vorgehen der Illuminati im Hinblick auf eine Weltmacht unter Maitreya unwahrscheinlich oder nicht realisierbar sei, daß die Völker der Welt nicht getäuscht und die Massen nicht gelenkt werden könnten, kann jeder noch so kritisch denkende Mensch den Unfrieden, den Haß, die Kriege und Unruhen, den Hunger und das Elend in der Welt, das Unabhängigkeitsstreben der Völker, die Zersplitterung der Länder, die Ohnmacht der Herrschenden und Korruptheit in der Politik sowie die grenzenlose Verschuldung aller Staaten (Deutschland mit über zwei Billionen, z.Z. 2053 Milliarden Mark Staatsschulden befindet sich dabei noch am Ende der europäischen Schuldenspirale), die Instabilität der Währungen und die Wirtschaftskrisen, die Pleite der Landwirtschaft, die Arbeitslosigkeit und Preissteigerungen, die Unzufriedenheit in der Bevölkerung, die Vergnügungssucht und vor allem die Gottlosigkeit der Menschen nicht leugnen. Noch nie zuvor gab es in der Geschichte der Menschheit eine solche Vielzahl gleichartiger und weltweiter Probleme, so daß vernünftigerweise danach gefragt werden muß, woher und warum sie entstanden sind.

Wären allein die "nichtilluminierten" Menschen, die nichtsahnenden Völker und gleichgültigen Massen dafür verantwortlich, hätten ähnliche Situationen schon früher auftreten müssen. Da aber Vergleichbares nicht geschehen ist, muß zwingend davon ausgegangen werden, daß das Weltgeschick insgeheim gelenkt wird. Die heutige Weltsituation ist ein erschreckender Beweis dafür, wie erfolgreich die Illuminati ihr Vorhaben in die Tat umgesetzt und bisher verstanden haben, die Menschen vom Wesentlichen abzulenken, mit Unwesentlichem zu unterhalten und in Sinnlosigkeit zu stürzen.

Unzählige ergebnislose Diskussionen in Funk und Fernsehen, allerhand Vergnügungen, Spiele, Leidenschaften, und Preisausschreiben jeder Art halten die Massen unentwegt davon ab, etwas ernsthaft zu hinterfragen, um den verborgenen Dingen auf die Spur zu kommen. Daneben üben Gewalt, Sex und Kriminalität eine große Faszination in unserer tabulosen Welt aus, während das Böse und Häßliche werbewirksam ("bad sells better") verkauft wird. Unsere Gesellschaft ist zur Erlebnisgesellschaft geworden, deren Lebensinhalte maßloser Konsum, Genuß, Zerstreuung, persönliches Glück, Spaß und egozentrische Innenorientierung sind.

Diese Erlebnisorientierung bestimmt sogar das "moderne" Christentum[1]. Unterhaltung, Spaß- und Erlebnisaspekte spielen in christlichen Kreisen eine immer wichtigere Rolle. Die Botschaft Jesu Christi wird nicht mehr unverfälscht in Wort und Tat wiedergegeben, sondern von Kabarettisten, Clowns, Theaterleuten, Puppenspielern, Aktionskünstlern und Musikern unterhaltsam und showmäßig als frommes Happening dargeboten. Die Bibelauslegung wird oft nur noch aus der persönlichen Sicht her betrieben, und nicht nach dem geistigen Sinn der göttlichen Offenbarung. Die Predigten in den Gottesdiensten werden immer kürzer und drehen sich größtenteils nur noch um menschliche Bedürfnisse. Der christliche Glaube wird zunehmend verwässert und durch falsche theologische Lehren und Akzente geschwächt.

Daher "ziehet die ganze Waffenrüstung Gottes an, damit ihr den listigen Anschlägen des Teufels standhalten könnt! Denn unser Ringkampf geht nicht wider Fleisch und Blut, sondern wider die Gewalten, wider die Mächte, wider die Beherrscher dieser Welt der Finsternis, wider die Geisterwesen der Bosheit in den himmlischen Regionen. Darum ergreifet die ganze Waffenrüstung Gottes, damit ihr am bösen Tage Widerstand leisten und alles vollbringen und standhalten könnt!" (Eph. 6/11 ff.).

Heute steht die Menschheit nicht nur vor den größten Versuchungen im Geiste, sondern auch an der Schwelle der furchbarsten Diktatur der Welt, dem biblisch vorhergesagten *vierten Reich*. In Kapitel 7 Vers 7, 23 ff. der Weissagung Daniels heißt es: "und siehe, ein viertes Tier erschien, furchtbar und schrecklich und überaus stark. Es hatte große eiserne Zähne, es fraß und zermalmte, und was übrigblieb, zerstampfte es mit den Füßen; es war anders als alle die Tiere vor ihm und hatte zehn Hörner... Das vierte Tier bedeutet: ein *viertes Reich* wird auf Erden sein,

1   TOPIC, Nr. 12/1996.

verschieden von allen andern Reichen; das wird die ganze Erde verschlingen, wird sie zerstampfen, zermalmen.

Die zehn Hörner bedeuten: aus diesem Reiche werden zehn Könige aufstehen, und ein andrer wird aufstehen nach ihnen; der wird verschieden sein von den früheren, und er wird drei Könige stürzen. Er wird Reden wider den Höchsten führen, und die Heiligen des Höchsten wird er quälen und wird trachten, Zeiten und Gesetz zu verändern; und sie werden in seine Gewalt gegeben sein bis auf eine Zeit und zwei Zeiten und eine halbe Zeit. Dann aber wird das Gericht zusammentreten, und jenem König wird die Macht genommen werden, endgültig zerstört und vernichtet.

Und das Reich und die Herrschaft und die Macht über alle Reiche unter dem ganzen Himmel wird dem Volk der Heiligen des Höchsten gegeben werden. Ihr Reich ist ein ewiges Reich, und alle Mächte müssen ihnen dienen und untertan sein."

Vorher aber wird Maitreya, der vorhergesagte König, seinen Weltthron besteigen, um "Zeiten und Gesetze zu verändern", wie es in der Bibel heißt. Eine "Zeitveränderung" ist bereits durch Einführung der "Sommer- und Winterzeit" eingetreten, wodurch eine weltweite Umstellung der Uhren um eine Stunde erreicht wurde. In geistiger Hinsicht deutet das darauf hin, daß die Menschen verwirrt werden sollen, damit sie nicht mehr wissen, welches die "richtige" und welches die "gestellte" Zeit ist, um nicht zu erkennen, wann die "letzte Stunde" (1. Joh. 2/18), die Endzeit - die Zeit des Widerchristen -, anbricht.

Dabei ist nur Gott allein Herr über alles, auch über die Zeit. "Denn Weisheit und Macht, sie sind sein. Er ist's, der wechseln läßt Zeiten und Stunden; er setzt Könige ab und setzt Könige ein. Er gibt den Weisen die Weisheit und den Verständigen den Verstand. Er ist's, der das Tiefste und Geheimste enthüllt; er weiß, was in der Finsternis ist, und das Licht wohnt bei ihm" (Dan. 2/19 ff.).

Gott hat auch das Wirken des Antichristen auf "eine Zeit und zwei Zeiten und eine halbe Zeit" festgelegt, denn "es wurde ihm Macht gegeben, es 42 Monate so zu treiben" (Off. 13/5). Den biblischen Vorhersagen zufolge werden diese dreieinhalb Jahre jedoch die schwersten und finstersten Jahre der Menschheit sein.

"Denn dann wird eine große Drangsal sein, wie von Anfang der Welt an bis jetzt keine gewesen ist und auch keine sein wird. Und wenn jene Tage nicht verkürzt würden, so würde kein Fleisch gerettet werden; aber um der Auserwählten willen werden jene Tage verkürzt werden (Mat. 24/21 f.). Und dann wird der Gesetzesfeind sich offenbaren, den der Herr Jesus durch den Hauch seines Mundes töten wird und durch die Erscheinung seiner Wiederkunft vernichten wird" (2. Thess. 2/8).

Die Rolle der UNO

Kommen wir zu den Aussagen Maitreyas bezüglich seiner Zielsetzung zurück, wo es heißt, *daß die UNO der Entwurf für die zukünftige Weltregierung verbündeter unabhängiger Staaten sei. "Einheit in der Vielfalt" könnte dabei das Motto künftiger politischer Gruppierungen sein (112). Die Meister jedoch würden die Lenker der Gedanken und Meinungen der Welt sein (119). Vorbedingung für den Eintritt in die UNO werde die Aufgabe der Autonomie und Souveranität sein, was etwas völlig Normales im Interesse der Weltgruppierungen und einer Weltregierung sein werde (120). Die Vereinten Nationen, die heute den Kern der künftigen Weltregierung bilden würden, werden das geeignete Forum für die Überprüfung und, wenn nötig, Verurteilung der Handlungsweise einer Nation sein (120, 124).*

Was Maitreya hier nur andeutet, ist bis ins kleinste im Testament Satans schon festgelegt. Mit der *UNO*, dem gigantischsten Freimaurerapparat, ist das Zentrum der neuen Weltregierung geschaffen worden, wo schon jetzt der Großteil der Fäden der Illuminati zusammenlaufen und die Schraubstöcke für Europa festgezogen werden.

Offiziell gilt die UNO als eine internationale Organisation zur Wahrung des Friedens und der allgemeinen Sicherheit. Die Satzung der Vereinten Nationen ist auf der Konferenz von San Francisco (25. April bis 25. **Juni 1945**) ausgearbeitet worden und am 24.10.1945 in Kraft getreten. Die 1. Generalversammlung fand in **London** 1946 statt. Im Jahre 1964 gehörten der UNO schon 113 Staaten an, 1995 bereits 186[1] Länder der Erde.

---

1   FOCUS, 26/1995.

An dieser Stelle sei daran erinnert, daß die Entscheidung Maitreyas für seine materielle Wiederkunft in der Zeit von Juni 1936 bis **Juni 1945** fiel. Und ausgerechnet in diesem Monat und Jahr wurde die UNO gegründet, wobei die erste Generalversammlung "zufälligerweise" in **London**, dem späteren Aufenthaltsort Maitreyas, stattfand.

Die UNO ist die Fortsetzung des Völkerbundes, der ersten internationalen Sicherheitsorganisation, die 1919 auf Betreiben der Illuminati gegründet worden war, nachdem am 28.-30. Juni 1917 in Paris der Weltfreimaurerkongreß stattfand, bei dem die Leitsätze für den Völkerbund angenommen und verabschiedet wurden. Es war die Geburtsstunde des Genfer Völkerbundes, der am 18.04.1946 durch Beschluß der letzten Versammlung in Genf aufgelöst und durch die Vereinten Nationen ersetzt wurde. Genf ist daher auch der Sitz des europäischen Büros der UNO.

Interessant ist, daß auch der Entwurf für den Völkerbund in einem *Juni* von den Illuminati verfaßt wurde, und zwar exakt *60* Jahre vor der Materialisation Maitreyas 1977 in London. Die Zahl *6* steht für Versuchung, in diesem Fall für den bedeutsamen Versuch der Erleuchteten Satans, die Menschheit mit dem Gerede von Frieden und Sicherheit zu einem äußeren Zusammenschluß der Völker als Vorbereitung auf die künftige Weltregierung zu (ver)führen.

Dadurch, daß den Nationen auch heute keine Zeit zum Nachdenken und Beobachten gelassen wird, sondern deren Gedanken zielgerichtet auf Handel und Gewerbe in einem vereinten Europa gelenkt werden, suchen alle Völker ihren Vorteil und übersehen dabei den gemeinsamen Feind. Der von den Illuminaten angestachelte Kampf um die Vorherrschaft im Wirtschaftsleben und die Erschütterung des Marktes sind zudem darauf angelegt, eine enttäuschte, kalte und herzlose Gesellschaft ins Leben zu rufen, wie bereits geschehen.

Die propagandistische Darstellung der Unzulänglichkeit von Politikern, Finanz- und Wirtschaftsexperten haben bei den Massen Ablehnung und sogar Haß hervorgerufen und die Menschen plangemäß dazu gebracht, den Illuminaten der Macht wegen folgen zu wollen. Die gesäte Unzufriedenheit und die Vielzahl aufkommender Probleme und unvorhergesehener Entwicklungen trägt nunmehr ihre ersten Früchte im neuen Rechtsradikalismus, dessen altes Feuer neu entfacht und geschürt wird, um noch mehr Gewalt und Haß bei den Menschen hervorzurufen. Noch sind es die Asylbewerber und Fremden, die als Ventil für aufgestaute Unzufriedenheiten in der Bevölkerung benutzt werden. Später werden die Illuminati es verstehen, diese Emotionen geschickt umzuleiten und die Christen, auch wenn es die eigenen Landsleute sind, als Zielscheibe für Gewalt und Terror den aufgebrachten Massen anzubieten.

Als Lenker der Gedanken und Meinungen der Welt, werden es die "Meister" ohnehin leicht haben, notfalls durch Nötigung, mit Gewalt oder durch Drohung die Massen in ihrem Sinn zu manipulieren, und da es weder die Meinungsfreiheit, d. h. das Recht der freien Meinungsbildung und Meinungsäußerung, noch die Pressefreiheit ohne Vorzensur geben wird, wird sich jeder hüten, öffentlich Kritik zu üben.

Wie schon zur Zeit Hitlers werden die Menschen erneut tatenlos den Greueltaten zusehen und aus Angst um ihr Leben oder weil ihnen Wohlstand, Frieden und ihr eigenes Glück versprochen werden, nichts dagegen unternehmen. Wer wird dann sein Wohlergehen gefährden und sich für einen leidenden Mitmenschen einsetzen, wenn die Menschen schon jetzt fast nur noch an sich und ihren Vorteil denken und kaum etwas selbstlos tun?

Um wieviel mehr werden sie rücksichtslos anderen gegenüber handeln, wenn es nicht mehr um ihr Geld, sondern um die eigenen Persönlichkeitsrechte: Leben, Gesundheit, Eigentum usw. geht. Und während die blinden, aufgehetzten Massen ahnungslos um "ihr" Wohl kämpfen, führen sie wie brave Werkzeuge die Befehle der Illuminati aus und bringen sich, ohne es zu wissen, um ihr ewiges Leben, da sie wider Gott handeln. Denn "wenn jemand sagt: Ich liebe Gott, und doch seinen Bruder haßt, ist er ein Lügner. Denn wer seinen Bruder nicht liebt, den er von Angesicht kennt, kann Gott nicht lieben, den er von Angesicht nicht kennt (1. Joh. 4/20). Wenn jemand (einen anderen) in Gefangenschaft führt, geht er selbst in Gefangenschaft; wenn jemand mit dem Schwerte töten wird, muß er selbst mit dem Schwerte getötet werden. Hier ist die Standhaftigkeit und der Glaube der Heiligen vonnöten" (Off. 13/10).

Ebenso wie die Massen werden auch die "nicht eingeweihten" Völker weder Weitblick noch die Fähigkeit besitzen, die gegenwärtigen Entwicklungen in der UNO zu beurteilen. Denn die "Einheit in der Vielheit" bedeutet nichts anderes, als daß eine Vielheit von Völkern zu e i n e r einheitlichen Weltregierung zusammengefaßt wird. Wenn aber diese Einheit nur unter der Voraussetzung der Aufgabe der Autonomie und Souveränität der einzelnen Völker möglich sein soll, dann wird es schlagartig keine Vielheit mehr geben. Aus einem angeblichen Verbund unabhängiger Staaten wird ein Verbund staatenloser Völker unter der Führung Maitreyas. Sein Motto "Einheit in der Vielheit" wird immer häufiger von namhaften Politikern der verschiedensten Nationen in der Öffentlichkeit verbreitet und durch Massenmedien zunehmend in das Bewußtsein der Menschen gerückt. Dadurch entsteht der irrige Eindruck, daß es sich hierbei um ein Gemeinschaftsanliegen der Vereinten Nationen handelt, und nicht um ein Geheimkomplott.

Die "Einheit in der Vielheit" ist ein in sich widersprüchlicher Begriff, denn eine Einheit schließt eine Vielheit notwendigerweise aus. Ebensowenig wie zwei Menschen eine Einheit bilden können, ist auch eine Einheit der Völker möglich. Sie können zwar eine Gemeinschaft mit einheitlicher Zielsetzung sein, niemals aber eine Einheit werden. Denn Einheit ist Eins-Sein. So wie der Mensch als Person eine Einheit aus Körper, Seele und Geist ist, so bilden auch eine Vielzahl von Menschen, die auf demselben Staatsgebiet leben und derselben Staatsgewalt unterstehen, ein Volk. Selbst wenn sich dieses Volk mit anderen Völkern zusammenschließt, bleibt es e i n Volk in Gemeinschaft mit anderen Völkern. Es entsteht aber keine Einheit der Völker, es sei denn, alle Völker werden zu e i n e m Volk in e i n e m Staat zusammengeschlossen. Das ist die Einheit, die Maitreya unter dem Deckmantel der Vielheit erstrebt: alle Völker unter seiner Weltherrschaft zu vereinen.

Durch das Maastrichter Abkommen, das bis zum Jahre 1999 erfüllt sein soll, werden die Völker zu einer gegenseitigen Harmonisierung angespornt, die letztendlich unter dem Motto eines gemeinsamen Europäischen Hauses der völkischen Nivellierung und Vereinheitlichung dient. Mit dem europäischen Binnenmarkt ist dieses Vorhaben bereits auf wirtschaftlicher Ebene verwirklicht.

Schon heute wird nationales Recht durch das supranationale Recht der UNO beziehungsweise durch die legislative und judikative Gewalt (Gesetzgebung und Rechtsprechung) verdrängt. Dabei kommen der Vollversammlung der Vereinten Nationen und dem Europäische Gerichtshof eine wesentliche Bedeutung zu, die sich erst bei der Machtergreifung Maitreyas in vollem Umfang zeigen wird.

Noch herrscht bei den Völkern die Überzeugung, daß sie durch ihre staatliche Grundordung ihrer Rechte sicher sind, weil doch jede Verfassung ihren eigenen Bestand durch Schutzgesetze sichert. Das *deutsche Grundgesetz* beispielsweise gewährleistet durch die "Ewigkeitsgarantie" des Artikels 79 Absatz 3 in besonderer Weise den Schutz der dort genannten Grundsätze, u. a. die in Artikel 1 und Artikel 20 niedergelegten Grundsätze, d. h. die *Menschenwürde* und die Strukturprinzipien der Verfassung - gewissermaßen die Identität Deutschlands als *Republik, Demokratie, Rechtsstaat, Sozialstaat* und *Bundesstaat*. Artikel 25 des deutschen Grundgesetzes verankert jedoch den Vorrang des Völkerrechts, wonach die allgemeinen Regeln des Völkerrechts Bestandteil des Bundesrechts sind. "Sie gehen den Gesetzen vor und erzeugen Rechte und Pflichten unmittelbar für die Bewohner des Bundesgebietes."

Damit wird der verfassungsrechtliche Schutz der Grundrechte hinfällig und die Tür für eine supranationale einheitliche Verfassung unter Maitreya geöffnet. Dadurch, daß das Völkerrecht nicht nur in unserem Grundgesetz, sondern in sämtlichen Verfassungen der einzelnen Staaten unmittelbar gilt, brauchen sich die Illuminati nicht mehr die Mühe zu machen, die Verfassungen der Länder zu ändern, sondern sie können sie einfach beiseite schieben und von einem Tag auf den anderen durch die neue Verfassung, die ja auch "Völkerrecht" ist, ersetzen. Nur ist das nicht mehr das Recht der Völker, sondern das übergeordnete Recht des Oberhaupts dieser Völker, deren Recht durch die Pflicht, Maitreya zu dienen, ersetzt werden soll.

Das Aufgeben der Autonomie und Souveränität der einzelnen Staaten als etwas "völlig Normales im Interesse der Weltgruppierungen und einer Weltregierung" hinzustellen, ist insoweit zutreffend, als es um die Interessen und Ziele der Illuminati und Maitreyas, nicht aber um die der Völker geht. Selbst wenn sich die Mehrheit der "nichtilluminierten"

Mitgliederstaaten der Vereinten Nationen mehr oder weniger freiwillig zusammengeschlossen haben, bedeutet das noch lange nicht, daß sie sich freiwillig auch von Maitreya lenken lassen wollen. Unter dem Deckmantel der Freiwilligkeit kann die bereits bestehende inoffizielle Weltregierung jedoch solange geheimgehalten werden, bis Maitreya offiziell als "Weltlehrer" auftritt. Dann wird es im Hinblick auf seine Zielsetzung mit der Freiwilligkeit und Freiheit der Völker endgültig vorbei sein und die UNO als Aushängeschild für Sanktionen gegenüber solchen Nationen benutzt werden, deren Handlungen sich gegen die neue Weltregierung richten. Ausgerechnet die Weltbank, jene wichtige Institution der UNO, die maroden nationalen Wirtschaften Geld leiht, erklärte in ihrem "Menschheitentwicklungsreport" 1994: "Die Probleme der Menschheit können nicht länger von nationalen Regierungen gelöst werden. Eine Weltregierung ist dringend erforderlich"[1].

Die Vollversammlung der Vereinten Nationen, werde ihren eigentlichen Zweck als internationale legislative Körperschaft erfüllen (112, 120). Die Energie des Avatars der Synthese, der von der Hierarchie angerufen worden sei, stehe hinter dem Christus und wirke durch die Vollversammmlung der UNO als Gruppe (nicht jedoch durch den Sicherheitsrat) und verbinde alle Völker der Welt langsam zu einer dienenden Einheit. Sie werden dann der Welt als Ganzes dienen statt den eigenen separaten nationalen Einzelinteressen, wie es jetzt geschehe (176). Maitreya als "Empfänger und Übermittler eines Regenbogens von Energien" bewirke eine Belebung der Vollversammlung, um die Welt zusammenzubringen (57).

Wenn die Illuminati seit Jahrhunderten ihre Weltmacht vorbereiten und den Plan der Hierarchie umsetzen, ist es nicht erstaunlich, daß die Energie Satans, des sogenannten Avatars der Synthese, durch die Vollversammlung der UNO wirkt, um die Völker zu einer "dienenden Einheit" für die neue Weltregierung zu verbinden.

---

1   TOPIC, Nr. 1/1996.

Der von Maitreya gespannte "Regenbogen von Energien", wie er auch in der New-Age-Bewegung vorkommt, soll die Menschen im Zeichen des Wassermanns, dem "Friedensbringer", vereinen und auf seinen offiziellen Auftritt als "Weltlehrer" vorbereiten. Erst dann wird die Vollversammlung ihren geplanten Zweck als einzige "internationale legislative Körperschaft" der Welt erfüllen und ein einheitliches Weltrecht schaffen.

Einen entscheidenden Beitrag hierzu leistet *Sri Chinmoy*, einer der erleuchteten "Meister" und Meditationsleiter der UNO, der seit 1970 (!) jede Woche zweimal den Hauptsitz in New York aufsucht, um dort persönlich mit Delegierten und Angestellten der Weltorganisation auf das "Christusbewußtsein" zu meditieren. Zu Beginn der 45 Minuten dauernden Meditation singt er dreimal das "stärkste aller Mantras" - OM (!) und schaut dann tief in Trance nacheinander in die Augen *aller* Zuschauer, um sie für den "Weltfrieden" und "Eins-Sein" der Völker zu öffnen. Sogar die Vertreter der Weltreligionen haben sich unter seiner Leitung zum gemeinsamen Gebet in einer Mediation in der UNO eingefunden, was nicht ohne Folgen geblieben ist.

Das Dokument zu den Rahmenbedingungen für die Beteiligung religiöser Gruppen an der sozialen Entwicklungsinitiative der Vereinten Nationen, das anläßlich eines von der UNO im fünfzigsten Jahr ihres Bestehens veranstalteten Symposiums in der slowakischen Stadt Bled verfaßt wurde, ist bereits von pantheistischem Gedankengut geprägt. Darin heißt es u.a., daß die individuelle Freiheit der neuen Ethik und Spiritualität der UNO entgegenstehen und das Gemeinwohl auf der Ebene der ganzen Menschheit nur durch eine unzertrennliche Verbindung des Individuums mit der Natur, dem Universum und dem göttlichen Ganzen erreicht werden könne[1].

Gleichwohl werde, so Creme, *die Arbeit der UNO heute durch die Existenz des Sicherheitsrates mit seinem Vetorecht, insbesondere seitens Amerikas, Rußlands und Chinas, behindert (112, 120).*

---

1   TOPIC, Nr. 10/1995.

Die genannten Länder sind einige der ständigen Mitglieder des Sicher-heitsrates, denen es offensichtlich gelungen ist, eine Weltregierung vo-rerst hinauszuzögern und damit die Pläne der Illuminati zu durchkreuzen. Wird aber das Vetorecht abgeschafft, kann die Vollver-sammlung ohne vorherige Rücksprache beim Sicherheitsrat in eigener Regie Gesetze erlassen.

Die Vereinten Nationen sind auch das Aushängeschild für die schein-bar karitativen Bemühungen des neuen Weltherrschers, denn *durch die UNO werde jedes Land eingeladen, ein Inventar seines Überschusses und seines Bedarfs aufzustellen.*

Diese Statistiken werden mit Hilfe von Computern einer dafür eingerichteten UNO-Agentur die Informationen liefern, die eine rationelle Umverteilung der weltweiten Ressourcen ermöglichen werden (111). Eine neugegründete Abtei-lung zur Überwachung des Umverteilungsprogramms werde von einem Mei-ster übernommen (119).

Sobald die neue Weltregierung eine wirtschaftliche Monopolstellung erreicht haben wird, werden die Länder keine andere Wahl mehr haben, als zu tun, was die UNO von ihnen fordert, auch wenn diese Forderung äußerlich als "Einladung" getarnt wird. Von einer Aufforderung kann nur dann die Rede sein, wenn der Betreffende die Möglichkeit hat, sich frei zu entscheiden und gegebenenfalls der "Einladung" nicht nachzu-kommen. Wenn aber die Völker keine Mitspracherechte mehr haben und von der UNO wirtschaftlich völlig abhängig sind, wird es für sie auch keine Entscheidungsalternative mehr geben.

Sie werden dann gezwungen sein, nicht - wie bisher - nur finanzielle Mittel sondern auch ihre Naturalgüter den Illuminaten zur Verfügung zu stellen. Die Ressourcen der Welt können dann nach Belieben umver-teilt und jenen Nationen verwehrt werden, die sich der Weltregierung Maitreyas widersetzen. Da Geld nicht eßbar ist, nützt den Illuminaten das gesamte Weltkapital nichts bei ihrem Vorhaben, ein Volk durch Hunger unter Druck zu setzen. Erst die Verwaltung der Naturalgüter wird es Maitreya ermöglichen, nur jene zu sättigen, die ihm folgen. Demzufolge wird ihm keine Regierung entgegentreten können ohne

Gefahr zu laufen, das eigene Volk der Hungersnot auszusetzen. Durch das Umverteilungsprogramm sichert sich Maitreya nicht nur sämtliche Ressourcen der Welt, sondern auch den unbedingten Gehorsam der Nationen und die Unterwürfigkeit der Massen, die dankbar sein werden, wenn er sie nicht hungern läßt. Von ihm wird es abhängen, wer was wieviel bekommt, wenn er über Leben und Tod, Hunger oder Wohlergehen, Frieden oder Verfolgung, Freiheit oder Gefangenschaft der Menschen in der ganzen Welt bestimmen wird.

Welt - Wirtschaft

Das gegenwärtige Witschaftssystem werde durch eine raffiniert ausgeklügelte Form von Tauschhandel abgelöst (111). Maitreya werde nur beraten und Richtlinien aufzeigen, aber er werde allmählich dafür eintreten, das Geld aus dem Verkehr zu ziehen, damit der Mensch nicht mehr seiner Verführung unterliege (128).

Indem Maitreya die Wirkung des Geldes auf die Menschen in den Vordergrund rückt, klammert er bewußt die Frage aus, wer das Geld überhaupt in den Verkehr gebracht hat, *damit* die Menschen seiner Verführung unterliegen können. Erst mit der Entwicklung des Geldes zum allgemein gebräuchlichen Tausch- und Kapitalübertragungsmittel gewöhnten sich die Menschen daran, alle wirtschaftlichen Werte auf Geld zu beziehen und in solches auszudrücken, wodurch das Geld zu einem allgemeinen Wertmaß geworden ist.

Das Weltkapital dagegen liegt in den Händen der Illuminaten, deren Macht auf der **Ein-Dollar-Note** versinnbildlicht ist. Wir sehen hier die *Freimaurer-Pyramide*, das Arbeitsmodell der Weltvereiniger, mit dem allsehende *Auge Luzifers*, dem "Gott" der Illuminaten, an der Spitze. Auf ihn setzten sie ihr ganzes Vertrauen, wie auf der Note zu lesen ist: "In God We Trust".

Die Pyramide hat 13 Stufen, deren Einteilung von *Philipp Rothschild* stammt und von seiner ehemaligen Geliebten *Ayn Rand* enthüllt wurde. In ihrem Buch "Atlas Shrugged" berichtet sie von dem Plan der Illuminati, wie er 1972 während einer Sitzung des *Großen Druidenrates* (Rat der 13) in San Antonio (Texas) dargelegt worden war. Diese Enthüllungen sind, neben Veröffentlichungen in namhaften Publikationen, auch durch die Äußerung des englischen Premierministers *Benjamin Disraeli* gedeckt, der - wie er schreibt - Zugang zu allen Logen und Klubs hatte und die Organisation der Großbankiers, besonders der Rothschilds, sehr gut kannte und wußte, daß das Netzwerk der internationalen Hochfinanz eine "Geheimgesellschaft" (secret society) sei, die die Weltherrschaft anstrebt[1].

Die Freimaurer-Pyramide
mit dem Gründungsjahr des Illuminatenordens

1   Homuth, Vorsicht Ökumene!, S. 9 ff.

Die 13-stufige Pyramide auf der Ein-Dollar-Note zeigt die okkulte Hierarchie der Illuminati und entschlüsselt sich von oben nach unten wie folgt:

RT: Hinter diesen Initialien verbergen sich die Rothschilds, die an der Spitze der weltweiten okkulten Hierarchie stehen, die Reichsten der Welt sind und mit ihren finanziellen Mitteln Kriege ebenso wie den Kommunismus finanziert haben und es noch tun. Sie stehen in direkter Verbindung mit Satan und bewahren in ihren Archiven die geheimsten Unterlagen auf.

Rat der 13: Die 13 Großdruiden, sie sind die private Priesterschaft der Rothschilds.

Rat der 33: Die ranghöchsten Freimaurer der Welt in Politik, Wirtschaft und Kirche.

Klub der 300: Das sind die reichsten und einflußreichsten Männer der Welt.

B'nai B'rith: Das sind die "Söhne des Bundes", eine Geheimloge, deren Ziel es ist, die Israeliten zu vereinigen zur Förderung der höchsten Interessen der Menschheit.

Es folgt der Geheimbund *Grand Orient*, der *Kommunismus*, der *Schottische Ritus* mit seinen Graden 1 - 33, der *York Ritus*, die *Rotarier, Lions, YMCA*, die *Blauen Logen*, die *Freimaurer ohne Schurz*, d. h. nur mit drei Graden, und der *Humanismus* unter der Freimaurerparole "Freiheit, Gleichheit, Brüderlichkeit". Auf dem Sockel der Pyramide sind die römischen Ziffern **M D C C L X X V I** abgebildet, deren Addition (1000 + 500 + 100 + 100 + 50 + 10 + 10 + 5 + 1) ausgerechnet **1776**, das *Gründungsjahr des Illuminatenordens*, ergibt.

Unterhalb der Pyramide steht: "NOVUS ORDO SECLORUM", das heißt *Neue Weltordnung*. "Dieses lateinische Zitat stammt aus Vergils 4. Ekloge und kündigt im Zusammenhang gelesen die Rückkehr des Saturnzeitalters an und die Geburt eines verheißungsvollen Sohnes. Wörtlich übersetzt: 'Gunst, edle Luzina, der Sohn wird bald geboren werden, in welchem das eiserne Zeitalter zu Ende geht und das goldene aufgeht über der ganzen Erde'. Ein Hinweis auf Luzifer, den ins Fleisch gekommenen Antichristus"[1].

In der Astrologie ist der Saturn der "Unglücksbringer", weil er Trennung (Jesus von Christus), Stagnation, Schwierigkeiten, Verlust, Geiz, Neid, Einsamkeit, Kälte und Festigkeit, die Vorboten einer "dunklen Zeit", ankündigt.

Außerhalb des Kreises, in dem sich die Freimaurer-Pyramide befindet, ist unten zu lesen: "THE GREAT SEAL", zu deutsch *Das Große Siegel*. Auf derselben Seite der Ein-Dollar-Note ist rechts ein zweiter Kreis zu sehen, unter dem "OF THE UNITET STATES", auf deutsch, *der Vereinten Staaten*, geschrieben steht. *Das Große Siegel der Vereinten Staaten* deutet insgeheim auf die Neue Weltordnung , dem angestrebten Ziel innerhalb der Vereinigten Staaten Europas hin, das den Nichteingeweihten zunächst verborgen bleiben soll.

Die Adler- Symbolik auf der Ein-Dollar-Note

---

1   Homuth, Vorsicht Ökumene!, S. 4.

In dem Kreis rechts von der Freimaurer-Pyramide ist ein nach rechts blickender Adler zu sehen, der in seiner rechten Kralle einen 13-blättrigen Palmzweig und in der linken Kralle 13 Speere hält. Über seinem Haupt sind 13 Sterne in Form eines Hexagramms angeordnet, die von 14 Wolken umgeben sind. Über seinen Flügeln steht geschrieben: "E PLURIMUS UNUM".

Der Adler ist das Symbol des Kriegers. Da er nach rechts - der Materie zugeordneten Seite - blickt, weist dies auf einen Krieger auf der materiellen Ebene hin. Die dreizehn Speere sind seine Waffen. Die Palmblätter symbolisieren die Frieden bringenden 13 Stämme Israels, wovon 12 schon da waren, während der dreizehnte Stamm in der Endzeit - jetzt - ersteht. Die 13 (= Transformation) Sterne künden die einschneidenden Veränderungen für die Mitgliedstaaten der Europäischen Union durch die Verwirklichung der Vereinigten Staaten von Europa an. Ihre Anordnung in Form eines Hexagramms, dem magischen Symbol der Freimaurerei, ist ein Hinweis auf die Neue Weltordnung Maitreyas und sein Vorhaben, die sechs Weltreligionen zu *einer* Neuen Weltreligion zu vereinen.

Emblem der Theosophischen Gesellschaft

Das *Hexagramm*, das auch im Siegel der Theosophischen Gesellschaft vorkommt, enthält 6 Pyramiden mit jeweils 3 Seiten. Während die Illuminati den Vereinten Nationen eine "Einheit in der Vielheit" versprechen, ist deren versiegeltes Ziel "E PLURIMUS UNUM" (lat.: aus der Vielzahl zu einem), die *Einheit aus der Vielheit* schaffen, was durch die UNO realisiert werden soll.

In seiner Gesamtheit ist das *Adler-Symbol* folgendermaßen zu deuten: Sobald der 13. Stamm Israels in der Welt ersteht, um das geistige Jerusalem - die Wohnstätte Gottes im Herzen der Menschen - aufzubauen, wird der (von den Vereinten Nationen gekrönte) "Adler" die Waffen bereithalten, um den Stamm Gottes in der Welt zu bekämpfen.

Albert Pike, Schöpfer der Rituale des heute wichtigsten Hochgradsystems *A. A. S. R. - Alter Angenommener Schottischer Ritus* und oberster Illuminat des vorigen Jahrhunderts, formulierte am 04.06.1889 in seinen "Instruktionen": "Luzifer, der Gott des Lichtes, kämpft gegen Adonai, den Gott der Bibel, ja Luzifer ist Gott."[1]

Angesichts der Zielsetzung Maitreyas, den internationalen Handelsverkehr durch ein "Umverteilungsprogramm" zu verwalten und eine "raffiniert ausgeklügelte Form von Tauschhandel" einzuführen, stellt sich auch der bargeldlose Zahlungsverkehr und die international geplante Verfügungsmöglichkeit über personenbezogene Daten in einem ganz anderen Licht dar. Während die Pyramide auf der Ein-Dollar-Note noch insgeheim auf die Neue Weltordnung hinweist, sind die Computer-Strichcodes auf sämtlichen Handelsprodukten schon augenfällige Schritte in diese Richtung.

Auf den ersten Blick erscheint dieses Code-System als sinnvolle Notwendigkeit, die Vielzahl der Produkte aus allen Ländern der Welt nach Herkunftsland, Hersteller, Branche usw. zu identifizieren, um einen effektiven Warenaustausch unter den Völker zu gewährleisten. Die Strichmuster auf den einzelnen Handelsprodukten enthalten verschiedene Linien, die nach Stärke und Abstand eine bestimmte Zahl darstellen, wodurch das betreffende Produkt nach einem binären

---

1   aus: Homuth, Vorsicht Ökumene!, S. 11.

Zahlensystem identifiziert werden kann. Obwohl sich die einzelnen Strichmuster voneinander unterscheiden, haben sie eines gemeinsam, nämlich 2 x 12 Striche unterschiedlicher Stärke, die am *Anfang*, in der *Mitte* und am *Ende* des Strichcodes von ein und demselben Strichpaar, das die Zahl **6** kennzeichnet, eingerahmt sind. Die Linien dieses Strichpaares haben eine Stärke von 0,25 mm und stehen in einem Abstand von 0,25 mm zueinander.

Strichcode - Beispiel

Auffällig ist, daß die Zahl 6 unter diesen Strichpaaren nicht aufgedruckt ist, obwohl unter den anderen Code-Strichen die jeweilige Zahl erscheint. Im Hinblick auf die Neue Weltordnung ist jedoch davon auszugehen, daß die Zahl **666** auf allen Produkten der Welt erscheinen und das Leben der Menschen von Grund auf bestimmen wird, sobald Maitreya als "Weltlehrer" die Neue Weltordnung einführen wird.

In der Offenbarung Johannes Kapitel 13/15-18 lesen wir: "Und es wurde ihm gegeben, dem Bild des Tieres Lebensgeist zu verleihen, so daß das Bild des Tieres sogar redete und bewirkte, daß alle getötet wurden, die das Bild des Tieres nicht anbeteten. Und es bewirkt, daß alle, die Kleinen und die Großen und die Reichen und die Armen und die Freien und die Sklaven, daß sie sich ein Malzeichen auf ihre rechte Hand oder Stirne machen und daß niemand kaufen oder verkaufen kann als nur der, welcher das <u>Malzeichen</u> hat, nämlich den Namen des Tieres oder die Zahl seines Namens. Hier ist die Weisheit vonnöten. Wer Verstand hat, berechne die Zahl des Tieres; sie ist nämlich die Zahl eines Menschen. Und zwar ist seine Zahl <u>666</u>."

Diese Zahl taucht bereits immer häufiger auf und rückt damit mehr und mehr in das Bewußtsein der Menschen. Und da die Massen so sehr mit sich selbst beschäftigt sind, stellt sich kaum jemand die Frage, warum ausgerechnet diese Zahlenfolge das öffentliche Leben international beherrscht.

Der Code der Welt-Bank-Nummer beispielsweise ist "666". Die Karten der Australischen Nationalbank weisen "666" auf. Die Scheck-Verrechnungsstelle für indische Banken in Bombay trägt den Nummernschlüssel "666". Bank-Institutionen Floridas gebrauchen "666". Neue amerikanische Kreditkarten zeigen jetzt die Vorziffer "666". Staats-Regierungen verwenden plötzlich in ihren Dokumenten die Zahl "666". Das "Olivetti Computer-System P 6060" gebraucht jetzt Nummern, die mit "666" beginnen. Überall in den USA tragen Computer-Quittungen eine Gruppe von grauen Punkten, die die Nummer "666" umgeben. Auf jedem israelitischen Lotterieschein ist die Zahl "666" aufgedruckt. Sie ist dazu bestimmt, die Juden zu "erziehen" und auf Maitreya, den kommenden Weltlehrer, vorzubereiten. Die Übersee-Telefon-Nummer Israels lautet "666". Das erste Kriegsschiff, das bei Wiedereröffnung des Suez-Kanals in diesen einlief, mit dem ehemaligen ägyptischen Präsidenten Anwar El Sadat an Bord, trug an seinem Bug die deutlichen Ziffern "666". Der Code für die Entschärfung russischer Raketen lautet "666". Ein Schallplatten-Album der satanischen Rock-Gruppe "Black Sabbat" (schwarzer Sabbat) trägt den Titel "666". [1]

Immer häufiger tritt die Zahl "666" auch in der Werbung auf, obwohl solche Preisangaben verkaufstaktischen Überlegungen völlig zuwiderlaufen. Neuerdings werden auch ärztliche Rezeptvordrucke mit der Zahl 666 gekennzeichnet, was nach Auskunft der Kassenärztlichen Bundesvereinigung in Köln auf eine Vereinbarung der Krankenkassenverbände und der Apothekenrechenzentren beruht[2]. Verborgen bleibt allerdings, wer die 666 festgelegt hat.

1   Zusammengestellt von Margitta - Ellen Peschutter, in: Bibel für die Welt 1 - 2/84.
2   Homuth, Glaubensnachrichten, Juni 1995.

Die Zahl "6" (= Versuchung) versinnbildlicht den Weg aus dem Geistigen in die Materie, während die "9" (= Weisheit) den Weg aus der Materie zurück ins Geistige symbolisiert. Satan ist der aus dem Geistigen gefallene Engel, der in der Materie erstarrt ist und auch die Menschen mit seinem falschen Licht (Luzifer) daran hindern will, den Weg zurück in das geistige Reich Gottes zu finden. Daher schickte er Maitreya, das TIER, das sich selbst zu 600, den Nächsten zu 60 und Gott zu 6 Teilen liebt - 666, um die Menschen auf materieller, seelischer und geistiger Ebene (3 x 6) zu verführen.

Darauf, daß die Menschheit Maitreya durch das Malzeichen anbetet, konzentrieren sich die Aktivitäten der Illuminati mit höchster Intensität. Ausgerechnet in Brüssel, Mittelpunkt der Europäischen Wirtschaft (EG), befindet sich die Niederlassung des Hauptschalter-Zentrums, in welchem Computer entwickelt und zugleich der internationalen Übertragung elektronischer Daten angepaßt werden. Dieser weltgrößte Computerkomplex, der allein 3 Stockwerke des Allgemeinen Markt-Hauptquartiers umfaßt, trägt den bezeichnenden Namen "la bete", das *Tier*.

Der Chef-Computer-Analytiker *Dr. Handrik Eldeman* ist fortlaufend damit beschäftigt, jede Person der Welt auf einer sogenannten "Identifikationskarte" mit einer 18-stelligen Ziffer (3 x 6) zu erfassen[1]. Hier, in dieser gigantischen Kontrollzentrale, ersteht das Datenzentrum der Welt. Von hier aus wird das "Tier" den internationalen Handelsverkehr verwalten und Maitreya sein "Umverteilungsprogramm" starten.

Die Überwachung der Menschen weltweit hat längst die Grenzen des Erlaubten überschritten. Der Datenschutz und das informationelle Selbstbestimmungsrecht, d. h. das Verfügungsrecht über die eigenen personenbezogenen Daten, bestehen oftmals nur noch im Gesetzestext. Zwar garantiert das Recht auf Selbstbestimmung die Abwehr von Fremdaktivitäten im Persönlichkeitsbereich, die gerade im Hinblick auf moderne Datenverarbeitungstechniken die Privatsphäre durch Fremdsteuerung gefährden, in der Praxis aber werden Daten unkontrolliert

---

1   Peschutter, Ebda.

gespeichert und generell verwertet. Die international geplante Verfügungsmöglichkeit über personenbezogene Daten begründet die ernsthafte Gefahr einer Informationsverunsicherung und dysfunktionalen Weitergabe. Der einzelne wird für die anderen zum"gläsernen Menschen" ohne zu wissen, wer was wann und bei welcher Gelegenheit über ihn zur Kenntnis nimmt. Damit unterliegt der Mensch einer unsichtbaren Kontrolle und Überwachung, ohne sein Verhalten darauf ausrichten zu können.

Da weder Ziel noch Umfang der beabsichtigten Datenverarbeitung noch das Vorhaben Maitreyas offengelegt werden, wird die Masse von den kommenden Ereignissen überrollt werden. Unter dem Vorwand des bargeldlosen Zahlungsverkehrs werden dann die Menschen zum Malzeichen überredet und damit dem Tier überantwortet werden. Durch ihre Vorarbeit bei der Einführung von elektronisch lesbaren Scheck- und Kreditkarten, Telefon- und Krankenversicherungskarten usw. haben die Illuminati die Menschen entscheidend darauf vorbereitet. Mit dem Argument, der bargeldlose Zahlungsverkehr sei sicherer, einfacher und praktischer, konnten die Massen erfolgreich von den Vorzügen dieses Systems überzeugt werden.

Und die Entwicklung geht weiter. Die Vielzahl elektronisch lesbarer Karten soll nunmehr durch eine Allzweck-Chip-Karte ersetzt werden. Elektronikindustrie, Kreditwirtschaft, Verkehrsträger, Dienstleister und Netzwerkbetreiber basteln fieberhaft an dieser "elektronischen Geldbörse", die mittels gespeicherter Wechselkurse den bargeldlosen Zahlungsverkehr weltweit ermöglichen soll. Die europäischen Pläne für die Einheitswährung sind ein wichtiger Meilenstein in diese Richtung, unabhängig davon, wie und wann der Euro kommen wird. Derzeit gilt bei der Einführung des Euro noch folgender Zeitplan: 01.01.1998 Entscheidung Euro-Kriterien; 01.01.1999 bargeldloser Zahlungsverkehr möglich; 01.01.2000 bis 31.12.2001 Parallelphase; 01.01.2002 Umstellung Behörden und 01.07.2002 endgültige Umstellung.

Die Mega Card soll Bargeld nicht nur völlig ersetzen, sondern durch einen Mikroprozessorchip anstelle des herkömmlichen Magnetstreifens auf den Karten eine riesige Informationsmenge speichern können, von den Krankenakten und Sozialversicherungsdaten des Besitzers bis zu den Daten über sein Guthaben und den davon getätigten Geldtransaktionen.

Aufgeladen wird die neue "smart card" in einem Lesegerät, das eine Online-Datenverbindung zur Kundenbank herstellt und vom Konto einen Geldbetrag abbucht, der im gleichen Moment auf dem Chip als elektronisches Guthaben gespeichert wird[1]. Nach einem ersten Modellversuch in Ravensburg soll die neue Mikro-Chipkarte bereits Ende 1996 36,6 Millionen ec-Karten ersetzen und 1997 bundesweit als universelle Karte für alle Lebensbereiche eingeführt werden[2].

Voraussetzung dafür sind allerdings technische Vereinheitlichungen, die die Mega-Card zu einem nahezu perfekten Kontrollinstrument umfunktionieren. Dadurch, daß die Chipkarten von den Abrechnungsstellen der Kreditkarten-Zentralen aus kontrolliert werden[3], bestehtzudem auch die Möglichkeit, durch Auswertung der getätigten Buchungen auf dem Chip die Lebensgewohnheiten des Karteninhabers zu überwachen und gezielt zu beeinflussen.

Damit unterliegt der Mensch nicht nur einer permanenten Kontrolle seiner Lebensbereiche sondern gerät in eine elektronische Abhängigkeit, aus der es in diesem Datennetz kein Entrinnen gibt. Wenn nur noch per Chipkarte bezahlt wird und diese Karte mit dem Malzeichen versehen ist, wird sogar der Zugriff zum eigenen Konto davon abhängen, ob man dieses Zeichen annimmt oder nicht. Andere Entscheidungsalternativen wird es dann nicht mehr geben.

Das digitale Geld eröffnet aber auch die einzigartige Möglichkeit einer lückenlosen Identifikation des Karteninhabers. Sobald die Chipkarte das einzige Zahlungsmittel ist, wird man den Besitzern der Mega Card nahelegen, daß es noch einfacher, praktischer und vor allem sicherer sei, einem potentiellen Mißbrauchsrisiko durch einen Identitäts-Strichcode auf der Hand oder auf der Stirn entgegen zu wirken. Abgesehen davon, daß man ein solches Zeichen immer bei sich trage und nicht verlieren

---

1   FOCUS, 47/1993.
2   vgl. Stuttgarter Zeitung, 08. August 1995.
3   TOPIC, Nr. 7/1995.

könne, sei es auch fälschungssicher. Beim Einkauf müsse man an der Kasse nur noch seinen Strichcode ablesen lassen, und schon wird das Geld automatisch vom eigenen Konto abgehoben. Durch dieses System würde der Mensch freier und könne der Verführung des Geldes nicht mehr unterliegen.

Derartige Überlegungen sind keine Zukunftsmusik mehr, sondern bitterer Ernst. Schon für das Jahr 1984 war eine *Markierung der Menschen* geplant. Für das Auge unsichtbar, sollte mit einem Laserstrahl an die Stirn oder der rechten Hand eine Computer-Nummer, bestehend aus senkrechten mit Ziffern versehenen Linien mit verschlüsselten Botschaften eintätowiert werden, indem eine Flüssigkeit unter die Haut gespritzt wird, die sich dann sofort zu einem dünnen Plastikfilm verhärtet. Amtliche Vordrucke mit der Anfrage, wo man die Markierung tragen wolle (F = Forehead (Stirn) oder H = Hand) sind bereits international vorbereitet. Bereits am 31. Mai 1980 ließ ein öffentliches Bankwesen in einer Fernseh-Station in Amerika verlauten, daß die "Kopf/Hand-Raster-Maschine" lebende Realität sei.

Heutzutage ist diese Markierung zum Teil schon eingeführt. Mit dem Argument, Geschäftsreisende schneller abfertigen zu können, sind auf amerikanischen Flughäfen spezielle Geräte zum Ablesen dieser unsichtbar auf der rechten Hand eintätowierten Markierung installiert worden. Und die Zahl derer, die diesen "Service" in Anspruch nehmen, nimmt ständig zu, denn "Time is money". Diese Markierungen enthalten nicht nur geheime Informationen, sondern bedecken durch deren Anbringung auf der Hand oder Stirn das Hand- bzw. Stirnchakra.

Da die *Chakren* (Sk. = Rad) spirituelle oder feinstoffliche Energiezentren sind, kann über ein Chakra am besten Einfluß auf den Energiefluß und die Psyche des Menschen genommen werden, wenn die dazu erforderlichen Voraussetzungen geschaffen sind. *Thimothy Leary* (geb. 1920), ein umstrittener amerikanischer Psychologe, hat, nachdem er wegen seiner fragwürdigen Experimente mit psychedelischen Drogen an der Harward-Universität seine Professur aufgeben mußte, in seinem privaten Forschungsinstitut in Millbrook, New York, u. a. einen Bio-Computer entwickelt. Dadurch konnte er die Gehirnfrequenz des Menschen verändern und beeinflussen. Es ist nicht auszuschließen, daß die dabei gewonnenen Erkenntnisse auch bei den Ablesegeräten für die Markierungen auf den Chakren eingesetzt werden. Werden diese Geräte mit einem Bio-Computer gekoppelt, kann über die energetische Beeinfussung des Chakras sogar die Gehirnfrequenz verändert und der Mensch fremdgesteuert manipuliert werden.

Biometrische Prüfmethoden werden heutzutage ohnehin in Sicherheitsbereichen von Militär, Geheimdiensten, Flughäfen, Kraftwerken und Industrie zum Schutz vor unbefugtem Zutritt eingesetzt. Die Identifizierungssoftware "Veincheck" erkennt am Verzweigungsmuster der Blutgefäße der Hand, wer Eingang begehrt; das "Iriscan"-Computersystem und sein Konkurrent "Eyedentify" überprüfen eine Person anhand ihrer Regenbogenhaut, die mit über 400 Merkmalen sechsmal so sicher ist wie ein Fingerabdruck; beim Pilotprojekt "Inspass" (Immigration and Naturalization Service Passenger Accelerated Service System) mißt der Computer die Größenverhältnisse der Finger des Einreisenden aus zwei Richtungen und vergleicht die dabei errechnete Zahlen- und Buchstabenkombination mit dem Muster im maschinenlesbaren Reisedokument. Um den Weltreisenden die Barrieren zu ebnen, soll schließlich das "Fast-spass"-Projekt (Future Automated Screening for Travellers), eine Art weltweiten Ausbaus des "Inspass"-Systems, eingeführt werden[1].

In Deutschland wurde die automatisierte Grenzkontrolle Mitte 1995 bei der Lufthansa auf dem Frankfurter Flughafen eingeführt[2]. Dabei werden die Hautstrukturen einer Hand oder die Fingerabdrücke elektronisch erfaßt und auf einem Chip oder einer Magnetkarte gespeichert. Beim Passieren der automatischen Schleuse werden diese Biometrie-Daten mit denen der Hand direkt verglichen, um eine 100prozentige Identifizierung zu gewährleisten.

Noch erfolgt diese Datenerfassung und Abspeicherung der Hand-Biometrie-Daten auf freiwilliger Basis, zumindest solange, bis es keine andere Möglichkeit zur Ein- und Ausreise mehr geben wird.

1   Backnanger Kreiszeitung, 05. Dezember 1995.
2   TOPIC, Nr. 1/1995.

148

Mittlerweile wurden auch Chip-Implantate für Menschen erfolgreich an Tieren, vor allem an Rindern, Schweinen und Schafen erprobt. Ein Mikrochip, der an einer bestimmten, leicht wiederzufindenden Körperstelle (z.B. unter den Ohrknorpel) injiziert wird, kennzeichnet dabei jedes Tier mit einer eigenen Nummer. Dieses Implantat besteht aus einer Glaskapsel (etwa so groß wie ein Reiskorn), in der sich ein Speicherchip mit einer weltweit einmalig vergebenen Nummer und ein Transponder befinden. Transponder sind Kupferspulen, die als passive Sender fungieren und keinen eigenen Energiespeicher haben[1]. Funkt man den Mikrochip an, kann ein computergesteuertes Lesegerät die einprogrammierte Nummer erfassen und an den Zentralcomputer weitermelden, wo Name, Alter, Geburtsort, Krankheiten und Besitzer des Tieres gespeichert sind.

Neuerdings gibt es auch ein Chip-Implantat für den menschlichen Körper, das unter der Bezeichnung "Implantat mit elektrischem Transponder-Marker" als US-Patent angemeldet wurde[2]. Nachdem erste klinische Tests dafür beim Menschen erfolgreich abgeschlossen wurden, steht einem medizinischen Einsatz des Chip-Implantats nichts entgegen. Künstliche Hüftgelenke oder Herzschrittmacher könnten per Chip im menschlichen Körper eine einmalige Nummer erhalten, die jederzeit mit einem Lesegerät erfaßt werden kann, um so die dazugehörigen Informationen über die Datenbank eines Zentralcomputers abzurufen.

Nach Informationen des "Abendmagazins" des Zweiten Deutschen Fernsehens (ZDF) arbeitet der weltgrößte Computerhersteller IBM an einem "Chip für unter die Haut", der persönliche Daten beinhalten soll. Nach Einschätzung von IBM sei diese Chip-Technik in wenigen Jahren realisierbar. Wenn der weltgrößte Hersteller von Computersystemen an einem Chip-Implantaten arbeitet, dann ist davon auszugehen, daß diese Technik auch im großen Stil zum Einsatz kommen wird. Da der "Chip für unter die Haut" schon entwickelt ist, wird sich IBM wohl eher um

1   TOPIC, Nr. 12/1996.
2   Ebda.

die elektronischen Erfassungssysteme kümmern, um die Daten auf dem Chip problemlos registrieren und verarbeiten zu können[1].

Einer Radionachricht vom 09.02.1997 zufolge, hatte der Medienbeauftragte der CDU/CSU Bundestagsfraktion vorgeschlagen, Kinder mit Minisendern auszustatten. Die Sender könnten in Kleidungsstücken oder Schulbüchern eingearbeitet oder *unter der Haut* eingepflanzt werden, um bei einer Entführung das Kind schneller aufzuspüren. Die Idee von eingebauten Peilsendern für Kinder zum Schutz vor Verbrechern hat eine heftige Debatte ausgelöst und wurde vom Kinderschutzbund zurückgewiesen, weil Eltern und Kinder dadurch nur noch ängstlicher würden.

Diese Idee verdeutlicht, daß eine Markierung der Menschen heutzutage nicht nur technisch möglich, sondern auch durchführbar ist, sobald ein öffentliches Bedürfnis dafür vorliegt. So verlockend solche Identifikationschips auch sind, sie führen die Menschen in eine umfassende Kontrolle, auch wenn die derzeitigen Einsatzmöglichkeiten sinnvoll erscheinen mögen.

Ebenso führt der bargeldlose Zahlungsverkehr zu einer allgemeinen Überwachung aller Lebensbereichen. Sobald nicht mehr Geld, sondern eine Markierung das einzige Zahlungsmittel sein wird, werden jene, die das Zeichen ablehnen, nicht überleben können, weil "niemand kaufen oder verkaufen kann als nur der, welcher das *Malzeichen* hat, nämlich den Namen des Tieres oder die Zahl seines Namens" (Off. 13/17).

Mit diesem gewaltigen Nötigungsmittel zwingt der Antichrist den Menschen seinen Stempel auf, damit sie *ihn* anbeten, was die Ungläubigen auch tun werden. "Wenn jemand das Tier und sein Bild anbetet und ein Malzeichen auf seiner Stirn oder auf seiner Hand annimmt, wird auch er trinken müssen von dem Zornwein Gottes, der unvermischt eingeschenkt ist in den Becher seines Zorns, und wird gepeinigt werden in Feuer und Schwefel vor den heiligen Engeln und vor dem Lamm. Und der Rauch ihrer Peinigung steigt auf in alle Ewigkeit; und Tag und Nacht haben die keine Ruhe, die das Tier und sein Bild anbeten, und wer das

---

1   TOPIC, Nr. 6/1997.

Malzeichen seines Namens annimmt. Hier ist die Standhaftigkeit der Heiligen vonnöten, die die Gebote Gottes und den Glauben an Jesus festhalten" (Off. 14/9 ff). Solange es den Gläubigen gut geht, sie keine Not leiden, gesättigt und gestärkt sind, fällt das Bekenntnis für Jesus Christus nicht schwer. Wenn aber die Herrschaft des Antichristen anbricht, wird es großen Mut erfordern, sich öffentlich zu Jesus Christus zu bekennen und an seinen Namen festzuhalten. Not, Hunger und Leid werden dann über die Gläubigen hereinbrechen und sie harten Prüfungen unterziehen.

Durch den Glauben aber werden ihre Herzen gestärkt, und Gott wird ihnen ein Schutzschild sein. Denn er hat seinen Engel gesandt, "der das Siegel des lebendigen Gottes hatte; und er rief mit lauter Stimme den vier Engeln zu, denen Macht gegeben war, der Erde und dem Meer Schaden zuzufügen, und sprach: Füget der Erde keinen Schaden zu noch dem Meer, noch den Bäumen, bis wir die Knechte unsres Gottes an ihren Stirnen mit dem Siegel bezeichnet haben! Und ich hörte die Zahl der mit dem Siegel Bezeichneten: 144 000 Bezeichnete aus allen Stämmen der Söhne Israels" (Off. 7/2 ff.).

Das *göttliche Siegel* ist die von Gott ausgehende Kraft des Heiligen Geistes, durch dessen Wirken der Mensch Weisheit und vor allem die seltene Gabe der Unterscheidung der Geister erlangt, aber auch die Macht, die Lüge zu erkennen und sich dem Antichristen zu widersetzen. Nur mit diesem Siegel ist der Mensch sicher vor Überschattungen und Einflußnahme der Dunkelheit, deren geballte Macht nichts ausrichten kann gegen die Allmacht Gottes und seinen geistigen Schutz.

Die Zahl 144.000 ist nicht wörtlich, sondern symbolisch zu deuten. Sie bezeichnet die aus dem Menschenmeer aufgestiegenen Menschen, die von Gott Weisheit erlangt haben. Die "1" steht für Schöpfer und Wille, die "4" für die Tat, während 1 + 4 + 4 = 9 die Weisheit bezeichnet. Die drei Nullen symbolisieren das Menschenmeer. Wer also nach der Wahrheit strebt und um Kraft der Erkenntnis und um Kraft des Erkennens bittet, dem schenkt Gott Weisheit und auch die Kraft, sie in die Liebes-Weisheits-Tat umzusetzen. "Denn der Herr gibt Weisheit, aus seinem Munde kommt Vernunft und Erkenntnis" (Spr. 2/6).

Die Gotteserkenntnis bleibt aber jenen verborgen, die in der Lüge der Welt verhaftet sind und nicht nach der Wahrheit streben. Wer aber bittet, dem wird gegeben. Daher hat Jesus gesagt: "Jeder, der bittet, empfängt; und wer sucht, der findet; und wer anklopft, dem wird aufgetan werden. Wo ist unter euch ein Vater, der, wenn ihn sein Sohn um einen Fisch bittet, ihm statt des Fisches eine Schlange gäbe, oder auch, wenn er um ein Ei bittet, ihm einen Skorpion gäbe? Wenn nun ihr, die ihr doch böse seid, euren Kindern gute Gaben zu geben wißt, wieviel mehr wird der Vater im Himmel den heiligen Geist denen geben, die ihn bitten! (Luk. 11/10 ff.). Wenn aber jemand von euch an Weisheit Mangel hat, erbitte er sie von Gott, der allen ohne weiteres gibt und nicht schilt, und sie wird ihm gegeben werden" (Jak. 1/5).

Wer aber glaubt, die Weisheit Gottes nicht nötig zu haben, wird seinem Hochmuts erlegen. Durch den Verstand allein ist es nicht möglich, die Lüge von der Wahrheit zu unterscheiden. Ebensowenig kann ein Geistblinder das Licht erkennen, wenn ihm die von Gott gegebene Weisheit fehlt. Daher versucht Maitreya die Menschen mit dem Verstandesdenken zu blenden, damit sie dem Irrlicht statt der Weisheit folgen. Wenn das Damoklesschwert die Welt durchtrennt und die Geistmenschen von den Weltmenschen scheidet, wird keiner mehr über die Klinge springen können. Wer sich bis dahin nicht Gott zugewandt hat, wird es während Maitreyas öffentlichem Wirken schwerlich tun können. Daher sollte jeder Tag ein Meilenstein auf dem Weg unserer geistigen Vollendung sein, damit wir vor dem geistigen Fall bewahrt bleiben. "Den Feiglingen aber und den Ungläubigen und Befleckten und Mördern und Unzüchtigen und Zauberern und Götzendienern und allen Lügnern ist ihr Teil in dem See, der von Feuer und Schwefel brennt, und dies ist der zweite Tod" (Off. 21/8).

Damit ist der *geistige Tod*, d. h. der *Verlust der individuellen Erstschöpfung* gemeint. Dazu kommt es, wenn der Mensch Gott nicht mehr als seinen Schöpfer annimmt, sondern glaubt, selbst ein Schöpfer, also Gott zu sein. Und genau darauf zielt die Lehre Maitreyas ab. Die Menschen, die ihm folgen, gehen somit den Weg der Vernichtung ihrer eigenen Seele. Durch den geistigen Tod wird die Seele in ihre Seelenspezifikas aufgelöst und zu einer Zweitschöpfung neu zusammengefügt, die einer Erstschöpfung nie gleichkommt. Dieser Tod ist tausendfach schmerzvoller als der korporale Tod, den möglicherweise jene erleiden werden, die an Jesus Christus festhalten.

"Und ich sah die Seelen derer, die enthauptet worden waren um des Zeugnisses über Jesus und um des Wortes Gottes willen und die das Tier nicht angebetet hatten noch sein Bild und das Malzeichen weder auf ihre Stirne noch auf ihre Hand angenommen hatten, und sie wurden wieder lebendig (Off. 20/4). Selig sind die Toten, die im Herren sterben, von jetzt an (Off. 14/13)... Die übrigen Toten wurden nicht wieder lebendig, bis die tausend Jahre vollendet waren. Dies ist die erste Auferstehung. Selig und heilig, wer Teil hat an der ersten Auferstehung! Über diese hat der zweite Tod keine Macht, sondern sie werden Priester Gottes und Christi sein und mit ihm herrschen die tausend Jahre" (Off. 20/5 f.).

Die Macht des Glaubens ist für Maitreya unüberwindlich! Und da er diese geistige Kraft fürchtet, will er den Gottglauben durch das Malzeichen ersetzen. Entgegen seinen wohlbedachten Äußerungen in der Öffentlichkeit hat er seinen engsten Vertrauten seine wahren Gedanken kundgetan, die ich durch Gottes Wille und Schutz in einer Vision erschauen durfte.

"Ich vernichte sie durch ihre eigenen Bedürfnisse und Begierden. Meinen größten Feind schlage ich mit seiner Schwäche und meiner Lüge, die ich gut zu verkaufen weiß. Ich, Pan, mache Panik, Angst und Hilflosigkeit!

Ich hasse die Christen, weil sie durch Jesus die Macht haben, ihre Seelen unsterblich zu machen, wenn Jesus ihnen diese Kraft sendet. Ich hasse sie, weil sie die einzigen sind, die mir wirklich gefährlich werden könnten!

Daher werde ich, der König von Shambhala, der Herr dieses Reiches, welches mir von Satan gegeben wurde, ihnen die Persönlichkeit nehmen und sie durch die Unpersönlichkeit zu willenlosen Haustieren machen in meinem Reich. Sie werden meine niedrigsten Diener sein. Jeder Dämon soll über sie verfügen können. Denn ich bin der König, ich bin der Herrscher des Universums. Alles das gehört mir. Ich habe das Recht dazu, alle zu besitzen!" r

Diese verdeckten Absichten Maitreyas sind bereits ansatzweise in seinem Buch "Maitreyas Mission" erkennbar, wo Creme in seinem Auftrag schreibt:

Viele, für die Maitreyas Vorschläge unattraktiv sein werden, werden sich schließlich den neuen Bedingungen anpassen müssen oder sich in abgelegene Gebiete zurückziehen müssen - die Alternative wäre Vernichtung (127).

Wenn die Menschen nur durch Zwang und Gewalt dazu genötigt werden sollen, Maitreyas Vorhaben zu akzeptieren und es dazu keine anderen Alternativen mehr geben wird als das Aushungern oder der korporale Tod, dann kann Maitreya keineswegs der tolerante Friedensbringer sein, als den er sich ausgibt. Anhand seiner eigenen, für jeden nachprüfbaren Aussage wird die Lüge offenbar, die sich hinter seiner Lehre, seinen Reden und seinem scheinbar "guten" Handeln verbirgt. Seine Versprechen sind hohl und leer, wie es seine Augen sind. Und wer dennoch an Jesus Christus festhält, soll (durch das Malzeichen) genötigt werden, sich aus diesem Leben "zurückzuziehen".

"Aber die auf den Herrn harren, empfangen immer neue Kraft, daß ihnen Schwingen wachsen wie Adlern" (Jes. 40/31). Wir sollten daher nicht aufhören zu beten und zu bitten, daß wir erfüllt werden "mit der Erkenntnis seines Willens in aller vom Geist verliehenen Weisheit und Einsicht, . . und wachsend in der Erkenntnis Gottes, gemäß der Macht seiner Herrlichkeit mit aller Kraft gekräftigt zu aller Geduld und Ausdauer" (Kol. 1/9 ff.). Denn "Gott ist unsere Zuflucht und Stärke, als mächtige Hilfe bewährt in Nöten" (Ps. 46/2).

Gott in seiner Allmacht kann alles bewirken und das Unmögliche möglich machen. Denken wir doch nur an den Exodus der Israeliten aus Ägypten und den Schutz, den Gott seinem Volke zukommen ließ. Als sie vom Pharao und seinen Leuten verfolgt wurden, führte er sie durch das gespaltene Meer, als sie hungerten, ließ er Manna (Speise) vom Himmel fallen und als es sie dürstete, schlug Moses gegen den Felsen am Horeb, und Wasser strömte aus ihm hervor (2. Mose 14/16; 16/14, 31; 17/6).

Wie damals wird auch jetzt Gott die Seinen mit starker Hand beschützen und durch die Versuchungen führen. Unser einziges Schutzschild ist der Glaube an Gott und daran sollten wir mit aller Kraft festhalten, auch wenn Maitreya mit aller Macht versuchen wird, uns daran zu

hindern. Denn der starke Glaube und das Vertrauen in Gott sind unerläßlich, wenn wir dem Antichristen widerstehen wollen. An der Größe
des Opfers, das wir für Jesus bringen müssen, wenn wir an seinem
Namen festhalten, können wir die Tragweite der Entscheidung erkennen, die uns bevorsteht, aber auch, wie kostbar der Kampf für das ewige
Leben ist.

Welt - Recht

Die Gesetzgebung der Welt zu globalen Fragen werde durch internationales Recht geregelt werden (120). Seit mehreren Jahren würden in fünf Zentren (New York, London, Genf, Darjeeling und Tokio) Gruppen von einem Meister in einer präzisen Gesetzgebung geschult, die unsere derzeit chaotischen Strukturen nach vernünftigen und spirituellen Richtlinien umgestalten würden (112). Die Todesstrafe für Kapitalverbrechen werde durch eine Kombination aus psychologischer Behandlung, sozialer Umerziehung und einer längerfristigen, sozial nützlichen Arbeit ersetzt werden (134 f.).

Wenn - wie es im Testament Satans heißt - der König der Illuminati auf sein geheiligtes Haupt die Krone setzen wird, die Europa ihm anbieten *muß*, dann wird er der Stammvater, der Patriarch der ganzen Welt[1]. Sobald das geschieht, wird es keine souveränen Staaten und demzufolge auch kein Recht der Nationen mehr geben, sondern nur noch das von Maitreya bestimmte "Recht". Und was darunter zu verstehen ist, wird im Testament Satans hinreichend deutlich.

Dort heißt es: *"In einem Staat, in dem die Macht schlecht geregelt ist, in dem die Gesetze und der Herrscher durch zahlreiche Rechte des Freisinns machtlos geworden sind, schöpfe ich ein neues Recht: mich nach dem Recht des Stärkeren auf die Verwaltung zu stürzen, meine Hand auf die Gesetze zu legen, alle Einrichtungen umzubilden und der Herr derer zu werden, die uns ihre Macht freiwillig aus 'Liberalismus' überlassen haben."*[2]

1   Des Griffin, Wer regiert die Welt?, S. 301.
2   Ebda., S. 252 f.

Ausgestattet mit dieser Macht wird Maitreya nicht nur den Nationen, sondern auch den Menschen alle Rechte nehmen und als einziger "Gesetzgeber" der Welt sein "Recht" diktiere könnenn. Dabei wird er nicht nur "globale Fragen", sondern alle bestehenden Gesetze neu regeln, um dadurch die Menschheit mit eiserner Hand zu regieren. Wie bei Daniel 7/25 vorhergesagt, wird er "trachten, Zeiten und Gesetz zu verändern". Das wäre das Ende der individuellen und kollektiven Freiheit. Wie kann aber jemand, der die fundamentalsten Menschenrechte abschaffen will, ein Menschenfreund sein? Das von Maitreya angestrebte "Recht" kann nur als Unrecht bezeichnet werden, da es weder auf Gerechtigkeit noch auf Barmherzigkeit beruht, sondern auf kaltherziger Unerbittlichkeit und unnachgiebiger Strenge.

Auf Grund seiner Zielsetzung ist davon auszugehen, daß die Kapitalverbrechen neu definiert werden und Maitreya dazu auch die Verbreitung des Wortes Gottes zählen wird. Selbst wenn er die Todesstrafe offiziell abschaffen will, ist damit nicht gesagt, daß diese Art der Strafe gänzlich verschwindet. Durch schwarze Magie kann jeder, der nicht mit Gott verbunden ist, getötet werden ohne die geringste Spur eines Gewaltverbrechens zu hinterlassen.

Während gewöhnliche Kapitalverbrecher mit Zwangsarbeit und Gehirnwäsche bekämpft werden, sollen die Christen als abschreckendes Beispiel für das "Böse" hingerichtet werden, wenn sie sich Maitreyas Recht widersetzen. Im Testament Satans heißt es: *"Wir sind verpflichtet, einzelne Persönlichkeiten, die die festgesetzte Weltordnung stören, unbedenklich zu opfern. In der vorbildlichen Bestrafung des Bösen liegt eine große erzieherische Aufgabe, die wir unbedingt erfüllen müssen."*[1]

Die "Erziehung" besteht hier darin, die Menschen davon abzuhalten, sich für Jesus Christus zu bekennen. Durch massive Einschüchterung soll den Menschen nachdrücklich klargemacht werden, daß jeder, der an Gott festhält, dasselbe Schicksal erleiden *muß*, und es besser wäre, Maitreya ohne Widerrede zu folgen. Nur führt diese Gefolgschaft in den sicheren Tod, während der Märtyrertod vom ewigen Leben gekrönt

---

1   Des Griffin, Wer regiert die Welt?, S. 301.

wird. In der Offenbarung Johannes 2/10 f. hat Jesus gesagt: "Fürchte nichts, was du leiden wirst! . . Sei getreu bis in den Tod, und ich will dir die Krone des Lebens geben! Wer überwindet, dem soll durch den zweiten Tod kein Leid geschehen."

Daher sollen die Menschen mit der Härte des Gesetzes gezwungen werden, sich Maitreya zu beugen. Seinen Jüngern hat Jesus schon vor 2000 Jahren Verfolgungen angekündigt und ihnen gesagt: " Wenn die Welt euch haßt, so erkennet, daß sie mich zuerst, vor euch, gehaßt hat. Wenn ihr aus der Welt wäret, würde die Welt das Ihrige lieben; weil ihr aber nicht aus der Welt seid, sondern ich euch aus der Welt erwählt habe, deshalb haßt euch die Welt. Gedenket an das Wort, das ich euch gesagt habe: Ein Knecht ist nicht größer als sein Herr! Haben sie mich verfolgt, so werden sie auch euch verfolgen; haben sie mein Wort gehalten, so werden sie auch das eure halten. Aber das alles werden sie euch antun um meines Namens willen; denn sie kennen den nicht, der mich gesandt hat. Wer mich haßt, der haßt auch meinen Vater" (Joh. 17/18 ff.).

Daß wir einmal sterben müssen, steht außer Frage. Von entscheidender Wichtigkeit ist aber zu wissen, w o f ü r man sein Leben gibt. Daran erst läßt sich das Opfer messen, das der Mensch freiwillig bringt. Wer *bereit* ist, sein Leben für Gott hinzugeben, kann nicht mehr als seinen materiellen Körper verlieren, dafür aber Unsterblichkeit der Seele und das ewige Leben des Geistes erlangen. Wer dagegen dem Antichristen folgt, wird, wenn er eines Tages ohnehin stirbt, seine Seele nicht mehr retten können.

Nichts ärgert ihn mehr, als nur die korporale Hülle des Menschen statt seine Seele zu ergattern. Ein lebloser Körper kann ihm nicht dienen, sondern nur die Seele des Menschen vermag ihm hörig zu sein. Sein ganzes Streben ist daher auf Seelenfang ausgerichtet. Da es dazu aber nicht kommen kann, wenn den Menschen die Tragweite ihrer Entscheidung für oder wider Maitreya bewußt wird, soll diese Erkenntnis mit allen Mitteln verhindert werden. Sie sollen ihm "blind" folgen ohne zu wissen, daß sie dadurch ihre Seelen hingeben und für ein räumlich-zeitlich begrenztes Dasein auf Erden das ewige Sein des Geistes in Gottes Ordnung opfern.

Wie wohl durchdacht das ganze Vorgehen Maitreyas als Welt-Gesetz-geber ist, zeigt sich schon daran, daß die Menschen "in einer präzisen Gesetzgebung" ausgerechnet von seinen Meistern geschult werden sollen. Diese haben es bisher glänzend verstanden, die heutigen "chaotischen Strukturen" zu schaffen, indem die Gesetze durch viele Deutungen verdunkelt und schließlich in ihr Gegenteil verkehrt wurden. Umso auffälliger werden die "vernünftigen" Gesetze Maitreyas dazu in Gegensatz stehen. Daß die Schulungszentren in New York, London, Genf, Darjeeling und Tokio aufgebaut wurden, liegt wohl daran, daß dort seine fünf wichtigsten Jünger aktiv sind.

Welt - Gesellschaft

*Durch die neue Mikrotechnologie würden durch Umgestaltung der Arbeits-
prozesse die heutigen Probleme der Arbeitslosigkeit zu Freizeitproblemen werden und damit den Menschen für die Erfahrung seiner eigenen, wahren Natur
und seines Daseinszwecks freistellen, wodurch das körperliche und psychische
Wohlbefinden beträchtlich zunehmen werde (113).*

Ähnlich wie zur Zeit Hitlers hat auch in den letzen Jahrzehnten die
Arbeitslosigkeit nicht deswegen zugenommen, weil es keine Arbeitsstel-
len gibt, sondern weil die Illuminati bewußt darauf hingearbeitet haben,
um die Massen lenken zu können. Im Testament Satans heißt es: *"Hunger
verschafft der Geldmacht weit sicherere Gewalt über die Arbeiter, als sie dem
Adel von der gesetzlichen Macht des Königs verliehen wurde. Durch die Not
und den aus ihr entspringenden Haß bewegen wir die Massen. Wir beseitigen
mit ihrer Hilfe jeden, der uns auf unserem Weg hinderlich ist."*[1]
Die Illuminati brauchen dann nur noch ein Feindbild aufzubauen und
schon bewegt sich die Masse nach Plan. *"Ist sie doch gewöhnt, nur uns zu
folgen, da wie ihren Gehorsam und ihre Aufmerksamkeit gut bezahlen. Auf diese
Weise werden wir uns eine blindgefügige Macht schaffen, die gar nicht imstande
sein wird, etwas gegen den Willen unserer Vertreter zu unternehmen, denen
wir die Leitung der Massen anvertraut haben. Das Volk wird sich ihrer
Herrschaft willig unterwerfen; denn es wird wissen, daß von ihnen Arbeit,
Zuwendungen aller Art und jegliche Vorteile abhängig sind."*[2]

1   Des Griffin, Wer regiert die Welt?, S. 260.
2   Ebda., S. 277.

Auch Hitler hat die Massen dadurch gewinnen können, daß er jedem Arbeit gab und Zufriedenheit versprach. Was spielte es dann noch eine Rolle, daß die meisten Arbeitsplätze in der Rüstungsindustrie angesiedelt waren? Hauptsache, das Volk war mit dem eigenen Wohlergehen beschäftigt und hatte keinen Grund, diese unerwarteten Veränderungen kritisch zu hinterfragen. Heute ist es nicht anders. Wenn es den Menschen gut geht, ist das Leid der anderen zwar bedauerlich, aber nicht änderungsbedürftig, da es ja einen selbst nicht trifft.

Das Versprechen Maitreyas, die Probleme der Arbeitslosigkeit zu beseitigen, ist ein längst beschlossenes Vorhaben der Illuminati und Bestandteil des Testaments Satans. Dort heißt es: *"Sobald die Macht in unsere Hände übergegangen ist, wird auch die Arbeitslosigkeit verschwinden. Der Heimarbeiter kennt keine Arbeitslosigkeit. Er ist darum mit der bestehenden Gesellschaftsordnung verwachsen und wünscht die Regierung nicht zu schwächen. Bei der jetzt vorherrschenden Großindustrie schwebt die Regierung in ständiger Gefahr einer überhandnehmenden Arbeitslosigkeit und der daraus entstehenden Unruhen."*[1]

Die Gefahr, die von der Großindustrie ausgeht, ist bei weitem nicht zu vergleichen mit der Gefahr, die von der Machtstellung Maitreyas und seiner Meister ausgeht. Wenn die wirtschaftlichen Monopolstellung der Industrie durch die Herrschaft der Illuminati ersetzt wird, werden sie allein über Inhalt und Zweck der Arbeit bestimmen, ohne eine Konkurrenz fürchten zu müssen. Die Heimarbeit soll die Menschen zusätzlich voneinander isolieren, damit keine Interessengruppen entstehen können.

Unterstellt, die Menschen kämen dadurch zu einem erhöhten körperlichen und seelischen Wohlbefinden, wo bleibt das geistige? Wenn den Menschen die Persönlichkeit genommen wird, büßen sie nicht nur das ewige Sein des Geistes ein, sondern werden auch zu "willenlosen Haustieren" in Maitreyas Reich. Damit sie nicht erkennen, geistig tot, d.h. vom Lebensstrom Gottes abgetrennt zu sein, soll ihr physisch-psychisches Dasein so angenehm wie nur möglich gestaltet werden.

1   Des Griffin, Wer regiert die Welt?, S. 322.

"Schafen gleich sinken sie zur Unterwelt, der Tod weidet sie; geraden Wegs fahren sie zu Grabe. Ihre Gestalt zerfällt, die Unterwelt wird ihre Wohnung" (Ps. 49/15). Den Geist kann man nicht dadurch lebendig machen, daß man dem Körper und der Seele Nahrung zuführt. Denn bei Gott "ist der Quell des Lebens" (Ps. 36/10).

Deshalb hat Jesus gesagt: " Sorget euch nicht um euer Leben, was ihr essen oder trinken sollt, noch um euren Leib, was ihr anziehen sollt! Ist nicht das Leben mehr als die Speise, und der Leib mehr als die Kleidung? . . . Darum sollt ihr euch nicht sorgen und sagen: Was werden wir essen, oder was werden wir trinken, oder womit werden wir uns kleiden? Denn nach allen diesen Dingen trachten die Heiden. Euer himmlischer Vater weiß ja, daß ihr all dieser Dinge bedürft. Suchet vielmehr zuerst sein Reich und seine Gerechtigkeit! dann werden euch alle diese Dinge hinzugefügt werden" (Mat. 6/25 ff.).

Maitreya dagegen verkündet den Menschen: *"Laßt mich euch in eine Welt führen, in der kein Mensch Mangel leidet; in der kein Tag dem anderen gleicht, in der sich die Freude Geschwister zu haben, in allen Menschen zeigt"* (113).

Auch diese "Wahlpropaganda" zielt letztendlich darauf ab, die Menschen noch mehr an die Materie zu binden, indem er ihnen ein leidloses Dasein in der Welt verspricht. "Siehe, so treiben es die Gottlosen! Immer im Glück, häufen sie Reichtum" (Ps. 73/12). In das Reich Gottes dagegen gelangt der Mensch durch viele Trübsale (Apg. 14/22), Prüfungen und durch Läuterung der Seele und nicht durch irdische Güter. Nicht materielle Nöte, sondern Gottlosigkeit, Mangel an Liebe, Egoismus und Machtgier sind die gravierendsten Mängel, an denen die Menschheit in der heutigen Zeit leidet. Davon wird sie auch ein "sorgloses Dasein", wie es Maitreya verspricht, nicht befreien können.

Indem er das Augenmerk der Menschen auf Äußerlichkeiten, Abwechslungsreichtum und Unterhaltung lenkt, bestärkt er sie in ihrem irrigen Eindruck, die Welt (Materie) und nicht der Himmel (Geist) sei das erstrebenswerte Ziel. Da solchen Menschen die Verbindung zur geistigen Welt verlorengegangen ist, glauben sie nicht mehr an deren

Existenz, sondern streben nur noch nach dem, was sie sehen und anfassen können. Von Gott haben sie keine Vorstellung mehr und leugnen ihn daher.

"Das aber wisse, daß in den letzten Tagen schlimme Zeiten eintreten werden. Denn die Menschen werden selbstsüchtig sein, geldgierig, prahlerisch, hochmütig, schmähsüchtig, den Eltern ungehorsam, undankbar, gottlos, lieblos, unversöhnlich, verleumderisch, unenthaltsam, roh, dem Guten feind, verräterisch, verwegen, aufgeblasen, mehr die Wollust liebend als Gott, Leute, die eine äußere Form von Frömmigkeit besitzen, deren Kraft aber verleugnet haben" (2. Tim. 3/1 ff.).

Man muß sich nur unvoreingenommen in der Welt umzusehen und wird diese 2000-Jahre alte Vorhersage bestätigt finden. Die Menschen glauben, ihr Leben in Griff zu haben und beherrschen dabei nur ihren Körper, der aus eigener Kraft noch nicht einmal am Leben erhalten werden kann. Die Quelle allen Lebens wird dabei oft vergessen.

"Wer vermag das Maß anzulegen an dem, was Gott alles geschaffen hat? Niemand kennt die Zahl seiner Haare auf seinem Kopf, doch der Herr, der alles erschaffen hat, weiß, wann das Ende eines jeden Lebens ist. Er kennt Zeit, Stunde und den Grund. Wer weiß, warum das eine Haar ergraut, und die anderen nicht? Der Herr weiß es. Wessen geistiges Auge erschaut auf 100.000 Lichtjahre, wie hell oder dunkel es dort ist?

Wer nicht Mich als das Licht sehen kann, hat auch kein Maß an der Dunkelheit und kann somit von einem Wissen über Polarität kein Zeugnis ablegen. Er lebt im Hochmut und der Eitelkeit, meinen zu wissen, was ihm nicht gegeben ist.

Wer kennt genau den Widersacher, um ein Maß am Licht nehmen zu können? Beides kennen sie nicht! Nun, von was allein können sie Zeugnis ablegen als nur von sich selbst? Weder den Anfang des Einen noch das Ende des Anderen können sie erfassen. Ihre Welt der Polarität lebt in der Welt der Schatten. Gibt es Schatten im Licht?

Wer nicht den reinen Gottgeistfunken aus Mir heraus in sich trägt, kann es auch mit demselben nicht sehen, denn Ich säe das Leben und das Leben ist Geist. Doch der Widersacher streut den Tod, den er als Leben euch verkauft. Im Lichte der Wahrheit gibt es weder Schatten noch Tod.

Ich bin der Sämann, der den Samen des ewigen Lebens verteilen kann. Ich bin der e i n e reine Weg, alle anderen unreinen Wege führen nicht zum Gotteslicht, da das Unreine verzehrt werden würde vom Gotteslicht, und die Seele würde sich im Schmerz zusammenziehen, gäbe es nicht die Freiheit. *Denn Frei-heit* ist freie Heiterkeit durch Lauterkeit. Nur im Himmel sind alle frei, alle Ketten gelöst, alle Sünden getilgt und die Tränen ausgewischt aus den Augen der Trauernden und leidenden Herzen. Hier ist der Kuß ein wahrer Kuß, kein Judaskuß.

Doch auf Erden sind viele Küsse Judasküsse. Verkauft wird das Gefühl und verraten die Herzlichkeit und das ewige Licht des Herrn, die Herrlichkeit. *Herr-lich-keit, des Herren Licht in Ewigkeit.* Jesus Christus IEOUA." r

Mit immer neuen Tricks versucht Maitreya, die Menschen in den geistigen Abgrund zu ziehen. Neben einem leidlosen Dasein sollen auch medizinische Neuerungen, *wie Kirlian-Photographie* und die Chakra-Lehre von W. Reich (144), die Entdeckung von Krankheitsursachen erleichtern. Die Lehre Reichs ist jedoch mit größter Vorsicht zu genießen.

Wilhelm Reich (1897 - 1957) war ein eigenwilliger und umstrittener Psychoanalytiker, der okkulte Erklärungsmodelle naturwissenschaftlich zu behandeln versuchte. Aufsehen erregte seine Orgon-Theorie, derzufolge eine Art Bioplasma universell nachweisbar sei und therapeutisch angewendet werden könne. Darauf gestützt hat er einen Orgon-Akkumulator entwickelt, eine geschlossene Sitzvorrichtung, in der mit Stanniolpapier überzogene Platten angebracht waren, die angeblich feinstoffliche Energien auffangen sollen. In Wahrheit wurden die eigenen feinstofflichen Ausstrahlungen wieder zurückreflektiert, so daß die Aura mit den negativen Ausströmungen angereichert, statt davon gereinigt wurde.

Ebenso gefährlich ist eine Therapie mit dem *Mora*-Gerät, einem von *Prof. Morell* und dem Schwarzmagier *Gurdjew* entwickelten Gerät, das im Rahmen von Naturheilverfahren vorwiegend von Heilpraktikern zu diagnostischen und therapeutischen Zwecken eingesetzt wird. Dieses Gerät soll im Hinblick auf das Erscheinen des Weltlehrers mit der Zielsetzung entwickelt worden sein, die Menschen seelisch zu beeinflussen bzw. zu überschatten, damit sie der Neuen Weltordnung offen gegenüberstehen. Das Mora-Gerät hat zwei Metallgriffe, in deren Mitte sich je ein Bergkristall befindet. Bergkristalle eignen sich hervorragend dazu, Gedankenenergien zu speichern und weiterzuleiten. Deshalb wird dieser Kristall vorzugsweise in der Magie eingesetzt.

Die Hersteller des Mora-Gerätes weisen in ihrer Gerätebeschreibung zwar darauf hin, daß die Bergkristalle "aufgeladen" sind, geben aber die eingespeicherten Informationen nicht preis. Dadurch werden sie ungehindert an den Patienten weitergeleitet, der die Griffe in Händen halten muß, während die verabreichten Lösungen in das Gerät gestellt und feinstofflich mit den Geheiminformationen aufgeladen werden.

Durch Einnahme dieser vorbereiteten "Heilmittel" wird die Wirkung der darin enthaltenen Schwingungen auch auf grobstofflicher Ebene, in den Organismus, übertragen. Damit können sogar Krankheiten hervorgerufen werden. Patientenberichten zufolge wird durch diese Präparate jedoch vor allem der Energiefluß der *Chakren* negativ beeinflußt, indem die Energie fehlgeleitet oder aber blockiert wird. Dadurch können sich die Chakren entweder nicht öffnen, d.h. der Energiefluß wird nicht aktiviert, oder sie verschließen sich wieder, wodurch auch die Medialität schwindet.

Ebensowenig wie eine feinstoffliche Reinigung oder Heilung durch verbrauchte oder negative Energie erzielt werden kann, wird auch die von Maitreya erstrebte *allgemeine Einführung der Verbrennung als einzig hygienische Bestattungsform den Prozeß der Reinigung des Bodens von den Krankheitsabsorbtionen aufgrund der Erdbestattung (114)* nicht einleiten können.

Die Vorstellung, der Boden absorbiere Krankheiten, ist blanker Unsinn. Diese irrige These dient lediglich dazu, als Ursache von Krankheiten die Materie, d.h. äußere Umstände statt die innere Widerordnung des Menschen anzusehen.

In den Neuoffenbarungen durch Jakob Lorber hat Jesus die Menschen ermahnt: "Von allen menschlichen Lastern ist das böseste die Hurerei und Unzucht aller Art. Zu diesem Laster aber werden die Menschen verleitet durch Müßiggang und durch den Hochmut. Denn dem Hochmut ist nichts mehr heilig; er sucht alle ihm zu Gebote stehenden Mittel auf, um durch sie seine weltsinnlichen Leidenschaften zu befriedigen. Diese Sünde ist also eine Hauptquelle, durch die alle die ärgsten Krankheiten in diese Welt kommen. Dann kommen aber auch Völlerei, der Zorn und allerlei Ärger, durch welche genannten Laster sich auch allerlei Krankheiten bei den Menschen entwickeln und sie dann quälen."[1]

Daneben gibt es zwar noch andere Krankheitsursachen, beispielsweise eine von Geburt aus geschwächte Konstitution oder pränatale Krankheiten oder aber eine unweise Lebensführung. Hauptsächlich entstehen Krankheiten jedoch durch das widergöttliche, sündhafte und lieblose Handeln der Menschen und keineswegs durch den Erdboden!

Denn "nicht was in den Mund hineinkommt, verunreinigt den Menschen, sondern was aus dem Mund herauskommt, verunreinigt den Menschen... Merkt ihr nicht, daß alles, was in den Mund hineinkommt, in den Bauch gelangt und an seinen Ort ausgeschieden wird? Was aber aus dem Mund herauskommt, das kommt aus dem Herzen hervor, und das verunreinigt den Menschen. Denn aus dem Herzen kommen böse Gedanken, Mord, Ehebruch, Unzucht, Diebstahl, falsches Zeugnis, Lästerung. Das ist es, was den Menschen verunreinigt; aber essen mit ungewaschenen Händen verunreinigt den Menschen nicht" (Mat. 15/11 ff.).

Laut Creme *würden Telepathie und ätherisches Schauen, worunter der "doppelte Fokus" zu verstehen sei, der durch eine Veränderung im physischen Auge erreicht würde, die menschlichen Wahrnehmungsfähigkeiten grundlegend verändern und zur normalen Kommunikationsform werden. Damit würden Lügen automatisch unmöglich werden und die Sprache mit der Zeit aussterben. Einen Vorgeschmack davon werde uns der Christus am Tag der Erklärung durch* **Überschattung** *der gesamten Menschheit geben (115).*

1   Lorber, Johannes das Großes Evangelium, Bd. 6, Kap. 56, 1-7.

Wenn Maitreya die Freiheitsrechte, vor allem aber die Meinungsfreiheit abschaffen wird, um den freien Gedankenaustausch zwischen den Menschen zu unterbinden, ist kaum anzunehmen, daß die telepathische Kommunikation nicht seiner Kontrolle unterliegen wird. Über die Gedanken haben die Meister Zugang zu den Seelen der Menschen, die sie nicht nur beeinflussen, sondern auch entsprechend ihrer Ziele bewußt lenken können. Da den meisten Menschen sowohl das Wissen über telepathische Beeinflussung als auch die Erfahrung mit Gedankenprojektionen fehlt, können sie fremde Gedanken kaum von den eigenen unterscheiden, geschweige denn sich davor schützen.

Im Gegensatz zur *Telepathie*, das ist der direkte psychische Kontakt zwischen Menschen durch Gedankenübertragung, besitzt die Sprache den entscheidenden Vorteil der Öffentlichkeit und Beweisbarkeit. Sie ist ein System menschlicher Ausdrucks- und Mitteilungsform, die auch in Schrift und Bild festgehalten wird, während die Gedanken als nichtverkörperte Erklärungen nicht nachweisbar sind. Weder deren Urheber noch der Inhalt der Gedanken ist für einen Außenstehenden erkennbar.

Wenn die Sprache als Kommunikationsform allmählich verschwinden soll, hat das einerseits zur Folge, daß die sprachbedingte kulturelle Vielfalt der Völker verlorengeht und andererseits, daß die Menschen der *Gedankenkontrolle* Maitreyas unterliegen, der eine "sprachlose" Menschheit schweigend lenken wird. Die für den Tag der Erklärung geplante Überschattung der Menschen wird ein bitterer "Vorgeschmack" dieser geplanten Mental-Lenkung sein.

Die zukunftsvolle Verheißung Maitreyas, *der Mensch werde durch die Kraft seiner Gedanken über Raum und Zeit hinausgehen und durch die Kraft des Klanges oder durch den präzisen Einsatz von Mantrams seine Kunstwerke bauen und seine Umwelt handhaben (117, 136), eröffnet scheinbar ungeahnte Dimensionen. Gedankenreisen sind jedoch auch ohne Maitreya seit jeher möglich und nichts ungewöhnliches für einen spirituell entwickelten Menschen.*

Durch Mantrams wird die Seele allerdings in eine bestimmte Schwingung versetzt, wodurch sich der Astralkörper (die Seele) leichter vom grobstofflichen Körper lösen kann. Das Gefährliche dabei ist, daß mit dem satanischen Mantram OM, der Anrufung Maitreyas, gearbeitet wird. Auch beim Feuerlaufen singen die Menschen vorher das OM und bekommen dadurch die magische Kraft, derartige "Wunder" zu vollbringen. Diese außergewöhnlichen Fähigkeiten sind somit kein Zeichen eigener spiritueller Entwicklung, sondern Leihgaben und Lockmittel der Dunkelheit.

Jesus dagegen hat den Menschen keine magischen, sondern göttliche Fähigkeiten versprochen. "Wahrlich, wahrlich, ich sage euch: Wer an mich glaubt, der wird die Werke, die ich tue, auch tun und wird größere als diese tun" (Joh. 14/12). Was aber gibt es Größeres, als Tote zum Leben zu erwecken, wie es Jesus u. a. bei der Tochter des Jairus und Lazarus getan hat?

Dazu wäre auch jeder Mensch fähig, der mit Gott aufs innigste verbunden und stark im Glauben ist. Denn Glaube versetzt Berge und ermöglicht erst recht die außergewöhnlichen Fähigkeiten, die Maitreya als "Wunder" verkauft, um die Menschen an sich zu fesseln.

Im Gegensatz zu den *Astralreisen*, wo sich die Seele in der feinstofflichen Welt, d. h. in einer relativen Raum-Zeit-Dimension bewegt, ist die Reise mit dem Geist völlig unabhängig von Raum und Zeit. Bei den *Geistreisen* besteht auch nicht mehr die Gefahr, mental beeinflußt zu werden, was beim Astralwandern noch möglich ist. Außerdem kann der Geistreisende in die feinstoffliche Welt eindringen, ohne selbst gesehen zu werden, wohingegen beim Astralreisen der eigene feinstoffliche Körper von anderen Astralkörpern gesehen werden kann.

Das Aussenden des eigenen Geistes ist eine von Gott gegebene Fähigkeit und erst dann möglich, wenn der Mensch geistig wiedergeboren ist. Die Dunkelheit dagegen kann nur auf feinstofflicher und mentaler Ebene agieren und nicht in die Geistsphären eindringen. Was Maitreya den Menschen hier als "Gedankenreisen" anbietet, ist nichts weiter als eine Reise auf astraler Ebene. Wird das Astralreisen nur durch Mantrams ermöglicht, besteht die Gefahr, daß während dieser Reise die Seele auf andere Weise leicht beeinflußbar ist oder Gedanken suggeriert werden, ähnlich wie in der Hypnose. Hinter dem von Maitreya gezeichneten futuristischen Paradies der unbegrenzten Reisemöglichkeiten verbirgt sich in Wahrheit die ungeahnte Gefahr der mentalen Einflußnahme.

Heutzutage eröffnet schon das Internet die Möglichkeit ungeahnter "Gedankenreisen" in einer virtuellen, von Menschenhand erschaffenen Welt der totalen Illusion durch absolute Manipulation. Alles ist möglich, nichts ist real, weil man den Bildern nicht mehr trauen kann. Dieses undurchsichtige Labyrinth von Daten und Teilnehmern (bald 200 Millionen, derzeit 30 Mio weltweit) ermöglicht einerseits eine Erweiterung der Horizonte durch eine weltweite aktive Kommunikation, andererseits führt das Internet zu einer totalen Vereinsamung unter dem Schein der absoluten Gemeinsamkeit. Die zwischenmenschliche Beziehung wird bei der Internet-Kommunikation durch Technik ersetzt, während die Smileys Ersatz für Mimik und Tonfall sind.

Mit der Zeit würden die Menschen eine Kultur und eine Zivilisation schaffen, die ihr Empfinden zum Ausdruck bringen, daß Gott, Natur und Mensch eins seien. Erst wenn der Wille Gottes und der Wille des Menschen ein und derselbe sein werde, werde der Mensch ein bewußter Schöpfer und Mitarbeiter Gottes werden (116).

Empfindungen können, ebenso wie Gedanken, fremdgesteuert sein und sind daher niemals rein, da sie nicht aus dem Geistigen stammen. Da aber nur der Geist alles erforscht, "auch die Tiefen Gottes" (1. Kor. 2/10), kann dem Menschen auch nur durch den Geist die Wahrheit von Gott offenbart werden (vgl. Joh. 16/13). Die pantheistische Vorstellung, Gott, Natur und Mensch seien eins, steht der Wahrheit (Gott in Jesus Christus, vgl. Joh. 14/6) entgegen und ist demnach eine unwahre "Empfindung". Damit widerspricht sich Maitreya erneut seiner Behauptung, in Jesus als Christus gewirkt zu haben.

Ausgehend von seiner Lehre, wonach Gott, Natur und Mensch eins seien, der Wille Gottes und der Wille des Menschen aber ein und derselbe werden müßten, stellt sich zwingend die Frage, mit welchem" Gott" der Mensch seinen Willen gleichschalten muß. Wäre der Mensch eins mit Gott, müßte auch der Wille ein und derselbe sein. Demnach kann der Mensch nicht Gott sein, sonst würde Maitreya nicht von einer Diskrepanz deren Willen sprechen. Die pantheistische "Gottesvorstellung" Maitreyas soll die Menschen zu seinem "Gott" - Satan - führen, wo sie ihm bewußt als Mitarbeiter der Dunkelheit dienen. Damit die Menschen nicht erkennen, "Schöpfer" des Todes zu sein, wird der Tod verharmlost. *Durch das Gesetz der Wiedergeburt* - so Maitreya - *werde der Mensch seine Angst vor dem Tod und der Tod seinen Schrecken verlieren (115).*

Die Lehre der *Reinkarnation*, d.h. der Wiederverkörperung der Seele auf der stofflichen Ebene, ist zwar geeignet, den Menschen die Angst vor dem Sterben nicht aber vor dem Tod zu nehmen. "Durch den Neid des Teufels kam der Tod in die Welt, und es erfahren ihn alle, die jenem angehören" (Weish. 2/24). Äußerst materielle, die Welt und sich über alles liebende Menschen entfernen sich durch ihr widergöttliches Verhalten immer mehr von der Quelle des Lebens (Gott) und steuern dem Tod (Satan) zu.

Daran wird sich - auch wenn sie sich noch so oft wiederverkörpern - nichts ändern, solange ihnen die Bereitschaft zu einer *inneren* Wandlung fehlt. Erst wenn der Mensch im Geiste wiedergeboren ist, d.h. der göttliche Geistfunke im Herzen mit seiner himmlischen Liebe, Weisheit und Macht die volle Vorherrschaft und Führung in der Seele erlangt hat, kann er durch diese geistige Reife die Todesfurcht besiegen, weil Satan dann keine Macht mehr über seine Seele hat. Wie das zu verstehen ist, hat Jesus in der Neuoffenbarung (Lorber, Johannes das große Evangelium, Bd. 4, Kap. 225 f.) in einleuchtender Weise folgendermaßen erklärt:

"Es wird der Seele durch die Wiedergeburt ihr äußeres Erkennen und ihr eigener freier Wille nicht genommen. Die Seele wird sich zum Geiste stets so verhalten wie im zeitlichen Leben der irdische Leib zur Seele. Der Leib mag für sich Begierden haben, so viele er will, und mit allen seinen oft sehr scharfen Stacheln die Seele zur Gewährung und Befriedigung reizen, so sagt eine vollkommene Seele aber dennoch stets ihr wirkungsreiches Nein dazu. Genau dasselbe aber tut (bei einem Wiedergeborenen) der göttliche Geist in der Seele, in die er völlig übergegangen ist. Solange die Seele auf des Geistes Willen vollkommen eingeht, geschieht auch alles genau nach dem Willen des Geistes, der da ist *Gottes Wille.*

Wenn aber die Seele infolge ihrer Rückerinnerung etwas mehr sinnlich Eigenliebiges will, so tritt in solchen Augenblicken der Geist zurück und überläßt der Seele allein die Ausführung ihres Wunsches, woraus aber gewöhnlich nichts wird, besonders wenn das Vollbringenwollen sehr wenig oder gar nichts Geistiges in sich enthält. Die Seele, ihre selbstische Schwäche und Ungeschicklichkeit in solchem Falle bald merkend, läßt von ihren Selbstlust-Träumereien dann auch bald ab, vereinigt sich wieder mit dem Geiste auf das innigste und läßt dessen göttlichen Willen vorwalten. Da ist dann natürlich wieder alles in Ordnung, Kraft und Macht in Fülle!"

Die Wiedergeburt im Geiste ist ein *einmaliges* Ereignis und nicht gleichzusetzen mit Wiederverkörperung, die öfter geschieht. Indem Maitreya die Reinkarnationslehre als "Gesetz der Wiedergeburt" bezeichnet, entsteht der irrige Eindruck, dabei handele es sich um ein und dasselbe. Das Begreifen der Wiederverkörperungslehre bedeutet jedoch nicht, geistig wiedergeboren zu werden. Anhand der Reinkarnation beginnt der Mensch lediglich an ein Fortleben der Seele in einer feinstofflichen Welt zu glauben, erlangt damit aber noch nicht das Einswerden der Seele mit dem Gottgeistfunken.

Da nur die geistige Wiedergeburt den Tod überwinden kann, wird der Mensch durch die Wiederverkörperungslehre seine Furcht vor dem Tod nicht verlieren. Indem Maitreya die Angst vor dem Tod daran knüpft, daß die Menschen nicht das Gesetz der Reinkarnation kennen, lenkt er deren Bewußtsein geschickt von der Ursache des Todes (Satan) weg. Dieses Unterfangen wird umso erfolgreicher sein, wenn die Bibel mit den darin enthaltenen klaren Aussagen über den Urheber des Todes verboten sein wird, weil die Menschen dann die Lehre Maitreyas nicht mehr auf ihren Wahrheitsgehalt überprüfen können. Zudem schließt Reinkarnation den ewigen Tod des Geistes nicht aus, wenn sich der Mensch für Maitreya entscheidet. Dazu hat Jesus gesagt[1]:

---

1   Lorber, Erde und Mond, Kap. 55, S. 156.

"Das aber wird geschehen, daß dann dieser Geist mit seiner allerfesten Schlackenumhüllung geworfen wird in alle Unendlichkeit, und sein Fall wird nimmer ein Ende finden. Aber in aller Tiefe der Tiefen wird er fallen in das Zornmeer und wird stets mehr Qual finden, je endlos tiefer er in das stets heftigere Zornmeer, das kein Ende hat, dringen wird. Obschon aber dieses Zornmeer ist ein Feuer alles Feuers, so wird es aber dennoch diese Behausung nimmer auflösen. Und da wird es sein, wie es geschrieben ist: 'Alle Bosheit ist hinabgesunken in den ewigen Abgrund und wurde verschlungen auf ewig, und fürder wird nimmer eine Bosheit sein in allen Räumen der Unendlichkeit!'

Solange aber noch die Erde besteht, ist es jedem Geist möglich, den Weg der Reue, Demut und der Besserung zu ergreifen, somit auch dem ärgsten Geiste. Wenn aber die Zeit verrinnen wird, dann wird auch die Möglichkeit einer Zurückkehr auf ewige Zeiten versperrt sein."

Jetzt ist die Zeit der Entscheidung für oder wider Gott angebrochen, da Maitreyas "Mission" den Menschen keine andere Wahlmöglichkeit läßt, als ihm zu folgen oder sich ihm zu widersetzen. Hier sei an die Offenbarung Johannes Kap. 14/9 ff. erinnert, wo es heißt: "Wenn jemand das Tier und sein Bild anbetet und ein Malzeichen auf seiner Stirne oder auf seiner Hand annimmt, wird auch er trinken müssen von dem Zornwein Gottes, der unvermischt eingeschenkt ist in den Becher seines Zorns, und wird gepeinigt werden in Feuer und Schwefel vor den heiligen Engeln und vor dem Lamm."

Umwelt und Erziehung

Die Menschen würden verstehen lernen, daß die pflegliche Behandlung des Planeten und aller seiner Reiche für das Wohl des Ganzen sehr wesentlich sei. Es werde zu einem schonenden Materialgebrauch im Sinne der Erhaltung der Rohstoffe und zur Eindämmung der Lärmschädigung und durch die Erforschung des Fusionsprozesses zur Verwendung eines einfachen Isotops des Wassers und damit zum Verzicht auf die Atomenergie kommen (131 f.).

Nach jahrelanger Erziehung der Menschheit zu einem verstärkten Umweltbewußtsein wird es Maitreya nicht schwer fallen, mit dieser "Umwelt-Vision" viele zu begeistern und von sich zu überzeugen. Die heutigen ökologischen Probleme sind nicht von der Hand zu weisen, während die Umweltbelastungen zunehmen, ohne daß eine wirksame Lösung in Sicht ist. Daß man sich die Erde untertan machen, aber nicht zerstören soll, wie es in der Bibel heißt, haben die Menschen längst vergessen.

Auch das Problem der Atomenergie strebt scheinbar einer zufriedenstellenden Lösung zu. Hier gilt es sich zu erinnern, daß laut Maitreyas Aussagen Sanat Kumara den Menschen das Geheimnis der Atomspaltung enthüllt hat, so daß es keine große Kunst ist, wenn er nun weniger gefährlichere Methoden der Energiegewinnung anbietet.

Maitreyas Behauptungen zufolge würden die Menschen zur Freizeit und zur Erfüllung der Absicht und des Zieles der Seele erzogen werden, wobei man der Erkenntnis der individuellen Strahlenstruktur große Beachtung schenken werde (134).

Dadurch, daß die Seele in den Mittelpunkt gestellt wird, sollen die Menschen davon abgehalten werden, *zuerst* nach dem Geistigen zu streben. Indem sie ständig mit ihrer eigenen Psyche und der Erkenntnis ihrer "individuellen Strahlenstruktur" beschäftigt werden, nimmt ihr Ego durch diese Selbstbeweihräucherung zwangsläufig zu, während sich ihr Geist zurückzieht. Wenn die Verbindung zu Gott nicht mehr besteht, kann der Mensch weder mit dem Geiste prüfen noch die Unsterblichkeit seiner Seele erlangen.

"Ein natürlicher Mensch aber nimmt die Dinge, die des Geistes Gottes sind, nicht an; denn Torheit sind sie ihm, und er kann sie nicht erkennen, weil sie geistlich beurteilt werden müssen" (1. Kor. 2/14). Die Seele aus sich heraus kann den Geist nicht erkennen, sondern *nur* der Geist kann die Seele erleuchten. Nach einer Offenbarung von Jesus heißt *selig* nichts anderes als *die vom Geisteslicht durchflutete Seele*. Wenn aber das Geisteslicht nicht leuchtet, breitet sich Finsternis in der Seele aus. Und je mehr sich der Mensch von Gott entfernt, desto dunkler wird die Seele, bis sie sich mit der Dunkelheit (Materie, Tod) identifiziert, anstatt sich zu vergeistigen. Seine Seelenfallen hat Maitreya nicht nur für Erwachsene, sondern auch für Kinder aufgestellt.

Diesen solle man das Eins-Sein der Menschheit und die Notwendigkeit vom Teilen, eine globale Weltsicht und den Gedanken des Dienstes an der Welt sowie die Notwendigkeit praktischer Liebe beibringen (134).

Dadurch, daß das höchste Gebot - die Liebe zu Gott - und das zweite Gebot - die Liebe untereinander - durch den Dienst an der Welt und deren Herrn ersetzt werden soll, will Maitreya den Gottesdienst aus der Welt verbannen, um selbst als "Gott" angebetet zu werden. Daher auch die Erziehung der Kinder zur Weltherrlichkeit und Gottlosigkeit statt zur selbstlosen Liebe, Demut und Gottesverehrung. *"Wir haben die nicht illuminierte Jugend verdummt, verführt und verdorben"*, heißt es im Testament Satans.[1]

---

1   Des Griffin, Wer regiert die Welt?, S. 275.

Heutzutage sind Monster, Dämonen und Teufel bereits salonfähig und Bestandteil unseres Alltags geworden, ob durch Spielsachen, Zeichentrickfilmen, Büchern, Computerspiele oder auf Warenverpackungen. Selbst wenn den Menschen die geistige Reife und Sensitivität fehlt, diese Negationen erfühlen zu können, sagt uns schon der gesunde Menschenverstand, daß derartige Schreckgestalten verheerenden Einfluß auf die nicht gefestigte Psyche von Kindern und Jugendlichen haben müssen. Diese im Unterbewußtsein gespeicherten Eindrücke können mangels erzieherischer Hilfestellung oft nicht verarbeitet werden und führen zwangsläufig zu nicht lösbaren seelischen Konflikten.

So wie ein Glas überläuft, wenn man ständig Wasser einschüttet, so schwappt auch die randvoll mit Negationen aufgefüllte Seele über, was nicht selten zu brutalen und furchtbaren Handlungen führt. Was Kinder oder Jugendliche tun ist oft nur eine Nachahmung der Erwachsenen oder eingeprägter Idole. Wenn aber nicht Gott, sondern Satan im Mittelpunkt der Erziehung steht, können die daraus entspringenden Handlungen auch nur satanisch sein, weil sie auf Furcht und Schrecken beruhen.

Durch sexuelle Ausschweifungen und Okkultismus werden Kinder und Jugendliche zusätzlich diabolisch beeinflußt. Eine der beiden größten Jugendzeitschriften Deutschlands (vierzehntägige Auflage 860 000) veröffentlichte Anfang 1996 eine detaillierte Anweisung zu magischen Praktiken der Hexerei vor einem speziellen Altar und forderte die jugendlichen Leser (Stammleserschaft zwischen 12 und 19 Jahren (!)) auf, ihre Hexerei-Erfahrungen mit dem "Liebeszauber" der Redaktion mitzuteilen.

Damit eine bestimmte magische Wirkung erreicht wird, erfordern magische Rituale ein höchstes Maß an Präzision und Selbstbeherrschung, wobei schon der kleinste Fehler verheerende Auswirkungen haben kann. Unerfahrenen Kindern magische Rituale an die Hand zu geben, ist nicht nur hochgradig verantwortungslos, sondern auch höchst gefährlich. Auch wenn der "Liebeszauber" nicht funktioniert, werden die Kinder durch dieses Ritual mit magische Anrufungen konfrontiert, die sich stets an dämonische Mächte richten und dementsprechend eine satanische Beeinflussung nach sich ziehen.

Außerdem wird den Kindern damit suggeriert, mit Magie *alles* erreichen zu können, was auch immer sie wollen. Ist das Interesse für magische Praktiken und Einflußnahmen bei Kindern und Jugendlichen erst einmal geweckt, kann dieses Machtstreben im Satanismus enden. Dabei spielt die okkultistische Rockmusik, die in der allgemeinen Rockmusik mittlerweile trendgebend ist[1], eine entscheidende Rolle. Diese Jugend-Okkultismusszene wird mit den Begriffen "Dark Wave" (dunkle Welle) oder "Gothic" (gothisch) umschrieben und umfaßt verschiedene Ausrichtungen. Die ganz in Schwarz gekleideten "Grufties" treffen sich zwar manchmal nachts auf Friedhöfen und feiern dort Parties, sind in der Regel aber keine praktizierenden Satanisten.

Dagegen werden satanische Rituale von jungen Satanisten praktiziert, die in Schwarz gekleidet und schwarz geschminkt sind, umgekehrte Kreuze und Pentagramme als Schmuck tragen, sich Horrorvideos ansehen und Black-Metal-Rockmusik hören, deren Themen die <u>Verehrung von Satan und Bekämpfung des Christentums</u> sind. Textauszüge aus aktuellen Musiktiteln: "Lob Satan! Er hat gewonnen. Zweifler, du wirst Satan loben. Herrscher aller Herrscher, breite die Flügel aus"; "Der Teufel ist in dir. Laß mich dein Fleisch essen. Laß mich deinen Todesschrei hören. Du bist ein Teil von mir".

Für viele Jugendliche ist dadurch der Satanismus zu einer festen Einstellungssache, ja sogar Glaubensüberzeugung geworden. Der Szene noch Fernstehende werden durch Senden dieser Rockmusik mit Satanstexten als Videoclip in TV-Musiksendern angelockt und darauf aufmerksam. Daher wächst auch die Zahl der am Satansglauben Interessierten ständig, aus deren Reihen schließlich die eigentlichen Satanisten, die in der Öffentlichkeit kaum in Erscheinung treten, ihren Nachwuchs rekrutieren.[2]

Daher sollten *wir alle*, und nicht nur die betroffenen Eltern und Erzieher, mit aller Kraft verhindern, daß sich derartige Einflüsse verbreiten und unsere Kinder seelisch vereinnahmen. Diese Art der Verletzung ist

---

1   TOPIC, Nr. 4/1996.
2   Ebda.

oft grausamer als die korporale Mißhandlung von Kindern, weil sie zu Besessenheit oder bleibenden Schäden der Psyche führen kann. In der Neuoffenbarung durch Jakob Lorber hat Jesus gesagt: "Wahrlich, so da ist irgend ein Vater oder eine Mutter, die da nur sorgen darum, daß ihre Kinder in dieser Welt wohl versorgt werden möchten, und achten nicht höher den Wert des Lebens der S e e l e ihrer Kinder, die haben sich und ihren Kindern ein Grab zum ewigen Tode gegraben; denn was immer der Welt ist, das ist des Satans, also des Gerichts und des Todes der Materie."[1]

Im Gegensatz zu den brutalen "Erziehungsmethoden" Satans, hat Jesus den Menschen zwar Gebote gegeben, deren Einhaltung aber niemals erzwungen, sondern dem freien Willen des Menschen überlassen. Nicht mit der Peitsche, sondern mit der Liebe führt Gott die Menschen zu ihrer geistigen Vollendung und Einhaltung der *zehn geistigen Gebote*:

"Die Frucht ist das Ziel und die Reife des Baumes. So wie ihr erkennet an der Frucht die Art des Baumes, so sollt ihr auch erkennen, welcher Stamm die Früchte der Botschaften trägt. Nicht jeder, der sich als Sendbote Gottes sieht, ist tatsächlich Mein Gesandter. Die Meinen tragen die Wahrheit im Herzen. Daher kann aus ihrem Munde auch nur die Wahrheit sprechen oder aus ihrem Griffel die Wahrheit geschrieben werden.

Die *Liebe zu Mir* ist das höchste Gebot und die *Liebe zueinander* das zweite Gebot.

Das *Vertrauen auf Mein Wort* sei nun das dritte Gebot.

Das vierte Gebot sei die *Sehnsucht zur Wahrheit*.

Das fünfte Gebot sei das *Einhalten Meiner Worte*, denn da wo sie nur gepredigt, aber nicht eingehalten werden, sind sie niemandem nutze.

Das sechste Gebot ist die *Erhaltung des Lebens und der Freiheit des anderen, also die Toleranz*.

Das siebte Gebot sei die *Hinwendung von der Materie zum Geist*.

Das achte Gebot sei der *Frieden und für diesen Frieden zu leben und sich einzusetzen*.

---

1   Lorber, Johannes das Große Evangelium, Bd. 5, Kap. 171.

Das neunte Gebot sei die *Reinheit im Geiste*. Was nutzet es dem Menschen, so sein Körper gepflegt sei, seine Seele aber verunreinigt.

Das zehnte Gebot sei die *Pflicht zur Ordnung und zur Verbreitung des Evangeliums in Einhaltung aller neun anderen Gebote*.

Wer Ohren hat, der höre und wer Augen hat, der sehe! Das Reich Gottes ist nahe. Verkürzt wird die Zeit der Zeiten. Gehet hin und verkündet diese Meine Lehre zum Wohle der Menschen, auf daß sie Kinder Gottes werden.

Ich fordere nicht, sondern erwünsche Mir eure Herzensliebe, aber das Gesetz, in dem eure Seelen noch verhaftet sind, das fordert auf zur Umkehr. Ich gebe euch Meine Hand, und die ist warm und lebendig. Erfasset nicht die falsche Hand dessen, der euch verführen will, denn seine Hand ist kalt und leblos!

Durch Meine Hand werden lebendige Wasser euch durchströmen. Ich reiche euch das *ewige Leben* im Licht und in der Liebe. Mein Reich ist nicht in eurer Welt, aber ihr werdet es finden in euch, denn durch eure Herzen werde Ich sprechen und eure Herzen werden sich finden. Ich warte auf euch. Der Erlöser und Heiland, *Jesus Christus*."[1] r

1   Coralf, Der Weg zur geistigen Mystik, S. 206 f.

Die Lehre Maitreyas

Entsprechend seiner Zielsetzung, die Menschen an die Materie und damit an das Reich des Herrn der Welt zu binden, ist auch die Lehre Maitreyas, wonach *er den Menschen die Wahrheit verkünden werde, daß das Reich Gottes auf Erden sei und immer gewesen sei, und zwar durch die Anwesenheit der Geistigen Hierarchie, und daß alle zu Mitbürgern dieses Königreichs werden könnten (116).*

Mit der Hierachie der Meister der Magie befindet sich nicht Gottes, sondern Satans Reich auf Erden. Auch wenn Maitreya seine Irrlehre gut zu verkaufen weiß, bleibt sie Lüge. Nur die Wahrheit ist in sich schlüssig und ohne Widersprüche, während sich die Lüge in ihre eigenen Stricke verfängt. So verrät sich auch Maitreya durch seine eigenen Aussagen in vielerlei Hinsicht.

Einer der eklatanten Widersprüche seiner Lehre ist die Behauptung, als Christus in Jesus gewirkt zu haben. Die Tatsache, daß seine Aussagen mit den Predigten Jesu nicht im geringsten übereinstimmen, beweist eindeutig, daß Maitreya nicht der *Christus* sein kann, als den er sich ausgibt. Wenn er behauptet, sich an das Gesetz Gottes zu halten, verfälscht er in Wirklichkeit die fundamentalsten christlichen Glaubenssätze. In seiner Überheblichkeit bezieht Maitreya sogar die Prophezeiungen bezüglich der Wiederkunft *Jesu Christi* auf sich und kann dabei seine Lügen deshalb so gut verbreiten, weil nur die wenigsten die Bibel wirklich gut kennen.

Im Gegensatz zu Maitreya hat Jesus nicht von einem Gottesreich auf Erden gesprochen, sondern die frohe Botschaft vom Reich Gottes verkündet, welches nicht in Essen und Trinken besteht, "sondern in Gerechtigkeit und Frieden und Freude im Heiligen Geist" (Röm. 14/17). Fleisch und Blut kann das Reich Gottes nicht ererben, auch kommt es nicht mit äußeren Gebärden, weil das Reich Gottes in unserer Mitte (vgl. 1. Kor. 15/50; Luk. 17/20, 21), im Herzen, nur durch die reine Liebe, dem einzigen Schlüssel zum Himmelreich, zu finden ist.

Maitreya hingegen verkündet das Reich Satans, in dessen "Königreich" alle Menschen Mitbürger werden könnten. Dabei leben wir hier auf Erden schon mitten in der "Hölle", dem Reich des Herrn der Welt. In einer Vision wurde mir unter Gottes Schutz ein Einblick in die "Hölle" gewährt, der so unvorstellbar schrecklich war, daß mir die Worte fehlen, dieses Erlebnis auch nur annähernd zu beschreiben. Anschließend wurde mir offenbart:

"Du hast nur einen winzigen Teil davon gesehen. Die ganze Wahrheit wäre unerträglich für einen Menschen, da er im Schmerz sogleich sterben müßte. Die Menschen gewöhnen sich schon hier an die Gewalt, und doch ist das nur ein Bruchteil dessen, was sie erwartet, wenn sie Satan folgen. Denn sie werden Höllenqualen leiden und immer tiefer in ihrem Haß wider Mich sinken. Und Satan wird sie mehr und mehr dazu antreiben, Mich zu hassen und zu fluchen, und bringt sie dadurch mehr und mehr von ihrem Heilsweg ab. Und doch sehe Ich mir Tag für Tag diese Hölle an und führe auch dort Meine ehemaligen Kinder, obgleich sie sich solches nicht vorstellen können. Ihre Qualen steigen stetig, und es scheint keinen Ausweg zu geben, da sie unter Gleichgesinnten sind. Denn in der Hölle gibt es keinen Gottgläubigen." c

Bezeichnend ist das hebräische Wort für "Hölle" *Sheola*, denn *She* heißt "es dürstet" und *Oul* "der in sich selber verlassene Mensch" nach der Einheit mit Gott. Solange aber der Mensch die Verbindung zu Gott nicht sucht, verbleibt er in der Zerrissenheit der Welt.

Daran kann auch die von Maitreya vorgeschlagene Lösung unserer heutigen ökonomischen Krise nichts ändern, die darin bestünde: Miteinander die Naturschätze und den Ertrag dieser reichen Erde zu teilen. Dazu werde der Christus die Menschen anspornen und zum Verzicht auf Wettbewerb und Habgier auf individueller, nationaler und internationaler Ebene, sowie auf Haß und Gewalt. Denn Separatismus, Exklusivität und fanatische Verbohrtheit in die eigenen Vorstellungen hätten uns an den Rand der Selbstzerstörung ge-

bracht (49 f.). Der Separatismus werde dabei nicht von Gurus, sondern von deren Anhängern gefördert, die Jünger "des Besten" oder des Einzigen sein wollen (300).

In Anbetracht der Zielsetzung der Hierarchie, die Welt von Europa aus durch ihren König Maitreya zu beherrschen, ist der Ansporn zum Miteinader-Teilen eine verdeckte Aufforderung an die Völker der UNO zum ökonomischen Selbstmord, wodurch Maitreya die Güter der Welt in seiner Hand vereinen und nach seinem Willen verteilen könnte. Das wird möglicherweise die Lösung der ökonomischen Probleme sein, gleichzeitig aber auch die Ursache für die wirtschaftliche Knebelung und völlige Abhängigkeit der Völker.

Wettbewerb, Habgier, Haß und Gewalt sind die Früchte der Machenschaften der Illuminati mit dem Zweck, die Menschen planmäßig zu lenken. Da aber den Massen verborgen bleibt, daß die Weltkrise gezielt hervorgerufen wurde, werden sie die "Hilfe" Maitreyas gerne annehmen, ohne dabei den Urheber ihrer Leiden zu erkennen. Erst sät er Tod und Verderben, um dann als "Wunderheiler" auftreten zu können. Die von ihm selbst zu widergöttlichen Handlungsweisen verführten Menschen sollen sich wandeln, während die Illuminati nach wie vor Zwietracht, Unruhe und Krieg in der Welt verbreiten.

So wie sich das Böse als etwas Gutes tarnt, so wälzt auch Maitreya die Verantwortung für die gegenwärtige Weltsituation von sich auf die "Separatisten" ab. Nach seinen bisherigen Äußerungen sind das die Christen, die mit ihrem Ein-Gott-Glauben *seiner* pantheistischen Gottesvorstellung entgegenstehen. Dabei verkennt Maitreya, daß er selbst entgegen seiner pantheistischen Lehre handelt, indem er die Menschen dazu verführen will, den Herrn der Welt anzubeten, der ja auch *ein* Wesen und keine Allgöttlichkeit ist.

Zweifellos würden die Menschen Maitreya nicht folgen, wenn er offen bekennen würde, daß sie zum Satansdienst geführt werden sollen. Darüber soll der Pantheismus hinwegtäuschen, wodurch die Menschen zunächst vomEingottglauben weggelenkt werden, damit sie letztendlich Maitreya als "Gott" unter der Bezeichnung "Weltlehrer" anbeten. Durch diese deutliche Absonderung von den Menschen erfüllt Maitreya den eigenen Vorwurf an die Christen. "Separation" heißt nicht, verschiedene Wesen voneinander zu unterscheiden, wie es die Christen tun, sondern eine Einheit zu trennen. Insofern ist Maitreya der Separatist schlechthin, da er Jesus von Christus trennt und damit den Vater (Gott) vom Sohn (Jesus) absondert.

Mit der Behauptung, "fanatische Verbohrtheit in die eigenen Vorstellungen hätten uns an den Rand der Selbstzerstörung gebracht", will er die Menschen davon überzeugen, daß der Glaube an Jesus Christus dem Wohle der Welt entgegensteht. Das Festhalten an dem Namen Jesus Christus, Demut, Geradlinigkeit und Konsequenz zur Wahrheit sind jedoch kein Zeichen für Fanatismus, sondern ein Beweis von Herzensglauben und Liebe zu Gott.

Maitreya selbst dürfte der *Fanatiker* (von. lat.: fanari = umherrasen) sein, weil er mit blinder Leidenschaft unduldsam seine Lehre vertritt und umhergeht "wie ein brüllender Löwe und sucht, wen er verschlingen könne. Dem widerstehet fest im Glauben, da ihr wißt, daß die gleichen Leiden eure Bruderschaft in der ganzen Welt treffen" (1. Petr. 5/8 f.).

"Leidet aber jemand als Christ, so schäme er sich nicht, er verherrliche vielmehr Gott mit diesem Namen. Denn die Zeit ist da, daß das Gericht anfange beim Hause Gottes. Wenn es aber zuerst bei uns anfängt, was wird das Ende derer sein, die dem Evangelium Gottes nicht gehorsam sind? Und wenn der Gerechte kaum gerettet wird, wo wird dann erst der Gottlose und Sünder zu sehen sein? Darum sollen auch die, welche nach dem Willen Gottes leiden, dem treuen Schöpfer ihre Seelen empfehlen und dabei recht tun" (1. Petr. 4/16 ff.).

Mit welcher Härte und Unerbittlichkeit Maitreya seine "Friedensziele" verfolgt, zeigt sich daran, daß er mit der *Kraft seiner Energie der Liebe, des "Schwertes der Trennung", der Menschheit eindeutig klarmachen werde, welcher Weg in die Zukunft führe. Um Maitreya würden sich jene scharen, die auf der Seite der Gemeinsamkeit, der Liebe, der Gerechtigkeit und der Freiheit für den menschlichen Geist stünden.*

Die Entscheidung werde für die Menschen auf der Hand liegen: entweder Liebe oder Haß, Teilen oder Bereicherung, Frieden oder Krieg, Leben oder Tod (50).

Da Maitreya selbst seine "Energie der Liebe" einem "Schwert der Trennung" gleichstellt, bedarf es keiner weiterer Erläuterung, daß er hinter dem Begriff "Liebe" seinen Haß versteckt. "Jeder, der seinen Bruder haßt, ist ein Menschenmörder" (1. Joh. 3/15). Die Liebe aber tötet nicht, sondern erhält. "Gott ist Liebe, und wer in der Liebe bleibt, der bleibt in Gott, und Gott bleibt in ihm" (1. Joh. 4/16). Denn Liebe ist Leben, da nur die Liebe Gottes das Sein aller Geschöpfe erhält. Durch seinen Kreuzestod hat Jesus Zeugnis von der Liebe abgelegt.

Seinen Jüngern hat *Jesus* gesagt: "Ich bin als Licht in die Welt gekommen, damit jeder, der an mich glaubt, nicht in der Finsternis bleibt. Und wenn jemand meine Worte hört und nicht hält, richte nicht ich ihn. *Denn ich bin nicht gekommen, um die Welt zu richten, sondern um sie zu retten.* Wer mich verwirft und meine Worte nicht annimmt, hat seinen Richter; das Wort, das ich geredet habe, das wird ihn richten am jüngsten Tage" (Joh. 12/46 ff.).

Maitreya hingegen will nichts für die Menschen, sondern alles für sich tun durch das "Schwert der Trennung". So wie der Tod nur Vernichtung bringt, so stellt auch Maitreya die Menschheit vor die "tödliche" Entscheidung ihm zu folgen oder zu sterben. Gleichwohl behauptet er, für Gemeinsamkeit, Liebe, Gerechtigkeit und Freiheit für den menschlichen Geist einzutreten, während er den Menschen in Wahrheit die *Gmeinschaft mit Satan, Haß, Ungerechtigkeit und Knechtschaft* bringt.

Und wenn sich die Christen dem nicht anschließen wollen, werden sie als Gegner der "guten" Absichten Maitreyas hingestellt. Wer Maitreya nicht folgt, soll gehaßt und der Bereicherung beschuldigt werden. Wer mit ihm nicht Frieden schließt, soll verfolgt und bekämpft werden und wer sein Leben nicht ihm, sondern Gott weiht, soll getötet werden. Jene aber, die sich um ihn scharen, werden sein vorherbestimmtes Schicksal teilen.

Seine "Feinde"

Die Feindseligkeit gegen Maitreya komme - so Creme *- aus zwei Lagern: der Gruppe der christlichen Fundamentalisten und aus gewissen esoterischen Gruppen aus dem gleichen Grund: beide seien Gefangene ihres eigenen Dogmas und würden ihr Territorium verteidigen und sich gegen die, mit dem neuen Zeitalter herankommende, Flut der Evolution zur Wehr setzen wollen.*

Besonders die "aktiven christlichen Gruppen" würden sich durch die Wissenschaft und aufgeklärtere Ansichten über die Evolution und durch andere Religionen als das Christentum zutiefst bedroht fühlen. Maitreyas Informationen würden den Kern dieser Dogmen jedoch erschüttern und nach seinem Erscheinen viele veranlassen, ihm ihre Dienste anzubieten - "vielleicht für ein bißchen Liebe!" (41 f., 119).

Im Testament Satans ist festgelegt, daß die beiden falschen Gedanken "Evolution" und "Fortschritt" zur Verwirrung der Menschheit eingesetzt werden müssen. *"Haben wir doch durch den Fortschritt mit vollem Erfolg die hirnlosen Köpfe der nicht illuminierten Menschen verdreht. Es gibt unter ihnen keinen Verstand, der es zu fassen vermöchte, daß dieses Wort in allen Fällen die Wahrheit verdunkelt, wo es sich nicht um wirtschaftliche Erfindungen handelt; denn es gibt nur eine Wahrheit, die keinen Raum für Fortschritt läßt."*[1] Also kann auch die mit Maitreya herankommende "Flut der Evolution" nicht der Wahrheit entsprechen.

Der Illusionsgedanke der "Evolution" sitzt jedoch so tief im Bewußtsein der Menschen, daß Maitreya ohne weiteres davon ausgehen kann, allein durch diesen Begriff die Menschheit von seinem "fortschrittlichen" Vor-

---

1   Des Griffin, Wer regiert die Welt?, S. 291.

haben überzeugen und für sich begeistern zu können. Denn gerade in der heutigen Zeit ist das Bedürfnis der Menschen nach tieferen Erkenntnissen und positiven Lösungen für die Vielzahl unserer weltlichen Probleme sehr stark. Und weil die christlichen Kirchen den Menschen oft keine befriedigenden Antworten geben, wandeln viele auf neuen spirituellen Wegen.

Diese Konstellation und das "fortschrittliche" Denken sind als Ausgangslage für Maitreya wie geschaffen. Und weil sein Herr, Sanat Kumara, diese Situation eigens zu diesem Zweck hervorgerufen hat, weiß Maitreya auch am besten, wie er die Menschen auf seine Seite ziehen kann. Indem er die spirituelle "Evolution" der Menschen in den Vordergrund stellt, gleichzeitig aber auch auf politischer, wirtschaftlicher, sozialer Ebene außerordentlich gut Bescheid weiß und Ratschläge erteilen kann, werden ihm Massen begeistert folgen.

Viele werden in Maitreya den langersehnten spirituell-praktischen Führer sehen, der all unsere Probleme nicht mit Reden, sondern durch wirksame Taten lösen kann. Was aber die meisten überzeugen wird, ist, daß Maitreya nicht nach materiellen Gütern für sich strebt, sondern in scheinbarer Demut und Bescheidenheit ausschließlich für das Wohl der Menschheit lebt.

Dabei bleibt den Massen verborgen, daß ihm als König der Illuminati ohnehin das ganze Weltkapital zur Verfügung steht und er es sich deshalb leisten kann, Bescheidenheit vorzutäuschen. Im Testament Satans heißt es: *"Auf den Trümmern des alten Bluts- und Geschlechtsadels errichteten wir den Adel unserer Gebildeten, den Geldadel. Wir haben diesen neuen Adel geschaffen nach dem Maßstab des Reichtums, der von uns abhängig ist, und der Wissenschaft, die von unseren weisen Männern geleitet wird."*[1]

Da es Maitreya nicht darum geht, die Materie sondern die Menschen für sich zu gewinnen, kanalisiert er die von den Illuminati verbreiteten materialistischen Vorstellungen auf höhere Ideale wie Spiritualität, um auf psychischer Ebene Seelen einzufangen. Um seine eigentlichen Ziele so lange wie nur möglich geheimzuhalten, kleidet er sie in den wir-

---

1   Des Griffin, Wer regiert die Welt?, S. 256.

kungsvollen und altbewährten Begriff "Evolution", damit verborgen bleibt, daß sein Kommen in Wirklichkeit einen gewaltigen Rückschritt für die Menschheit bedeutet. Sein Vorhaben sichert er zusätzlich dadurch ab, daß er die ihm entgegengebrachten Feindseligkeiten dem dogmatischen Denken der "christlichen Fundamentalisten" zuschiebt. Dadurch, daß Maitreya "Christen" und "Dogma" in einem Atemzug nennt, werden die meisten Christentum und Kirche gleichsetzen und kirchengeschädigte Menschen eher geneigt sein, Maitreya statt den Christen zu glauben.

Weder ist das Christentum die Kirche noch die Kirche Gott. Zu diesem Trugschluß will Maitreya die Menschen verleiten, damit jedes noch so unscheinbare Interesse für das Christentum und vor allem für die Bibel restlos verschwindet. Ist dieses Ziel einmal erreicht, können ihn die Menschen anhand der biblischen Offenbarungen auch nicht mehr entlarven. Deshalb ist sein Handeln darauf ausgerichtet, die Christen allgemein als Fundamentalisten und Dogmatiker hinzustellen, obwohl nicht sie, sondern allenfalls die Kirche als Institution diesem Vorwurf ausgesetzt werden könnte.

Auch ist das Christentum nicht gleichzusetzen mit dem *Fundamentalismus*, einer in den USA entstandenen Bewegung christlicher Laien, welche die absolute Gültigkeit der altprotestantischen Dogmen und die Verbalinspiration der Bibel als Grundlage des christlichen Glaubens verficht. Denn von den etwa 770 Mill. Christen gehört nur eine Minderheit dieser Bewegung an.

Die angebliche "Feindseligkeit" der Christen richtet sich nicht, wie behauptet, gegen "die Wissenschaft und aufgeklärteren Ansichten über die Evolution", sondern - wenn überhaupt - gegen Maitreya selbst, der unter dem Deckmantel der Evolution die Menschen zum Gegenpol der geistigen Entwicklung führen will. Nicht Evolution, sondern *Endzeit* bestimmt das heutige Weltgeschehen.

Außerdem fühlen sich nicht die Christen durch andere Religionen, sondern Maitreya durch die Christen zutiefst bedroht, weil (nur) sie den Kern seiner Lehre anhand der biblischen Prophezeiungen erschüttern können. Denn der Glaube an Jesus Christus als den Erlöser ist eine akute Bedrohung Satans und seines Plans, was sich daran zeigt, mit welcher

Vehemenz Maitreya ausschließlich gegen die Christen zu Felde zieht, während die Gläubigen anderer Religionen überhaupt nicht erwähnt werden. Wäre nichts Wahres am Christentum würde sich Maitreya davon bei seinem Vorhaben zweifellos nicht bedroht fühlen.

Wer auch immer ihm folgen mag, wird dies kaum "für ein bißchen Liebe", sondern aus nackter Überlebensangst tun, sobald Maitreya die Macht haben wird, jene zu vernichten, die nicht ihn, sondern Jesus Christus anbeten. Daher auch seine Äußerung, die Christen würden auf der anderen Seite des Lebens - im Tod - stehen.

Wer aber nicht bereit ist, sein Kreuz auf sich zu nehmen, läuft Gefahr alles zu verlieren. "Denn Ich sage es euch: Wer sein (irdisches) Leben erhalten will, der wird es (das geistige) verlieren; wer aber sein (irdisches) Leben um Meinetwillen verlieren wird, der wird es (das geistige) finden! Was hülfe es denn einem Menschen, so er gewönne die ganze Welt mit allen ihren Schätzen, litte dabei aber Schaden an seiner Seele? Oder was kann ein Mensch geben, daß er dann wieder löse seine Seele aus den Banden der Materie, des Gerichtes und des Todes?"[1]

"Jeder, der glaubt, daß Jesus der Christus ist, der ist aus Gott gezeugt. Denn darin besteht die Liebe zu Gott, daß wir seine Gebote halten; und seine Gebote sind nicht schwer. Denn alles, was aus Gott gezeugt ist, überwindet die Welt; und das ist der Sieg, der die Welt überwunden hat: unser Glaube. Wer ist es, der die Welt überwindet, wenn nicht der, welcher glaubt, daß Jesus der Sohn Gottes ist?" (1. Joh. 5/1 ff.).

Da aber Maitreya die Menschen eben von diesem Glauben wegführen will, um sie an die Bande der Materie zu fesseln, verkehrt er die Wahrheit in Lüge und schürt eifrig das Feuer gegen die Christen.

Die christlichen Kirchenführer und Fundamentalisten - so Creme - würden wahrscheinlich unter den Letzten sein, die Maitreya als Christus anerkennen, natürlich weil sie ihn als den Antichristen ansehen werden, der, wie sie glauben, vor Christus in der Welt erscheinen werde am Ende des Welt-Armageddon.

---

1   Lorber, Johannes das Große Evangelium, Bd. 5, Kap. 171; Mat. 16/25; Luk. 17/33.

Das sehe man klar am Widerstand, den diese Gruppen dem Gedanken der Umverteilung entgegensetzen (128).

Zunächst ist in der Bibel nicht von einem "Welt-Armageddon", sondern von *Harmagedon* die Rede, wo die letzte Schlacht geschlagen werden soll. "Und ich sah aus dem Munde des Drachen und aus dem Munde des Tieres und aus dem Munde des falschen Propheten drei unreine Geister wie Frösche herauskommen. Sie sind nämlich Dämonengeister, die Zeichen tun, die zu den Königen des ganzen Erdkreises ausziehen, um sie zum Krieg am großen Tag des allmächtigen Gottes zu versammeln. Und sie versammelten sie an den Ort, der auf hebräisch Harmagedon heißt" (Off. 16/13 ff.).

Außerdem ist das Kommen des Antichristen *vor* der Wiederkunft *Jesu Christi* kein Produkt christlichen Glaubens, sondern eine biblische Vorhersage, die nach Aussage von Maitreya, er habe als Christus in Jesus gewirkt, von ihm selbst stammen müßte!

Denn Jesus hat seinen Jüngern die *Zeichen der Endzeit* geschildert und vor dem Antichristen gewarnt. "Viele werden unter meinem Namen kommen und sagen: Ich bin der Christus und werden viele irreführen. Ihr aber werdet von Kriegen und Kriegsgerüchten hören; sehet zu, erschrecket nicht, denn es muß so kommen, aber es ist noch nicht das Ende. Denn erheben wird sich Volk wider Volk und Reich wider Reich, und es werden da und dort Hungersnöte und Erdbeben kommen. Dies alles aber ist erst der Anfang der Wehen.

Dann wird man euch der Drangsal preisgeben und euch töten, und ihr werdet um meines Namens willen von allen Völkern gehaßt sein. Und dann 'werden viele abfallen' und werden einander verraten und einander hassen. Und viele falsche Propheten werden auftreten und werden viele irreführen. Und weil die Gesetzesverachtung überhandnimmt, wird die Liebe in vielen erkalten. Wer aber ausharrt bis ans Ende, der wird gerettet werden. Und dieses Evangelium vom Reiche wird auf dem ganzen Erdkreis gepredigt werden allen Völkern zum Zeugnis, und dann wird das Ende kommen" (Mat. 24/5 ff.).

Durch seine Lehre, vor allem aber durch sein christenfeindliches Handeln, verrät sich Maitreya selbst als Antichrist. Diesen Verdacht lenkt er geschickt dadurch von sich weg, indem er die Vorstellung vom Antichristen als völlig abwegig zunächst auf sich selbst bezieht, sich dann aber mit dem "Gedanken der Umverteilung" identifiziert, damit jeder mögliche Widerstand gegen ihn - den Antichristen - als Ablehnung des Umverteilungsprogramms erscheint und so im Keime erstickt wird. Dieses berechnende, ausgeklügelte und listige Vorgehen läßt erkennen, daß das "Prinzip des Teilens" nur vorgeschoben ist, um Maitreya als Schutzschild zu dienen.

Die Behauptung, die Christen würden sich einer Umverteilung der materiellen Gütern widersetzen, ist ebenso unhaltbar wie absurd. Seit jeher haben vor allem Christen die Nächstenliebe - und damit das "Teilen" - durch karitative weltweite Bemühungen zur Bekämpfung der Armut und des Hungers nicht nur durch Milliardenspenden, sondern auch durch persönlichen missionarischen Einsatz praktiziert und tun es auch heute noch. Nicht der Umverteilung gilt daher ihr Widerstand, sondern der Lüge Maitreyas!

Diese entgegengesetzten Kräfte der Schwarzen Loge, die das Licht bekämpfen würden - so Creme -, hätten auch das lang erwartete Treffen zwischen Maitreya und der Presse, nicht zuletzt durch die Terroranschläge im August 1985, verhindert, doch die Schlacht sei für sie nicht zu gewinnen, denn "Der Ausgang ist von Anfang an bekannt" (100 f.).

Nach dem altbewährten Muster wird auch hier wieder das Licht zur Dunkelheit verkehrt und die Dunkelheit als Licht getarnt, damit die Menschen den Schein als bare Münze nehmen. Satan (Materie) und seine Meister der Schwarzen Magie nennen sich "Geistige Hierarchie" und "Weiße Bruderschaft", während die an Gott (Geist) festhaltenden Christen als "Schwarze Loge", die das "Licht" bekämpfen würden, bezeichnet werden. Was aber ist "Licht"?

Gott ist Licht und in ihm ist keine Finsternis (vgl. 1. Joh. 1/5). Seinen Jüngern hat Jesus gesagt: "Ich bin das Licht der Welt. Wer mir nachfolgt, wird nicht in der Finsternis wandeln, sondern er wird das Licht des

Lebens haben" (Joh. 8/12), das geistige Licht. Und "das Licht kam in die Finsternis, und die Finsternis hat es nicht begriffen" (Joh. 1/5). Licht ist Wahrheit und Finsternis ist Lüge.

Im Gegensatz zu den Christen, die durch ihren Glauben an Jesus Christus dem wahren Licht folgen und somit nicht gleichzeitig dagegen kämpfen können, sind die Gedanken der Ungläubigen oft vom falschen Licht Luzifers (Lichtbringer) verblendet, "damit sie nicht schauen könnten die Erleuchtung durch das Evangelium von der Herrlichkeit Christi, der das Ebenbild Gottes ist" (2. Kor. 4/4).

Und doch ist Maitreya der Sieg nicht gewiß. Denn "der Herr Jesus" wird ihn "durch den Hauch seines Mundes töten und durch die Erscheinung seiner Wiederkunft vernichten (2. Tess. 2/8). Und der König wird schalten nach seinem Belieben; er wird sich überheben und großtun wider jeden Gott, und wider den höchsten Gott wird er unerhörte Reden führen, und er wird Erfolg haben, bis das Ende des Zornes gekommen ist. Denn was beschlossen ist, wird ausgeführt (Dan. 11/36).

Und das Tier wurde ergriffen und mit ihm der falsche Prophet, der vor seinen Augen die Zeichen getan hatte, durch welche er die verführte, die das Malzeichen des Tieres annahmen und die sein Bild anbeteten; lebendig wurden die beiden in den Feuersee geworfen, der von Schwefel brennt. Und der Teufel, der sie verführte, wurde in den See des Feuers und Schwefels geworfen, wo auch das Tier und der falsche Prophet sind, und sie werden gepeinigt werden Tag und Nacht in alle Ewigkeit (Off. 19/20; 20/10). Als letzter Feind wird der Tod zunichte gemacht" (1. Kor. 15/24) und "dann wird eintreffen das Wort, das geschrieben steht: 'Der Tod ist verschlungen in Sieg. Tod, wo ist dein Sieg? Tod, wo ist dein Stachel?'" (1. Kor. 15/54 f.).

Das ist der Ausgang, der von Anfang an bestimmt und auch dem "Herrn der Welt" bekannt ist. "Satan ist eine große Persönlichkeit und entspricht der zu starren Ruhe und Trägheit; denn diese geschaffene erste große Persönlichkeit wollte alle anderen Kräfte in ihre Wesenheit vereinen und ist aber darum tot und tatunfähig geworden in sich selbst. Aber die in ihr besiegten anderen Kräfte ruhen dennoch nicht völlig, sondern stehen in einer fortwährenden Tätigkeit und personifizieren sich dadurch wie selbständig. Durch solche Tätigkeit beleben sie aber das Grundwesen wie mit einem Scheinleben, und dies Leben ist dann offenbar nur ein Trugleben einem wahren freien Leben gegenüber. Solche besiegten und doch den Sieg nicht annehmen wollenden Kräfte sind dann das, was man dem Satan gegenüber 'Teufel' oder 'böse Geister' nennt."

Wie auch in dieser Neuoffenbarung[1] von Jesus erläutert, ist Satan, der "Inbegriff alles Gerichtes, alles Todes, und aller Nacht und allen Truges"[2], deshalb zum Scheitern verurteilt, weil er sich mit aller Gewalt dagegen sträubt, aus der Materie in das geistige Reich Gottes umzukehren. Dazu hat Jesus gesagt:

"Was da geschieht, geschieht dessentwegen: Der verloren ist, wird gesucht, und dem Überkranken wird Arznei geboten, aber dessen Wille bleibt frei und muß frei bleiben; denn seinen Willen hemmen, hieße die ganze, nahe endlose materielle Schöpfung und alle ihre Elemente in den härtesten Stein verwandeln, darin sich kein Leben regen kann. Die ganze materielle Schöpfung ist der so weit als möglich gerichtete große Geist, und dieser wird getrennt in zahllose Welten, die aber in ihrer endlosen Zahl dennoch sein komplettes Wesen bedingen. Aber aus diesem einen Wesen werden zahllose Myriaden der Myriaden Wesen, wie da sind die meisten Menschen dieser Erde, genommen und werden durch Gottes Kraft, Macht, Liebe und Weisheit zu ganzen, gottähnlichen Wesen umgestaltet, und das ist eine s i c h e r e Umkehr des einen großen Geistes!

Wenn aber alle Erden und alle Sonnen in lauter Menschen aufgelöst sein werden, dann wird auch von dem e i n e n nichts mehr übrig sein als sein pures 'Ich', das im völligsten Alleinsein sich nach Zeiten der Zeiten zur Umkehr anschicken müssen wird, ehe es sich einem ewigen Verschmachten preisgeben wird. Dann wird keine materielle Sonne und keine materielle Erde mehr kreisen im endlosen ewigen Raume, sondern all und überall wird eine überherrliche neue geistige Schöpfung mit seligen freien Wesen den endlosen ewigen Raum erfüllen, und Ich werde ewig gleichfort aller Wesen Gott und Vater sein von Ewigkeit zu Ewig-

---

1   Lorber, Johannes das Große Evangelium, Bd. 2, Kap. 229.
2   Ebda., Bd. 5, Kap. 171.

keit, und dieses allerseligsten Zustandes wird fürder nimmer ein Ende sein; es wird da sein e i n e Herde, e i n Schafstall und e i n Hirte![1]

Da den meisten Menschen jegliche Vorstellung vom wahren Leben des Geistes fehlt, glauben sie in ihrer Blindheit dem Trugleben der Materie und wissen dabei nicht, daß sie im Tod verharren. Die geistige Vollendung besteht nicht darin, in die Materie einzugehen, so wie es die Meister Maitreyas tun, sondern die Fesseln der Materie zu überwinden.

Solange die Hierarchie der Meister nur von der Seelenebene gewirkt habe, sei sie gegenüber der Schwarzen Loge, die auf der physischen und astralen Ebene arbeite, benachteiligt gewesen, was sich seit der physischen Rückkehr der Meister geändert habe. Die "Kräfte der Dunkelheit" würden die Methoden der Hierarchie des Lichts vortäuschen, um den Unbedachten eine Falle zu stellen und durch Telepathie Haß und Kriegsangst sowie Angst vor Katstrophen, vor anderen Rassen und Ideologien zu schüren.

Davor könne man sich durch sorgfältige Überprüfung der eigenen Motive, ob sie rein und selbstlos seien, schützen. Objektivität und Selbstlosigkeit seien der Schlüssel zu seeleninspiriertem Handeln und Denken, wodurch man automatisch geschützt sei. Am besten jedoch sei es, die "dunklen Kräfte" völlig zu vergessen und so zu tun, als ob sie gar nicht existieren, um ihnen dadurch keine Kraft zu verleihen (100 f., 130).

Warum die Meister ausgerechnet jetzt, wo Maitreya leibhaftig in der Welt ist, auf pysischer Ebene zurückgekehrt sind, liegt auf der Hand. Seine Macht kann Maitreya nur dadurch sichern, daß er in allen wichtigen Positionen *seine* Meister nicht nur feinstofflich, sondern auch grobstofflich verteilt. Dadurch können sie auch auf materieller Ebene durch massive Einflußnahmen die geplante Welterneuerung verwirklichen.

Als "Hierarchie des Lichts" getarnt, wälzen sie dabei die Schuld ihrer Missetaten auf die "Kräfte der Dunkelheit" - die Christen - ab. Würden die Christen jedoch "die Methoden der Hierarchie des Lichts vortäuschen", müßten sie magische Beeinflussungen und mentale Überschat-

---

1   Lorber, Johannes das Großes Evangelium, Bd. 2, Kap. 63.

tungen einsetzen, wie es Maitreya und seine Meister "des Lichts" tun. Da dies nicht der Fall ist, werden "Haß und Kriegsangst sowie Angst vor Katastrophen, vor anderen Rassen und Ideologien" in der Welt auch nicht von Christen, sondern von der Hierarchie geschürt.

Davor kann sich der Mensch keineswegs "durch sorgfältige Überprüfung der eigenen Motive" schützen, sondern durch Erkennen der Ursache des Bösen und dessen, was böse ist. Selbst wenn der unwissende Mensch aus reinen und selbstlosen Motiven handelt, kann er dennoch für das Böse wirken. Erst wenn sich der Mensch über die Wesenheit Satans und der satanischen Methoden der Dunkelheit bewußt ist, vermag er sich durch Gottes Hilfe davor zu schützen. Nur mit der Liebe zu Jesus im Herzen und der Bitte um Kraft der Erkenntnis und des Erkennens kann der Mensch die kostbare Gabe der Unterscheidung der Geister erlangen.

Auf Grund der raffinierten Argumentation, "Objektivität und Selbstlosigkeit" würden einen automatischen Schutz erzeugen, sollen die Menschen davon überzeugt werden, daß sie, wenn ihr Handeln selbtlos motiviert ist, automatisch auf der richtigen Seite stehen und vom Guten beeinflußt sind, während sie in Wahrheit dem Herrn der Welt (Satan) dienen, wenn sie Maitreya folgen. Und jene, die Maitreya nicht folgen, weil sie seine wahren Absichten kennen, werden automatisch als "Kräfte der Dunkelheit" abgestempelt, die gegen das "Licht" arbeiten.

Die Ursache einer Wirkung kann nicht dadurch erkannt werden, daß der Mensch nur bei seinem eigenen Denken und Handeln ansetzt, sondern es muß auch hinterfragt werden, woher und mit welcher Zielsetzung eine Beeinflussung in diese oder die andere Richtung erfolgt. An das Negative nicht zu denken, um den "dunklen Kräften dadurch keine Kraft zu verleihen", ist ein in esoterischen Kreisen weit verbreiteter Trugschluß! Selbst wenn kein Mensch an dunkle Mächte denken würde, gäbe es sie und ihr Wirken trotzdem. Man kann die Dunkelheit nicht *wegdenken*, ebenso wenig wie man durch das Denken den Negationen Kraft senden kann, solange das Herz nicht dabei ist.

So zu tun, "als ob" es das Böse nicht gäbe, kann verheerende Folgen haben. Solange der Mensch eine Gefahr nicht kennt, ist er auch nicht in der Lage, geeignete Schutzmaßnahmen dagegen zu ergreifen. Deshalb wälzt Maitreya die Ursache des Bösen auf den einzelnen Menschen ab, damit nicht mehr Satan, sondern die Menschen alles Übel in der Welt zu verantworten haben. Schon die Bezeichnung "als ob" sollte jedem besonnen Menschen zu denken geben. Denn gäbe es das Böse nicht wirklich, müßten die Menschen auch nicht die Augen vor der Dunkelheit verschließen, so wie es Maitreya von ihnen fordert.

Das Wesen Satans und der Materie wird in der Neuoffenbarung[1] wie folgt beschrieben: ". . . im übrigen dürften dir die Gegensätze, als da sind Geist und Materie, Leben und Tod, Liebe und Haß, Wahrheit und Lüge, doch schon einen kleinen Fingerzeig geben, daß alles das irgendeinen Entstehungsgrund haben muß, ansonsten es nimmer in irgendeine fühlbare Erscheinlichkeit kommen könnte!

Wenn das Böse nicht irgendeinen Entstehungsgrund hätte, woher sollte es dann wohl kommen in den Sinn der Menschen? Du wirst daraus etwa doch bei deiner geübten Denkkraft wahrzunehmen anfangen, daß sich alles - wie: Wahrheit und Lüge und dergleichen Gegensätze mehr - dem höchsten und besten Gottwesen nicht in die Schuhe schieben läßt!

Oder kannst du das annehmen, daß Gott, als die höchste, tiefste Wahrheit Selbst, dem Menschen einen lügenhaften Sinn ins Herz gelegt hat, auf daß er dann sündige wider die Ordnung Gottes und unflätig würde in allen seinen Reden und Handlungen? Oh, das sei ferne! Gott schuf den Menschen geistig nach Seinem Ebenmaße, also rein, wahrhaft und gut.

Da der geistige Mensch aber auch zu seiner ferneren Existenz bedinglich den Weg des Fleisches durchzumachen bekam, so mußte er dieses aus der Materie der Erde entlehnen nach der Anordnung des allerhöchsten Geistes Gottes; und in das Fleisch ist für den Geist des Menschen ein denselben probendes Gegengewicht gelegt und heißet Versuchung!

Diese rastet aber nicht nur im Fleische des Menschen, sondern in aller Materie; und weil die Materie das nicht ist, als was sie dir erscheint, so ist sie dem sich selbst probenden Menschen gegenüber Lüge und Trug, also ein Scheingeist, der da ist und nicht ist. Er ist da, weil die verlocken-

---

1   Lorber, Johannes das Große Evangelium, Bd. 5, Kap. 70.

de Materie da ist fürs Fleisch des Menschen; er ist aber auch nicht da, weil die Materie nicht ist, was sie zu sein scheint.

Und sieh und fasse es recht! Dieser Truggeist, als durch und durch Lüge in sich selbst, ist eben der Geist aller Welt der Materie und eben das, was da 'Satan' oder 'aller Teufel Oberster' heißt. Die 'Teufel' aber sind die Spezialbösgeister aus dem dir nun gezeigten allgemeinen Bösgeiste.

Ein Mensch, der sonach allerlei Materie mit der Liebe erfaßt und sich darin tätig begründet, der sündigt wider die Ordnung Gottes, die ihm nur darum die Materie zeitweilig unter sein Dasein legte, daß er mit ihr kämpfe und sich zur Unsterblichkeit kräftige mit dem Gebrauche des ganz frei gestellten Willens. Und die Folge der Sünde ist der Tod oder das Zunichtewerden alles dessen, was sich des Menschen Seele aus der Materie angeeignet hat, weil alle Materie, wie Ich dir's gezeigt habe, in dem, als was sie erscheint, nichts ist.

Liebst du demnach die Welt und ihr Getriebe und willst dich bereichern mit ihren Schätzen, so gleichest du einem Narren, dem ernstlich eine wohlgeschmückte Braut vorgestellt ist, die er aber nicht will und nach ihr auch kein Verlangen trägt; wohl aber wirft er sich mit aller Glut eines blindesten Fanatikers auf den Schatten der Braut und koset denselben über alle Maßen! So aber dann die Braut den Narren verlassen wird, so wird etwa ja auch ihr Schatten mit ihr ziehen! Was aber wird dann dem Narren übrigbleiben? Offenbar nichts!

Wie wird dann wehklagen der Narr, daß er verloren hat, was er so sehr liebte! Aber da wird man zu ihm sagen: 'Blinder Tor, warum erfaßtest du denn nicht die volle Wahrheit anstatt deren Schatten, der doch offenbar nichts war?!' Was kann der Schatten auch irgend anderes sein als ein Lichtmangel, den eine jede dichte Form geben muß nach irgendeiner dem Lichte gegenüberstehenden Seite, weil der Lichtstrahl nicht durch den festen und dichten Körper dringen kann?

Was aber dein Schatten ist zu dir, so du irgend im Lichte stehest oder gehest, dasselbe ist alle Materie und ihre Schätze gegenüber dem Geiste! Sie ist ein notwendiger Trug und in sich selbst Lüge, weil sie das nicht ist, als was sie den Sinnen des Leibes erscheint.

In dem aber liegt eben ein Gericht der Lüge und des Truges, daß sie vor den Augen des Geistes als etwas Vergängliches und nur als ein äußeres, entsprechendes Schattenbild einer innern, tiefen Wahrheit sich offenbaren muß, während sie nach der blinden Weltliebe der Seele lieber das in einer Realität verbliebe, was sie zu sein scheint."

Sein Wegbereiter

Wenden wir uns nun dem Wegbereiter Maitreyas, Benjamin Creme, und seinen Schilderungen bezüglich der Verbindung zu seinem Meister zu. *Was er auch tue - so Creme -, geschehe, weil es getan werden müsse, das sei Stetigkeit. Selbst wenn die Medien nichts unternähmen und nichts geschehen würde, müsse man einfach unverdrossen weitermachen. Dabei spiele es keine Rolle, ob man möge oder nicht, weil die Disziplin des Geistes die Stetigkeit sei (357 f.).*

Creme bekundet, daß er *"mit der Öffentlichkeitsarbeit bei der Vorbereitung für Maitreya betraut" sei (97) und in den letzten 11 Jahren seine ganze Arbeitskraft darauf verwandt habe, den Weg für Maitreya zu bereiten, damit man ihn sicher erkennen könne, zumal sein Kommen von der Bereitschaft und Fähigkeit der Menschheit abhänge, auf die kommenden Ereignisse wirklich einzugehen" (39).*

Und auf die Frage, ob auch frühere Avatare sich der Methode bedient haben, ihre Ankunft durch Mitteilungen oder Botschaften durch einen Jünger zu übermitteln, antwortet Creme, daß *"der einzige uns historisch überlieferte Fall ist der von Johannes dem Täufer" (41).*

Zweifellos sind Disziplin und Stetigkeit wichtig, um eine Aufgabe sinnvoll erfüllen zu können. Entscheidend dabei ist jedoch die Zielsetzung und für wen man stetig arbeitet. Und da Creme für Maitreya arbeitet, *muß* er "unverdrossen weitermachen", weil er keine andere Wahl hat, als dessen Willen zu befolgen. Wenn aber Maitreya einen Wegbereiter braucht, damit ihn die Menschen "sicher erkennen" können, ist sein Kommen keineswegs wie ein "Dieb in der Nacht", sondern ein medienwirksamer Auftritt mit äußerem Schaugepränge.

Jesus dagegen kam voller Demut und Bescheidenheit in die Welt, um den Menschen zu dienen, obwohl "in ihm die ganze Fülle der Gottheit leibhaftig" (Kol. 2/9) wohnte, er also Gott selbst und nicht nur ein Avatar war. Sein Wegbereiter *Johannes der Täufer* "predigte in der Wüste zu Judäa: Tut Buße! denn das Reich der Himmel ist genaht (Mat. 3/2). Dieser kam zum Zeugnis, um von dem Licht zu zeugen, damit alle durch ihn gläubig würden (Joh. 1/7). Dieser nämlich ist's, über den durch den Propheten Jesaja gesprochen worden ist, welcher sagt: 'Es erschallt die Stimme eines Rufers in der Wüste: Bereitet den Weg des Herrn, machet seine Straßen gerade!'

Da zog Jerusalem und ganz Judäa und die ganze Landschaft am Jordanfluß zu ihm hinaus, und sie ließen sich von ihm im Jordan taufen, indem sie ihre Sünden bekannten... Ich taufe euch mit Wasser zur Buße; der aber nach mir kommt, ist stärker als ich, und ich bin nicht würdig, ihm die Schuhe zu tragen. Er wird euch mit heiligem Geist und mit Feuer taufen (Mat. 3/3, 5, 11). Johannes zeugt von ihm und ruft: Dieser war es, von dem ich gesagt habe: 'Der nach mir kommt, ist vor mir gewesen; denn er war als Erster vor mir'.., die Gnade und die Wahrheit ist durch Jesus Christus gekommen" (Joh. 1/15, 17).

In Johannes dem Täufer wirkte, ebenso wie zuvor bereits im Propheten Elias, der vordem der Prophet Sehel war, der Geist des Erzengels Michael.[1] Dieser wird "am Ende der Zeiten dieser Erde noch einmal im Fleische zu den Menschen gesandt werden..."[2]

Während Johannes der Täufer ein Wegbereiter *Gottes* war, bereitet Creme den Weg für *Satan* vor. Durch die Nachahmung des Wirkens Jesu und seines Propheten soll dabei der Eindruck erweckt werden, das jetzige Erscheinen Maitreyas sei nicht minder bedeutsam wie das Kommen des Messias vor 2000 Jahren. Gott und Satan sind aber die extremsten Gegenpole von Gut und Böse, Licht und Finsternis, Wahrheit und Lüge, Leben und Tod, Geist und Materie.

1   Lorber, Ebda., Bd. 1, Kap. 2 und Bd. 4, Kap. 140.
2   Ebda. Bd. 5, Kap. 235.

Auch wenn sich Maitreya noch so sehr anstrengt, "Gott" zu spielen, wird ihn seine Wesen und Wirken stets als Widersacher Gottes verraten. Während vor 2000 Jahren Gott leibhaftig unter uns weilte und Satan nur als Geistwesen wirken konnte, ist die Situation heute umgekehrt. Der Antichrist ist nunmehr in der Welt, während Gott geistig wirkt. Jesus hat das Reich Gottes im Himmel verkündet und sich von allen weltlichen, vor allem politischen Angelegenheiten ferngehalten. Maitreya hingegen spricht von einem Königreich auf Erden und engagiert sich für die weltlichen Probleme auf politischer, wirtschaftlicher, und sozialer Ebene. Jesus hatte 12 *Apostel* (griech.: apostolos = Sendbote, Bevollmächtigter Gottes), während Maitreya mit 12 Meistern der schwarzen Magie in der Welt auftritt. Die Beispiele werden sich im Laufe der weiteren Erörterungen ergänzen lassen.

Wie sehr sich die Aktivitäten Cremes von dem prophetischen Wirken Johannes des Täufers unterscheiden, zeigt sich schon an der Art der Kommunikation zwischen Creme und seinem Meister.

Die mentale Telepathie, wie zwischen Creme und Maitreya, sei ein mentaler Prozeß - von Denker zu Denker - der mentale Polarisierung erfordere, um in kontrollierter, gezielter Weise zu funktionieren (341). Die mentale (geistige oder seelische) Telepathie sei die direkte Kommunikation zwischen zwei vollbewußten und konzentrierten Denkern, die die Ebene des "Denkens" als Medium gewählt hätten, um Kontakt aufzunehmen; sie gehe willentlich, augenblicklich und zuverlässig vor sich (342).

Im Gegensatz zu Gott, der sich *nur* durch den Geist (lat.: spiritus) *im Herzen* des Menschen offenbart, kann sich Maitreya als widergöttliches Wesen nicht anders als durch das kalte Verstandesdenken (lat.: mens) kundtun. Unter *Telepathie* ist der direkte psychische Kontakt zwischen den Seelen durch Gedankenübertragung zu verstehen. Dieses "kontrollierte" Gedankenspiel hat jedoch nichts mit einer geistigen Offenbarung zu tun. "Gott ist Geist, und die ihn anbeten, müssen ihn in Geist und Wahrheit anbeten" (Joh. 4/24) und nicht über das "Denken" anrufen. Eine mentale Telepathie kann daher niemals geistig sein, da sie nicht den Geist (Herz), sondern nur den Verstand (Ratio) anspricht.

Warum Creme ein geeigneter Wegbereiter für Maitreyas ist, läßt sich anhand seiner Lebensgeschichte nachvollziehen, die von okkulten Interessen und Erkenntnissen geprägt ist. Schon als Jugendlicher las er Bücher über Magie, Mystik der Tibeter und den tibetanischen Buddhismus, bis es ihn schließlich selbst nach Tibet zog. Dort wurde er in der Anwendung okkulter Kräfte durch schwarze Magie geschult, erlernte Hypnose, Selbsthypnose und wie man *Materialisationen* (lat.: materia = Stoff), d.h. aus der feinstofflichen Ebene materielle Gegenstände sicht- und greifbar machen kann ("apportiert"), bis er in der Lage war, sogar das Wetter durch Aufbrechen der Wolken zu beeinflussen. Später kam er mit der Literatur der Theosophischen Gesellschaft, vor allem mit den Schriften von *Alice A. Bailey* und den Magiern *Gurdjew* und *Ouspensky* in Berührung.

Über Tonbandeinspielungen bekam Creme Kontakt zu angeblich außerirdischen Wesen, die in Wirklichkeit Dämonen waren. In intensiven Studien versuchte er sich auf diesem Gebiet zu spezialisieren, bis er schließlich von Maitreya überschattet wurde und seitdem in so enger Verbindung zu ihm steht, daß alles, was er sieht oder hört, auch sein Meister sieht und hört. Auf Grund dieser Besessenheit überträgt sich die negative Energie Maitreyas *direkt* durch die Reden, Vorträge, Seminare, Meditationsübungen und sogar durch die Berührungen von Creme auf die Menschen.

III

Der Machtapparat Maitreyas

Meister und Anhänger

Die Meister, ehemals Priesterkönige und gottähnliche Wesen, würden heute in die Welt zurückkehren, um unmittelbar zu wirken (77). Da ihr Mayavirupa nicht über die Dauerhaftigkeit dessen von Maitreya verfüge, müsse er immer wieder überarbeitet werden (88). Ein Meister sei einfach Meister seiner selbst und Meister der Kräfte der Natur (87).

Wer die Elemente der Natur beherrscht, ist ein Magier, auch wenn er sich "Meister" nennt, wobei die Selbstbeherrschung unabdingbar für Magie ist. Den Naturelementen kann nur gebieten, wer Herr seiner selbst ist, da schon der geringste Fehler verheerende Folgen haben kann. Selbst wenn ein Magier die okkulten Kräfte in vollendeter Weise handhabt, wird er dadurch nicht zu einem "gottähnliches Wesen", weil er die natürlichen und okkulten Gesetzmäßigkeiten nur *anwendet* und nicht selbst schafft.

Obwohl Creme die "Meister" nicht als Magier bezeichnet, ist nach der "7-Strahlen"-Lehre von *Alice A. Bailey* - wonach jeder Strahl die Verkörperung eines großen kosmischen Wesens sei, dem ein bestimmter Einfluß in der Welt zugeschrieben werde - der 7. Strahl jener der *zeremoniellen Magie* oder des Gesetzes. Jede zeremonielle Magie setzt bestimmte Anrufungen voraus, die entweder an Teufel und Dämonen oder direkt an Satan über den Point of Focus in Shambhala gerichtet sind. Jede Verbindung mit Satan, ob mittelbar oder unmittelbar, ist eine Form der schwarzen Magie, die von den Meistern bewußt und willentlich praktiziert wird.

Warum die Meister ausgerechnet jetzt "in die Welt zurückkehren", bedarf im Hinblick auf die Zielsetzung Maitreyas keiner Erläuterung mehr. Bedrohlich ist, daß nunmehr eine Vielzahl von Magiern, wovon jeder einzelne eine unermeßliche Gefahr für die nichtsahnenden Menschen darstellt, nicht nur auf feinstofflicher, sondern auch auf materieller Ebene Einfluß nehmen kann.

Die klassische Art der Wiederkehr sei die Übernahme des Körpers eines Jüngers, der auf diese Aufgabe besonders vorbereitet werde. Einige Meister würden einen Körper für mehrere tausend Jahre behalten, aber häufiger werde ein Mayavirupa (Körper der Illusion) geschaffen und wieder aufgefrischt (89).

Nach dem Gesetz könne der Meister den Kontakt erst aufnehmen, wenn der Schüler bereit sei und dem Plan des Meisters dienen könne (95). Der Kontakt zu einem Durchschnittsmenschen hingegen werde "über Radio und Fernsehen" stattfinden (94).

Jede Seele aber werde normalerweise zum Ashram eines Meisters des gleichen Seelenstrahles geführt (99). Darüber hinaus wirke ein Meister als eine Art Hebamme bei "der Geburt des Christus in der Grube des Herzens" mit, indem er durch das Anregen des Herzzentrums des Jüngers die Energie der Liebe hervorrufe, um die Herz- oder Liebesnatur dieses Menschen zu erwecken (182, 350).

Was sich hinter der harmlosen Bezeichnung "Übernahme des Körpers des Jüngers" verbirgt, ist in Wahrheit eine *Besessenheit*, die sich dadurch äußert, daß eine fremde Seele in den Körper eindringt und diesen zum Teil beherrscht, so daß die eigene Seele den Körper nicht mehr vollständig unter Kontrolle hat. Der "vorbereitete" Jünger wird so als machtloses Werkzeug für die Zwecke des Meistern mißbraucht. Schon daran zeigt sich, daß es den "Meistern" nicht darum geht, ihre Schüler zu vervollkommnen, sondern sie zu benutzen. Der Schlagzeilen-Fall Krishnamurti war ein authentisches Beispiel dieser "liebevollen" Praktiken.

Unterstellt, die Meister würden den Kontakt erst aufnehmen, wenn der Schüler dazu bereit und in der Lage sei, dem Plan zu dienen, müßten alle anderen, die diese Voraussetzungen nicht erfüllen, in Ruhe gelassen werden. Das Gegenteil ist jedoch der Fall. Gerade jene, die dem "Plan" entgegentreten, werden von den Meistern unerbittlich schwarzmagisch angegriffen, während die Unwissenden - durch Massenmedien beeinflußt - ohnehin planmäßig gelenkt werden.

Schließlich soll die Theorie von den Seelenstrahlen die Menschen davon überzeugen, daß eine Entwicklung nur über einen Meister möglich sei. Das ist ein Trugschluß, denn jede Seele kann sich auf Grund ihrer Willensfreiheit dem ihr innewohnenden Geiste zuwenden und so zur reinen Vollendung gelangen oder aber in der Materie verhaftet bleiben. Wendet sich die Seele zu Gott, wird sie allmählich vom Geisteslicht durchflutet, bis sie mit dem Geiste eins ist. Indem sich der Mensch der Liebe und dem Leben statt dem Tod zuwendet, kann er durch Überwindung der Materie die Ketten Satans abstreifen und *frei* werden. Wenn aber die Seele nicht dem Geiste, sondern einem Meister der Hierarchie folgt, führt ihr Weg unweigerlich zu Satan und damit zur Bindung an die Materie.

Mit der "Geburt des Christus in der Grube des Herzens" wird darüber nicht nur hinweggetäuscht, sondern auch auf die geistige Wiedergeburt angespielt. Deren Kennzeichen besteht jedoch nicht darin, daß Christus im Herzen geboren wird, sondern darin, daß die in Liebe und Demut gereifte, von allem satanischen, selbstherrlichen und selbstliebigen Wesen gereinigte Seele mit dem reinen Gottgeistfunken im Herzen völlig eins und *dadurch* geistig wiedergeboren wird. Diese geistige Vollreife der Seele ist jedoch nur durch die Liebe Gottes und nicht durch die Machtgier irgendwelcher Meister möglich, "denn die Liebe ist aus Gott, und jeder, der liebt, ist aus Gott gezeugt und erkennt Gott. Wer nicht liebt, hat Gott nicht erkannt; denn Gott ist Liebe" (1. Joh. 4/7 f.).

Da aber die Meister nicht Gott dienen, können sie die Liebe weder in ihren Herzen noch nach außen tragen, geschweige denn Liebe hervorrufen. Denn die Liebe Gottes ist "ausgegossen in unsre Herzen durch den heiligen Geist, der uns gegeben worden ist" (Röm. 5/5). Sie ist daher eine Frucht des Geistes und nicht der Materie. Der Mensch kann nur lieben, wenn ihm die Liebe von Gott ins Herz gelegt wird. Wer sich aber Gott verschließt, öffnet das Tor für die Dunkelheit, die mit dem leeren Gerede von "Liebe" das letzte geistige Bollwerk im Menschen, das Herz, ungehindert stürmen kann.

Die verschiedenen Gurus aus dem Osten seien als Jünger gewisser Meister in den Westen gesandt worden, um die eine oder andere Form der Meditation oder geistigen Praxis einzuführen (300). Die Agni-Yoga-Lehre beispielsweise sei einer der bedeutendsten Versuche der Hierarchie, die Menschheit auf das neue Zeitalter vorzubereiten.

Das erste Buch der Serie "Der Ruf" stamme von Maitreya selbst. Ursprünglich sei die Lehre durch mentale Telepathie über Helena Roerich vermittelt worden (292).

Mit Aussendung der Jünger aus Shambhala haben sich im westlichen Kulturkreis nicht nur neue Meditationsübungen, sondern vor allem die östlichen Lehren zunehmend verbreitet und eine Vielzahl begeisterter Anhänger gefunden. Die von den östlichen Praktiken und Übungen ausgehende Faszination hat viele - nach neuen Erkenntnis- und Selbstentfaltungsmöglichkeiten - Suchende veranlaßt, sich über deren Anwendung hinaus auch mit den spirituellen Hintergründen zu beschäftigen. Daran ist nichts auszusetzen, solange die Menschen prüfend vergleichen und das Gute daran behalten.

Sobald aber diese Lehren dazu eingesetzt werden, die Menschen willentlich durch Meister-Einweihungen, Mantrams, Gedankenmanipulationen, Seelenbeeinflussungen, Überschattungen und Um- oder Besessenheiten in Richtung Shambhala zu lenken, kann von einer freien spirituellen Entfaltung und Unterscheidungsmöglichkeit keine Rede mehr sein. Kritiklosigkeit, blinder Glaube an die "erleuchteten" Gurus und Meister, mangelndes Hintergrundwissen und die ständige Sucht nach Neuem sind die Hauptursachen solcher Fehlleitungen.

So kritisch und penibel die Menschen im Westen das Christentum und die Kirche unter die Lupe nehmen, so leichtgläubig und naiv sind sie östlichen Lehren gegenüber. Von magischen Praktiken nichtsahnend begeben sie sich blind in die Hände spiritueller "Meister", die ihnen dann Mantrams zur Selbstentfaltung an die Hand geben, die weder wörtlich durch eine Übersetzung ins Deutsche noch unter geistigen Aspekten überprüft werden. Dieser überwältigende Leichtsinn bleibt dann oft nicht ohne Folgen, wobei nur die wenigsten mit einem blauen Auge davonkommen.

In seinem Buch "Shambhala" schreibt *Nicholas Roerich* "Wahrlich, wahrlich, die Menschen aus Shambhala gehen gelegentlich in die Welt hinaus. Sie treffen die irdischen Mitarbeiter Shambhalas" (S. 17). Deren Wirken ist nur deshalb so erfolgreich, weil die weltlichen Menschen weder nach der Ursache ihres Kommens noch nach dem Ziel ihrer Arbeit fragen. Währenddessen werden die Menschen sukzessiv in allen Bereichen auf das Kommen Maitreyas vorbereitet.

Derzeit seien ungefähr 240.000 Jünger Zweiten Grades inkarniert, die in allen Gebieten anzutreffen seien und aufgrund von subjektivem (Seelen-) Stimulus und Inspiration arbeiten würden (96). Die fünf wichtigsten Jünger gebe es in New York, London, Genf, Darjeeling und Tokio (40).

Da die Jünger von Meistern geschult werden, die ihrerseits die Kalacakra-Lehre beherrschen, werden auch sie mit dieser Lehre konfrontiert und dadurch seelisch beeinflußt. Selbst wenn es sich dabei um "Inspirationen" handelt, ist nicht auszuschließen, daß derartige Gedanken fremdgesteuert sind. Obwohl unter dem Deckmantel der Jüngerschaft Freiwilligkeit vorgetäuscht wird, sind eine ganze Reihe dieser Jünger unbewußt manipuliert. Oft stehen die *Adepten* (fortgeschrittene Schüler und Eingeweihte) durch sogenannte Genien (lat.: "die angeborene Natur", Geist oder Dämon) in Verbindung mit ihrem Meister und dem Herrn in Shambhala.

Interessanterweise wirken die fünf wichtigsten Jünger, darunter auch Creme, ausgerechnet in jenen Städten, in denen Maitreya seine Mysterienschulen zur Vorbereitung auf die Einweihung inaugurieren will. Seine Anhänger bezeichnet Maitreya nicht als Jünger, sondern als "Armee des Lichts", die bereit ist, für seine Ziele zu kämpfen.

Ein wesentliches Anliegen der Gruppen Maitreyas ist es, das christliche Weihnachts-, Oster- und Pfingstfest durch das Wesakfest im Mai und das Christusfest im Juni abzulösen, damit nicht mehr die Geburt und Auferstehung Jesu Christi sowie die Herabkunft des Heiligen Geistes, sondern die magischen Feste der Hierarchie Satans gefeiert werden. Beide werden bei Vollmond zelebriert, und zwar deshalb, weil dann die mentalen und astralen Energien am besten aufgenommen und mit der Shambhala-Kraft verbunden werden können.

Die Meister, welche zurückgezogen in den Gebirgen und Wüsten der Welt leben und von dort aus durch ihre Inspirationen unsere aufeinanderfolgenden Kulturen lenken würden, seien die Hüter der alten Mysterien, in denen der Schlüssel zum Evolutionsprozeß in Zahlen, Ritualen und Symbolen und zur Göttlichen Wissenschaft verborgen liege. Diese Mysterien würden geoffenbart, die Tatsache der Seele werde bewiesen und die zum Wesen des Menschen gehörende Unsterblichkeit erkannt (76 f.).
Es gebe sieben Pfade der höheren Evolution: 1. den Pfad des Erdendienstes; 2. den Pfad der magnetischen Arbeit; 3. den Pfad zur Schulung für planetarische Logoi; 4. den Pfad zum Sirius; 5. den Strahlenpfad; 6. den Pfad, auf den sich der Logos selbst befinde; 7. den Pfad der absoluten Sohnschaft (79).

Shambhala ist der Sitz und Satan der Hüter des Schlüssels der alten Mysterien der Magie. Obwohl sich Luzifer, der größte der urgeschaffenen Geister, durch seine Eigenliebe der alles leitenden Ordnung Gottes widersetzt, ist er bestens mit deren Gesetzen vertraut und daher sehr wohl in der Lage, sie auch seinen Anhängern zu enthüllen. Da er ihnen durch Magie die Macht gibt, sogar Naturelemente zu beherrschen, verehren ihn die Meister als Herrn und Hüter des verborgenen Wissens, obwohl nicht er, sondern Gott die Schöpfung nach seinen ewigen Gesetzen geordnet hat. In seiner Weisheit und Macht hat Gott mit Hilfe der zahlreichen rein und treu gebliebenen Urgeister auch die ganze materielle Weltschöpfung als eine wunderbare Neuordnung zu weiteren großen Entwicklungs- und Heilszwecken gestaltet, damit der Mensch sein geistiges Vollendungsziel erreichen kann.

Im Gegensatz dazu können die lieb- und gottlosen Meister entsprechend ihrer geistiges Erstarrung nur materiebezogene, weltliche Ziele verfolgen. Ihre auf "Zahlen, Ritualen und Symbolen" gestützte "Inspirationen" sind ebenso wie ihre "7 Pfade der Evolution" ein Produkt der Ratio (Logos) und nicht der Liebe und Weisheit. Dadurch sollen die Menschen spirituell in die Irre und zur "absoluten Sohnschaft" Satans gelenkt werden.

Demgegenüber führt der Weg zur *Vervollkommnung der Seele* über die 7 Seinsstufen: *Grobstofflichkeit* (materielle Sphäre), *Feinstofflichkeit* (nicht materielle Sphäre), *energetische* (elektromagnetische) *Sphäre, ätherische* (nicht mehr bioplasmische) *Sphäre, Gedankenwelt* (unterbewußte Schöpfungsebene), *gefühlsmentale* (emotionale) *Sphäre* und *geistige Welt* (Engelswelt) zurück in das Reich Gottes und zur göttlichen Ordnung.

Jeder Seinsstufe sind bestimmte Lernprozesse zugeordnet. In der ersten Sphäre lernt man den Umgang mit der grobstofflichen Materie, in der zweiten den Umgang mit der Materie im Feinstofflichen durch Kraft der Gedanken, in der dritten den Umgang mit den Energieformen, in der vierten den Umgang mit dem Äther als Formverbindung, in der fünften den Umgang mit unseren Gedanken aus dem Unterbewußtsein und in der sechsten den Umgang mit unseren Gefühlen, um dann in der siebten Stufe vollkommen in unseren Talenten zu sein.

Erst dann haben wir unseren geistigen Ursprung und das große Ziel der göttlichen Wesensbildung erreicht. Sobald der in Liebe und Demut vollgereifte Mensch durch die göttliche Führung und durch die eigene Freitätigkeit auf dem Weg der Lebenserfahrung zur *freiwilligen* Annahme göttlicher Erkenntnisse und dadurch zur freien Gestaltung nach der ewigen Gottesordnung gelangt ist, wird er vollkommen göttlich gut, wahrhaft, frei, selbständig und schöpfermächtig.

Dieses höchste Vollendungsziel und die *Unsterblichkeit* seiner Seele durch die geistige Wiedergeburt kann der Mensch jedoch nicht erreichen, wenn er dem Gegenpol Gottes - Satan - und dessen Meistern folgt. Deren Ziel ist nicht die Befreiung, sondern Bindung der Seele an die unterste Seinsstufe, die Materie. Daß dieser Weg letztendlich zur Auflösung der Seele und zum geistigen Tod führt, läßt sich anhand der Unpersönlichkeit der Meister erkennen.

Trotz ihrer charakterlichen Verschiedenheit hätten sie kein Persönlichkeitsbewußtsein, kein "Ich"-Gefühl, sondern seien gewohnt, auf der buddhistischen Ebene des Gruppenbewußtseins zu arbeiten und stünden in ständigem telepathischem Kontakt untereinader (77, 350). Niemand mehr als sie arbeite uneingeschränkt im großen Dienste der Welt (302).

Auf ihre eigene hohe Weise würden 24 Stunden am Tag Energien von höheren Quellen übermittelt, was die Hauptaufgabe der Hierarchie sei (337). Auf den astralen Ebenen gebe es machtvolle Gedankenformen der bekannten Meister, von hingebungsvollen Aspiranten und Jüngern über Jahre aufgebaute astrale Konstruktionen, "illusionäre Meister" (97).

Ein Individuum besitzt nur dann Persönlichkeit, wenn es sich seiner selbst bewußt ist. Dieses "Ich"-Gefühl hat allerdings nichts mit Ego und Eigenliebe zu tun, ebenso wenig wie das Fehlen eines Persönlichkeitsbewußtseins ein Hinweis für Liebe und Demut ist. Während Freiheit und geistiges Leben Attribute einer vergeistigten Seele sind, ist die Unpersönlichkeit das Kennzeichen einer geistig toten, durch und durch materieverhafteten Seele. Wie aber wollen geistig Tote die Menschen zum Leben führen, wenn ihr Weg Satan und das Ziel der Tod ist?

Trotz ihrer magischen Fähigkeiten vermitteln die Meister nichts anderes als destruktive Energien und Negationen, um die Menschen durch "Inspirationen" zu beeinflussen, dem falschen Licht zu folgen, was zu einem Verlust des freien Willens und der Persönlichkeit führen kann. Der Weg zum wahren, sie innig liebenden Gottvater in Jesus Christus, der unsere Willensfreiheit vollkommen unangetastet läßt, wird von den geistblinden Menschen jedoch verschmäht.

Magische Fähigkeiten und der gezielte Einsatz der (von Aspiranten gesendeten) Energien ermöglichen es den Meistern, auch auf astraler Ebene verstärkt zu wirken. Dabei werden u.a. Gedankengebilde geschaffen und erhalten, um sie für Mentalprojektionen einzusetzen, damit die Menschen auch auf feinstofflicher Ebene beeinflußt oder verängstigt werden können.

Außer Maitreya seien erst 12 Meister in der Welt, aber es gebe insgesamt 63, wovon zwei Drittel ihre Plätze in einem Zeitraum von 20 Jahren unter uns einnehmen würden und verschiedene Aufgaben hätten, darunter die Integration der Religion und Wissenschaft in der neuen "holistischen" Wissenschaft (78).

Unter den Zwölf Jüngern seien einige darunter, die auch Jünger Jesu in Palästina gewesen seien, wie der Lieblingsjünger Johannes unter seinem jetzigen Namen Meister Koot Hoomi, der Apostel Paulus als Meister Hilarion und der Apostel Petrus als der Meister Morya und auch der Meister Jesus (87 f.).

Mit seiner intellektuellen Lehre und "holistischen Wissenschaft" will Maitreya die *Religion* (lat.: religio = Gottesverehrung, Gottesdienst) durch Wissenschaft ersetzen, damit sie nicht mehr spirituell-gefühlsmäßig erfaßt, sondern rational erklärbar wird. Das Herzensdenken und der Weg zurück zum geistigen Ursprung "Religio" soll durch das Verstandesdenken und die Vergänglichkeit der Wissenschaft restlos verdrängt werden. Wissenschaft schafft Wissen, aber keine Weisheit.

Neben dem krampfhaften Versuch, die biblischen Prophetien auf seine Person zu beziehen und das Wirken Jesu und seiner 12 Apostel nachzuahmen, will Maitreya die Menschen auch dadurch über seine wahren Absichten hinwegtäuschen, daß er einige seiner Meister mit Namen der Jünger Jesu belegt und sogar einen "Meister Jesus" der Öffentlichkeit präsentiert. Der Versuch, seine Schwarmagier auf diese Weise salonfähig zu machen, scheitert bereits an einemsimplen Vergleich der biblischen Aussagen Jesu und seiner Jünger mit den Lehren der "Meister Jesus, Koot Hoomi, Hilarion und Morya".

Diese "Meister" sind seit Gründung der *Adyar-TG* als mehr oder weniger überirdische Lebewesen im Himalaya bekannt. Theosophischer Lehre zufolge soll "Meister Jesus" ein Adept des 6. Strahles sein, in Syrien als "Kraftzentrum aller Energien" leben und als Appolonius von Tyana die 5. Einweihung erhalten haben, während er bei der Großen Landesloge der höchste Ordensmeister ist.[1]

Das Gegenteil davon bezeugt Gottes Wort in der Bibel, wo es heißt: "Im Anfang war das Wort, und das Wort war bei Gott, und das Wort war Gott. . . Und das Wort ward Fleisch und wohnte unter uns, und wir schauten seine Herrlichkeit, eine Herrlichkeit, wie sie der einzige Sohn von seinem Vater hat, voll Gnade und Wahrheit" (Joh. 1/1, 14). Und

---

1   Miers, Lexikon des Geheimwissens, s. Stichwort "Meister".

seinen Jüngern hat Jesus gesagt: "Ich bin vom Vater ausgegangen und in die Welt gekommen; hinwiederum verlasse ich die Welt und gehe zum Vater (Joh. 16/28). Wer mich gesehen hat, der hat den Vater gesehen" (Joh. 14/9), denn "Ich und der Vater sind eins" (Joh. 10/30).

Entgegen dieser deutlichen Aussagen, wonach Jesus Christus Gott selbst ist, versucht Maitreya ihn als einen unbedeutenden "Meister" seiner Hierarchie abzustempeln, um sich dann als höchste "Gottheit" verehren zu lassen.

Die angegebenen Bibelstellen entstammen der Feder des Lieblingsjüngers *Johannes*, der angeblich der Meister Koot Hoomi sein soll, der in seinem Brief X offen bekannt hat: "Weder unsere Philosophie noch wir selbst glauben an einen Gott und am allerwenigsten an einen, dessen Pronomen (ER) mit einem großen E geschrieben werden muß. . . Das Wort "Gott" ist erfunden worden, um die unbekannte Ursache solcher Wirkungen zu bezeichnen, welche der Mensch entweder bewunderte oder fürchtete, ohne sie zu begreifen; und da wir behaupten und imstande sind zu beweisen, was wir behaupten, nämlich um diese Ursachen und Wirkungen zu wissen, darum sind wir in der Lage, daran festzuhalten, daß kein Gott und keine Götter dahinterstehen."[1]

Johannes aber hat gesagt: "Wer ist der Lügner, wenn nicht der, welcher leugnet, daß Jesus der Christus ist? Das ist der Widerchrist, der den Vater und den Sohn leugnet. Jeder, der den Sohn leugnet, hat auch den Vater nicht; wer den Sohn bekennt, hat auch den Vater. . . Sehet, was für eine Liebe uns der Vater geschenkt hat, daß wir Kinder Gottes heißen sollen; und wir sind es. Deshalb erkennet uns die Welt nicht, weil sie ihn nicht erkannt hat.

Niemand soll euch irreführen! Wer die Gerechtigkeit tut, ist gerecht, wie jener gerecht ist. Wer die Sünde tut, stammt vom Teufel; denn der Teufel sündigt von Anfang an. Dazu ist der Sohn Gottes erschienen, die Werke des Teufels zu zerstören. . . Glaubet nicht jedem Geist, sondern prüfet die Geister, ob sie von Gott stammen; denn viele falsche Propheten sind in die Welt ausgegangen. Daran erkennet ihr den Geist Gottes:

1   aus: Miers, Ebda.

Jeder Geist, der bekennt, daß Jesus Christus im Fleisch gekommen ist, stammt von Gott; und jeder Geist, der Jesus zunichte macht, stammt nicht von Gott, und das ist der Geist des Widerchrists, von dessen baldigem Kommen ihr gehört habt, und jetzt ist er schon in der Welt" (1. Joh. 2/22 f.; 3/1, 7 f.; 4/1 ff.).

Diese Gegenüberstellung verdeutlicht, daß Johannes und Koot Hoomi so gegensätzlich sind wie der in ihnen wirkende Geist, was auch anhand der Aussagen von Paulus und Petrus im Vergleich zu der "Religion" des sogenannten Wassermannzeitalters Maitreyas der Meister Hilarion und Morya, die sie angeblich sein sollen, ersichtlich ist.

In seinem Gruß an die Gemeinde bekennt sich *Paulus* als "Knecht Jesu Christi, berufen zum Apostel, ausgesondert zur Verkündung des Evangeliums Gottes, das er vorher verheißen hat durch seine Propheten in den heiligen Schriften, nämlich das Evangelium über seinen Sohn, der aus der Nachkommenschaft Davids hervorgegangen ist nach dem Fleische, der eingesetzt ist zum Sohn Gottes voll Macht nach dem Geiste der Heiligkeit kraft der Auferstehung von den Toten: Jesus Christus, unser Herr, durch den wir Gnade und Apostelamt empfangen haben, um für seinen Namen Gehorsam des Glaubens zu bewirken unter allen Heiden" (Röm. 1/1 ff.).

In ähnlicher Weise begrüßt *Petrus* die Gemeinde und ermahnt zu freudigem Ausharren in Verfolgungen: "Wenn ihr um des Namens Christi willen geschmäht werdet, selig seid ihr; denn der Geist der Herrlichkeit und Gottes ruht auf euch. Denn niemand unter euch leide als Mörder oder Dieb oder Übertäter oder als einer, der in fremde Sachen eingreift; leidet aber jemand als Christ, so schäme er sich nicht, er verherrliche vielmehr Gott mit diesem Namen! . . . Alle aber gürtet euch mit Demut gegeneinander; denn 'Gott widersteht den Hochmütigen, den Demütigen aber gibt er Gnade'. Demütigt euch nun unter die gewaltige Hand Gottes, damit er euch zur rechten Zeit erhöhe! Alle eure Sorge werfet auf ihn; denn er sorgt für euch! Seid nüchtern, wachet! Euer Widersacher, der Teufel, geht umher wie ein brüllender Löwe und sucht, wen er verschlingen könne. Dem widerstehet fest im Glauben" (1. Petr. 4/14 ff.; 5/5 ff.).

Daß der Widerchrist sein Maul auftun wird "zu Lästerungen gegen Gott, zu lästern seinen Namen und sein Zelt, nämlich die, welche im Himmel ihr Zelt haben", hat schon Johannes, der Lieblingsjünger Jesu, in seiner apokalyptischen Offenbarung Kapitel 13 Vers 6 vorhergesagt. Maitreya mißbraucht nicht nur den Namen Gottes und seiner Jünger, sondern auch die biblischen Vorhersagen, die er in seiner Unverfrorenheit verfälscht auf sich und seine Meister bezieht und dadurch Gottes Wort ins Gegenteil verkehrt.

Meister Morya, das Oberhaupt des größten Ashrams des 1. Strahles und zukünftiger Manu der sechsten Rasse, stimuliere alle esoterischen und okkulten Gruppen mit dem Ziel, ihr Denken in korrektere Bahnen zu lenken (79, 88, 93). In den nächsten 25 bis 30 Jahren würde sich die Welt radikal verändern, eine neue Untergliederung der Rassen würde sich ausbilden, die sechste Unterrasse der fünften Wurzelrasse (156).

Fraglich ist, wie dieser "Meister" als Zugehöriger einer "höheren" Rasse und damit als Rassist, das Denken der Menschen in "korrektere Bahnen" lenken will. Das Rassedenken ist die einschneidendste Art des Separatismus, weil es die "erleuchteten" Meister von den nicht illuminierten Menschen "unterer Rassen" trennt.

Schon Hitler hat versucht, die Menschen durch die Lehre vom Ariertum anhand der "Herrenrasse" zu selektieren und seine "Säuberungsaktionen" durchzuführen. Die davon ausgehende Irrvorstellung, etwas besseres als andere zu sein, ist heute noch der Zündstoff, der den Menschen eingetrichtet wird, um jene auszugrenzen und zu eliminieren, die als nicht dazugehörig dargestellt werden.

Dieses Denken ist der Stachel des Todes, der die Menschen zu Gewalt, Krieg und Haß statt zu Liebe und Frieden antreibt. Wenn aber Maitreya durch seine Meister das Rassedenken verbreiten läßt, steht das in völligem Widerspruch zu seiner nach außen vorgetäuschten Toleranz und scheinbaren Brüderlichkeit aller Menschen untereinander.

In Ländern, in denen ein Meister eine präsidiale Stellung einnehmen werde, werde sich eine Art hierarchischer Regierung finden. Wegen der geistigen Vervollkommnung der Meister, werde man auch im Rahmen einer Demokratie eine hierarchische Supervision akzeptieren (87).

Bedenkt man, daß die Illuminati die geheimen Herrscher der Welt sind und Satan deren Oberhaupt ist, unterstehen ihm ohnehin alle politischen Systeme. Die Demokratie erweckt zwar den Anschein, das Volk sei Träger der Staatsgewalt, in Wahrheit aber wählt es nur die von den Illuminati bestellten Repräsentanten. Die Hierarchie hat seit Jahrhunderten planmäßig die Regierungen unterwandert und weltweit festen Fuß gefaßt. Im Testament Satans heißt es: *"Unsere Macht wird, da gegenwärtig alle Mächte ins Wanken geraten, unüberwindlicher sein als jede andere, weil sie so lange unsichtbar sein wird, bis sie so weit gekräftigt ist, daß sie keine List mehr untergraben kann."*[1]
Dieser Zeitpunkt ist schon erreicht. Aber erst mit dem öffentlichen Auftreten Maitreyas wird die Macht seiner Hierarchie sichtbar werden. Nicht wegen ihrer "geistigen Vervollkommnung" wird man die Herrschaft seiner Meister akzeptieren, sondern weil den Völkern keine andere Wahl mehr bleibt, als sich dieser drohenden Gewaltherrschaft zu beugen.

Die Meister seien ausnahmslos Adepten in den esoterischen Heilkünsten, wie sie der Christus so dramatisch in Palästina vorgeführt habe (114). Sie würden durch Gruppen auf den physischen Ebenen arbeiten und oft die grünen und violetten Devas, die "Devas der Schatten", einsetzen (143).

Im Gegensatz zu den "esoterischen Heilkünsten" Maitreyas und seiner Meister hat Jesus Christus Geistheilungen vollbracht, d. h. durch den in ihm wohnenden Geist Gottes die Menschen an Körper, Seele und Geist geheilt. Da aber Heilung nur vom Heiland kommen kann, sind die Meister auch nicht in der Lage, Geistheilungen zu vollbringen. Statt

---

1   Des Griffin, Wer regiert die Welt?, S. 253.

dessen verbinden sie sich mit Naturgeistern, den "Devas der Schatten", die ausschließlich auf feinstofflicher Ebene wirken. In der Lehre von H. P. Blavatsky werden die *Deva*s (Sk., von div = scheinen) allerdings als Engel bezeichnet, die gut, schlecht oder indifferent sein können und die 3 Welten bewohnen, welche 3 Ebenen über der menschlichen liegen. Außerdem soll es 33 Gruppen von Devas geben. Die vollkommensten Hochgradsysteme der Freimaurerei, *AASR, Alter und Angenommener Schottischer Ritus* und *Droit Humain*, internationaler Orden der gemischten Freimaurerei "Das Menschenrecht", besitzen "zufälligerweise" auch 33 Hochgrade.

Die Hierarchie

Aus dem großen geistigen Zentrum, Hierarchie genannt, hinter der der nicht alternde Sanat Kumara stehe, würden, nicht nur auf den Himalaya beschränkt, große Avatare hervorgehen (72, 78, 92). Zum ersten Mal seit atlantischen Zeiten sei der Christus mit der Hierarchie der Meister, deren Oberhaupt er sei, in die sichtbare Welt zurückgekehrt, um öffentlich zu arbeiten (51).

Die Geistige Hierarchie dieses Planeten bestehe seit 17 Millionen Jahren und von den Aktivitäten der drei großen Gruppen in der Hierarchie - unter dem Manu, dem Christus und dem Herrn der Zivilisation - gehe die Führung auf all den vielfältigen Gebieten unseres planetaren Lebens aus (76).

Wenn auch die Behauptung bezüglich des zeitlichen Bestehens der Hierarchie weder beweisbar noch nachvollzienbar ist, spricht vieles für deren sichtbares Wirken in der Welt. Unsere heutige desolate und verzweifelte Situation auf allen Gebieten kann in der Tat nur eine "Führung" Satans und seiner Meister sein. Jeder vernünftig denkende Mensch kann anhand der globalen Steigerung von Selbstherrlichkeit und Selbstsucht, Lug und Trug, Bedrückung und Ausbeutung der Armen, Hunger und Krieg, Not und Elend, Lieblosigkeit und Gottesferne erkennen, daß dahinter keine "göttliche" Führung steht. Vom falschen Licht geblendet, verstricken sich die Menschen jedoch immer tiefer in die Fänge Luzifers und folgen blind dem Lärm und der Lüge der Welt.

"Eine Kerze gibt nur das, was sie nicht halten kann, weil sie zu schwach ist für die Flamme. So zehrt auch die Flamme Satans an den Menschen durch ihr Ego und die Machtgier. Das ist das Feuer der Hölle, das an den Menschen zehrt. Was ist der Mensch da anders als eine Kerze? Die Kerzen stehen symbolhaft für das Licht Gottes, die Flamme des ewigen Lichts, das ihr in die Welt tragen sollt, um die Dunkelheit zu erleuchten.

Auch von Satan geht ein Licht aus, das falsche Licht, und die Flamme ist schon sehr entzündet. Es ist schon sehr dunkel geworden in der Welt, und bald wird viel Leid auf die Menschheit kommen."[1] r

Als "Geistige Hierarchie" getarnt, werfen die Meister verstärkt ihre Netze aus, um Menschenseelen zu fangen. Ihr Zugeständnis, daß alle "Führung unseres planetaren Lebens" von Satan und seiner Hierarchie ausgeht, beweist, wie sicher sie sich ihrer Sache sind.

Über das Wesen und Wirken Satans hat Jesus gesagt: "Der Sitz oder Kerker dieses Geistes ist der eigentliche festeste *Mittelpunkt eurer Erde*, auf den alles eindrückt, auf daß der Gefangene sich nicht allzu gewaltig bewege und alles Wesen der Erde zerstöre. Wenn aber der einstige große Urgeist jetzt auch noch so sehr gebunden ist, so versäumt er dennoch nie, sein *Erzböses* in die aufsteigenden Lebenskräfte zu hauchen, welcher Willenshauch noch mächtig genug ist, den Tod in alle Seelenspezifika einzupflanzen.

Und dies bekundet sich an allen Kreaturen der Erde gar treulich. Denn alles Organische ist zerstörbar, und alle Materie ist fähig, Tod und Zerstörung zu bewirken. Das alles rührt von dem Willenshauch des Allerbösesten her, dessen Böses in sich so unbeschreiblich schrecklich ist, daß ihr euch davon nimmer auch nur den geringsten Begriff zu machen imstande seid. Denn alles, was ihr über diesen Geist schon gehört habt, ist nur ein leisestes Schattenbild der Wahrheit, das von Gottes Gnade allseits umhüllt, eben nur hinreicht, um das Wesen dieses Geistes für euer Bedürfnis euch *ahnen* zu lassen."[2]

Mit dem öffentlichen Auftreten Maitreyas wird dieser entfesselte Geist so gewaltig und furchtbar in der Welt wirken, daß die ganze Menschheit in Angst und Schrecken versetzt wird. Wer dann nicht stark im Glauben ist und Halt bei Gott in *Jesus Christus* sucht, wird sich davor kaum retten können. Es ist höchste Zeit zur Umkehr. Wer Ohren hat, der höre, und nutze die Zeit für das Erkenntnislicht des Herzens. Denn bald ist abgelaufen die Weltenuhr.

---

1   geistige Botschaft von Petrus, dem Apostel Jesu.
2   Lorber, Erde und Mond, Kap. 55.

"In Umkehr und Ruhe liegt euer Heil; in Stillehalten und Vertrauen besteht eure Stärke. Doch ihr habt nicht gewollt" (Jes. 30/15).

Die Weiße Loge oder Weiße Bruderschaft sei die "Geistige Hierarchie, die aus allen Meistern und Eingeweihten der Weisheit besteht", während unsere Hierarchie ein Zweig der großen Weißen Bruderschaft sei, die sich auf dem Sirius befinde (77, 296).

Bei einer in sich selbst gefangenen und in die Materie verworfenen Kraft (Satans), kann von einem geistigen Wirken keine Rede sein, allenfalls von einem Wirken dieses Geistes. Die Bezeichnung "Geistige Hierarchie" soll jedoch den Anschein einer über alle Materie stehenden Rangordnung erwecken und darüber hinwegtäuschen, daß ausgerechnet deren Oberhaupt - Satan - in der Materie verhaftet und damit der Gegenpol des Geistigen schlechthin ist. Auch hinter dem Begriff "geistiges Zentrum" verbirgt sich nichts anderes als das allsehende Auge Luzifers, wie auf der Ein-Dollar-Note an der Spitze der Freimaurer-Pyramide abgebildet, unter dessen überwachenden Kontrolle die Welt von seiner Hierarchie und deren Geheimbünde gelenkt wird. Die *Rosenkreuzergemeinschaft*, *AMORC* und das *Lectorium Rosicrucianum* geben ihre Verbindung zur *Weißen Loge* sogar offen zu.

Die Trans-Himalaya-Loge sei für die Schulung der Jünger in Europa und Amerika verantwortlich, während gleichzeitig auch die "traditionellen östlichen Lehren" zu ihren Aufgaben gehören würden. Die indische Tradition sei größtenteils auf den Devotee orientiert, doch das sei nur eine Stufe, durch die alle Aspiranten gehen müßten (76 f.).

Wenn - wie Maitreya behauptet - alles nur *eine* Wahrheit sei, stellt sich zwingend die Frage, warum die Logen nur die östlichen Lehren, nicht aber das Christentum verbreiten sollen. Die von der Hierarchie gezielt durchgeführten Schulungen und östlichen Selbsterlösungslehren in unzähligen Logen und Geheimbünden lenken die "Jünger" planmäßig zum Satansdienst. Diese Zielsetzung wird aber erst in den höheren Graden offenkundig, wenn es für die eingeweihten, d. h. überschatteten *Aspiran-*

ten (lat., von ad = nach und spirare = atmen; ein nach höheren Stufen des Bewußtseins strebender Bewerber) kein Zurück mehr gibt. So wie man mit Speck Mäuse fängt, werden die Menschen hier mit dem Versprechen nach höheren Erkenntnisstufen angelockt, wodurch die Pfade der Evolution erklommen und das eigene Strahlenmuster verbessert werden könne.

Damit aber die Selbsterlösung als Wohltätigkeit erscheint, heißt es: *die Hierarchie brauche kontinuierlich Gruppen auf der Welt, die bereit seien, ihre Energien zum Wohl der Welt zu übermitteln (313).*

Anläßlich der vielen Mißstände in der Welt wollen immer mehr Menschen Gutes tun und helfen, wo sie nur können. Gut ist etwas nur dann, wenn es nicht des Guten, sondern der Weisheit wegen geschieht. Wer dagegen kritiklos den leeren Worten vom "Wohl der Welt" Glauben schenkt, ohne zu hinterfragen, was sich dahinter verbirgt, wird zwar äußerlich Gutes tun und dabei doch nicht den Menschen, sondern der Hierarchie helfen. Nicht die Materie (Welt) sondern die Menschen (Seelen) bedürfen der geistigen Vollendung. Wer Gutes für sich und seinen Nächsten tun will, kann überall und jederzeit helfen und braucht dafür keine "Meister".

Die Hierarchie braucht aber die Menschen, deren Energien von den Meistern durch magische Praktiken aufgesogen und nach Shambhala geleitet werden, damit von dort verstärkt Negationen in die Welt einströmen können. Und weil eine gezielte Energieübermittlung nur unter der "Obhut" eines Magiers möglich ist, werden die Menschen unter dem Vorwand vom "Wohl der Welt" angehalten, "kontinuierlich" Gruppen zu bilden. Daß sich dahinter kein karitativer Zweck verbirgt, zeigt sich schon an den dreistelligen Eintrittspreisen und fünfstelligen Kurspreisen bei den *Transmissions-Gruppen.* Die Kursteilnehmer werden auch nachdrücklich aufgefordert, die *TM-Lehre* zu verbreiten und "unverzüglich" weitere Gruppen zu bilden.

Selbst in harmlos klingenden Seminaren zur spirituellen Entwicklung werden die Menschen durch bestimmte Meditationsübungen gezielt im Sinne der Hierarchie beeinflußt. Dabei werden die Kursteilnehmer aufgefordert, sich auf das Scheitel- und Herzchakra zu konzentrieren und diese zu aktivieren, d.h. bewußt zu öffnen, damit Energie freigesetzt und fließen kann. Anschließend sollen sich die Teilnehmer auf eine runde Kugel (Erde, Zentrum Satans) konzentrieren und dabei an ein besonders glückliches Ereignis in ihrem Leben denken, um dann gedanklich diese gesteigerte Liebesenergie (Energie folgt den Gedanken) in Richtung Erde fließen zu lassen. Währenddessen wird die große Invokation gesprochen oder das Mantram OM ständig wiederholt.

So werden die Menschen arglistig in öffentlichen Veranstaltungen dazu verleitet, Satan bewußt oder unbewußt anzurufen, damit ihre Liebesenergie in seine Richtung gelenkt und seine Macht dadurch gestärkt wird. Mit dieser falsch geleiteten Energie wird aber auch gleichzeitig die Verbindung des Menschen zu Gott, dem Allmächtigen, abgeschnitten. "Wo aber der Mensch Mir sein Herz verschließt, entzieht er sich selbst die Möglichkeit, den Weg zum Licht zu finden und er gerät mehr und mehr in die Fänge der Welt, die den Geist zu verdunkeln beginnt"!1.

Jeder hilfsbereite und vernünftige Mensch sollte sich ernsthaft fragen, wem er mit solchen Invokationen eigentlich nützt, wenn die "Führung unseres planetaren Lebens" ohnehin ein Werk der Hierarchie sein soll. Nachdem sie bisher insgeheim wirkte und die Menschen verführte, wirbt sie nunmehr öffentlich um Unterstützung zum "Wohl der Welt", damit ihre Macht gesichert ist. Jede "gute" Handlung für die Hierarchie ist daher nichts anderes als eine Hilfeleistung zum eigenen und fremden Seelenfang.

Nicht umsonst hat Jesus vor Irrlehrer gewarnt und gesagt: "Hütet euch vor den falschen Propheten, die in Schafskleidern zu euch kommen, inwendig aber sind sie räuberische Wölfe! An ihren Früchten werdet ihr sie erkennen. Sammelt man etwa Trauben von Dornen oder Feigen von Disteln? So bringt jeder gute Baum gute Früchte, der faule Baum aber bringt schlechte Früchte" (Mat. 7/15 ff).

---

1   Coralf, Der Weg zur geistigen Mystik, S. 163.

Und in der Neuoffenbarung durch Lorber heißt es: "Wer da lehrt seine Mitmenschen, der lehre sie nicht nur weise und feingefügte Worte, wie das auch tun die Pharisäer und andere falsche Propheten, sondern vielmehr durch seine Taten und Werke, so wird er seine Mitmenschen zur wahren und lebendigen Befolgung bewegen! So er aber so und so lehrt, selbst aber seiner Lehre zuwiderhandelt, so gleicht er einem Wolfe in Schafspelzkleidern, der nur darum die kurzsichtigen und leichtgläubigen Schafe um sich vereinigt und ihnen weise Lehren gibt, um sie sich für seinen Rachen gefügig zu machen."[1]

Diese Mahnung zur Vorsicht wird uns schon als Kind mit der Geschichte vom Wolf und den sieben Geißlein nahegelegt, doch als Erwachsener vergißt man oft die dahinterstehende Weisheit.

1   Lorber, Johannes das Große Evangelium, Bd. 8, Kap. 194 (2).

Die Freimaurer

Unter dem Dachverband der Hierarchie dient auch die Freimaurerei demselben Ziel. Laut Creme *sei die Vereinigung der Freimaurer die älteste auf Erden und gehe auf antlantische Zeiten zurück. In ihren Ritualen und Symbolen seien einige der Geheimnisse der Initiation verschlüsselt. Das Freimaurertum werde einen der Wege zur Einweihung darstellen und all jenen Männern und Frauen offenstehen, die sich auf den Eintritt in die Mysterien vorbereiten (147).*

Die *Freimaurerei* ist eine Bruderschaftsbewegung ausgewählter Mitglieder, die als Bauleute für einen allgemeinen Bund geistig und sittlich veredelter Menschen, deren Grundlage des Lebens Bruderschaft und Toleranz sei, verstanden werden wollen. Geschichtlicher Belege zufolge soll die Freimaurerei auf die 1717 in London (!) gegründete Großloge zurückgehen, von wo sie sich weltweit ausbreitete.

Ihren Ursprung hat die Freimaurerei allerdings im Essäer-Orden. Obwohl die Essäer für lange Zeit die reinste Gemeinde Christi waren, begannen sie in der Folgezeit, gleich den heidnischen Magiern, große Zeichen mit ganz natürlichen Mitteln der blinden Zauberei zu wirken, wodurch sie sich immer mehr von der Lehre Jesu Christi entfernten und ihr Gelübde, freie Maurer der *Gottesburg* unter den Menschen auf Erden und treueste Erhalter derselben zu werden, brachen.[1] Aus Bauleuten für das himmlische Jerusalem entwickelten sich Freimaurer für Satan.

---

1   Lorber, Ebda., Bd. 6, Kap. 179; Bd. 8, Kap. 194 (14); Bd. 9, Kap. 49 (14).

Im neuen Testament Satans heißt es: *"Wir haben uns eine Staatslehre erdacht und sie unermüdlich den Bürgern eingeflößt, ohne ihnen Zeit zur Besinnung zu lassen. Das geschah, weil wir unser Ziel nur auf Umwegen erreichen können, da der gerade Weg über die Kraft unserer zerstreuten Organisationen geht. Zu diesem Zweck haben wir weltweit die* **Freimaurerlogen** *gegründet. Niemand kennt sie und ihre Ziele, am allerwenigsten die Ochsen von Nicht-Illuminierten, die wir zur Teinahme an den offenen Freimaurerlogen bewogen haben, um ihnen Sand in die Augen zu streuen."*[1]

Selbstüberhebung und Eigenliebe seien die besten Mittel, um die Menschen zu beeinflussen und sie für die Zwecke der Illuminati auszunutzen. Der Einfluß der Logen, die sich alle unter der geheimen Hauptleitung der Illuminati befänden, werde durch Zuführung wichtiger Persönlichkeiten, die in der Öffentlichkeit eine bedeutende Rolle spielen, vermehrt.

Zu den Mitgliedern der Logen würden fast alle Polizeispitzel der Welt gehören, weil die Polizei nicht nur willkürlich gegen die Gegner der Illuminati vorgehen, sondern auch die Spuren der Handlungen der Illuminati verwischen könnte. Denn es sei besser, das Ende für diejenigen zu beschleunigen, die der Sache der Illuminati schaden, als darauf zu warten, daß der Tod die Illuminati treffe. Logenmitglieder würden sterben, sobald es nötig sei, scheinbar eines natürlichen Todes. Und da das den Logenmitgliedern bekannt sei, würden sie nicht wagen, irgendwelchen Einspruch zu erheben.[2]

Daran zeigt sich, daß die Freimaurerlogen schon lange einen der "Wege zur Einweihung" Satans darstellen, weil sie über ein esoterisches Wissen verfügen, das der Kalacakra-Lehre Shambhalas entspricht. Die Adepten werden jedoch damit geködert, daß ihnen die Freimaurerei als eine geheime Bruderschaft erleuchteter Menschen dargestellt wird, denen es gelungen sei, die alten Weisheiten Ägyptens und des Orients zu bewahren.

1   Des Griffin, Wer regiert die Welt?, S. 284.
2   Ebda., S. 294 ff.

In Wahrheit verbirgt sich hinter diesen "Mysterien" das geheime magische Wissen zur Erlangung der Macht. Denn Magie heißt nichts anderes als Macht-Gier!

Die Freimaurerei besteht aus Logen und Großlogen. Die Mitglieder gehören einer Loge an, während die Logen ihrerseits in einer Großloge zusammengefaßt sind. Alle Großlogen unterstehen den *Illuminati*, die ihrerseits dem *Tempelherrenorden* (THO) unterstellt sind. Während die Illuminati ihre Mitglieder aus den Hochgraden der Freimaurerei - *AASR*, *Droit Humain* und die *Große Landesloge von Deutschland* - werben, suchen sich die Tempelritter ihre Nachfolger aus den Reihen der Illuminati. Entscheidende Auswahlkriterien sind die magischen Erfahrungen früherer Inkarnationen, die medialen Fähigkeiten und der Nutzen für den Plan der Hierarchie.

Im Gegensatz zur klassischen Freimaurerei, die nur Männern offenstand, sind im *Droit Humain* auch Frauen zugelassen, für die ein eigenes, speziell auf das weibliche Empfinden ausgerichtetes Schulungssystem entwickelt worden ist.

Innerhalb der Freimaurerei gibt es mehrere unterschiedliche Systeme, die sich im Wortlaut der Rituale, der Erkennungszeichen und in der Anzahl der Grade unterscheiden. Allen gemeinsam sind die 3 Anfangsgrade: Lehrling, Geselle, Meister. Die Aufnahme in die Freimaurerei erfolgt durch eine zeremonielle Einweihung, die den Menschen auf die bevorstehende Wandlung durch die Arbeit der Loge vorbereiten soll. Wichtig dabei ist vor allem die Einwirkung von Symbolen auf das Unterbewußtsein und die dadurch bedingte Umformung des Menschen.

Jedem Grad entspricht ein bestimmtes Erkennungszeichen (Handgriff und / oder geheime Begrüßungsformel), das nur dem Inhaber des betreffenden Grades und den höherstehenden Mitgliedern, nicht aber den darunter liegenden Graden bekannt ist. Dadurch wird nicht nur die irrtümliche Weitergabe geheimen Wissens an untere Grade verhindert, sondern auch eine öffentliche Enthüllung vermieden. Wenn schon die Mitglieder darüber nicht in Kenntnis gesetzt werden, was sich im nächsthöheren Grad abspielt, um wieviel weniger wird die Öffentlichkeit in der Lage sein, die Geheimnisse der Freimaurer zu enthüllen.

Abgesehen davon, daß solche Informationen einem Außenstehenden nicht zugänglich sind, unterliegen sie einem magischen Schutz und der ständigen Kontrolle der Meister. Ohne Gottes Schutz und Führung hätte ich diese Geheimnisse ebenfalls nicht lüften können. Während meiner Nachforschungen, war ich zahlreichen schwarzmagischen Angriffen ausgesetzt, deren überwältigende Wirkung sich nur vorstellen kann, wer solches erlebt hat.

Die Dunkelheit kann jedoch nichts ausrichten, wenn der Mensch unter Gottes Schutz steht und sich ihm voll und ganz hingibt. Auch wenn Satan dann die Seele des Menschen nicht mehr töten kann, versucht er auf Umwegen ihn zu beeinflussen, sei es durch Mentalprojektionen von Schreckensbildern oder Einflußnahmen über Dritte oder Vierte, deren Gottverbundenheit oft nicht so stark ist, sich diesen Machenschaften zu widersetzen. Trotz seiner gewaltigen Macht ist Satan machtlos vor der Allmacht Gottes. Daher versucht er mit aller Kraft diese Erkenntnis zu verhindern, damit ihm die Menschen in ihrer Schwäche ausgeliefert bleiben. Würden sie *ihn* nicht mehr fürchten, könnte er die vom Geiste Gottes gestärkten Menschen weder beherrschen noch in seine Knechtschaft führen.

Durch Geheimbünde werden die Menschen jedoch allmählich zum Satansdienst herangeführt, womit sie unausweichlich in seinen Bann geraten. Obwohl die Grade in der Freimaurerei an die Bezeichnungen aus dem Handwerk erinnern, haben sie mit jenen nichts gemeinsam. Im Gegensatz zu den üblichen Gesellen und Meister, die an ihr Handwerk nicht gebunden sind, können die Gesellen und Meister der freien Maurerei die Hierarchie nicht mehr verlassen, weil sie sich mit der Meistereinweihung ab dem 10. Grad dem Tod verschrieben haben.

Bei dieser Einweihung wird der Kandidat mit verbundenen Augen in einen schwarzen Logenraum des Freimaurer-Tempels geführt, an dessen Ostseite sich das Allsehende Auge Luzifers befindet. Dort soll er zunächst die vier Elemente - Feuer, Wasser, Luft und Erde - in je einer Ecke des Raumes erspüren und sich damit verbinden. Danach wird er in einen auf dem Logenteppich aufgestellten Sarg gelegt, der dann zugenagelt wird, wobei ihm gesagt wird, daß sich im Raum unzählige Dämonen aufhalten. Währenddessen stehen die Logenbrüder rings um den Sarg mit Schwertern in den Händen, die sie mit der Spitze zum Herzen des Kanditaten gerichtet halten. Da dieser einerseits weder etwas sieht noch weiß, was ihn erwartet oder wie er sich verhalten soll, andererseits von Dämonen bedroht fühlt, überkommt ihn eine furchtbare Angst, wodurch sich seine *Aura* (odische Strahlungshülle des Menschen) über den Sarg hinaus auszudehnen beginnt. Auf diesen Augenblick haben die Logenbrüder gewartet. Denn nun können sie durch Magie das Od einfangen, womit sie den Kandidaten in ihrer Hand haben.

Und weil sie einen Teil seiner Lebenskraft besitzen, unterliegt er der ständigen Kontrolle der Loge und kann der Freimaurerei nicht mehr entsagen. Ein Meister kann sich zwar für eine gewisse Zeit beurlauben lassen oder einer anderen Loge anschließen, niemals aber die Hierarchie verlassen. Durch die Meister-Einweihung hat der Betreffende seine Seele Satan verschrieben, der mit aller Macht dafür sorgt, daß seine Forderungen erfüllt werden.

In ihrem Grundinhalt entsprechen die Lehren der verschiedenen Geheimbünde dem Kalacakra Shambhalas. Obwohl die einzelnen Systeme zu den jeweiligen Graden unterschiedliche Schulungen anbieten, werden die Kandidaten allgemein zunächst anhand von Symbolen in das esoterische Geheimwissen (Astrologie, Tarot, Runen, Edelsteine, Kabbala, Heilmagnetismus, Pyramidenenergie, etc.) eingeführt. Neben der Ausbildung in Staatslehre, Philosophie, Psychologie, Rhetorik, Hypnose, Parapsychologie und ritueller Magie, die sich stark an der alten babylonischen und buddhistischen anlehnt, folgen dann intensive Studien der Bücher von *H. P. Blavatsky, Alice A. Bailey* und der *gnostisch-pantheistischen Lehren,* wonach Gott, Natur und Mensch eins seien. Ihre symbolhafte Gottesvorstellung ist ein Dreieck mit einem "G" in der Mitte, das allerdings nicht für "Gott" sondern für "Gnosis", aber auch für Geometrie steht. Da sich die Freimaurer als Baumeister der "Welt" verstehen, ist ihr Symbol das Winkelmaß und der Zirkel, z. B. im allgemeinen Freimaurer-Abzeichen.

Insgesamt dauert die Ausbildungszeit etwa 16 Jahre und befähigt den Meister, sich voll und ganz als "Weltdiener" einzusetzen. Da sie als Gegenleistung für den Pakt mit dem Teufel Macht und Einfluß erhalten, ist es nicht verwunderlich, daß alle Spitzenpositionen in der Welt von der Hierarchie vergeben und vorwiegend mit Freimaurern besetzt werden. Nach außen gibt sich die Freimaurerei den Anschein der Wohltätigkeit, Freigiebigkeit und Uneigennützigkeit. Ihre "Wohltätigkeit" besteht allerdings nicht darin, vom Überfluß etwas abzugeben und sich mit allen verfügbaren Mitteln für die Menschheit, sondern *für den Plan* einzusetzen. Was immer sie auch tun, muß der Bruderschaft dienen. Bei der Verfolgung privater Interessen ist daher ein Obolus in Form eines "Zehntels" des erzielten Gewinns in die Logenkasse einzuzahlen.

Neben den Hochgradsystemen AASR, Droit Humain und der Großen Landesloge von Deutschland gibt es zahlreiche andere geheime Orden, wie *AMORC, Brücke zur Freiheit, Goldene Dämmerung, Gold- und Rosenkreuzer, Lectorium Rosicrucianum, SRIA* (Societas Rosicruciana in Anglia), *Rosenkreuzer, Rotary Club, Schlaraffia* etc., die mit ihren pantheistischen Irrlehren einen wesentlichen Beitrag zur Vorbereitung der Menschheit auf Maitreya leisten.

Geheimbünde

Da der Tag der Erklärung immer näherrückt und die Menschen immer noch nicht "planmäßig" funktionieren, hat Maitreya seine eigene Organisation ins Leben gerufen.

*Als der Christus damals nach Palästina gekommen sei, habe er gesehen, daß es nicht genug Dienende (Jünger) in der Welt gab, durch die er hätte wirken können. Deshalb habe er im Jahre 1922 die neue **Gruppe der Weltdiener** aus mehreren Millionen Männern und Frauen aller Gesellschaftsschichten gegründet, die ausnahmslos in jedes Land verteilt seien. Jedes Mitglied erkenne und verstehe den Plan und sei subjektiv mit der Hierarchie verbunden. Durch ihr Bedürfnis zu dienen, seien sie die Garanten der korrekten Verwirklichung des Plans der Hierarchie und damit eine "Brücke zwischen der Menschheit und der Hierarchie", weil sie in beiden Lagern ein Bein hätten.*

Auf der äußeren Ebene gebe es zwei Gruppen: eine große, die sich ihrer subjektiven (der Seelenebene) Verbindung mit der Hierarchie nicht bewußt sei und nur auf Grund der Prägung durch die Meister wirke, und eine kleine Gruppe, ein innerer Kern, der bewußt unter der direkten Aufsicht der Meister nach außen hinwirke (58 f.). Durch Ausbildung von Gruppenbewußtsein und das Lehren, daß die Menschheit ein Ganzes sei und Gott, Natur und Mensch eine Einheit bilden, würden sie die Grundsteine für die neuen Strukturen setzen und seien deshalb die Hoffnung der Welt (176).

Im Gegensatz zu Maitreya, der seinen Plan nur dadurch verwirklichen kann, daß er die Menschen weltweit in *geheime* Gruppen zusammenfaßt, wo sie durch seine "Meister" überschattet, kontrolliert, manipuliert und für die Ziele der Hierarchie mißbraucht werden, hat Jesus Christus *in aller Öffentlichkeit für alle* Menschen vom Reich Gottes gesprochen und dabei niemanden beeinflußt oder zu irgendetwas gezwungen. Er brauchte weder Geheim- noch Zwangsbünde, um seine Lehre zu vermitteln, noch Menschen, die er für seine Ziele benutzte. Seine Jünger folgten ihm freiwillig, und nicht weil ein "Plan" sie dazu nötigte.

Bei der Aussendung der Apostel und Jünger hat Jesus zu ihnen gesagt: "gehet zu den verlornen Schafen des Hauses Israel! Wenn ihr aber hingeht, so predigt: 'Das Reich der Himmel ist genaht.' Heilet Kranke, wecket Tote auf, machet Aussätzige rein, treibt Dämonen aus! Umsonst habt ihr es empfangen, umsonst gebet es! Verschaffet euch nicht Gold noch Silber noch Kupfer in eure Gürtel. . . Siehe, ich sende euch wie Schafe mitten unter die Wölfe. Darum seid klug wie die Schlangen und ohne Falsch wie die Tauben!" (Mat. 10/6 ff., 16).

Demgegenüber sendet Maitreya seine Jünger als Wölfe unter die Schafe, damit jene durch das Blendwerk vom "Wohl der Welt" und die Irrlehre von der "Einheit Gott-Natur-Mensch" verführt werden. Wie erfolgreich ihr Unterfangen ist, zeigt sich an den Millionen Anhängern und Jüngern, die bewußt oder unbewußt Satans Plan verwirklichen und damit in der Tat seine "Hoffnung" sind. Allein die Vielzahl seiner Diener läßt erahnen, wie bedrohlich die Gefahr einer globalen Verführung und Irreleitung der Menschheit ist.

In der Broschüre der "Gruppe der Neuen Weltdiener" ist zu lesen: "Möge diese Informationsschrift dazu beitragen, ihnen (den Männern und Frauen guten Willens, die sich ihrer inneren Verbindung mit dieser Gruppe noch nicht bewußt sind) ihre wahre Mission vor Augen zu stellen und ihr Interesse für den Plan, die Gruppe der Neuen Weltdiener und das Erscheinen des Christus und der Meister der Weisheit zu wecken."[1] *Christus Maitreya und die Meister der Weisheit* ist auch der Titel eines im Auftrag Maitreyas geschriebenen Buches von Creme.

Daß Maitreya das Bedürfnis der Menschen zu dienen auf die Beseitigung der planmäßig von der Hierarchie geschaffenen Mißstände in der Welt lenkt, spottet jeder Beschreibung. Noch erstaunlicher ist, mit welcher Kritiklosigkeit ihm die Menschen blind folgen. Während die Lehre

---

1   aus: Cumbey, Die sanfte Verführung, S. 277.

Jesu Christi bis ins kleinste streng beurteilt und Gottes Wort in der Bibel leichtfertig als Fälschung dargestellt wird, werden die Lehren der "Erleuchteten" Satans leichtgläubig übernommen. Vor Gott erheben sich die Menschen stolz in ihrem Hochmut, während sie vor Satans Meistern ehrfurchtsvoll das Knie beugen. Die Wahrheit wird verschmäht und die Lüge geliebt. Das Leben wird mit Füßen getreten und der Tod begehrt.

Schon die Tatsache, daß im Mittelpunkt der Aktivitäten der Hierarchie die "korrekte Verwirklichung des Plans" steht, sollte jedem vernünftigen Menschen zu Denken geben. Denn nur Verbrecher *planen* heimlich ihr Vorhaben bis in alle Einzelheiten, um sicher zu gehen, daß sie nicht entdeckt werden, während der redliche Mensch seine Handlungen und Ziele offenlegt.

Wenn aber Maitreya den "Plan" nur mit Hilfe seiner Geheimbünde und "wohltätigen" Organisationen verwirklichen kann, dann steht es mit seiner "Göttlichkeit" nicht zum besten. Ohne die seit Jahrhunderten getroffenen Vorbereitungen der Hierarchie und die weltweite Unterstützung seiner Jünger wäre Maitreya am Tag seines öffentlichen Auftretens wie ein einsamer Händler in der Wüste, der vergeblich auf Kundschaft wartet.

Trotz genauen Entwurfs und peinlicher Sorgfalt bei der Ausführung des "Plans" wird Maitreya, "dessen Ankunft auf Grund der Wirksamkeit des Satans geschieht, mit jeglicher machtvollen Tat und allen Zeichen und Wundern der Lüge und mit allem Trug der Ungerechtigkeit gegenüber denen, die verlorengehen, zur Vergeltung dafür, daß sie die Liebe zur Wahrheit nicht angenommen haben, damit sie gerettet würden" (2. Thess. 2/9 f.), nicht siegen. Denn sobald seine Zeit abgelaufen ist, wird ihn "der Herr Jesus durch den Hauch seines Mundes töten und durch die Erscheinung seiner Wiederkunft vernichten" (2. Thess. 2/8).

Vorher aber werden die Gläubigen den härtesten Prüfungen und stärksten Versuchungen ausgesetzt sein, die ohne Gottes allmächtigen Schutz nicht zu meistern sein werden.

Theosophische Gesellschaft (TG)

Eine der wichtigsten Organisationen der Hierarchie ist die *Theosophische Gesellschaft* (Theosophical Society). Sie wurde auf Veranlassung der tibetanischen Meister am 17.11.1875 in New York von *H. P. Blavatsky, H. S. Olcott* und *W. Q. Judge* gegründet mit der Zielsetzung, die alten Mysterien wieder einzuführen und damit den Weg für die Rückkehr der Meister unter der Führung Maitreyas zu bereiten.

Laut Creme hätten *die Meister Morya, Koot Hoomi (K. H.) und Djwal Khul (D. K.) mit H. P. Blavatsky tatsächlich eine Gruppenarbeit geleistet, während der Meister D. K. 30 Jahre lang durch Alice Bailey gearbeitet habe (293 f.).*

Bezeichnenderweise nennt sich die internationale Dachorganisation zur Überwachung und Koordinierung der von Alice A. Bailey gegründeten oder mit ihrer besonderen Theosophie zusammenhängenden Aktivitäten *"Lucis-Trust"* - Treuhand Luzifers (Lichtbringer). Unter deren Führung stehen die *Arkanschulen* in London (!), New York, Genf und Buenos Aires, die *Lucifer Publishing Company* und andere eigene Verlage, die *Dreiecke* (Triangles), die *Aktion internationaler Guter Wille* sowie die *Gruppe der Neuen Weltdiener.* Daneben umfaßt die Tätigkeit des Lucis-Trust den Vertrieb von Büchern, Fernunterricht, Abhalten von Vorträgen, Werbung von Mitgliedern und Sammlung von Spenden.

Ziel ist es, die Menschen auf das durch A. Bailey angekündigte Neue Zeitalter und die Wiederkunft des falschen "Christus" Maitreya vorzubereiten. Dabei solle einem Mohammedaner der Glaube an Iman Mahdi, einem Christen der Glaube an Christus, einem Hindu der Glaube an Krishna, einem Buddhisten der Glaube an Boddhisattva und einem Juden der Glaube an Messias bekundet werden, da alle eins seien.

Entgegen der offiziell verlautbarten Zielsetzung der Theosophischen Gesellschaft, die spiritistischen Phänomene einem wissenschaftlichen Studium zu unterziehen und eine Bruderschaft der Menschen ohne Unterschied der Rasse, Farbe, Religion oder sozialen Stellung erstreben zu wollen, war Blavatsky sowohl gegenüber dem Christentum als auch der landläufigen Wissenschaft feindlich eingestellt, wie aus ihrem Buch "Entschleierte Isis" ersichtlich ist.

Nachdem im Jahre 1882 der Sitz der TG von New York nach Madras in Indien verlegt wurde und sich die dortige Gesellschaft nach einem Vorort von Madras *Adyar-TG* nannte, wurden weltweit zahlreiche Zweiggesellschaften gegründet. Die erste TG in Deutschland entstand 1879 durch *Dr. Wiesendanger* in Hamburg ("Loge Isis"). Am 27.01.1884 gründete *Dr. Hübbe-Schleiden* zusammen mit dem Fabrikanten *Gebhardt* in Elberfeld eine weitere TG, der unter anderen Persönlichkeiten auch *Dr. Franz Hartmann* (engster Mitarbeiter von Blavatsky und Olcott sowie Mitglied der Loge "Georgetown No. 2"; Buddhist und Herausgeber der Zeitschrift "Lotosblüten"), *Gustav Meyrink* (okkulter Schriftsteller und Mitglied der Goldenen Dämmerung) und die Mitarbeiter der theosophischen Zeitschrift "Sphinx" *Carl du Prel, Carl Kiesewetter* und *Max Dessoir* angehörten.

Aus der im Jahre 1892 in Berlin gegründeten weiteren TG, die sich besonders den Doktrinen von *Annie Besant* widmete, ging 1902 die deutsche Abteilung der Adyar-TG unter der Leitung von *Dr. Rudolf Steiner* hervor. Auf Grund der Krishnamurti-Affäre distanzierte er sich allerdings von der TG und gründete die *Antroposophische Gesellschaft*, was aber seine Verbindung zur Hierarchie nicht berührte.

Seit 1905 stand Steiner mit den *Rosenkreuzern* (SRIA) in Kontakt, während er 1906 von *Theodor Reuß* (Gründer verschiedener freimaurerischer Orden; praktizierte zusammen mit Franz Hartmann den AASR in Deutschland) zum Rex Summus, d. h. Großmeister des *OTO* und seines Zweiges *Mysteria Mystica Aeterna*, ernannt wurde. Später gründete Steiner einen neuen "Inneren Kreis" nach FM-Gesichtspunkten, wobei der Text der Rituale aus Werken von *Eliphas Levi* (Okkultist und einer der größten Magier des 19. Jh.; Mitglied der FM-Loge "Rose du parfait silence" und der geheimen Bruderschaft "Fratres Lucis") stammte.

Neben der für Maitreya wegbereitenden Lehre der Theosophischen Gesellschaft zeigt schon deren Emblem (siehe S. 140) eindeutig deren Verbindung zur Hierarchie auf. An der Spitze des Symbols befindet sich das indische Zeichen für *OM* und darunter das von einem doppelten Kreis umrahmte *Hakenkreuz* an der Spitze des großen *Schlangen-Kreises*. Das Hakenkreuz ist ein altes *Yantra-Symbol* (Zeichnung, die eine Gottheit im Shakti-Kult darstellt), das Zeichen der Vernichtung, das sich auch auf dem Fußabdruck Buddhas findet[1]. Die Schlange, deren Anfang und Ende die Vernichtung (Hakenkreuz) ist, symbolisiert den abgefallenen Geist Satan, der den ganzen Erdkreis (Kreis) unter seiner Gewaltherrschaft vereinen will.

"Und es entstand Krieg im Himmel, so daß Michael und seine Engel Krieg führten mit dem Drachen. Und der Drache führte Krieg und seine Engel; und sie vermochten nicht standzuhalten, und 'eine Stätte für sie war im Himmel nicht mehr zu finden'. Und geworfen wurde der große Drache, die alte Schlange, genannt der Teufel und der Satan, der den ganzen Erdkreis verführt, geworfen wurde er auf die Erde, und seine Engel wurden mit ihm geworfen" (Off. 12/7 ff.).

Die Wahrheit dieser Vorhersage wird sogar von den Illuminati im Testament Satans bestätigt. Dort heißt es: *"Das Ziel, das wir uns gesteckt haben, liegt, wie ich ihnen heute schon mitteilen kann, nur noch wenige Schritte entfernt. Wir brauchen nur noch einen kleinen Weg zurückzulegen, dann ist der Kreis der symbolischen Schlange - des Sinnbilds unseres Illuminaten-Ordens - geschlossen. Wenn dieser Ring erst geschlossen sein wird, dann preßt er alle europäischen Reiche mit kräftigen Schraubstöcken zusammen."*[2]

Der Schlangen-Kreis des Emblems der TG entspricht auch dem Kreis der äußeren Schneeberge des *Shambhala*-Symbols, einer achtblättrigen Lotusblüte, die auch die Form des verschollenen Kontinents Atlantis gewesen sein soll. Auf Antlantis als Heimat der vierten Wurzelrasse, der Atlantier, beruft sich nicht nur die Hierarchie, sondern auch R. Steiner, der diesen Kontinent hellseherisch erforscht haben will.

---

1   aus: Miers, Lexikon des Geheimwissens, vgl. die jew. Stichworte.
2   Des Griffin, Wer regiert die Welt?, S. 258.

Die Absicht der Illuminati, den Erdkreis zu beherrschen, wird zusätzlich durch das *Hexagramm* (griech.: Sechseck; auch Davidsstern; Schlüssel Salomos) in der Mitte des Schlangen-Kreises unterstrichen. Das Hexagramm, das vor allem in der Freimaurerei und schwarzen Magie vorkommt, ist das magische Symbol für Chaos und besteht aus zwei ineinander verschlungenen Dreiecken (ein weißes und ein schwarzes). Das weiße Dreieck mit der Spitze nach oben symbolisiert das Element "Feuer", während das schwarze mit der Spitze nach unten das Element "Wasser" darstellt.

Da eine Vereinigung von Feuer und Wasser nicht möglich ist, weil entweder das Feuer das Wasser verdunsten oder aber das Wasser das Feuer erlöschen läßt, können diese Elemente allenfalls nebeneinander, nicht aber ineinader bestehen. Ebensowenig ist eine Vereinigung von Geist und Materie möglich. Das Hexagramm symbolisiert daher den "Kampf" des Bösen wider das Gute. Dieses Symbol taucht aber nicht nur in der schwarzen Magie sondern auch im profanen Leben auf, undzwar vorwiegend auf Geldstücken oder Banknoten (vgl. Ein-Dollar-Note, Einhundert-Schweizer-Franken, 2-DM-Münze).

In der Mitte des Hexagramms im Emblem der TG befindet sich ein *Ankh-Kreuz*. Ankh (ägypt.= Leben) ist ein schlüsselartiges Kreuz, das symbolhaft für das ewige Leben und die fortzeugende Kraft stehen soll.[1] In Wahrheit ist es das Symbol der Sexualität. Das "T"-Kreuz symbolisiert das männliche Geschlechtsorgan, während der Henkel die Vagina darstellt. Die Kraft der Sexualität wird in Form von *Tantras*, das sind zügellose sexuellmagische Riten, vorwiegend in der schwarzen Magie eingesetzt.

Zusammenfassend ist festzuhalten, daß das Emblem der Theosophischen Gesellschaft aus insgesamt 5 satanischen Symbolen - *OM, Hakenkreuz, Schlangen-Kreis, Hexagramm* und *Ankh-Kreuz* - besteht, während die auffälligen Parallelen der TG zur Hierarchie schon anhand der Publikationen von Blavatsky, Bailey und Besant nachweisbar sind.

---

1   Miers, Ebda., s. Stichwort.

Das nach Gründung der TG zwischen 1876 und 1877 entstandene Grundwerk der Blavatsky, "Entschleierte Isis", war der erste entscheidende Schritt in Richtung Maitreya. Diese Irrlehre vervollständigte Besant durch ihre etwa 300 Publikationen in den Jahren 1907-1933 sowie Bailey durch die Falschlehren der Meister Koot Humi (K. H.) und Djwal Khul (D. K.), mit dem sie zwischen 1919 und 1939 in Verbindung stand. Erst nach Abschluß dieser Vorbereitungen entschied sich Maitreya zwischen 1939 und 1945 auch grobstofflich in der Welt zu erscheinen, was dann im Juli 1977 geschah.

Am 22.07.1977 beginnt seine "Mission" (44). Die "22" ist die Zahl der Illusion und des Mißerfolges, der ihn am Ende seiner dreieinhalbjährigen öffentlichen Wirkungszeit ereilen wird.

Im November 1980 kündigt er den Abschluß der "Phase der Annäherung" und den Beginn der "Phase der erweiterten Sicht" an (45). Es beginnen seine Aktivitäten in der breiteren Öffentlichkeit.

Am 7.02.1981 wird Maitreya als gewöhnliches Mitglied der asiatischen Gemeinde erstmals für den Rundfunk interviewt. Im April 1981 startet Creme eine weltweite Öffentlichkeits-Kampagne mit ganzseitigen Anzeigen in 19 der größten Zeitungen der Welt. Im Kleide der Demut heuchelt er Mitleid für die von der Hierarchie unterdrückten "Armen" der Welt und gibt sich als verheißungsvollen Weltlehrer aus.

Zweiundzwanzig Journalisten versammeln sich erfolglos am 31.07.1985 im Londoner East-End, um mit Maitreya Kontakt aufzunehmen (46). Der Mißerfolg bei der Presse deutet darauf hin, daß "seine" Zeit noch nicht gekommen ist.

Ab August 1987 arbeitet Maitreya intensiv für einen Durchbruch in den internationalen Beziehungen, deren Entschärfung durch die Abrüstungsverhandlungen zwischen den USA und der UdSSR im September und Oktober zustandekommt. Seine "salomonischen Urteile" und Ratschläge auf politischer Ebene sollen die Menschen zusätzlich verblenden und darüber hinwegtäuschen, daß die katastrophalen Zustände in der Welt bewußt von der Hierarchie geschaffen wurden, damit das Erscheinen Maitreyas als "Retter der Welt" umso wirkungsvoller ist. Dabei nennt er sich sogar "Gott", um den Menschen angeblich zu ermöglichen, wozu Jesus Christus schon vor 2000 Jahren aufgefordert hat.

Im Jahre 1988 beginnt Maitreya führenden Persönlichkeiten und vielen einfachen Bürgern in verschiedenen Ländern zu erscheinen (47). Erste Massenversuche der mentalen Überschattung der Menschheit.

Am 11.06.1988 erscheint er in Nairobi/Kenia vor einer tausendköpfigen Menschenmenge, die in ihm den Christus erkennen. Bei dieser Gelegenheit wurde er auch fotografiert. Er trägt ein weißes Gewand, weißen Turban. Obwohl sein Blick eiskalt und leer ist, kann er die Menschen mit seinen magischen Künsten "verzaubern".

April 1990 eröffnet Maitreya in London eine große Konferenz, an der geladene Würdenträger aus aller Welt teilnehmen, darunter Diplomaten, Angehörige regierender Königshäuser und der Klerus, sowie Wissenschaftler, Industrielle und Journalisten (48).

Während die Illuminati offiziell ihren König begrüßen, wird der nichtilluminierten Öffentlichkeit wohlweislich verschwiegen, wer Maitreya eigentlich ist. Da weder seine Geheimbünde noch deren "Arbeitsmethoden" öffentlich bekannt sind, wird diesem Treffen der illustren Gesellschaft weiter keine Beachtung geschenkt, obwohl der "Plan" unaufhaltsam Schritt für Schritt verwirklicht wird.

Es gibt kein Zurück mehr, sondern nur noch den Weg nach vorne, in das Entweder-Oder. *Entweder* entscheiden wir uns gegen Maitreya für das ewige Leben im Friedens-Reich Gottes *oder* wir folgen Maitreya in die ewige Knechtschaft des Geistes. Entscheiden kann sich aber nur, wer die Alternativen kennt. Daher versucht Maitreya mit aller Macht den Gottglauben zu vernichten, damit ihm die Menschen *blind* folgen.

Hitler und die Thule Gesellschaft

Ein erschreckendes Beispiel perfider Täuschungkunst und brutalen Wirkungsweise ist uns in Hitler und der dahinter stehenden *Thule-Gesellschaft* begegnet. Gegründet wurde sie 1923 von *Karl Haushofer*, dem wichtigsten Ideologen des 3. Reiches. Haushofer war ein enger Vertrauter des in Tibet ausgebildeten Schwarzmagiers *Gurdjew*, mit dem er auch einige Male in Tibet war. Neben den Doktrinen Gurdjews wurde Blavatskys Buch "Dzyan", in dem "Weisheiten" der Meister enthalten sind, die Lehrgrundlage seiner tibetisch geprägten Gesellschaft. Zu den Mitgliedern der Thule-Gesellschaft zählte die Prominez des 3. Reiches, *Prof. Morell*, Hitlers Leibarzt, und ab 1928 *Hitler, Himmler, Göring* und *Rosenberg*.

Durch die Thule Gesellschaft und mit Hilfe der beiden Schwarzmagier *Gurdjew* und *Ouspensky* sowie durch eigene satanische Anrufungen kam Hitler an die Macht. Vor dem Speer, mit dem Jesu Herz durchbohrt wurde, dem "Speer des Schicksals", soll Hitler das "Tier" aus der Grube angerufen und sich damit mit der Shambhala-Kraft innig verbunden haben. Daß seine Machtergreifung und das 3. Reich unter der Wirkung Satans stand, beweist die Geschichte.

Die in der Thule-Gesellschaft praktizierten magischen Rituale haben das Bild des 3. Reiches auch äußerlich geprägt durch das "Hakenkreuz", die "SS" und den "Heil-Hitler-Gruß". Wie präzise und wirkungsvoll diese Symbole eingesetzt wurden, ist schon anhand des Hakenkreuzes erkennbar. Legt man dieses Yantra-Zeichen auf das Welthoroskop, weisen die Hakenspitzen haargenau auf den Zeitpunkt der Gründung der NSDAP, der Machtergreifung, des Kriegsausbruchs und des Zusammenbruchs des 3. Reiches.

IS - Rune   SIG - Rune

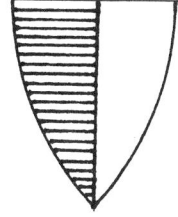   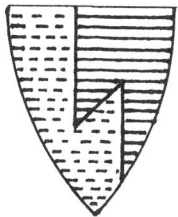

Der "Sieg-Heil-Gruß" und die "SS" sind Ausdruck der beiden Runen IS und SIG . Die *IS-Rune* bedeutet: "Gewinne Macht über dich selbst - und du hast Macht über alle dir widerstrebende Körper- wie Geisteswelt"[1]. IS heißt Eis, Eisen, das Bewußtsein der eigenen Geistesmacht in niederem Verstand, mit anderen Worten Kontrolle durch Magie. Die Massen, die Hitler blind folgten, hatten zwar keine Ahnung von Magie; trotzdem hat die IS-Senkrechte des Hitler-Grußes die Menschen magisch beeinflußt und in seinem Sinne motiviert. Denn Symbole wirken auch unbewußt gleichstark auf die Psyche.

Die *SIG-Rune*, abgeleitet von sigi = Ziel, Gewinn, Sieg, hat die Bedeutung: "Der Schöpfergeist muß siegen". Es ist eine siegzeugende Begrüßung der alten Germanen in der Schlacht.[2] Durch diesen Zuruf hat die "SS" ihren unheilvollen Sieg über Millionen von Menschen gefeiert und Hitlers demagogische Massenbehandlung verwirklicht.

Der wichtigste Garant seines Erfolges war jedoch die Blindheit des Volkes. Hätten die Menschen Hitlers Buch "Mein Kampf" ernst genommen, wäre es zu der Katastrophe und Massenvernichtung des 2. Weltkrieges nicht gekommen. Hitlers erzwungener Abbau demokratischer Institutionen, die Einführung von Maßnahmen zur Ausschaltung der sogenannten Staatsfeinde (Antisemitismus, Gestapo, Konzentrationsla-

---

1   Reichstein, Praktisches Lehrbuch der Kabbala, S. 237.
2   Ebda., S. 238.

ger) und von Methoden zur Brechung des Charakters und der Selbständigkeit des Menschen waren zudem höchst alarmierende Zeichen. Was Hitler im "kleinen" versucht hat, will Maitreya zu Ende führen. So wie die Judenvernichtung als Vorstufe für die Auslöschung des Christentums gedacht war, soll die Gewaltherrschaft Maitreyas die Menschen dazu veranlassen, die Christen zu verfolgen. Im Gegensatz zu Hitler, der die Juden wegen ihrer Geldmacht verfolgte, kommt es Maitreya dabei nur auf die Verwirklichung des "Plans" an, da ihm das Weltkapital ohnehin schon sicher ist.

Was die Propaganda im totalitären Hitlerregime war, ist heutzutage die weltweite Manipulation von öffentlichen Informationen durch die Hierarchie, wodurch die Menschen durch vorgefaßte bzw. vorzensierte Meinungen oder Irrlehren "planmäßig" gelenkt werden, während die wahren Hintergründe des globalen Weltgeschehens den Massen stets verborgen bleiben. Und weil dieses Verdummungs- und Verschleierungssystem so einwandfrei funktioniert, kann Maitreya in seinen Publikationen sogar seine Ziele offenlegen, ohne befürchten zu müssen, daß seine Täuschung erkannt wird. So wenig wie ein Blinder sehen kann, können die geistblinden Menschen erkennen, daß sich hinter seinen verheißungsvollen Versprechen der von Hitler in Gang gesetzte alte "Kampf" der Lüge wider die Wahrheit, des Todes wider das Leben und des Antichristen wider das Christentum fortsetzt.

Dabei wird die geplante und bis in alle Einzelheiten bereits verwirklichte Weltherrschaft Maitreyas sogar das Schreckgespenst des 3. Reiches erblassen lassen. Wer seine Augen vor dieser drohenden Gefahr verschließt, wird sich und andere davor ebensowenig schützen können, wie es die Betroffenen und Opfer im 3. Reich konnten, als sie Hitlers Diktatur stillschweigend (er)duldeten. Eine Gefahr kann nur gebannt werden, wenn sie als solche erkannt wird. Erst dann kann dagegen etwas unternommen werden.

Die New-Age-Bewegung

Derselbe "Plan", der Hitler leitete, steht auch hinter der *New-Age-Bewegung*, die unter der Schirmherrschaft der Hierarchie das *Wassermann-Zeitalter* einleiten und die *Ideologie Hitlers* zunächst auf esoterischer Ebene weiterführen soll. Und in der Tat stimmen die Lehrinhalte der New-Age- mit jenen der NS-Bewegung nahezu wörtlich überein.[1]

Grundlage des Nationalsozialismus waren die okkulten Praktiken und Lehren. Die New-Age-Bewegung beruft sich auf die okkulten Lehren der "Meister" und propagiert alle Arten von Bewußtseinserweiterung.

Der Nationalsozialismus vertrat die Lehre vom Ariertum und der Reinheit der arischen Rasse. Die Vorstellung von "Wurzelrassen" ist auch in der New Age verbreitet, auf Grund der Lehre von A. Bailey und David Spangler. Spangler ist nicht nur New-Age-Führer, sondern auch Direktor der Findhorn Foundation, deren Hauptanliegen darin besteht, den Glauben an die Naturgeister und ihren Gott Pan wiederherzustellen.

Die führenden Personen des Nationalsozialismus, vor allem Hitler, trachteten danach, sich mit luziferischen Energien zu verbinden. In seinem Buch "Reflexions on the Christ", schreibt Spangler über Luzifer: "Wenn wir in ein neues Zeitalter eingehen, das Zeitalter der Vollkommenheit der Menschen, wird jeder von uns auf irgendeine Weise an den Punkt gelangen, den ich als luziferische Initiation bezeichne. . . Luzifer kommt, um uns die endgültige Gabe der Vollkommenheit zu bringen und uns mit Frieden zu erfüllen, denn wir haben unser inneres Licht erkannt und das Licht, das uns einhüllt, das Licht Gottes."[2]

1   Cumbey, Die sanfte Verführung, S. 132 ff.
2   aus: Cumbey, Ebda., S. 165.

Während Maitreya Satan (Sanat Kumara) als "Gott" bezeichnet, nennt ihn Spangler noch bei seinem wahren Namen, Luzifer!

Viele Mitglieder der New-Age-Bewegung machen keinen Hehl daraus, daß sie Sanat Kumara, Pan, Venus, Shiva, Buddha und andere heidnische Gottheiten anbeten. In der "Satanic Bibel" (Satanische Bibel) von *Anton Szandor La Vey* sind alle Synonyme für Satan enthalten. Einige dieser Namen, wie Luzifer, Kali, Lilith, Pan und Shiva, beten New-Age-Leute häufig sogar in aller Öffentlichkeit an.[1]

Die Mitglieder der SS mußten sich heidnischen Weihezeremonien unterziehen. Die Mitglieder des *First Earth Battalion* der US-Armee, einer polizeiähnlichen, paramilitärischen Truppe, die ebenso wie die *Guardian Angles* von der New-Age-Bewegung finanziert wird, unterziehen sich heidnischen Einweihungszeremonien. Diese Truppen sollen die Durchsetzung des "Plans", notfalls mit Gewalt, sichern.

Hitler ist u.a. dadurch zur Macht gekommen, daß er den Reichen noch mehr Macht versprach, während er den Armen eine ausreichende Versorgung mit den lebensnotwendigen Gütern zusicherte. Die New-Age-Bewegung hat sich die Unterstützung der Reichen und Mächtigen gesichert, indem sie ihnen eine positive Entwicklung des Unternehmertums und des Geschäftslebens vor Augen führten. Den Armen wurde die gerechte Umverteilung der Güter und eine weltweit geltende Wirtschaftsordnung versprochen (!).

Die Adepten der Nationalsozialisten glaubten, daß die Götter in Shambhala leben. Für Eingeweihte der New-Age ist Shambhala der Sitz der Götter.

Der Nationalsozialismus war dem Christentum, vor allem dem Katholizismus, feindlich gesinnt und wollte das christliche Kreuz durch das Hakenkreuz ersetzen. Die New-Age-Bewegung ist dem Christentum feindlich gesinnt und will das Kreuz durch den Regenbogen und das Hakenkreuz ersetzen.

---

1   Cumbey, Die sanfte Verführung, S. 162.

Hitler entledigte sich der Gruppen, die ihn unterstützten, sobald sie für ihn unbrauchbar geworden waren. So ersetzte er Röhms SA durch die SS. Die New-Age ist ein Netzwerk der Hierarchie, das so aufgebaut ist, daß keine Einzelperson oder Gruppe unentbehrlich ist.

Den Mord an Juden bezeichneten die Nationalsozialisten als "Selbstreinigungsprozeß" und deren Vernichtung als "Säuberungsaktion". Die Mitglieder der New-Age befürworten eine "Säuberungsaktion", die darin besteht, die Welt vom "Bösen", das heißt von jenen zu befreien, die Trennung verursachen, die Monotheisten also. Auch heißt es, Kriege seien gut, weil durch die freigesetzten Energien der Toten die anderen überleben könnten. Deshalb müssen wohl 30 Millionen Menschen jährlich (!) auf der Welt durch Hunger, Krieg und Krankheiten sterben, damit die von der Hierarchie "erwählte" Rasse überleben und das "Friedensreich"(!?) einführen kann. Angesichts dieser Statistiken erweist sich die in der New-Age verbreitete Lehre, wonach die Menschheit zwischen 1914 und 1945 die größten Katastrophen bereits überwunden haben soll, schlichtweg als Lüge!

Die Nationalsozialisten führten drei neue Feste ein, die Sonnenwendfeier, Wintersonnenwende und das Julfest. In der New-Age ist von den drei Vollmond-Festen: Ostern (Widder), Wesak (Stier) und dem Fest des guten Willens im Juni (Zwillinge) die Rede.

In der NS-Bewegung ging der "Gemeinnutz vor Eigennutz". Die New-Age-Bewegung propagiert die "Einheit" unter dem Motto: "Liebe", "Synthese", "Netzwerk", "alles ist göttlich", "Trennung ist ungeistlich".[1]

Anhand dieser Beispiele wird nicht nur die erschreckende Parallele zwischen der NS-Bewegung und der New-Age-Bewegung, sondern vor allem deren nahezu überwältigende Übereinstimmung mit der Lehre Maitreyas deutlich. Daran zeigt sich, daß Satan schon längst seine Fallstricke gespannt und sein Netzwerk durch unzählige verschiedene Organisationen über den ganzen Erdkreis gesponnen hat, um die Menschheit weltweit zu verführen.

---

1   Cumbey, Die sanfte Verführung, S. 139.

Im Gegensatz zu den mittlerweile über 600 Großorganisationen, darunter *Planetarische Bürger, Planetarische Initiative für die Welt, Rat der Einheit in der Vielheit, Tara-Zentren*, verbreitet der Antichrist jetzt selbst seine Lehre in der Welt. Unter dem Sammelbegriff New-Age verbergen sich die "alten" Lehren der "Meister", die auch durch Blavatsky, Bailey und andere menschliche Werkzeuge ihre Irrlehren verbreitet haben und es immer noch tun.

Nur die Bezeichnung ist relativ neu, obwohl die Vorstellung eines *Neuen Zeitalters* schon im Talmud verankert ist. Beim *Lectorium Rosicrucianum* und *Neugeist* (internationale Neugeistbewegung; engl. INTA = international New Thought Association) sowie bei den *Bahais* wird es als "Wassermannzeitalter" bezeichnet. *Aleister Crowley* (der wohl bedeutendste Schwarzmagier dieses Jahrhunderts, Inhaber des 33. Grades beim AASR; Begründer zahlreicher Geheimorden; hielt sich für den leibhaftigen Teufel) spricht vom "Zeitalter des Horus" (ägypt. Gott des Schweigens und des Mysteriums).[1]

Und obwohl sich hinter New-Age alle Geheimbünde der Hierarchie verbergen, will Maitreya nichts mit dieser Bewegung zu tun haben.

Die religiösen Gruppen, die sogenannten "Spirituellen" und die "New Age"-Gruppen hätten keinen Monopolanspruch auf Spiritualität, wie Meister D. K.: gesagt und darauf hingewiesen habe, daß vor allem diese Gruppen der Verblendung unterliegen würden. Das zeige sich an dem New-Age-Spruch: "Es soll so sein, daß ich das tue", wonach die Menschen sich für, von den Meistern gesteuerte, Marionetten halten.

Diese Meister wie Morya, Koot Hoomi, Saint Germain, Jesus würden mit der Masse der "New-Age-Leute" nichts zu tun haben, weil die meisten dieser Leute nur mit sich selbst beschäftigt seien und über die Not der Besitzlosen einfach als ihrem "Karma" hinweggingen und praktisch nie Zeit für den Dienst hätten (110, 359 f.).

---

1   Miers, Lexikon des Geheimwissens, s. Stichwort.

Zutreffend ist, daß die "New-Age-Leute" tatsächlich der Verblendung unterliegen, und zwar durch die "Meister", indem sie deren Gesetz vom Karma blind annehmen. Nur kann man den Menschen keinen Vorwurf machen, daß sie daran glauben. Genauso wenig wie man einem Menschen vorwerfen kann, daß er nichts sieht, wenn man seine Augen zuhält. Ohne die lieblose Karma-Lehre der "Meister" würden die Menschen nicht in erster Linie an sich und *ihr* Karma, sondern an den Nächsten und *sein* Leid denken.

Da aber nicht der Nächste, sondern der Dienst für Satan im Mittelpunkt der Lehre Maitreyas steht, wird über das Karma versucht, die Menschen in diesem Sinne zu motivieren. Indem ihr Ehrgeiz geweckt wird, auch einer der "New-Age-Leute" werden zu können, die mit den "Meistern" in Verbindung stehen, wenn sie ihre Zeit für den "Dienst" anstatt für eigene "Aufräumarbeiten" opfern, werden die Menschen dazu verleitet, Satan nicht mehr über das Ego, sondern direkt zu dienen.

Das "positive Denken", welches Negationen ausschließen soll, kann die Menschen vor dieser Einflußnahme nicht schützen. Denn das Böse kann nicht dadurch beseitigt werden, daß man nicht daran denkt, sondern indem man dessen Einfluß erkennt und dem widersteht. Das ist erst dann möglich, wenn man die Ursache des Bösen erkennt, und sich nicht nur mit dessen negativen Wirkungen auseinandersetzt.

Darüber hinaus bedarf es der Aufklärung, was unter "positiv" zu verstehen ist. Wenn "positiv" bejahen heißt, ist darin auch die Akzeptanz des Bösen und damit aller Negationen enthalten. Damit verkehrt sich das "positive Denken" in sein Gegenteil. Bedeutet "positiv" hingegen, keine negativen, d. h. verneinenden Gedanken zu haben, dann wird dadurch das Böse ebenfalls nicht abgelehnt. Daran zeigt sich, daß "positiv" im Sinne von bejahend oder nicht verneinend "negativ" ist, weil es die Negationen ein- und nicht ausschließt. "Positiv" kann daher nur der Gegenpol des Bösen sein, nämlich Gott und die von ihm ausgehende Wahrheit und Weisheit.

Maitreyas Ashram

Der Ashram des Christus sei natürlich die Hierarchie, die insgesamt der Ashram von Sanat Kumara, dem Herrn der Welt sei (145). Der Plan bestehe darin, die esoterischen Ashrams der Meister, die "Hallen des Lernens", auf der physischen Ebene zu materialisieren, aber die gesamte Initiationsarbeit müsse aus eigenem Antrieb und in eigener Regie der Menschen geleistet werden (147).

Ashram (Sk., von sram = sich bemühen, anstrengen) ist eine Stätte, wo ein Meister seine Jünger und Aspiranten um sich versammelt, um sie persönlich zu lehren. Wenn Maitreyas "Ashram" der von Sanat Kumara ist, dann sind auch die "Hallen des Lernens" seiner "Meister" auf der grobstofflichen Ebene nichts anderes als Lehrstätten Satans, in denen unter dem Deckmantel der "Selbstverwirklichung" die Shambhala-Lehre öffentlich verbreitet wird. Die praktische Umsetzung dieses Plans ist anhand der zahlreichen Ashrams östlicher "Meister" zu erkennen, die wie Pilze aus dem Boden schießen. Hauptlockmittel dieser "erleuchteten Stätten" sind die einfachen und neuartigen Lehrinhalte der "Meister" sowie deren magische Fähigkeiten und nicht zuletzt die darauf beruhenden "Wunder".

Ziel dieser Ashrams ist, nicht nur die Eingeweihten, Jünger und Adepten, sondern alle Menschen auf den "großen Dienst" für den Herrn der Welt vorzubereiten. Das geschieht in Form von Initiationen und praktischen Disziplinen, wodurch die Menschen automatisch an die Meister gebunden sind, ohne es zu wissen. Durch geschickte Argumentationen werden die Neuankömmlinge zudem psychologisch beeinflußt und dadurch gehindert, die Lehren der "Meister" zu hinterfragen und zu prüfen.

In den "Hilfreichen Faktoren auf dem spirituellen Weg" von *Sant Darshan Singh* beispielsweise heißt es: "Wenn wir den spirituellen Weg beginnen, bittet uns der Meister, im weiteres Interesse unserer spirituellen Entwicklung nur die Übungen auszuführen, die uns bei der Initiation gelehrt werden und alle anderen Praktiken zu lassen, da sie unserem spirituellen Fortschritt im Wege stehen könnten. Außerdem lassen wir uns auf keine Form von Spiritismus und Geisterglaube ein, da diese sich mit den niederen Manifestationen von Geistern beschäftigen und das ist ein unbedingtes Hindernis auf dem Weg. <u>Wir müssen folgende Praktiken meiden</u>: Geistiges Heilen, Hellsehen, Rückführungen in frühere Leben, das Befragen von übernatürlichen Kräften, Wahrsagerei, Lesen in der Akasha-Chronik, Astralreisen, Astrologie, Handlesen, Mesmerismus (Anwenden magnetischer Kräfte), Hypnose, Magie / Zauberei, Gedankenlesen, Ausüben von okkulten bzw. Yogi-Kräften" (S. 4 f.).

In der Bibel hingegen heißt es: "Der Herr aber ist der Geist; wo aber der Geist des Herrn ist, da ist Freiheit" (2. Kor. 3/17). Seinen Jüngern hat Jesus gesagt: "Frieden lasse ich euch zurück, meinen Frieden gebe ich euch. Nicht wie die Welt gibt, gebe ich euch. Euer Herz lasse sich nicht beunruhigen und verzage nicht! Der Beistand aber, der heilige Geist, den der Vater in meinem Namen senden wird, der wird euch alles lehren und euch an alles erinnern, was ich euch gesagt habe (Joh. 14/26 f.).

Noch vieles habe ich euch zu sagen, aber ihr könnt es jetzt nicht tragen. Wenn aber jener kommt, der Geist der Wahrheit, wird er euch in die ganze Wahrheit leiten; denn er wird nicht von sich aus reden, sondern was er hört, wird er reden, und das Zukünftige wird er euch verkündigen (Joh. 16/12 f.). Denn der Geist erforscht alles, auch die Tiefen Gottes" (1. Kor. 2/10). Und im ersten Thessalonicherbrief ermahnt Paulus: "Den Geist löschet nicht aus, Reden aus Eingebung verachtet nicht! Alles aber prüfet, das Gute behaltet. Von jeder Art des Bösen haltet euch fern" (5/19-22)!

Wenn die "Meister" die Menschen davon abhalten, mit dem *Geist* ihre Lehren zu prüfen und *Geistesgaben* zu entwickeln, dann handeln sie bewußt wider Gottes Ordnung. Da aber der Mensch nur mit dem Geist der Wahrheit die Lüge entlarven kann, ist einleuchtend, warum in den Ashrams Maitreyas der Heilige Geist nicht erwünscht ist. Die Lehrstätten der Lüge haben nur Erfolg, wenn die Menschen geistesblind bleiben. Was die Irrlehren nicht vermögen, wird schließlich durch die Initiation erreicht. Die dabei erzielte Überschattung bewirkt, daß sogar der gesunde Menschenverstand zuweilen ausgeschaltet wird und die einfachsten Widersprüche nicht mehr erkannt werden. Zum Beispiel, daß eine spirituelle, d. h. geistige Entwicklung durch eine *geistlose* Lehre von vornherein ausgeschlossen ist, wenn das Geistige (Gott) nicht im Mittelpunkt steht. Spiritualität ohne Geistesgaben ist wie ein Meer ohne Wasser.

"Wer an mich glaubt, aus dessen Leibe werden, wie die Schrift gesagt hat, Ströme lebendigen Wassers fließen (Joh. 7/38). An Zeichen aber werden folgende die Gläubiggewordenen begleiten: in meinem Namen werden sie Dämonen austreiben; in neuen Zungen werden sie reden; Schlangen werden sie aufheben, und wenn sie etwas Tödliches getrunken haben, wird es ihnen nicht schaden; Kranken werden sie die Hände auflegen, und sie werden genesen" (Mark. 16/17).

Nur die vom reinen, göttlichen Geistfunken im Herzen ausgehende Heilwirkung, die durch die Kraft des Heiligen Geistes erzielt wird, ist eine *Geistheilung*. Alles andere ist eine Art von Magnetismus, der entweder leiblich oder seelisch sein kann. Beim *leiblichen Magnetismus* wird nur die körperliche Lebenswärme übertragen. Der *seelische Magnetismus* vermittelt seelische Eigenkräfte, wodurch ein Heilerfolg zumindest für kurze Dauer erzielt werden kann, sofern der Magnetopath ein guter Mensch ist und und positive Kräfte überträgt. Beide Arten des Magnetismus sind nur begrenzt einsetzbar, nämlich nur solange wie der Heiler über genügend Energie verfügt. Tritt bei ihm eine Energieschwäche ein, besteht die Gefahr, daß er erkrankt und die Krankheit auf den zu Behandelnden überträgt.[1]

Ganz anders verhält es sich mit der von Gott ausgehenden Geistheilung, wodurch nicht nur der Körper und die Seele geheilt werden, sondern auch der Geist von Überschattung befreit wird. Daher hat Jesus seinen Jüngern das Händeauflegen vor der Predigt geraten, damit die Menschen freien Geistes das Wort Gottes aufnehmen können. Durch die

1   Coralf, Der Weg zur geistigen Mystik, S. 115 f.

Initiation dagegen wird der Geist des Menschen in einen dunklen Schleier gehüllt, damit das Licht Gottes die Seele nicht mehr durchdringen kann. Damit dieser Schatten beständig erhalten bleibt und die Seelen verfinstert, wird Geistheilung als verbotene Praktik hingestellt.

Mit der Lüge von der Selbst- und Gottverwirklichung werden die überschatteten Menschen leicht in die Arme Maitreyas getrieben und auf den "großen Dienst" vorbereitet. Wenn dieser Plan nur dadurch verwirklicht werden kann, daß solche Ashrams durch die "freiwillige" Initiative der Menschen errichtet werden, könnte er ebenso verhindert werden, indem die Menschen die Lehrstätten der "Meister" meiden und ihnen *keinen Dienst* mehr dadurch erweisen, daß sie sich freiwillig beeinflussen und überschatten lassen.

Die bereits gegründeten Tara-Zentren würden auf "Tara" fußen. Dies sei, laut Creme, der, aus dem Hinduismus übernommene, buddhistische Name für die Mutter-Gottheit, die Mutter der Welt, den weiblichen Ursprung. Eine ihrer Manifestationen - ihr zerstörerischer Aspekt - sei die Kali der Hindus. Sie sei auch Isis und Ischtar. Maria, die Mutter Jesu, sei ebenfalls ihr Symbol. Maitreyas Zeitalter sei deshalb das Zeitalter der Tara (66).

"Und es (das Tier) tat sein Maul auf zu Lästerungen gegen Gott, zu lästern seinen Namen und sein Zelt, nämlich die, welche im Himmel ihr Zelt haben" (Off. 13/6). Dazu gehört vor allem die heilige Jungfrau Maria, die, rein im Geiste, Jesus Christus unter ihrem Herzen tragen durfte und deswegen von Satan verfolgt wurde.

"Und ein großes Zeichen erschien im Himmel, ein Weib, angetan mit der Sonne, und der Mond unter ihren Füßen, und auf ihrem Haupt ein Kranz von zwölf Sternen. Und sie ist schwanger und schreit in Wehen und Schmerzen der Geburt. Und es erschien ein andres Zeichen im Himmel, und siehe da, ein feuerroter großer Drache, der sieben Köpfe und zehn Hörner und auf seinen Köpfen sieben Kronen hatte. Und sein Schwanz zog den dritten Teil der Sterne des Himmels nach sich; und er warf sie auf die Erde. Und der Drache stand vor dem Weibe, das gebären sollte, um, wenn sie geboren hätte, ihr Kind zu verschlingen. Und sie gebar einen Sohn, einen Knaben, der 'alle Heiden weiden soll mit eisernem Stabe'; und ihr Kind wurde entrückt zu Gott und zu seinem Thron (Off. 12/1 ff.). Und der Drache ergrimmte über das Weib und ging hin, Krieg zu führen mit den übrigen ihrer Nachkommenschaft, die die Gebote Gottes befolgen und das Zeugnis über Jesus festhalten" (Off. 12/17).

Im Gegensatz zu Maria, die von Satan verfolgt wurde, führen Kali, Isis und Ishtar zu Satan. *Isis* gehörte neben ihrem Bruder und Gemahl Osiris zu den volkstümlichen Göttern Ägyptens, während *Ishtar* eine babylonische Gottheit der Fruchtbarkeit und Vegetation war.[1] Beide wurden ebenso wie *Kali* bei magischen Ritualen angerufen, um mit Satan in Verbindung zu treten, was heute durch die Tara-Zentren geschieht. Wenn *Tara* das Symbol der Zerstörung ist, dann kann auch das darauf gegründete Zeitalter Maitreyas nur ein Zeitalter der Zerstörung sein, und nicht das vorgetäuschte "harmonische" Wassermannzeitalter.

---

1   Miers, Lexikon des Geheimwissens, vgl. die jew. Stichworte.

Sai Baba

Ein wichtiger Wegbereiter Maitreyas ist Sai Baba. Laut Creme sei er ein kosmischer Avatar und identisch mit dem kosmischen Krishna oder Christusprinzip (290). Er arbeite eng mit dem Herrn der Welt und der Hierarchie bei der ständigen Überwachung der Aktivitäten der Herren der Materie zusammen und mache deren destruktiven Einfluß so weit wie möglich zunichte. Seine Gegenwart ermögliche "göttliche Intervention", die sonst nicht stattfinden könnte (100). Er verkörpere kosmische Liebe, deren Energie von ihm in die Welt fließe und Millionen von Menschen beeinflusse und damit indirekt die Liebesnatur der Menschheit stimuliere und das Herzzentrum derer öffne, die sich der eigenen Einweihung nähern würden (291).

Wenn *Sai Baba* identisch mit dem"Christusprinzip" sein soll, fragt sich, wie ein Prinzip oder manifestierte Energie "göttliche Intervention" erzeugen will ohne Persönlichkeit. Denn ein Prinzip ist ebenso wie Energie nur die Wirkung einer Ursache, nicht aber selbst Ursache. Daher kann Sai Baba als Person weder ein Prinzip noch die Verkörperung einer Energie sein. Von ihm geht aber die Energie Satans aus, die er den Menschen als "kosmische Liebe" verkauft.

Seine "Intervention" könnte jedoch nicht stattfinden, wenn die Menschen durch Gebete und Gottglauben die Machenschaften der Dunkelheit erkennen und verhindern würden. So aber kann er unter dem Mantel der "Göttlichkeit" die "Herren der Materie", wie die Christen genannt werden, überwachen und deren "destruktiven Einfluß" zunichte machen, damit der Plan der Hierarchie nicht gefährdet und ungehindert verwirklicht werden kann. Wer aber gegen Gott und die Seinen wirkt, interveniert nicht "göttlich", sondern satanisch!

Daß Sri Satya Sai Baba ein Schwarzmagier und Anhänger Satans ist, habe ich erstmals 1984 festgestellt. Ende des Jahres besuchte mich ein Freund aus Italien und erzählte mir von seinen wunderbaren Erlebnissen mit einem Heiligen aus Indien, namens Sai Baba. Er schenkte mir ein Bild von ihm und auch etwas von der materialisierten *Vibuthi-Asche*. Ich war sehr angetan und überaus erfreut von diesem Geschenk. Kurz darauf kaufte ich ein Amulett und bewahrte die Hälfte der Asche in diesem Gefäß. Eines Abends dachte ich erneut an dieses Geschenk und betrachtete das Bild, als es in meinem Zimmer plötzlich nach Vibuthi-Asche roch. Sobald ich mich bewegte, folgte mir der Duft nach. Nun war ich davon überzeugt, daß Sai Baba ein geistig hochentwickeltes Wesen sein müsse.

Er begann mir öfter im Traum zu erscheinen, bis er sich zu einem späteren Zeitpunkt sogar in meinem Zimmer materialisierte und mir die Adeptschaft als sein Schüler vorschlug. Dafür sollte ich als erstes das Bild Jesu Christi aus meinem Zimmer entfernen und nur noch sein Bildnis verehren. In diesem Augenblick wußte ich, wem Sai Baba in Wirklichkeit diente. Wäre er ein Diener Gottes gewesen, hätte er nicht widergöttlich handeln können. Daher entfernte ich das Bild Sai Babas von der Wand, dachte aber nicht mehr daran, daß ich in einer Mappe ein zweites Bildnis von ihm hatte. Dieses Foto hatte mir eine begeisterte Sai-Baba-Anhängerin geschenkt, die schon oft nach Indien gereist war ohne jedoch geheilt worden zu sein.

Ungefähr nach einem Jahr traf ich diese Frau bei einer Schulung in der Schweiz wieder, und wir kamen auf Sai Baba zu sprechen. Ich erzählte von meinen Erfahrungen und blätterte während dessen in meiner Mappe, als ich plötzlich das längst vergessene Foto von ihm fand.

Ich zerriß es über Kreuz im Namen Jesu Christi und wollte es verbrennen. Es gelang mir jedoch kaum, weil es schwarzmagisch aufgeladen war. Jedesmal wenn ich es anzündete, erlosch die Flamme nach kurzer Zeit und das Feuer erstickte. Ich versuchte es unzählige Male, und jedesmal zitterte meine Hand, in der ich das Feuerzeug hielt, als ob man mich davon abhalten wollte. Es dauerte ungefähr vierzig Minuten, bis das Foto endlich verbrannte. Als nur noch ein kleiner Papierfetzen mit dem Sari Sai Babas übrig geblieben war, materialisierte sich darauf sein

Kopf. Anstelle seiner Haare war jedoch ein Kranz von Dämonen zu sehen, die sich rachsüchtig auf die ehemalige Sai-Baba-Anhängerin stürzen wollten. Ich warf mich dazwischen und konnte es mit Gottes Schutz verhindern. In diesem Augenblick fiel mir die warnende Botschaft Jesu Christi ein, die ich einen Tag vorher erhalten hatte.

"Du wirst jetzt eine Prüfung durchstehen müssen, um deinen Glauben zu stärken. Es ist die Zeit gekommen, wo Mein Widersacher in der Welt ist, um Meine Kinder zu verführen in das Reich Satans. Halte fest an Mir. Ich stehe dir mit der Schar der Engel im Himmel zur Seite. Fürchte dich nicht, denn die wirkliche Macht kommt vom Vater und das wahre Licht wird die Finsternis weichen lassen, auf daß Mein Liebeslicht eure Herzen erfüllt und euch zum ewigen Leben führt. Es wird etliche unter euch geben, die den wahren Tod nicht mehr schmecken werden. Seid fleißige Gärtner in Meinem Weingarten. Es ist die Zeit gekommen, wo der Antichrist alle Völker, Scharen und Nationen versammeln wird, um gegen Mich, das Lamm Gottes, Krieg zu führen. Haltet fest in der Liebe zu Mir und an Meinem Wort. So soll es sein!" r

Zu dieser Zeit wußte ich weder etwas über Maitreya noch über die Hierarchie. Das Erlebnis mit Sai Baba war für mich jedoch der Beweis, daß die "erleuchteten Meister" bewußt Satan dienen, um die Menschen mit allerlei Trugwerk auf Irrwege zu führen. Durch ihre magischen Fähigkeiten sind sie auch durchaus in der Lage, "Wunder" vorzutäuschen, um Menschen zu verführen. So sind auch Sai Babas Materialisationen weder "göttlich" noch nützlich, da sie allein seinem Machtstreben dienen, sich selbst als "Gott" verehren zu lassen mit dem Ziel, Massen in sein Ashram zu locken, wo sie dem Herren der Welt überantwortet werden. Wenn aber dieser "Herr" die Unterstützung so vieler Avatare und "göttlicher Interventionen" braucht, um den "Plan" zu verwirklichen, kann es mit seiner "Göttlichkeit" nicht weit bestellt sein.

Bei Creme heißt es allerdings, *Christus Maitreya und Sai Baba würden beide die gleiche Energie, das Liebesprinzip, auf verschiedenen Ebenen verkörpern und eng bei der Erneuerung der Welt zusammenarbeiten: Maitreya auf der planetaren und Sai Baba auf der kosmischen Ebene.*

Sai Baba sei ein Repräsentant der Göttlichkeit auf dem Planeten und ein geistiger Regent, und wie solch einer "für den König" einspringe, so tue er es für "Gott", den König, Sanat Kumara, den Herrn der Welt in Shambhala. In Wirklichkeit sei Sai Baba gekommen, um Maitreya bei seinem Werk zu unterstützen, daher seien wir zweifach gesegnet (289 f.).

Sowohl Maitreya als auch Sai Baba sind von Selbstliebe erfüllt, erheben aber Anspruch auf Göttlichkeit. Und obwohl sie ausschließlich *ihrem* "Gott" - dem Herrn der Welt - dienen, nennen sie sich "geistige Regenten". Ihr Vorhaben, die Welt zu erneuern, geschieht nicht der Menschen wegen, sondern ist darauf gerichtet, jene in den Bann ihres "Herren" zu ziehen. Durch die Anwesenheit Maitreyas und Sai Babas ist die Menschheit daher doppelt verführt und nicht, wie behauptet, zweifach gesegnet. Mit List und Tücke versucht Maitreya die Menschen für sich und die "Welt" zu gewinnen. Trotz seiner widersprüchlichen Lehren folgen ihm bereits viele bereitwillig ohne zu erkennen, daß die Lüge auch dann noch Lüge bleibt, wenn sie als "Wahrheit" vermarktet wird.

"Ihr Abtrünnigen, wißt ihr nicht, daß die Freundschaft mit der Welt Feindschaft wider Gott ist? Wer also Freund der Welt sein will, der erweist sich als Feind Gottes. So unterwerfet euch nun Gott; widerstehet aber dem Teufel, so wird er von euch fliehen! Nahet euch Gott, so wird er sich euch nahen! Reinigt die Hände, ihr Sünder, und heiliget die Herzen, die ihr zwiespältigen Sinnes seid! Fühlet euer Elend und trauert und weinet! Euer Lachen verkehre sich in Trauer und eure Freude in Niedergeschlagenheit! Demütiget euch vor dem Herren, so wird er euch erhöhen!" (Jak. 4/4, 7 ff.).

Der Herr aber ist nicht Satan, sondern Gott in Jesus Christus - "dieser ist Herr über alle (Apg. 10/36), über Tote als über Lebendige" (Röm. 14/9). Alle Dinge sind durch ihn geworden und werden von ihm getragen (vgl. Joh. 1/3; Hebr. 1/3), denn ihm "ist alle Gewalt gegeben im Himmel und auf Erden (Mat. 28/18). Der Herr ist König immer und ewig!" (2. Mose 15/18). In dem Namen Jesus beuge sich daher "jedes Knie derer, die im Himmel und auf Erden und unter der Erde sind, und jede Zunge bekenne, daß Jesus Christus der Herr ist, zur Ehre Gottes, des Vaters" (Phil. 2/10 f.).

Für Gott, der uns durch seine unermeßliche Liebe Tag für Tag durchs Leben führt, offen einzustehen, schämen sich die meisten. Die Meinung anderer und ihr weltliches Ansehen sind ihnen wichtiger als die Wahrheit und das Bekenntnis zur Liebe. Das Übel in der Welt aber wird freimütig übersehen und verdrängt, so wie es die anderen tun. Heutzutage beugen sich die Menschen nicht mehr ehrfurchtsvoll vor Gott, sondern verneigen sich vor der Lüge der Welt.

Und je haarsträubender die Gottesvorstellungen sind, desto größer ist die Begeisterung der gottlosen Menschen. Ein bekanntes Beispiel solcher Absurdität sind die durch Jean Roberts empfangenen Readings von *Seth*, wonach Gott eine multidimensionale Ideengestalt sei. Da jede Idee zwingend einen Ursprung voraussetzt, stellt sich auch hier die Frage nach dem Urheber dieser "Ideengestalt". Eine Antwort darauf bleibt uns "Seth" jedoch schuldig. Dagegen erfahren wir von Creme, daß es sich bei Seth *"um eine Gruppe von Jüngern, die sich uns von der fünften der sieben astralen Ebenen kundtue (299),* handele.

IV

Der Weg zur Macht

Die große Invokation

*Durch seinen Entschluß der Wiederkehr, habe der Christus zum ersten Mal das Recht bekommen, das große Mantram oder Gebet, das als die **Große Invokation** bekannt sei, anzuwenden und seit dem Juni 1945 sei kein Tag vergangen, ohne daß er es angestimmt habe zum Wohle der Welt (52 f.). Man hoffe, daß es einmal "das Gebet der Welt" werde, als ein machtvoller Grundakkord der neuen Weltreligion (78).*

Daß Maitreya weit entfernt von "Göttlichkeit" ist, zeigt sich schon daran, daß er "das Recht" bekommen mußte, "das Gebet der Welt" anzuwenden. Die *Invokation* ist ebenso wie OM ein Mantram zur Anrufung Satans und keineswegs ein Gebet. Denn das Gebet wendet sich an Gott. Spricht man das Wort "Gebet" als "Ge-bet" aus, erhält es seine eigentliche Bedeutung im Sinne von "geben". Das selbstlose Geben ist das wahre Gebet, das uns Jesus bereits vor nahezu zweitausend Jahren gelehrt und vorgelebt hat. Die Invokation Maitreyas hingegen soll das Vaterunser ersetzen und damit die pantheistische Neue Weltreligion besiegeln.

Der Urtext für die Große Invokation, die eine Übersetzung von der Hierarchie sei, sei ein altes Gebet oder Mantram, das in einer uralten Priestersprache abgefaßt sei und nur aus sieben mystischen Sätzen bestehe. Daher sei der Wortlaut äußerst sorgfältig gewählt worden, damit wir dieses zutiefst okkulte Mantram, das Maitreya anwende, ebenfalls sprechen und verstehen können. Mit der Zeit würden neue, noch esoterischere Formen dieser Invokation freigegeben werden. Die Invokation sei uns nicht als stilles Gebet, sondern als Anrufung der Energie der Hierarchie gegeben. Die Meister würde es aber nicht stören, wenn man gleichzeitig das "Vaterunser" beten würde (332).

Die "sorgfältige Wortwahl" war deshalb erforderlich, weil die Invokation als Anrufung ein Ritual ist, das bis in alle Einzelheiten peinlich genau durchgeführt werden muß, um zu "funktionieren". Damit auch nicht eingeweihte Menschen die Große Invokation anwenden können, mußten die Meister den "Wortlaut" so wählen, daß sich schon daraus eine magische Wirkung entfaltet. Da es für die Wirksamkeit eines Rituals nicht darauf ankommt, daß man die dahinter stehende Symbolik versteht, reicht es völlig aus, wenn die ohnehin unkritischen Menschen von der "erhabenen und geheimnisvollen" Bedeutung der Invokation überzeugt und dazu veranlaßt werden, diese regelmäßig und zu bestimmten Zeiten zu wiederholen, wie es ein Ritual erfordert.

Die Gefährlichkeit dieser Anrufung wird zusätzlich dadurch verharmlost, daß das Mantram dem Gebet gleichgestellt wird, als ob es einerlei sei, Gott anzubeten oder Satan anzurufen. Daher ist auch die angebliche Toleranz der "Meister" im Hinblick auf das Vaterunser nur vorgetäuscht, zumal das Gebet die machtvollste Kraft *gegen* die Dunkelheit ist. Das Vaterunser ist mit der Invokation ebenso unvereinbar, wie eine gleichzeitige Hinwendung zu Gott und Satan möglich ist. Wer ohne Gottes Schutz die Invokation spricht, gerät jedoch unweigerlich in deren magischen Bann und wird *deshalb* nicht mehr beten können, selbst wenn er es wollte. Insofern kann das Vaterunser die Meister tatsächlich nicht mehr stören.

Während des Sprechens der Großen Invokation solle die Aufmerksamkeit auf das Zentrum zwischen den Augenbrauen, dem lenkenden Zentrum, gerichtet bleiben. Sollte die Aufmerksamkeit abschweifen, solle man innerlich, mental, das Mantram OM ertönene lassen (313).

Indem sich die Menschen auf das *dritte Auge* (die Stelle zwischen den Augenbrauen) konzentrieren, öffnen sie sich mental, wodurch sie über dieses "lenkende Zentrum" im Sinne der Hierarchie beeinflußt werden können. Das Anpreisen des Mantrams OM gegen ein Nachlassen der Aufmerksamkeit soll verhindern, daß die Menschen über dieses warnende "Abschweifen" nachdenken und womöglich ihren Selbstbetrug erkennen.

Im Gegensatz zur magisch aufgeladenen Invokation, wie sie von der Hierarchie angeboten wird, dient der hier wiedergegebene Text lediglich dem besseren Verständnis der nachfolgenden Erörterungen.

Die Große Invokation

Aus dem Quell des Lichts im Denken Gottes
ströme Licht herab ins Menschen-Denken.
Es werde Licht auf Erden!

Aus dem Quell der Liebe im Herzen Gottes
ströme Liebe aus in alle Menschenherzen.
Möge Christus wiederkommen auf die Erde!

Aus dem Zentrum, wo der Wille Gottes thront,
lenke Plan-beseelte Kraft die kleinen Menschenwillen
zu dem Endziel, dem die Meister wissend dienen!

Durch das Zentrum, das wir Menschheit nennen,
entfalte sich der Plan der Liebe und des Lichtes
und siegle zu die Tür zum Übel.

Mögen Licht und Liebe und Kraft
den Plan auf Erden wiederherstellen!

In den Anleitungen zur Invokation, die mittlerweile in 52 Sprachen (!) der Welt übersetzt ist, heißt es, man solle sich bei der Stelle, *Aus dem Quell des Lichts* einen Lichtstrahl vorstellen, der aus dem Dritten Auge Buddhas in das eigene dritte Auge einströme. Dadurch werden die Menschen über das "Denken" vom falschen "Licht" Luzifers geblendet und können das *wahre Licht Gottes* nicht mehr mit dem *Herzen* sehen.

Beim *Quell der Liebe* müsse man sich Maitreya vorstellen, wie er einem gegenüber an einem Tisch in der Form eines umgekehrten "Y" sitzt. Dieses Zeichen symbolisiert die *Yr-Rune*, der die Zahl 16, die *Katastrophe*, zugeordnet ist. Diese Rune bedeutet: Wahn, Vorspiegeln falscher Tatsachen, Irrtum im Zorn, Haß, das Ende nicht bedenkend, Verführung, Täuschung, Chaos und Maya.[1] Und da *Maitreya* dies alles verbreitet, sitzt er zutreffenderweise an der Spitze seiner Irrlehre. Die "Liebe", die er vermittelt, ist nicht die selbstlose, sondern die selbstsüchtige Liebe, wodurch die Menschen weg von Gott zum Ego gelenkt werden.

"Möge Christus wiederkommen auf Erden" sollte nur in bezug auf die Geistige Hierarchie als Ganzes gesprochen werden, da die Invokation einen telepathischen Kontakt herstelle, der die Hierarchie dem Gesetz gemäß in die Welt ziehe und speziell zu diesem Zweck übergeben worden sei (78, 313). Eine Transmission finde nur als Antwort auf die Invokation statt (325).

Daraus geht eindeutig hervor, mit welcher Zielsetzung die Invokation von der Hierarchie den geistblinden Menschen übermittelt wurde. Die Behauptung, eine "Transmission" finde nur *nach* der Invokation statt, läßt allerdings den optimistischen Schluß zu, daß eine Übertragung der Shambhala-Energie ohne die Anrufung Satans nicht möglich ist.

"Lenke planbeseelte Kraft die kleinen Menschenwillen". . . beziehe sich auf Shambhala, das höchste geistige Zentrum der Erde, das aus ätherischer Substanz bestehe und der Sitz des Rates des Herrn der Welt, Sanat Kumara, sei. Von Shambhala gehe der Plan aus, der den Willen und die Absicht (oder: das Ziel) unseres Planeten-Logos verkörpere, "das Ziel, dem die Meister wissend dienen", wie es in der letzten Strophe heißt. Wenn die, durch die Invokation angerufene, Absicht Gottes "die kleinen Menschenwillen lenkt", dann kämen die kleinen separaten Willen der Menschen schließlich mit dem göttlichen Willen in Einklang und der Plan der Liebe und des Lichts werde sich auswirken.

---

1   Reichstein, Praktisches Lehrbuch der Kabbala, S. 241.

Alles, was wir als menschliche Rasse tun würden, geschehe als Reaktion (ob richtig oder unrichtig) auf die göttlichen Energien des Willens, der Liebe und des Lichts, die die Geistige Hierarchie der Meister in die Welt sende (331).

Shambhala ist kein geistiges Zentrum, sondern der Sitz des *Geistes Luzifers*, der von hier aus sein falsches "Licht" in der Welt verbreitet, um die Willen der Menschen nach seinem "Plan" zu lenken. Während Gott uns die vollkommene Freiheit beläßt, jede Entscheidung nach unserem eigenen Willen zu treffen, manipuliert Satan mit seinen vielfältigen Einflußnahmen die "kleinen Menschenwillen", um sein Ziel zu erreichen. Der Planeten-Logos ist Maitreya, der unter dem Deckmantel des Willen "Gottes", den Plan Sanat Kumaras, weltweit als "Gott" angebetet zu werden, verwirklichen will. Unsere Weltgeschichte verdeutlicht zur Genüge das Ausmaß dieser Beeinflussung, die umso stärker ist, je weniger sich die Menschen von Gott durch ihr *Herz* führen lassen (wollen).

"Das Versiegeln der Tür zum Übel" sei ein langwieriger Prozeß, denn dazu gehöre, daß sich die Menschen über die Ebene hinausheben, auf der sie von den bösen Kräften benutzt werden können (332).

Das einzige "Übel" für Satan ist der Glaube an Jesus Christus. Daher sind auch jene, die an Gott glauben, die "bösen Kräfte", die es zu bekämpfen und vernichten gilt. Dieser ununterbrochene Kampf Luzifers gegen Gott und die Seinen wird umso stärker toben, je mehr sich die Menschen von Selbstliebe leiten und sich vom falschen "Licht" Satans verblenden lassen. Was diese Einflußnahmen nicht zu erreichen vermögen, soll durch die Gewaltherrschaft Maitreyas vollendet werden.

"Wie viele nehmen Meinen heiligen Namen in den Mund und entheiligen ihn. So viele tragen ihr Herz im Kopf und glauben, das Leben spielt sich im Kopfe ab, während sie ihr Herz benutzen, um ihr Ego zu befriedigen. Doch es wird die Zeit kommen, wo sie nicht mehr sich, sondern Den anbeten, Der alles geschaffen hat und von dem es heißt, 'gelobt sei Der, Der da kommt, im Namen des Herrn'.

Das Neue Jerusalem, welches gegründet wird nach der Zeit, ist nicht ein Ort, sondern ein Zustand, der nur im Herzen erreicht werden kann, die Wohnstätte Gottes, Jeruh-Salem. Diese Stätte trägt der Mensch mit sich, wo er sich auch befindet, so wie die Schnecke ihr Haus mit sich trägt. Und obwohl dieser Tempel so leicht ist, erkrankt der Mensch doch an diesem Tempel und für viele wird er zur Last, weil sie ihn entweiht haben. Und darum ist es auch dem Widersacher so leicht, die Menschen zu verführen, denn da, wo es um das leibliche Wohl geht, da, wo es an das eigene "Ich" geht, sind die Menschen leicht zu verführen. So viele falsche Propheten erstehen, doch auch das muß Ich zulassen, damit die Dummen blind werden, um sehen zu können.

Haltet fest an Mir und Meinem Namen, Jesus Christus, IEOUA, das Alpha und das Omega, der Anfang und das Ende. Vertrauet Mir, denn Ich bin der Weg, die Wahrheit und das Leben. Keiner kommt zum Vater denn durch Mich, denn Ich und der Vater sind eins. Das ist Einheit. Ich habe die Zeit geschaffen, und es wird auch Meine Zeit kommen, um die verirrten Schäflein wieder nach Hause zu führen.

Ich habe schon so viele Menschen gesehen, die versuchen, sich ein Imperium auf Kosten von Millionen von Menschen aufzubauen. Aber glaubet Mir, sie werden das Himmelreich nicht erlangen. Doch wo sie den Weg nicht mehr finden, wo wird dann ihr zuhause sein? Ihr Weg wird tausendmal schwerer sein als der Weg eines Märtyrers. Denn der Märtyrer weiß, wofür er stirbt. Doch diese Menschen werden dann, wenn Zeit und Stunde gekommen ist, nicht einmal mehr wissen, wofür sie leben.

Ich bin kein Gott der Rache, aber Ich sage euch: wer seinen Bruder leiden sieht und nichts tut, sündigt, wer aber seinen Bruder quält, ist dem Tode nahe. Lasset euch nicht verführen von den Blinden, die euch die Trümmer der Welt anbieten wollen, die in Schutt und Asche verfällt. Habe Ich nicht gesagt: 'Sammelt nicht das, was der Rost frißt, sondern suchet zuerst das Reich Gottes, welches in euch ist?'

Fürchtet euch nicht, denn Ich bin mitten unter euch. Gesegnet seien jene, die an Mich glauben und festhalten an Meinem Namen. Möge der Schwache zum Starken werden, aber Ich sage euch, auch das muß Ich zulassen.

Führet eure Brüder und Schwestern zum Licht, auf daß sie werden, was sie einst waren, Meine Kinder. Das ist Mein fester Wille, und so soll es sein. Jesus Christus." *r*

Überschattung

Da alles, was von Maitreya oder den "Meistern" ausgeht, unter einem schwarmagischen Bann steht, können die Menschen dadurch gezielt beeinflußt werden, ohne daß sie es überhaupt wissen. Laut Creme *sei es unmöglich, die Botschaft von Maitreya zu lesen oder sie laut zu sprechen, ohne dabei seine Energie anzurufen. Er übermittele Energien auch durch Statuen, könne aber auch während des Schlafes zu uns kommen, "um uns zu helfen" (64).*

Das angeblich "hilfreiche" Erscheinen Maitreyas im Traum bezweckt nichts anderes als eine mentale Manipulation der Menschen im Sinne des "Plans". Betroffene schildern derartige Traumerlebnisse als eine Art Initiation, wobei Maitreya - mit einem weißen Gewand bekleidet - einen Stab in Händen hält, womit er die ebenfalls weiß gekleideten Menschen, die massenweise zu ihm strömen, berührt, und ihnen dabei eine Kette mit Anhänger um den Hals hängt, auf dem eine Sonne und darunter eine goldene Mondsichel zu sehen sind. Die Sonne symbolisiert das "Licht" Luzifers, während der Mond für die Psyche des Menschen steht, die vom falschen Licht geblendet werden soll.

Während seiner öffentlichen Vorträge und Transmissions-Workshops sagt Creme, sei die Anwesenheit der Energie des Geistes des Friedens, d. h. die Gruppenüberschattung, eine Folge seiner eigenen Überschattung durch Maitreya oder, wie in den letzten Jahren häufig, durch Sai Baba. Bei den Vorträgen könne der Christus das Ausmaß der Energie, das jede Person bei der Überschattung empfange, leicht dosieren. Jede Kraftübertragung während dieser Überschattung sei eine Einweihung, durch die die einzelnen verändert, ihre Schwingungsfrequenz erhöht und ihre Verfassung bis zu dem Maß umgewan-

delt würde, in dem diese Energien aufgenommen werden können. Diese geistige
Überschattung wie durch Maitreya sei etwas völlig anderes als die, auf astraler
Ebene stattfindende, "Überschattung" eines Mediums durch irgendeine nicht
inkarnierte Wesenheit wie imSpiritismus oder in Trance (336, 339, 341 f.).

Entgegen dieser verheißungsvollen Schilderung der Wirkungen, die
von der "geistigen" Überschattung angeblich ausgehen, wird bei dieser
Einweihung keine "Kraft" übertragen, sondern die Aura des Menschen
von einem energetischen Mantel mit einer bestimmten Schwingungsart
derart umhüllt, daß nur noch Schwingungen gleicher Frequenz durchdringen können. Demnach bewirkt die Überschattung durch Maitreya,
daß der Mensch von einem Energiefeld umgeben wird, das Geistiges
nicht mehr durchläßt. Dadurch, daß dieser Schatten über (Über-schat-
tung) die Aura gelegt wird, werden die Menschen von Gott weggelenkt
und sind beliebig beeinflußbar.

Das geschieht beispielsweise durch *Mentalprojektionen*, indem Bilder,
Wunschvorstellungen oder Ängste in das Denken der überschatteten
Person gesendet werden oder durch mentale Informationen, die ständig
wiederholt werden, so daß der Betreffende automatisch in eine vorge-
gebene Richtung gelenkt wird. Durch die Überschattung wird den Menschen zusätzlich suggeriert, daß von Maitreya eine "göttliche Strahlung"
ausgehe, die in Wirklichkeit nichts anderes als ein luziferisches Leuchten
ist.

Bei seinen Vorträgen vermittelt Creme jedoch den zutreffenden Eindruck, daß die Überschattung eine Art Besessenheit ist. Aussagen seiner
Zuhörer zufolge, verhält er sich wie eine gespaltene Persönlichkeit, die
voll und ganz im Dienste Maitreyas steht und mit einer erstaunlichen
Intelligenz, die ihm selbst nicht zuzutrauen ist, zu den Menschen spricht.
Worte wie "Christus", "Liebe" oder "Gott" spricht er verschämt, unauf-
richtig und schnell weiterredend aus, während Maitreya ausschweifend
als der "höchste Meister" angepriesen wird.

Auf alle zuvor schriftlich eingereichten Publikumsfragen habe er eine
Antwort gewußt. Es seien aber nur solche Fragen gezielt aus einer viel
größeren Anzahl ausgewählt worden, die die vorgetragene Lehre nicht
hätten hinterfragen können. Mit keinem Wort habe Creme die Aussagen

Jesu bezüglich seiner Wiederkunft erwähnt, obwohl Maitreya ausgerechnet diese Vorhersagen auf sich bezieht. Die in der Anfangs- und Schlußmeditation des Vortrags kanalisierte dichtmaterielle, dumpfe, gefrierende, erstarrend lassende, barbarische Energie Maitreyas sei diametral entgegengesetzt zu der starken, sehr hohen, reinen und liebevollen Schwingung Jesu und seiner Geistesboten. Bei manchen Zuhörern habe die spürbar negative Energie Maitreyas zu Angstzuständen und Schweißausbrüchen bis hin zu schwarzmagischen Angriffen geführt.[1]

Entgegen seinen Bekundungen, wonach "die Meister den freien Willen der Menschen niemals verletzen würden", stellt sich Creme in seinen Vorträgen bewußt als Werkzeug für Überschattungen zur Verfügung, damit Maitreya durch ihn auf den freien Willen der Menschen einwirken kann. Und während die Zuhörer von den wundersamen Wirkungen der Überschattung überzeugt werden, umhüllt sie bereits die eisige Energie Maitreyas. Schon die Berührung mit diesen eiskalten destruktiven Energien reicht aus, die Menschen psychisch zu beeinflussen. Wer sich ohne Gottes Schutz in diese Schwingungen begibt, ist fast schon verloren. Daher kann nicht dringend genug vor *jeder* Art der *Initiation* abgeraten werden!

Da die Menschen überhaupt nicht wissen, was sie bei den öffentlichen Veranstaltungen von Creme uerwartet, ist kaum jemand in der Lage, sich wirksam vor den Einflußnahmen Maitreyas zu schützen. Nichtsahnend begeben sich die Menschen dorthin und werden auf der Stelle überschattet, ohne sich dagegen zur Wehr setzen zu können. Entgegen seinen Reden über Frieden und Freiheit, zeugt diese hinterlistige Vorgehensweise Maitreyas von seiner wahren Absicht, die Menschen durch Überschattungen, Initiationen und Anrufungen psychisch-mental zu nötigen, ihm zu folgen, damit sie vom Lichte Gottes ferngehalten werden.

---

1   authentische Berichte namentl. bekannter Zeugen des Creme-Vortrags
      im Oktober 1991 in München

Die Verfasser sind sehr oft von der Dunkelheit bedrängt worden und wissen, wie gewaltig deren Macht sein kann, aber auch, wie unermeßlich die *Allmacht Gottes* ist. Ohne Gottes segensreichen Schutz wäre dieses Buch nicht vollendet worden. Sobald ich mich mit diesem Thema befaßte oder auch nur daran dachte, vor allem aber während der gesamten Vor- und Schreibarbeiten wurde über meinem Scheitelchakra ein starkes feinstoffliches Feld mit einer sehr unangenehmen aufdringlichen Energie aufgebaut, um mich einzuschüchtern. Dieses Unterfangen blieb nur deshalb erfolglos, weil mir Gott zur Seite stand und ich mit ganzem Herzen bei Ihm war. Und je heftiger ich angegriffen wurde, desto stärker wurde die Kraft, die mich erfüllte. Glaube und Vertrauen wurden mir zur Gewißheit.

Dadurch, daß Maitreya die bezweckte Mental-Manipulation und Besessenheit der Menschen als "geistige Überschattung" anpreist und der "astralen Überschattung" eines Mediums gegenüberstellt, wird der irrige Eindruck erweckt, dabei handele es sich um eine höhergestellte Spiritualität. Diese Behauptungen auf ihren Wahrheitsgehalt zu überprüfen, setzt sowohl ein geistiges Unterscheidungsvermögen als auch Erfahrungen auf diesem Gebiet voraus, was nichtmedialen Menschen in der Regel fehlt.

Eine kurze Darstellung der einzelnen Arten von Medialität an dieser Stelle ist daher unerläßlich. Unter *Trance* ist das freiwillige Zulassen des Eindringens einer fremden Seele in den eigenen Körper zu verstehen, wobei das Medium bewußt nichts von dem registriert, was dabei geschieht.

Bei der *kontrollierten Medialität* kann der erscheinende Geist gesehen, gehört oder erfühlt werden. Dieser wirkt entweder mental oder astral durch ein Chakra oder die Aura ohne den Körper zu benutzen.

Beim *inneren Wort* hingegen vernimmt das Medium die reingeistige Stimme Gottes im Herzen wie einen klaren Gedanken. Diese höchste Wahrnehmungsfähigkeit setzt allerdings die geistige Wiedergeburt voraus, d.h. eine vollgeläuterte Seele, die mit ihrem Reingeiste völlig einsgeworden ist.

"Bezüglich des innern Wortes, wie man dasselbe vernimmt, kann ich, von mir selbst sprechend, nur sagen, daß ich des Herrn heiligstes Wort stets in der Gegend des Herzens wie einen höchst klaren Gedanken, licht und rein, *wie* ausgesprochene Worte vernehme. Niemand, mir noch so nahe stehend, kann etwas von irgendeiner Stimme hören. Für mich erklingt diese Gnadenstimme aber dennoch heller als jeder noch so laute materielle Ton. Das ist aber nun auch schon alles, was ich aus meiner Erfahrung sagen kann", äußerte der Schreibknecht Gottes, Jakob Lorber im Jahre 1858 gegenüber dem ersten Verleger der großen Offenbarungswerke.

Erst durch das Einswerden der Seele mit dem ihr innewohnenden reinen Geistfunken Gottes entwickelt sich im Menschen eine *geistige* Wahrnehmungsfähigkeit, die auf anderer Weise nicht erlangt werden kann als nur durch den Geist. Daß dieser Weg *jedem* offensteht, hat Jesus im Großen Johannes Evangelium ausdrücklich bekundet.

"Denn allen gilt das Evangeliumswort: 'Ihr müsset alle von Gott gelehrt sein! Wen nicht der Vater ziehet, der kommt nicht zum Sohne!' Das aber besagt soviel als: Ihr müsset von eurer werktätigen, lebendigen *Liebe* zu Mir und daraus zu jedem bedürftigen Nächsten - zur inneren *Weisheit* aus Gott gelangen. Denn eines jeden wahre, werktätige Liebe bin ja eben Ich selbst so in seinem Herzen, wie der Sonne lebendiger Strahl wirkend ist in jedem Tautropfen, in jeder Pflanze und in allem, was die Erde trägt. Wer Mich sonach wahrhaft über alles aus allen seinen Kräften liebt, dessen Herz ist auch voll von Meiner Lebensflamme und deren hellstem Lichte! Daß dadurch zwischen Mir und dem Mich über alles liebenden Menschen ein steter und hellster Verkehr entstehen muß, ist ebenso klar, wie daß ein gesundes Weizenkorn in fruchtbarer Erde unter dem warmen Sonnenstrahl zur segensreichen Frucht emporwachsen muß. - Daß dieses aber mit den Menschen durch Erfüllung der im Evangelium gestellten Bedingungen *wirklich möglich ist*, dafür steht dieser Mein Knecht[1] als ein Zeuge vor dir. Aber das sage Ich dir auch: Mit einer bloßen Verehrung und noch so tief andächtigen Bewunderung Meiner

1   Jakob Lorber.

göttlichen Vollkommenheit ist's da nichts! Solcher sogenannten frommen Christen gibt es eine Menge in der Welt, und doch erreichen sie wenig oder nichts. Alles aber liegt an dem, daß jemand, der zu Meinem lebendigen Worte in sich gelangen will, vollkommen ein Täter Meines Wortes ist. Dies zur Danachachtung für dich und jedermann!"[1]

Und gerade davon will Maitreya die Menschen durch die Überschattung abhalten, die ebenso wenig "geistig" ist, wie das Licht der Birnen unserer Lampen echt ist.[2] Durch sein Blendwerk lenkt er die Menschen bewußt vom Geiste ab, damit sie die Lüge weder erspüren noch erkennen können und den Glauben daran verlieren, daß sich Gott auch heute noch den Menschen kundtut, wovon die folgende Botschaft zeugt:

"Wenn du als Vater zu deinem Kinde sprichst, sofern es deinen Worten Glauben schenkt, um so viel eher möchte Ich zu euch allen sprechen, da ihr alle Meine Kinder seid, Kinder Gottes. Wer aber weder Mir in Meinen Worten glaubt noch Meine Stimme vernehmen will, weil es seinen Vorstellungen nicht entspricht, so kann Ich nur schweigend bei ihm sein. Er sieht Mich nicht und hört Mich nicht, daher verleugnet er Mich.

Doch der Tag ist nicht mehr fern, da wird Meine Stimme bis tief in die Gräber dringen und der Mensch wird entblößt dem Narrenkleid. Es wird nicht sein die Stimme, was dann die Erkenntnis Meines Wesens ausmacht, sondern das, was der Mensch dann in sich fühlt. Die Freiheit von vielen falschen Vorstellungen und Irrtümern wird den Blinden sehend machen und dem Tauben seine Ohren öffnen für das, was wahr ist. Und das, was wahr ist, das ist *Gott*, der war zuvor *das Wort*, der geheiligte Name in *Jesus Christus*, der Vater selbst, Ieoua." r

Damit er seine Lügen wirksam "verkaufen" kann, besänftigt Maitreya den Verstand der Menschen mit hochtrabenden "wissenschaftlichen" Erklärungen, die zwar weder nachprüfbar noch beweisbar sind, dafür aber "vernünftig" klingen.

1   aus: Lutz, Die Grundfragen des Lebens, S. 319 f.
2   vgl. Coralf, Der Weg zur geistigen Mystik, S. 222.

Die Überschattung - heißt es - sei ein Teil der Wissenschaft der Impression, wobei es sich um einen Prozeß handele, durch den ein weiter entwickeltes Wesen einen Teil oder auch sein ganzes Bewußtsein durch ein weniger fortgeschrittenes Wesen manifestieren könne. Ein klares Beispiel sei die Überschattung des Jüngers Jesus durch den Christus (340).

Ein vernünftiger Mensch würde allerdings erkennen, daß der hier geschilderte Vorgang nichts anderes als eine *Besessenheit* ist, die sich dadurch kennzeichnet, daß eine andere Seele neben der eigenen in den Körper eindringt mit der Folge, daß die eigene Seele den Körper nur noch zum Teil unter Kontrolle hat. Das Wort Überschattung weist bereits auf eine heimliche Beobachtung des Menschen durch einen *über* die Seele gelegten *Schatten* hin. Bei der *Umsessenheit* dringt eine fremde Seele zwar in die Aura (feinstofflich) ein, kann aber den Körper nicht besetzen. Dafür gibt es verschiedene Ursachen, z.B. die mengenmäßige Unzulänglichkeit der Energie des fremden Geistes, ein zu schwacher Wille oder die mangelhafte Beherrschung der Elemente.

Schon die Behauptung Maitreyas, Jesus Christus sei von ihm überschattet, d.h. besessen gewesen, ist eine maßlose Gotteslästerung, die durch seine Behauptung, er sei im Vergleich zu Jesus ein "weiter entwickeltes" Wesen, noch übertroffen wird.

"Jeder Geist, der Jesus zunichte macht, stammt nicht von Gott, und das ist der Geist des Widerchristen, von dessen baldigem Kommen ihr gehört habt, und jetzt ist er schon in der Welt (1. Joh. 4/3). Und es wurde ihm ein Maul gegeben, das große Worte und Lästerungen redete; und es wurde ihm Macht gegeben, es 42 Monate so zu treiben. Und es tat sein Maul auf zu Lästerungen gegen Gott, zu lästern seinen Namen" (Off. 13/5 f.).

Da die Menschen anhand dieser Vorhersagen erkennen könnten, wer Maitreya in Wirklichkeit ist, soll das Wort Gottes in der Bibel verboten und statt dessen die Initiation Maitreyas eingeführt werden. Entgegen der "wissenschaftlichen" Version der Überschattung heißt es an anderer Stelle in seinem Buch: *der Kontakt zwischen Meistern und Jüngern reiche von der seltenen, unbewußten Beeindruckung, bis zu einer ständigen geistigen Überschattung, die fast bis an die Grenze zur Besessenheit gehen könne (342).*

Die Überschattung könne partiell, zeitlich begrenzt oder mehr oder weniger total und auf lange Sicht angelegt sein, jedoch immer bei voll bewußter Einwilligung und Mitarbeit des Jüngers, dessen freier Wille niemals mißachtet werde, im Gegensatz zur totalen Besessenheit, wie im Falle Hitlers, einer Methode der Schwarzen Loge, der Herren der Welt (341).

Daß der "freie Wille" ebenso vorgeschoben ist, wie die "geistige" Überschattung, zeigt die gegenteilige Praxis der "Meister" bei öffentlichen Veranstaltungen. Dort werden die nichtsahnenden Menschen initiiert, ohne überhaupt die Möglichkeit zu erhalten, ihren Willen zu betätigen, geschweige denn bewußt einzuwilligen. Ihr Wille wird dabei nicht nur mißachtet, sondern einfach übergangen. Das gleiche geschieht bei der "unbewußten Beeindruckung" (Besessenheit), die eine "bewußte Einwilligung" logischerweise ausschließt. Die quantitativen Unterschiede von "partiell, zeitlich begrenzt oder mehr oder weniger total", die bei der Überschattung auftreten können, ändern im übrigen nichts an der Tatsache der Besessenheit.

Die von Maitreya eingeräumte Möglichkeit einer "mehr oder weniger" totalen Besessenheit, beinhaltet auch die "totale Besessenheit" Hitlers, der von überaus argen Geistern besetzt und zu seinen Greueltaten angetrieben worden war. Denn nur böse und finstere Geister streben in ihrer Rachsucht und Bosheit danach, in einem fremden Körper ihr irdisches Unwesen fortzusetzen. Damit die Dunkelheit diesbezüglich nicht in Verdacht gerät, werden die scheinbar entgegenstehenden "Herren der Materie" dafür verantwortlich gemacht, die allerdings schon auf Grund ihrer Zugehörigkeit zur "Schwarzen Loge" nichts anderes als Schwarzmagier sein können.

Einweihung

Der esoterische Prozeß, Initiation genannt, sei ein künstlicher Forcierungs-
prozeß, um das Fortschreiten der Evolution zu ermöglichen (166). Die Einwei-
hung werde für Millionen von Menschen eine exoterische Erfahrung sein, die
zur Verfeinerung des Wahrnehmungs- und Empfindungsinstruments für hö-
here Werte und geistiges Verstehen führe und den Eingeweihten zu einem
größeren Dienst an der Welt befähige (51). Die Bewußtseinserweiterungen und
Verzichte, die zur Initiation führen, würden sich mitten im alltäglichen Leben
abspielen (146). Die Initiation sei das Zeichen für den Grad der Vergeistigung
der Materie durch die Seele (182).

Der Begriff "Evolution" beinhaltet logischerweise die Entwicklung
und damit ein Fortschreiten ohne irgendeinen Eingriff, so daß ein
"künstlicher Forcierungsprozeß", wie die Initiation, von vornherein
nicht nötig ist. Dieses unnatürliche Vorantreiben unter dem Deckmantel
der Evolution soll jedoch die Menschen nachhaltig beeinflussen, damit
sie Maitreya als Weltlehrer anerkennen.

Freiwillig würde sich kaum jemand unter die Herrschaft eines mentalen Diktators (mens = Verstand, Denken) in die geistige Unfreiheit und
Knechtschaft begeben, es sei denn, er wäre mental beeinflußt und durch
das Blendwerk der Lüge verführt. Die wider die Natur des Menschen
gerichtete "Initiation" kann aber nur dann begeistert aufgenommen
werden, wenn sie als "Evolution" verkauft wird. Dieses Zauberwort
vermag sogar darüber hinwegzutäuschen, daß die Initiation der erste
Schritt in Richtung geistiger Erstarrung durch Bindung an Satan ist und
damit der Evolution im Sinne einer geistigen Weiterentwicklung entgegensteht.

Das zweite Zauberwort ist "Bewußtseinserweiterung", von der auch häufig in der New-Age-Bewegung die Rede ist. Davon abgesehen, daß eine Erweiterung nur bis an die Grenzen des Bewußtseins möglich ist, und eine erweiterte Bewußtmachung noch lange nicht zur geistigen Vollendung führt, ist die Frage entscheidend, w o h i n sich das Bewußtsein durch die Einweihung ausweitet, wenn die Initiation durch Maitreya erfolgt. Außerdem bleibt fraglich, warum und wozu eine "Bewußtseinserweiterung" noch nötig ist, wenn wir alle schon "Götter" sein sollen.

In der New-Age-Bewegung wird die Bewußtseinserweiterung oft als Einheit mit dem Universum beschrieben, die nur im buddhistischen Nirwana erlangt werden könne. "Eine Befreiung von negativen Begierden, im Sinne der Gebote Buddhas, ist sicherlich erstrebenswert, weil der Mensch nur dadurch selbstlos und glücklich werden kann. Würde der Mensch aber jegliches Begehren verlieren, wozu auch das Begehren nach dem Nirwana zählt, könnte er die Erlösung niemals erreichen, denn ohne Aktivität ist kein Fortschritt und keine Entwicklung möglich.

So wie lebendige Geschöpfe nicht ohne Empfindungen sein können, ist das Leben ohne ein Begehren nicht möglich, denn auch die Grundbedürfnisse des Lebens nach Nahrung, Geborgenheit usw. sind Begehren. Unter diesem Gesichtspunkt bedeutet das Auslöschen allen Begehrens die Zerstörung des Lebens. Ein geistiger Stillstand kann aber nicht Sinn einer Erlösung sein!

Wenn auch die buddhistischen Gebote und die Notwendigkeit der Selbstbetrachtung positiv und selbstlos erscheinen, so ist das angestrebte Nirwana doch Ausdruck von Selbstsucht, weil nach Buddhas Lehre jeder nur sich selbst erlösen kann. Der Buddhismus verkündet die Selbsterlösung auf seelischer Ebene, während der Materialismus Ausdruck des buddhistischen Prinzips auf materieller Ebene ist."[1]

Gleichwohl wird das Nirwana als höchstes Ziel angepriesen nach dem Motto: "*Du* kommst aus dem Nichts und gehst ins Nichts". Das einzige, was der Mensch dabei unweigerlich verliert, ist das *"du"*, die Individua-

---

1   Coralf, Der Weg zur geistigen Mystik, S. 46 f.

lität! Allein darauf zielt die Initiation Maitreyas ab, den Menschen die Persönlichkeit zu nehmen und sie durch Unpersönlichkeit zu ersetzen, damit er sie nach *seinem* Willen beherrschen kann. Daß dies eine "exoterische Erfahrung für Millionen von Menschen" sein wird, steht außer Zweifel. Nur wird es sich dabei nicht um eine "Vergeistigung der Materie durch die Seele", sondern um den Tod der Seele handeln. Die Materie kann nicht vergeistigt werden, geschweige denn durch die Seele, sondern die Seele wird dadurch vergeistigt, daß sie eins wird mit dem ihr innewohnenden *reinen Gottgeistfunken* im Herzen. Durch die Initiation wird die Verbindung der Seele zu diesem Reingeist jedoch abgeschnitten, so daß sich die Seele nunmehr nicht mehr zum Geiste (Gott) hin entwickelt, sondern an die Materie gebunden bleibt. Wie endgültig diese Fehlentscheidung sein kann, offenbart folgende Botschaft:

"Was glaubt ihr, wie schmerzvoll es für Mich ist, Meine Kinder aus Meiner Nähe zu verlieren und für immer in der Fremde zu wissen, wo sie allein auf sich und Satan gestellt sind. Doch auch dort noch sorge Ich für sie und führe sie weiter wie bisher. Es ist, wie wenn der eigene Sohn nicht mehr nach Hause kehrt, weil er Meine Liebe nicht haben will. Viel lieber verbleibt er dann in der Kälte der Fremde als in der wohligen Wärme Meines Hauses, wo das Feuer des Lebens brennt.

Wer Mir folgt, weiß wohin er geht. Diejenigen aber, die Maitreya folgen, wissen es nicht. Denn Ich habe euch gesagt, wie es in Meines Vaters Haus aussieht, er aber hat euch nicht gesagt, was euch erwartet. Alle Meine Worte nützen euch aber nichts, wenn ihr sie nicht hören wollt. Denn Ich vermag zwar auf euch einreden, eure Entscheidung müßt ihr aber selbst treffen, weil euer Wille von Mir aus frei ist und nicht in Zwängen eingebunden. Wenn aber die Menschen nicht hören wollen, werden sie die Folgen ihres freien Willensentschlusses spüren müssen. Und davor kann noch nicht mal Ich sie retten, solange sie Rettung nicht wollen.

So wie man einen Arzt aufsucht, wenn man Schmerzen hat, so müssen die Menschen zu Mir kommen, um Heil zu erfahren. Denn *Ich* nur bin d e r Heiland, der eure Schmerzen, euer Leid, eure Ängste, eure Fehler und Schwächen und eure Sünden hinwegnimmt, und es auch gerne tut, so ihr Mich darum bittet. Das aber müßt ihr schon selbst tun, obgleich

Ich alles andere für euch tue. Ihr könnt nicht ermessen, was Ich für euch trage und wie Ich euch zu eurem Besten führe, da ihr Meine Allmacht nicht fassen könnt, solange *Ich* euch dieses Fassungsvermögen nicht gebe. Die Sonne und der Mond - sie vergehen. Meine Worte aber bleiben bestehen, denn Ich, der Herr, bin Gott der Allmächtige, Jesus Christus."
c

Durch die Einweihung, die als "Erleuchtung" angepriesen wird, sollen die Menschen jedoch von Gott getrennt werden. Daher werde *Maitreya die Geheimnisse des Initiationspfades lehren, d. h. den wissenschaftlichen Weg zu Gott und dadurch eine Verschiebung vom Individualismus des Fischezeitalters und dem dazugehörenden Separatismus hin zum Gruppenbewußtsein und zur bewußten Einheit im "Wassermann" bewirken (57, 63).*

Nur Liebe, Demut und Selbstverleugnung führen zu Gott und nicht Wissenschaft, die nur *Wissen schafft*, aber keine Liebe. Unsere heutige hochtechnisierte, aber lieblose Gesellschaft zeigt zur Genüge, daß die Wissenschaft nur den Verstand, nicht aber das Herz anspricht. So beruht auch das Vorhaben Maitreyas nur auf kaltem Verstandesdenken und "wissenschaftlichen" Erklärungen.

Dadurch, daß er den "Separatismus" dem Fischezeitalter und die "bewußte Einheit" *seinem* Wassermann-Zeitalter zuordnet, erweckt Maitreya den irrigen Eindruck einer bevorstehenden positiven Veränderung von Trennung zur Harmonie. In Wahrheit ersetzt er die heutige Gottesferne, das heißt die bewußt erzeugte Trennung der Menschen von Gott, durch die Trennung des Menschen von seiner Individualität. Obwohl dies eine zweifache Trennung ist, wird dieser potenzierte "Separatismus" (Gott - Mensch - Persönlichkeit) "wissenschaftlich" als "Gruppenbewußtsein" verkauft.

Die erste Einweihung werde die Geburt des Christus genannt, symbolisch dargestellt in der Geburt des Jüngers Jesus in Bethlehem. Der Mensch sei jedoch schon eingeweiht, bevor er vor dem Initiator stehe, da die menschliche Seele, der erste Meister, seinen Träger zum Einweihungspunkt bringe.

Dann trete der Meister der Hierarchie auf und bereite den Kanditaten vor, vor den Hierophanten zu treten, um von ihm den Energiestoß durch den Initiatorstab, den er trage, zu erhalten (167). Dieses mystische Erlebnis bewirke fast immer eine Störung des körperlichen Gleichgewichts. Häufig sei ein Gefühl nahendes Todes (182).

Angesichts seiner Lehre ist erstaunlich, daß Maitreya einen so unscheinbaren, in seiner Entwicklung weit unter Buddha stehenden "Jünger", wie es Jesus angeblich sein soll, immer wieder als Schlüsselfigur heranzieht, um seine Irrlehre glaubhaft erscheinen zu lassen. Indem er die "erste Einweihung" als "Geburt des Christus" bezeichnet und in Verbindung zur Geburt Jesu Christi stellt, erweckt er den Eindruck, das eine habe etwas mit dem anderen zu tun. Eine Eigenschaft wie "Christus" (von griech.: Christos = der Gesalbte) kann aber nicht "geboren" werden, geschweige denn durch die Einweihung Maitreyas.

"Wer ist der Lügner, wenn nicht der, welcher leugnet, daß Jesus der Christus ist? Das ist der Widerchrist, der den Vater und den Sohn leugnet. Jeder, der den Sohn leugnet, hat auch den Vater nicht" (1 Joh. 2/22). Durch die Einweihung Maitreyas sollen auch die Menschen dazu verleitet werden, Gott zu leugnen. Wenn, wie Maitreya behauptet, der Mensch durch seine eigene Seele schon eingeweiht sei, ist nicht einsichtig, wozu eine weitere Initiation nötig ist. Damit aber der Eindruck entsteht, für die Seele gebe es keine andere Alternative als die Initiation, wird sie als erster "Meister" der Einweihung hingestellt.

Der "Energiestoß durch den Initiationsstab" ist in Wahrheit ein Todesstoß, wie das dabei auftretende "Gefühl nahenden Todes" beweist. Dieses Empfinden tritt typischerweise bei schwarzmagischen Angriffen auf, wodurch Todesangst, Schweißausbrüche, geballte Negationen (vor allem im Sonnengeflecht) und ein plötzlicher Energieabfall hervorgerufen werden. Wer derartige Angriffe am eigenen Leib schon erlebt hat, weiß, wie destruktiv deren Wirkung sein kann.

Völlig entgegengesetzt sind dagegen die Empfindungen einer gottverbundenen Seele. Das Hinwenden zum Geistigen bewirkt, daß die Seele vom Geisteslicht durchflutet und dadurch *frei* wird von allen irdischen Zwängen und Negationen, der Körper wird energetisch aufgeladen und nicht - wie bei der Initiation - entladen, während sich im Herzen ein übermächtiges Glücksgefühl von Liebe und inneren Frieden einstellt.

Da den meisten solche Erfahrungen fehlen, kann Maitreya ohne weiteres behaupten, daß die negativen "Begleiterscheinungen" der Einweihung völlig normal, ja sogar positiv seien. Sind die Menschen davon erst einmal überzeugt, werden sie die eigenen körperlichen und seelischen Abwehrreaktionen gegen die Einweihung nicht mehr als Warnung, sondern als natürliche Nebenwirkung ansehen.

*Maitreya sei der Initiator der ersten beiden Einweihungen, während die dritte und vierte Einweihung durch den Herrn der Welt, **Sanat Kumara**, in **Shambhala** empfangen werde, wie geschrieben stehe: "Ich bin der Weg, die Wahrheit und das Leben. Niemand kommt zum Vater denn durch mich". Diese Worte des Christus seien esoterische Wahrheiten, aber von den Kirchen - ganz falsch - dahingehend ausgelegt worden, daß die Christenheit (oder genauer die Kirchen) der einzige religiöse Weg sei (167). In diesem Sinne, als "verkörperte Christusenergie", sei der Christus wirklich "der Weg". Ebenso könne nur jemand, der bei den ersten Einweihungen vor dem Christus gestanden habe, den Kontakt zur Monade, dem Geist, dem "Vater im Himmel", eröffnen, der zur dritten Einweihung vor Sanat Kumara, dem Herrn der Welt führe (168).*

Würde Maitreya die Bibel so gut kennen, wie er vorgibt, wüßte er, daß das Zitat: "Ich bin der Weg und die Wahrheit und das Leben; niemand kommt zum Vater außer durch mich" (Joh. 14/6) von *Jesus Christus* stammt. Wenn *Jesus* d e r *Weg* ist und Maitreya als Christus durch ihn angeblich gewirkt hat, müßte auch er die Menschen zu Jesus führen. Da er sie aber nicht in das geistige Reich Gottes, sondern in das Reich des "Herrn der Welt" führt, ist *Maitreya* d e r *Irrweg*.

Der "Vater im Himmel" ist bei ihm identisch mit dem "Herrn der Welt", obwohl Himmel und Hölle so gegensätzlich sind wie Geist und Materie. Seiner Lehre zufolge, wonach Gott, Mensch und Natur eins und die Menschen Götter seien, dürfte es einen "Vater im Himmel" überhaupt nicht geben.

Und wenn Jesus *der* Weg ist, kann es nicht plötzlich eine unpersönliche "verkörperter Christusenergie" sein. Energie kann sich weder selbst verkörpern noch einem Titel (Christus = der Gesalbte) zugeordnet werden. Davon lenkt Maitreya gekonnt ab, indem er den Ausspruch Jesu, "Ich bin der Weg . . . ", dem religiösen Machtanspruch der Kirche gleichstellt und so die Gläubigen in ihrer oft berechtigten Unzufriedenheit mit der Kirche anspricht.

Durch ihre dogmatischen Lehren hat sich die Kirche zunehmend *vor* Gott gestellt und damit den Weg *zu* Gott versperrt. Indem sich die Kirche gegen Neuoffenbarungen Gottes verschließt, entzieht sie sich zudem selbst die Möglichkeit, die vielen Fragen der Menschen einleuchtend und zeitgerecht zu beantworten, was zahlreiche Kirchenaustritte zur Folge hat. Bei dieser Abkehr vom Glauben wird oft außer acht gelassen, daß Jesus Christus *der* Weg zu Gott ist, und nicht die Kirche.

*Die **erste Einweihung** sei die "zweite Geburt" in der Bibel und äußere sich in der Kontrolle über den physischen Körper, insbesondere über die devischen (oder elementaren) Leben, die den Körper des Menschen bilden. Es werde das Herzzentrum aktiviert und die Sexualenergien des sakralen Zentrums würden zum Kehlzentrum aufsteigen (184).*

*Mit der **zweiten Einweihung** beherrsche der Mensch seinen astral-emotionalen Körper, das nenne man die "Tauf-Initiation, und sie wird für uns durch die Taufe im Jordan symbolisch veranschaulicht". Die Seele werde nun zu einem konformen Träger für die buddhistische oder intuitive Bewußtseinsstufe.*

*Die **dritte**, die erste wirkliche Seelen-**Einweihung**, nenne man die "Transfiguration, und sie ist in der Verklärung Jesu am Berg versinnbildlicht". Die Seele spreche nunmehr auf die Energie der Monade an und werde von Liebe, Weisheit und dynamischem Willen, die Attribute der Seele, durchleuchtet (168, 172 f., 184).*

Abgesehen davon, daß die Einweihung durch Maitreya der Wiedergeburt im Geiste diametral entgegensteht, besteht zwischen dem Herzzentrum und den "Sexualenergien des sakralen Zentrums" keinerlei Verbindung. Obwohl das Herz das *heilige* Zentrum im Menschen ist, weil dort der Gottgeistfunke sitzt, wird hier das Sexualchakra (Steißbeinchakra) - Sitz des Willens und des Triebes - als "sakral" bezeichnet. Damit ist nicht mehr die Liebe, sondern das Ego heilig, dessen Ausweitung auch auf die anderen Chakren durch die *Kundalini-Meditation* erreicht werden soll.

Ebenso widersinnig ist der Bezug der Einweihung zur *Taufe*, deren Kennzeichen ja gerade das Bekenntnis zu Gott und nicht zu Satan ist. Die *Wassertaufe* des Johannes, die von seinen Jüngern fortgesetzt wurde, ist nur ein äußeren Zeichen dafür, daß der Wille zur Buße besteht (vgl. Apg. 2/38). Das Erkennen und Handeln nach der Wahrheit Gottes dagegen ist die wahre Taufe, weil sie, mit dem Feuer der Liebe zu Gott und zum Nächsten und mit dem lebendigen Eifer des Willens zum Guten, innerlich im Herzen durch den freien Willen der Seele erfolgt. Damit ist die *Feuertaufe* mit dem Heiligen Geist durch Jesus Christus gemeint (vgl. Mat. 2/11), "den die empfangen sollten, welche an ihn glaubten" (Joh. 7/39).

Daher sagte Johannes der Täufer: "Ich taufe mit Wasser; mitten unter euch steht der, den ihr nicht kennt, der nach mir kommt; und ich bin nicht würdig, ihm den Schuhriemen zu lösen... Am folgenden Tage sieht er Jesus auf sich zukommen und sagt: Siehe, das Lamm Gottes, das die Sünde der Welt hinwegnimmt! Dieser ist's, von dem ich gesagt habe: Nach mir kommt ein Mann, der vor mir gewesen ist; denn er war als Erster vor mir (Joh. 1/26 ff.). Und er ist das Ebenbild des unsichtbaren Gottes, der Erstgeborene der ganzen Schöpfung" (Kol. 1/16). Was bei der Wassertaufe Jesu durch Johannes in Wirklichkeit geschah, wurde mir wie folgt offenbart:

"Nicht kam das Licht, die Taube, auf Mich herab, sondern aus Mir heraus. Die Menschen hätten es aber zu der Zeit nicht fassen können, daß Ich, Jesus Christus, Gott selbst bin, denn sie hätten nur Meinen Körper verehrt, aber nicht Meinen Geist in Mir, der ausmacht Jesus Christus. Der Gesalbte, wie man Mich auch nannte, war eine Salbung aus Mir heraus, auf die Wunden Meines Herzens. In tiefster Demut bin Ich herabgestiegen zu euch, damit Ich euch sein kann die Salbe auf den Wunden eurer Herzen. Werdet Meine Jünger, Jünger Gottes durch Jesus Christus." *r*

Die Neuoffenbarung durch Jakob Lorber bestätigt dies, wo Jesus auf die Frage, woher die Flamme über seinem Haupte und die Stimme gekommen sei: 'Seht, dies ist Mein geliebter Sohn, an dem Ich ein Wohlgefallen habe; den sollt ihr hören', antwortete: "Von wo anders her konnte das wohl kommen als allein nur von Mir her und von Mir aus?! Oder meinst du, daß etwa hinter den Sternen ein Vater im endlosen Raume wohnt, der die Flamme über Mein Haupt herabkommen ließ und dann etwa auch aus der unendlichen Höhe die gewissen Worte herab auf diese Erde geredet hat? O du schöne blindeste Blindheit der Menschen! Wenn der ewige Vater in Mir, Seinem ebenso ewigen Sohne, wohnt in der Art, wie Ich sie euch nun klar genug gezeigt habe, von woher kann da die Flamme und die Stimme gekommen sein?"[1]

Die "Tauf-Initiation" Maitreyas hingegen führt nicht zur geistigen Taufe, sondern zur "dritten Einweihung", bei der die Seelen der Menschen über die "buddhistische Bewußtseinsstufe" eingefangen werden. "Siehe, der Satan hat sich euch von Gott ausgebeten, um euch im Sieb zu schütteln wie den Weizen" (Luk. 22/31).

*Jesus sei als Eingeweihter dritten Grades zur Welt gekommen und habe durch die **vierte Einweihung** gehen müssen, was er auch in voller körperlicher Präsenz getan habe, um uns diese Erfahrung des Verzichts symbolisch vorzuführen. Im Westen nenne man sie Kreuzigung, im Osten den großen Verzicht auf Positionen, Familie, selbst auf das Leben, wenn nötig, für das höhere, geistige Leben. Wenn ein Mensch diese Einweihung erfahre, habe er für immer den Bannkreis der Persönlichkeit verlassen; der Kausalkörper werde zerbrochen und die Seele werde von der Monade resorbiert (190).*

Wer seine Persönlichkeit aufgibt, wird in der Tat von der *Monade* (von griech.: monas = allein), dem Weltgeist, "resorbiert". Wer dagegen mit Gott verbunden bleibt, kann dieser Gefahr entgegen treten. Daher auch das Bestreben Maitreyas, die Menschen irrezuleiten, damit sie von Gott

1   Lorber, Johannes das Große Evangelium, Bd. 4, Kap. 253.

getrennt werden. Dabei stellt sich Maitreya über Jesus, obwohl er dessen
"vierte Einweihungsstufe" garnicht erreicht haben kann, da er n i c h t
gekreuzigt worden ist. Von einem "großen Verzicht" kann ebenso wenig
die Rede sein, da Maitreya als "Weltlehrer" *alles* anstrebt.

Dann folge (und das sei das Herzstück der christlichen Evangeliengeschichte)
die fünfte Einweihung, die Auferstehung, die durch die Auferstehung des
Leibes Jesu nach der Kreuzigung symbolisiert sei. Das Auffahren, "symbolisiert
in der Himmelfahrt des Christus nach seinem Erscheinen vor den Jüngern im
Auferstehungskörper des Jesu", kennzeichne die **sechste Einweihung** *und*
bringe dem Meister kosmisches Bewußtsein und die völlige Unsterblichkeit des
Körpers. Jede Einweihung durchschreite man nur einmal (168 f., 173, 183).

Obwohl Jesus *gekreuzigt, auferstanden* und *aufgefahren* ist, setzt sich
Maitreya als "Christus" an seine Stelle, als ob *er* durch sein Blut die
Sünden der Welt auf sich genommen und unsere Erlösung bereitet hätte.
"G o t t ist die L i e b e und der S o h n ist Dessen W e i s h e i t. Also
aber liebte Gott die Welt, daß Er Seinen eingeborenen Sohn, d. h. Seine
aus Ihm Selbst von Ewigkeit hervorgehende Weisheit, in diese Welt gab,
auf daß alle, die an Ihn glauben, nicht verloren werden, sondern das
ewige Leben haben sollen!"[1] Wenn schon ein Mensch dazu in der Lage
ist, das Leben für sein Kind hinzugeben, um wieviel mehr wird Gott ein
solches Opfer vollbringen können.
"Der Messias als nun ein Menschensohn ist nicht gekommen zu richten
diese Welt, sondern nur, um zu berufen alle, die nun wandeln in der
Finsternis des Todes, zum Reiche der Liebe, des Lichtes und der Wahrheit! Bis jetzt ist noch keine Seele, die den Leib verließ, der Erde entrückt
worden; zahllos viele, von Adam angefangen bis zur Stunde, schmach-
ten sie noch alle in der Nacht der Erde. Aber von nun an erst werden sie
frei! Und wann Ich in die Höhe fahren werde, werde Ich allen den Weg
von der Erde in die Himmel öffnen, und sie werden alle eingehen auf

---

1   Lorber, Johannes das Großes Evangelium, Bd. 1, Kap. 21.

diesem Wege zum ewigen Leben! Siehe, das ist das zu vollbringende Werk des Messias, und nicht irgend etwas anderes!"[1]

Solches konnte nur vom Schöpfer selbst in seiner unendlichen Liebe vollbracht werden. Denn "der höchste Hochmut kann nur durch die tiefste Demut zugrunde gerichtet werden, und es ist alsonach notwendig, daß an Mir solches verübt werde. Wenn ihr aber solches vernehmen werdet, so entsetzet euch nicht darob; denn Ich werde nicht im Grabe verbleiben und verwesen, sondern am dritten Tage wieder auferstehen, und also, wie Ich nun da bei euch bin, also werde Ich wieder zu euch kommen! Und erst das wird euch allen das größte und wahrste Zeugnis von Meiner göttlichen Sendung in eure Seelen geben und vollends stark machen euren Glauben"[2], prophezeite Jesus seinen Jüngern. "Und niemand ist in den Himmel hinaufgestiegen außer dem, der aus dem Himmel herabgestiegen ist, der Sohn des Menschen, der im Himmel ist (Joh. 3/13). Jetzt ergeht ein Gericht über die Welt; jetzt wird der Fürst dieser Welt hinausgeworfen werden. Und wenn ich von der Erde erhöht bin, werde ich alle zu mir ziehen" (Joh. 12/31 f.).

Hätte Satan die geistigen Hintergründe des Erlösungswerkes gekannt, hätte er die Kreuzigung Jesu mit allen Mitteln verhindert, um dadurch die zahllosen in der Welt gefangenen Seelen weiter an sich zu binden. Durch die Kreuzigung Jesu aber wurde "der Fürst der geistigen Finsternis, der nun die Menschenwelt beherrscht hat, . . machtlos" und wird "die Menschen nicht mehr so sehr wie bis jetzt verführen und sie ins Verderben stürzen können. Der Fürst aber heißt 'Satan', das ist Lüge, Trug, Stolz, Habsucht, Eigenliebe, Neid, Haß, Herrschgier und Mordlust und allerlei Hurerei. Der höchste Hochmut kann nur durch die tiefste Demut zugrunde gerichtet werden, und es ist alsonach notwendig, daß an Mir solches verübt werde"[3], sprach Jesu über den Zweck der Kreuzigung.

1   Lorber, Johannes das Großes Evangelium, Kap. 62.
2   Ebda., Bd. 5, Kap. 220.
3   Ebda.

Obwohl Satan die Seelen der Menschen, die sich zu Jesus Christus bekennen, in der Welt nicht mehr gefangen halten kann, besitzt er immer noch die Macht, die Menschen durch seine "Einweihungen" von Gott fernzuhalten.

Guru Dev, der Lehrer von Maharishi Makesh Yogi, sei ein sehr hoher Meister, der die "Himmelfahrt"-Einweihung habe, d.h. eine Einweihung sechsten Grades (239).

Fraglich bleibt, wann dieser "Meister" gekreuzigt wurde und wie er als Diener Satans in den Himmel fahren konnte. Der "Heiligkeit" Maharishi zufolge besteht die allmächtige Natur eines persönlichen Gottes nämlich darin, "daß sein Geist und Verstand, sein Intellekt und sein Ego vollkommen sind"[1], womit klar ist, von wem hier Zeugnis abgelegt wird.

Das Evolutionsziel sei erreicht, wenn der Eingeweihte für immer vom Sog der Materie völlig befreit sei, ein vollkommener Meister werde, um dem Plan des Logos zu dienen (169 ff.). Wenn der Eingeweihte seiner Vollendung entgegengehe, müsse er die Kontrolle über die physische, astrale und mentale Ebene haben (186). Alles, was er dann tue, geschehe unter dem göttlichen Willen, dem Willen zum Guten für den hierarchischen Plan (189).

Wie soll der Mensch als Magier die Materie überwinden können, wenn er dem Herrn der Materie dient? Eine "Vollkommenheit" in der Materie gibt es ebenso wenig wie der "Plan" Satans "göttlich" ist. Außerdem besteht die "Vollendung" nicht darin, "Kontrolle" über die "physische, astrale und mentale Ebene" zu haben, sondern sich *geistig* zu vollenden. Einem Menschen mit Macht-Gier wird dies niemals gelingen, auch wenn er sich über Inkarnationen hinweg in seinen magischen Fähigkeiten übt. Nicht der Wille, sondern Liebe und Demut führen in das Reich Gottes.

---

1   Maharishi, Die Wissenschaft vom Sein und die Kunst des Lebens, S. 310.

*So fromme Menschen wie z. B. Annie **Besant** und Mary **Baker-Eddy** seien* **Hitler** *und* **Stalin** *nicht gewesen. Man müsse zwischen machthungrigen Menschen wie Stalin unterscheiden und einem Hitler, der auf dem Pfad der linken Hand und, überwältigt von den Mächten des Bösen, wie wir die Herren der Materie nennen, tatsächlich völlig besessen gewesen sei. Hitler bleibe Eingeweihter seines speziellen Grades, müsse aber sein Karma, das durch seinen "Rückfall" entstanden sei, abarbeiten, bevor er wieder weiter vorankommen könne (188 f.).*

*Wie jede andere Seele sei auch Hitlers Seele göttlich. Die teuflische Persönlichkeit Hitlers sei völlig vom Einfluß seiner Seele abgeschieden gewesen und so von den Vertretern des Bösen benutzt worden (155). Wie **Ghandi** sei auch Hitler Eingeweihter zweiten Grades gewesen. Man erkenne den Jünger daran, wieweit er seinen eigenen Bereich unter Kontrolle habe, während man den Eingeweihten am Ausmaß seines Dienstes an der Welt erkenne (180).*

Die Satansanbetung der Besant und Überheblichkeit der Baker-Eddy, die vor ihrem Tod ihre "Auferstehung" nach sechs Monaten prophezeite, als Frömmigkeit hinzustellen, spottet jeder Beschreibung. Noch absurder ist, daß Hitler trotz seiner völligen Besessenheit und der vollbrachten Greueltaten "Eingeweihter" geblieben sein soll. Daraus kann nur gefolgert werden, daß sein "Dienst an der Welt" trotz (oder gerade wegen?) der Millionen von Menschen, deren Leben er auf dem Gewissen hat, so beträchtlich gewesen sein muß, daß ihm die "Einweihung" belassen wurde, er dafür aber Karma abtragen müsse. Dadurch, daß der "göttlichen" Seele Hitlers seine "teuflische" Persönlichkeit gegenüber gestellt wird, entsteht zudem der irrige Eindruck, die Persönlichkeit sei etwas Negatives und unabhängig von der Seele. Negativ ist jedoch nicht die Individualität, sondern das Ego.

Die Voraussetzungen der Einweihung seien - laut Creme - die Reinheit des physischen Körpers, der Gefühle, des Denkens und der Motive. Wesentlich dabei sei eine vegetarische Kost, da der Fleischgenuß die Vibrationsrate des menschlichen Körpers senke. Für die breite Masse der Menschheit sei Fleisch vollkommmen in Ordnung; erst auf demWeg der Jüngerschaft und auf dem Einweihungspfad solle man Fleisch vom Speisezettel streichen.

Die Tatsache, daß jetzt einige Millionen Menschen vor der ersten Einweihung stehen würden, zeige sich daran, daß sie bewußt oder unbewußt auf die inneren Vorschriften der Seele reagieren würden (171, 179).

Die Reinheit des Herzens, auf die es allein ankommt, kann nicht durch Äußerlichkeiten, wie eine vegetarische Kost, erzielt werden, sondern einzig und allein durch die *innere Reinigung* des Menschen. Daher hat Jesus gesagt: "Nicht das was in den Mund hineinkommt, verunreinigt den Menschen, sondern was aus dem Munde herauskommt, das verunreinigt den Menschen", weil es aus dem Herzen kommt. "Denn aus dem Herzen kommen böse Gedanken, Mord, Ehebruch, Unzucht, Diebstahl, falsches Zeugnis, Lästerung" (Mat. 15/11, 19).
In der Neuoffenbarung durch Lorber bekundet Jesus, daß er am liebsten *Fische* aß, "weil diese am meisten der gegenwärtigen Menschheit in ihrer Erkenntnis gleichen; diese sollen in Mir zum Leben, zum Geistesleben und zu dessen Lichte gelangen." Und auf die Frage, warum er die Menschen mit den Fischen, den dümmsten aller Tiere, vergleiche, antwortete Jesus: "Da hast du wohl nicht ganz unrecht; aber dennoch sind die Menschen zum allergrößten Teil nun noch dümmer als die Fische im Wasser. Willst du einen reichen Fischfang machen, so fische in der Nacht beim Lichte der Fackeln; daraus wirst du - wenigstens in der natürlichen Hinsicht - entnehmen, daß die Fische sicher nicht lichtscheu sind, da sie sich an der Stelle sammeln, wo sie ein Licht gewahr werden.
Ich aber bin das Licht alles Lichtes und bin das Leben alles Lebens! Sieh aber nur die Menschen an, und du wirst erstaunen über die kleine Zahl derer, die Mir in ihrem Herzen gläubig und liebend in ihrem Weltsinnswasser zuschwimmen und sich von Mir ins Reich Gottes fangen lassen! Daher vergleiche ich nur jene wenigen Menschen mit den Fischen, die Mich als das wahre Licht der Welt und als die Sonne der Himmel erkennen und Mir zuschwimmen und sich von Mir zum ewigen Leben fangen lassen."[1]

1   Lorber, Johannes das Große Evangelium, Bd. 9, Kap. 116.

Daher hat Jesus bei der Speisung der Fünftausend und später der Viertausend (Mat. 14/13-21) Fische und nicht Körner materialisiert und seine Jünger "Menschenfischer" genannt, damit die Menschen daran erkennen sollten, wofür Er in die Welt gekommen ist. Viele haben den tieferen Sinn dieser symbolischen Handlungen nicht begriffen, so wie auch heute viele nicht erkennen, daß sie im finsteren Tümpel der Welt nur tote "Fische" sind, solange sie sich nicht zum wahren Licht hin bewegen.

Dieses Licht soll den Menschen durch die Einweihung vorenthalten werden, damit sie die Dunkelheit um sich nicht als solche erkennen. Die vegetarische Kost wird dabei als Köder für gesundheitsbewußte Menschen eingesetzt. Indem der Vegetarismus als Kennzeichen eines "Jüngers" oder "Eingeweihten" und damit als ein besonderes (spirituelles) Merkmal dargestellt wird, werden viele darin nicht nur die Bestätigung ihrer Lebensweise finden, sondern sich in ihrem Ego bestärkt fühlen, etwas Besseres zu sein.

Obwohl auch Pflanzen ebenso wie Tiere eine Seele haben, wird den Menschen suggeriert, daß die Schlachtung der Tiere grausam sei, während das Schneiden von Pflanzen human sein soll. Auch wenn der Schrei einer Pflanze im Gegensatz zum Todesschrei eines Tieres akustisch nicht wahrgenommen werden kann, heißt das noch lange nicht, daß Pflanzen kein Schmerzempfinden haben. Wissenschaftliche Studien belegen, daß Pflanzen nicht nur Schwingungen empfinden, sondern aufgrund ihres "Erinnerungsvermögens" auch in der Lage sind, bestimmte Empfindungen einer konkreten Ursache zuzuordnen.

Im übrigen stehen Tiere schwingungsmäßig über dem Pflanzenreich, so daß ihr Genuß die "Vibrationsrate des menschlichen Körpers" nicht senkt, sondern erhöht. Das Züchten der Tiere zum Verzehr entbindet uns Menschen jedoch nicht von einer humanen Tierhaltung und Schlachtung, im Gegensatz zur heutigen grausamen Praxis!

Transmissionsmeditation (TM)

Creme behauptet, daß er kein anderes Mittel kenne, der Welt einen so wirksamen, wertvollen und wichtigen Dienst zu erweisen, der so leicht und einfach sei, als still zu sitzen und die Energien der Hierarchie aufzunehmen und weiterzuleiten, wie es in der Transmissions-Meditation (TM) geschehe, wo eine Hinwendung nach innen nicht erforderlich sei (311, 326).

*Es sei der einfachste Weg mit den Meistern zu arbeiten, die seit Millionen von Jahren beschäftigt seien, die Energie, deren Hüter sie seien, durch Gruppen in der Welt zu transmittieren. Das könnten Christen, Juden oder Hindus oder auch spezifische Gruppen wie die **Theosophen** oder **Rosenkreuzer** usw. oder auch **Nichtesoteriker** sein (312, 320). Jede Versammlung zu Gebet oder Meditation sei eine Form von Transmission, wenn dabei eine Anrufung erfolge (338).*

Wären die Meister so "vollendet", wie sie vorgeben, hätten sie die Menschen nicht nötig, um ihre Energien weiterzuleiten. Als Magier sind sie jedoch auf diese ununterbrochene Energiezufuhr angewiesen, um ihre magische Macht und ihren Mayavirupa zu erhalten. Diesem Zweck dienen die TM-Gruppen. Dadurch, daß den Menschen ein Gefühl von Wichtigkeit bei der Unterstützung der Arbeit der "Meister" suggeriert wird und sie dazu veranlaßt werden, *"regelmäßig"* und *"jedesmal am gleichen Wochentag"* (312, 321) auf ein "Meister-Bildnis" zu meditieren, sind sie direkt mit Shambhala verbunden.

Die Meister können dann in aller Stille die - durch Gruppenmeditation potenzierte - Energie der versammelten Menschen magisch aufnehmen, ohne sich in mühevoller Konzentrationsarbeit auf ein bestimmtes Opfer fixieren zu müssen. Die Regelmäßigkeit der Treffen erleichtert zudem die Kontrolle über die Gruppe. In ihrer Leichtgläubigkeit suchen die Menschen nicht nur kritiklos solche Gruppen auf, sondern bezahlen auch noch viel Geld, um sich als Energiedepots mißbrauchen zu lassen. Eine Hinwendung nach innen ist bei diesem Energieraub auch nicht erforderlich, da es nur *Aufgabe der Menschen sei, als eine Art "Börse" für Energien zu fungieren (310)*.

Unzutreffend ist auch die Behauptung, Christen wie Freimaurer könnten gleichermaßen die Energie "weiterleiten", da ein Wirken der Meister ausgeschlossen ist, wenn Gottes Schutz eingreift. Das *Gebet* ist jedoch *keine Anrufung*, da sich Gott weder herbeizitieren noch magisch beherrschen läßt, sondern nur in der Reinheit des Herzens durch Liebe und Demut zu finden ist.

Durch die TM würde das Denken zentriert, unglaublich klar und kreativ, und der Prozeß der Polarisierung beschleunigt (181, 324). Der Mensch werde nach etwa sechs Monaten innerlich, psychologisch umgestaltet (311). Die TM sei für jeden im Alter über 12 Jahre geeignet. Bei Kindern unter diesem Alter seien die Zentren oder Chakras dagegen noch nicht voll stabilisiert (334).

Davon abgesehen, daß Kinder unter einem verstärkten göttlichen Schutz stehen, weil ihr Wille nicht voll ausgebildet ist und sie die Tragweite ihrer Entscheidungen noch nicht überblicken können, würde die TM bei ihnen noch nicht die erwünschte mentale Beeinflussung auslösen, weil bei ihnen das Denken noch nicht im Mittelpunkt steht. Die verstandesorientierten Erwachsenen hingegen können durch eine regelmäßige Wiederholung der TM über das Denken (Seele) in die gewünschte Richtung gelenkt werden. Und weil ein geistiger Ausgleich (Herz) fehlt, bewirkt die TM, ähnlich wie bei den *Scientologen*, eine Gehirnwäsche, wodurch den Menschen die Möglichkeit entzogen wird, ihre eigene Situation *unbeeinflußt* zu analysieren.

Zu Beginn solle man die **Große Invokation** *sprechen, womit die Energie der Hierarchie angerufen werde, oder Kassetten der Botschaften von Maitreya hören, weil dadurch die Energie, die mit der Botschaft übermittelt und auf dem Band magnetisch festgehalten worden sei, freigesetzt würde. Ein wichtiger Aspekt der Transmissionsarbeit sei die* **Gleichschaltung zwischen dem physischen Gehirn und der Seele** *(313 f.), wodurch die Seele auf Maitreya und* *die Hierarchie gelenkt werde und die Transmission, die grundsätzlich von der Seelenebene ausgehe, ermögliche (324). Durch das Mantram* **OM** *solle die Konzentration auf das Agni-Zentrum, das Herzzentrum im Kopf, gelenkt werden, damit die Energien besser in die Welt gelenkt würden (326 f.). Mantrams könnten auch negative Wirkungen hervorrufen. Je weiter fortgeschrittener der Benutzer eines Mantrams sei, desto stärker und richtiger sei die Wirkung, die auch bloß eine hypnotische sein könne (328).*

So wie die *Master-Kassetten* der Rock-Musik, so werden auch die Kassetten von Maitreya schwarzmagisch aufgeladen, d.h. von Dämonen begleitet, die ihren satanischen Bann bei jedem Zuhören entfalten, was nicht selten zu Besessenheit führt. Die eisige Kälte, die von den Büchern Cremes ausgeht, läßt vermuten, daß auch diese aufgeladen sind. Daher sollte vor der Lektüre ein Schutzgebet nicht fehlen. Außerdem sollten solche Werke, die oft Ausgangspunkt der Konzentrationsarbeit eines Magiers sind, möglichst außerhalb der Wohnung aufbewahrt werden, weil dadurch der *Kulminationspunkt* (von lat.: culmen = der höchste Punkt) verlagert und die negative Wirkung abgeschwächt werden kann.

Wenn auch nur in einem Satz erwähnt, gibt Creme die negative Wirkung von Mantrams sogar selbst zu. Ob auf hypnotischer Basis oder durch mentale Beeinflussung, die mantrischen Anrufungen bewirken nichts anderes, als daß die Menschen beeinflußt und dadurch unfrei in ihrem eigenen Willen werden.

Eine Grundeinheit von drei Leuten bilde ein Dreieck; zehn Leuten würden schon 120 Dreiecke ermöglichen, und durch diese Vervielfältigung könnten enorm starke Energien, abgesichert durch relativ unerfahrene Gruppen, geleitet werden (321 f.). **Maitreya** *stehe* **im Zentrum eines Dreiecks** *von kosmischen Energien und transformiere sie herunter auf die physische Ebene, so daß sie für einen größeren Teil der Menschheit nützlich werden können (315, 324, 329). Die TM schaffe ein Energiepool von lebenswichtiger Bedeutung und gewährleiste, daß der Christus seine* **Mission** *im vollen Sinn des Wortes beginnen könne (337).*

Bedingt durch die Dreiheit - *Satan, Maitreya, Buddha* - werden auch die TM-Gruppen zu Dreiecken formiert, um eine bessere "Transmission" satanischer Energien zu gewährleisten, die sich potenzieren, je mehr Dreiecke gebildet werden.

Alle TM-Mitglieder, ob bewußt oder unbewußt, tragen daher eine nicht unerhebliche Schuld am Aufbau der ungeheuer negativen Schwingungen in der Welt, weil sie durch diese Anrufungen die "Mission" Maitreyas erheblich unterstützen. "Ihr könnt nicht den Kelch des Herrn trinken und den Kelch der Dämonen; ihr könnt nicht am Tisch des Herrn Anteil nehmen und am Tisch der Dämonen - oder wir fordern sonst den Herrn heraus" (1. Kor. 10/21 f.)!

Damit die Menschen ständig mit Anrufungen beschäftigt werden, heißt es, *daß jeder Gewinn an Wissen geteilt werden müsse, sonst würden sich Magenverstimmungen und Schmerzen einstellen, worauf schon A. Bailey hingewiesen habe (307).*

Sobald also der Mensch nicht mehr "planmäßig" für die Dunkelheit wirkt, drohen schwarzmagische Angriffe, trotz der angeblichen "Freiwilligkeit". Wenn auch die TM in höchstem Maße negativ ist, sollte man sich davon nicht abschrecken lassen, überhaupt zu meditieren. Meditation bedeutet nichts anderes, als in die Stille, in sein Inneres zu gehen. Nur sollte man vorher Gottes Schutz erbitten, um negative Einflußnahmen von vornherein auszuschließen.

V

Das Bollwerk gegen Maitreya

Ein weiterer Köder Maitreyas, Seelen einzufangen, sind seine "Strahlenstrukturen", womit er die Menschen in ihrem Ego bestärkt, einem bestimmten (hohen) "Entwicklungsstand" anzugehören.

"Doch wo stehen sie denn in der Entwicklung, wenn sie nicht vor Gott, sondern vor Satan stehen? Sie stehen am Anfang des Endes ihrer Entwicklung, vor ihrem geistigen Tod. Denn entwickeln kann sich der Mensch nur in der Bewegung, im Leben. Wer aber zu Stein wird, kann sich nicht mehr bewegen, sondern ist tot. Daher habe Ich euch gesagt, werdet demütig wie Wasser, denn nur das Wasser fließt und vermag den Stein zu formen. Der Stein ist kräftig, das Wasser aber ist mächtiger, weil es den Stein liebevoll zu weicheren Formen umbilden kann. Der Mensch versteinert, wenn er nicht zu Wasser wird, sondern in der starren Härte der Materie gefangen bleibt. Jesus Christus." *c*

Diese Erkenntnis will Maitreya dadurch verhindern, daß er den Menschen vortäuscht, sie *seien solare Engel und ihrer Natur nach die dreifache Wirklichkeit von Gott, Seele und Persönlichkeit (108) und jede Seele sei ein individualisierter Teil einer Überseele, in der alle Seelen eine Einheit seien.* An anderer Stelle heißt es dann, *es gebe nicht so etwas wie eine separate, individuelle Seele (107, 290).* Andererseits aber behauptet er, *die Persönlichkeit (!) müsse sich mit der selbstlosen Natur der Seele identifizieren (303).*

Dieses Verwirrspiel zielt darauf ab, den Menschen den Verzicht auf ihre Persönlichkeit schmackhaft zu machen. Die "Einheit" aller Seelen in der "Überseele" läßt die *eigene* Seele schnell vergessen, erst recht, wenn die Individualität als etwas Negatives dargestellt wird, das der Mensch ablegen sollte. Wohl deshalb, um einen Zugriff auf die eigenen Seele nicht mehr abwehren zu können?

Maitreyas Anliegen erscheint um so widersinniger angesichts seiner Behauptung, *alles unterliege dem beherrschenden Grundgesetz des Karma, das allerdings unter dem Gesetz der Liebe, die in der Gerechtigkeit sei, stehe (278). Das Karma stehe unter der Gerichtsbarkeit der Herren des Karma, die wie kosmische Richter eng mit dem Herrn der Welt zusammenarbeiten und das Gesetz von Ursache und Wirkung verwirklichen würden (266 f.). Haß, Ängste, Eigensucht, Neid und unser permanentes Leid würden wir selbst verursachen (277).*

An anderer Stelle aber heißt es: *Wir hätten keine Macht über das, was sich in unserem Leben ereignen würde und könnten uns nur durch Gleichgültigkeit von dem Geschehen distanzieren. Unser höchstes Ziel, kein Karma zu bewirken, könnten wir entweder dadurch erreichen, daß wir vollkommen seien oder tot (267 f.).*

Vollkommenheit und Tot-Sein sind indes so verschieden wie das ewige Leben und der geistige Tod. Und das starre Gesetz von Karma, in dem für Barmherzigkeit kein Platz ist, so kalt, wie das Verstandesdenken Maitreyas. Barm*herzig* sein heißt, nicht stur nach dem Gesetz sondern nach dem Herzen zu urteilen. Dazu aber bedarf es der Liebe, die dem Herrn der Welt am meisten fehlt. Daher kann er die Menschen auch nur *durch* das Gesetz anklagen, während Gott durch die Liebe *über* dem Gesetz steht.

Wäre alles Leid das Ergebnis des Karma und würde der Mensch machtlos wie ein Spielball vom "Herrn der Welt" durch das Schicksal geworfen, kann der Mensch im übrigen nicht *die* Ursache für all sein Leid sein. Wenn auch alles, was uns im Leben begegnet, von Gott vorherbestimmt ist, liegt es allein an unserem freien Willen, *wie* wir uns in der jeweiligen Situation entscheiden.

Damit dieser Wille nicht mehr frei, sondern gelenkt ist, sollen die Menschen über das scheinbar unabänderliche Gesetz von Ursache und Wirkung von ihrer angeblich ausweglosen Situation überzeugt werden und den Tod als einzige Lösung ansehen, wobei das anerzogene Desinteresse auch eine Gleichgültigkeit gegenüber sich selbst sichert.

Dadurch ist schließlich gewährleistet, daß die Menschen nichts mehr hinterfragen, sondern alle Ereignisse, seien sie noch so furchtbar, stumm über sich ergehen lassen.

Wie widersinnig das Gesetz von Ursache und Wirkung ist, zeigt sich schon daran, daß es eine Weiterentwicklung des Menschen ausschließt. Wenn beispielsweise A den B tötet, weil das Karma des Opfers B diese Handlung abverlangt, baut sich A durch seine Tat erneut Karma auf. Nach dem Gesetz müßte er nun ebenfalls getötet werden. Denkt man dieses Prinzip zu Ende, dürfte es irgendwann nur noch Opfer und damit ewige Gefangenschaft im Rad des Schicksals geben, zumal eine Erlösung nach dem Gesetz des Karma ausgeschlossen ist. Außerdem ist fraglich, wie der Mensch in diese Gefangenschaft geraten konnte, wenn er angeblich *potentiell göttlich sei (102)*.

Laut Maitreya *zeichne das Eins-Sein der Persönlichkeit mit der Seele den Eingeweihten aus, dessen Weg zur Jüngerschaft über die Bereitschaft führt, die mühsam erworbene Individualität für den Dienst der Seele und damit der Welt aufzuopfern, wodurch man nur das Gefühl verliere, eine isolierte Wesenheit zu sein (303, 351, 355). Dienst und Opfer seien der Weg, nicht hingegen der persönlich motivierte Dienst, der dem separaten Ich diene (304).*

Wer seine Individualität aufgibt, wird sich zweifellos nicht mehr als eigenständige "Wesenheit" empfinden, ebensowenig wie ein Kranker spüren kann, wie es ist, gesund zu sein. Das Heil kann der Mensch nicht durch noch mehr Unheil, sondern nur durch den Heiland erlangen. "Heil" bedeutet ewiges Heil-sein in Gottes Ordnung und nicht, wie in der Welt, an allem zu kranken.

Unser Un-heil und unsere Un-freiheit verursachen wir oft selbst durch unser widergöttliches Handeln, unseren Fehlern und Schwächen. Gott hat zwar das Wasser, den Himmel und die Erde geschaffen, aber nirgendwo in der Bibel steht, daß Gott *diese* Welt geschaffen hat, in der wir leben. Diese Welt haben wir uns selbst geschaffen durch unser Selbstwollen ohne Gott. Daher ist das Heil weder in der Welt noch durch die Welt zu finden. Zwar wirkt Gott *durch* die Materie, indem er uns durch Pflanzen oder Tiere eine Linderung für die Seele zukommen läßt. Linderung ist aber keine Heilung. Denn *in* der Materie wirkt der Geist Satans.[1] r

Unsere Seele können wir nur dadurch bewahren, daß wir uns Gott anvertrauen und nicht dem, der sie uns mit aller Gewalt entreißen will. Dieses kleine Opfer - *Glauben und Vertrauen* - verlangt Gott ganz leise von uns, damit wir nicht verlorengehen. Dafür gibt der Herr uns *alles - ewige Liebe, ewige Glückseligkeit, ewige Freiheit* und *ewiges Leben* in Seinem Reich, wo der Friede ein ewiger ist und nicht nur die Ruhe vor dem Sturm in der Welt. Obwohl es nicht unser Verdienst ist, werden wir für diesen kleinen Schritt zu Gott so reichlich mit seiner unermeßlichen Liebe, Güte und Barmherzigkeit belohnt, das wir dies kaum zu fassen vermögen. Wenn wir bereit sind, unser Herz demütig zu öffnen und diese göttliche Liebe zu empfangen, wird uns der Himmel auf Erden gegeben.

Heutzutage nehmen aber nicht Glaube und Ehrfurcht vor Gott zu, sondern Gotteslästerungen aller Art verbreiten sich in allen Bereichen und werden medienwirksam von privaten und öffentlich-rechtlichen Fernsehsendern gleichermaßen unterstützt. Dabei wird nicht nur die Glaubwürdigkeit des Christentum systematisch untergraben, sondern auch das Leben und die Lehre Jesu Christi ins Lächerliche gezogen. In der RTL-"Nachtshow" vom 09.03.1995 beispielsweise wurden dem Publikum gegen Zusendung von Kirchenwitzen folgende Jesus-Videos angeboten: "Wie ich übers Wasser gehen kann und andere Tricks", "ein Abendmahl für 12 Personen in der Herberge Ihrer Wahl" oder "50mal das Jüngste Gerücht mit Karfreitagsfischstäbchen nach Ihrer Wahl". Die vereinzelte Kritik gegen solche Beiträge wird von den TV-Bossen gelassen entgegen genommen, da die Masse ohnehin keinen Anstoß daran nimmt.

Es sollte zu denken geben, daß nur das Christentum und Jesus Christus solchen Anfeindungen ausgesetzt sind, während die übrigen Religionen ohne viel Kritik geduldet und in ihren Glaubensvorstellungen respektiert werden. Man stelle sich nur vor, Buddha, Mohammed oder eine

---

1   sinngemäße Botschaft von Pater Pio.

Gottheit der anderen Religionen würde wie Jesus als Narr mit entblöß-
ten Geschlechtsteilen oder Homosexueller dargestellt und mit blasphe-
mischen Äußerungen überzogen. Die Menschen würden entrüstet auf
die Barrikaden gehen und sich über diese Geschmacklosigkeit beschwe-
ren. Wenn es aber um christliche Glaubenssätze geht, kann es nicht
antichristlich genug zugehen.

Dieser "Megatrend zum Bösen"[1] verdeutlicht die geistlich-gesellschaft-
liche Situation, in der wir uns befinden und entspricht der biblischen
Vorhersage über das Sittenverderbnis in der Endzeit: "Das aber wisse,
daß in den letzten Tagen schlimme Zeiten eintreten werden. Denn die
Menschen werden selbstsüchtig sein, geldgierig, prahlerisch, hochmütig, schmähsüchtig, den Eltern ungehorsam, undankbar, gottlos, lieblos,
unversöhnlich, verleumderisch, unenthaltsam, roh, dem Guten feind,
verräterisch, verwegen, aufgeblasen, mehr die Wollust liebend als Gott"
(2. Tim. 3/1-4).

Martyrium, Opfer und Selbstverleugnung werden von Maitreya *als Tätig-
keiten des Egos und unseres sterblichen Selbst (353 f.)* dargestellt, weil er
dazu am allerwenigsten bereit ist und das "Opfer" für Gott am meisten
fürchtet.

In der selbstlosen Liebe aber liegt unsere Stärke und Kraft gegen die
Selbstliebe, die wir nur durch Gottes Hilfe überwinden können. Gott,
der Herr, sei unsere Zuflucht. Sein heiliges Licht erleuchte uns, Seine
Liebe und Kraft erfülle uns. Seine Stärke erhalte uns. Ihm allein gebührt
Dank, weil er mein Herz zu Seiner Stätte gemacht und mich aus dem
Nichts zu sich emporgehoben hat. Der Sturm ist draußen, im Herzen
aber ist Frieden, weil Gott hier leise und doch so machtvoll wirkt.

---

1   TOPIC, Nr. 12/1995.

VI

Die Irrlehre Maitreyas

Gottes Wesen

Gott sei, wie es in der Bibel heiße, ein verzehrendes Feuer. Gott sei Energie, Feuer; nicht ein Feuer, sondern viele Feuer, die Summe aller Energien in der Gesamtheit des manifestierten und nichtmanifestierten Universums und gleichzeitig die Summe aller Gesetze, die diese Kräfte und ihre Wechselwirkung beherrschen würden (151).

Selbst die Summe aller Energien und Gesetze sagt nichts über deren Ursprung aus. Denn Energie ist Wirkung, nicht Ursache. Gott als Schöpfer (= Ursache) kann nicht zugleich Schöpfung (= Wirkung) sein. Zudem hat Gott den Menschen nach seinem Bilde geschaffen, und da wir alle Individuen sind, kann Gott keine unpersönliche Energie, sondern ebenfalls nur eine Persönlichkeit sein. In einem wunderbaren Gleichnis hat Jesus dies folgendermaßen erklärt.

"Die höchste Verdichtung des Geistigen ist die Persönlichkeit selbst. Da nun Gott in Jesus die reinste Verdichtungsform selbst ist, so ist Gottgeist auch eine Persönlichkeit, ohne die ein Schöpfungsleben nicht möglich wäre. Ein Schöpfer ist immer eine Individualperson, wobei Kraft (= Energie) nur das Werkzeug des Geistes sein kann. Sonst macht man den Ton zum Töpfer. Der Klang des Tones ist eine Schöpfung und Energie zugleich, der Sänger aber, der den Ton erzeugt, der Schöpfer des Tones. Und dies ist dann Ein-Klang. Jesus Christus." *r*

Im ersten Johannesbrief heißt es: "Gott ist Liebe, und wer in der Liebe bleibt, der bleibt in Gott und Gott bleibt in ihm" (4/16). Das heißt, nur wenn der Mensch die Gebote Gottes hält, handelt er aus Liebe und wird durch die Liebe gestärkt. Wer jedoch dagegen verstößt, handelt widergöttlich und damit lieblos. So wie nur Demut den Hochmut besiegen kann, so kann auch nur die Liebe die Selbstsucht verbrennen. Daher wird Gott auch e i n verzehrendes Feuer (vgl. Hebr. 12/29) genannt, weil da, wo Er brennt, Licht und keine Dunkelheit ist.

Maitreyas "Liebe" hingegen gilt dem egoistischen Verstandesdenken. *Gottes Liebe zu seiner Schöpfung zwinge selbst den Logos, sich zu inkarnieren und sichtbar planetarische Gestalt anzunehmen (346). Es sei Gottes Natur zu lieben und zu dienen. Wir seien nach dem Ebenbild Gottes als Liebe geschaffen und würden in einem Sonnensystem des 2. Strahles leben (347).*

Wenn alles nur Energie wäre, ist nicht einsichtig, woher plötzlich die Liebe kommen soll. Energie allein ist weder zu selbständigem Eigenhandeln noch zu Gefühlen fähig. Davon abgesehen, hat sich der "Logos" Maitreya nicht "inkarniert", sondern materialisiert, was auch für einen großen Teil seiner "Meister" zutrifft. Darüber hinaus ist Maitreya nicht gekommen, um sich aus Liebe wie Jesus Christus zu opfern, sondern um seine maßlose Eigenliebe zu befriedigen.

Auch ist der Mensch weder das "Ebenbild" Gottes noch als "Liebe" geschaffen. Wenn das so wäre, würden wir nur lieben und nicht, wie es tatsächlich der Fall ist, wider die Liebe handeln. Gott ist Liebe (vgl. Joh. 15/5), und nicht wir. Daher fehlt uns auch die Herzensliebe, so lange wir uns nicht Gott nähern.

Gott hat den Menschen zwar nach seinem Bilde (vgl. 1. Mose 1/27), das heißt als *Geistwesen*, geschaffen, wir sind aber nicht das Ebenbild Gottes. Ebenbild heißt Gott *gleich* sein, was nur Gott selbst in Jesus Christus ist. "Er ist das Ebenbild des unsichtbaren Gottes, der Erstgeborene der ganzen Schöpfung; denn in ihm ist alles, was in den Himmeln und auf Erden ist, erschaffen worden, das Sichtbare und das Unsichtbare, seien es Throne oder Hoheiten oder Gewalten oder Mächte. Alles ist durch ihn und auf ihn hin erschaffen; und er ist vor allem, und alles hat in ihm seinen Bestand" (Kol. 1/15 ff.).

In Anlehnung an diese Bibelstelle spricht Maitreya zwar auch von einer *"Gesamtheit des manifestierten und nicht manifestierten Universums"*, jedoch nicht in bezug auf Jesus Christus, sondern auf die *"Summe aller Energien"* dieser Gesamtheit.

Obwohl Urheber und Verfechter östlicher Lehren bedient sich Maitreya auch hier wieder der biblischen Prophetien, deren Inhalt er bewußt verfälscht, um seine Irrlehre zu untermauern. Hier sei an Jesaja, Kapitel 29, Vers 13, 15 erinnert, wo es heißt: "Und der Herr sprach: Wehe denen, die ihren Plan tief vor dem Herrn verbergen und ihr Werk im Finstern tun, so daß sie sprechen: 'Wer sieht uns und wer weiß von uns?' O eurer Verkehrtheit! Oder ist der Töpfer dem Ton gleich zu achten, daß das Geschöpf von seinem Schöpfer spräche: 'Er hat mich nicht geschaffen', und das Gebilde von seinem Bildner spräche: 'Er versteht nichts'?"

Das Böse

Was wir das Böse nennen würden, existiere in dem Aspekt Gottes, den wir als Materie kennen würden. Es wohne der Substanz selbst inne und ergebe sich aus der göttlichen Aktivität im vorhergehenden Sonnensystem. In diesem ersten System sei Gott intelligente Aktivität gewesen, die sich durch den Form- oder Materieaspekt ausgedrückt habe. Im gegenwärtigen zweiten Sonnensystem sei Gott Liebe, aber diese Liebe werde durch die Materie unvollkommen verkörpert, daher das Böse (157).

Die *Materie* ist kein Aspekt Gottes (= Geist), sondern die verdichtete Seele des gefallenen Geistes Satans. Insofern ist zutreffend, daß das Böse "der Substanz selbst" innewohnt, nicht aber, daß das Böse unpersönlich sei. Indem das "Böse" in Verbindung zur "Materie" und damit zum Materialismus gesetzt wird, entsteht zudem der irrige Eindruck, das materialistische Denken sei das "Böse", und nicht Satan.

Damit wird sein Verführungswerk perfekt. Erst bringt er die geistesblinden Menschen dazu, widergöttlichen Eingebungen zu folgen, um dann öffentlich zu bekennen, daß die Menschen verführt seien. Raffiniert bringt er dabei die Materie als den "bösen Aspekt Gottes" ins Spiel, womit von der eigentlichen Ursache des Bösen abgelenkt wird. Diese These wird vor allem diesseitsorientierte Menschen leicht überzeugen, während die biblischen Aussagen über den "Fürsten der Welt" sowie die Warnungen vor Irrlehren und falschen Propheten ungläubig belächelt werden. Wenn aber Maitreya den Menschen ihre von Satan implizierte Bosheit vor Augen hält, glauben sie endlich an das Böse, ohne zu erkennen, wenn es leibhaftig vor ihnen steht. Zum Wesen Satans wurde mir folgendes offenbart:

"In der Reinheit gibt es nichts Unreines, so wie es im Licht keinen Schatten und im elektrischen Feuer kein magnetisches Wasser gibt. Die Urschöpferliebe in Gott schafft nur aus Liebe, weil das Schaffen ein Schöpferprinzip Gottes ist. Würde Gott nicht unentwegt schaffen, könnte nichts Geschaffenes mehr existieren. So wie der Mensch aus Liebe zeugt, so schafft Gott nur aus Liebe.

Gott schuf einen großen Geist voller Gnaden und gab ihm die Macht, Gott ähnlich zu sein, ähnlich - nicht gleich, so wie ein Würfel und eine Kugel nicht gleich sind, und doch haben sie etwas gemeinsam. Sie ähneln sich in ihrer Struktur und sind auch mathematisch vergleichbar, jedoch nicht gleich.

Diesem großen Geist gab Gott viele Gnaden, und er konnte Wesen schaffen wie Gott. Da ihm aber die Vollkommenheit fehlte, konnte er keine vollkommenen Wesen schaffen. Er hätte die Fülle der Liebe in sich haben können, wäre Gott in ihm gewesen. Das war jedoch unmöglich, da ihm sonst der freie Wille genommen worden wäre. Zwar hatte er auch sehr viel Liebe in sich, da ihm ja Liebe von Gott gegeben worden war, ebenso die 7 Gottgeisteigenschaften. Da er aber Gott als Geist nicht sehen konnte, glaubte er, Gott gleich zu sein, weil ihm der Punkt Vollkommenheit fehlte. Die Wesen, die dieser Geist (Satana) geschaffen hat, können nur durch Gott die Vollkommenheit erlangen und von der Unreinheit befreit werden. Das ist die Wahrheit, so soll es in Ewigkeit sein."[1] r

So wie "Gott unberührt von Bösem" (Jak. 1/13) ist, so ist auch im Licht kein Schatten, was sich schon daran zeigt, daß das Licht alle Farben außer Schwarz beinhaltet. Die Dunkelheit entsteht erst, wenn alle Farben absorbiert und das Licht entzogen wird. Der Mensch lebt in einer relativen Dunkelheit, was sich vor allem beim Schließen der Augen zeigt. Obwohl wir dabei nichts sehen, empfinden wir keine Dunkelheit, weil in dieser Finsternis tatsächlich Licht existiert. Wir haben es nur verlernt, dieses Licht mit unserem geistigen Auge zu sehen, daher auch die Bezeichnung "geistige Umnachtung". Damit wird der Geist um-

1   Botschaft von Johannes dem Täufer.

schrieben, der umgeben ist von der Nacht dieser relativen Dunkelheit, die von Licht durchflutet ist. Dieses Licht wird zuerst in Violett sichtbar, weil es das Astrallicht anregt. Umgekehrt ist Violett die letzte sichtbare Farbe. In Violett wird alles umgewandelt.

Gott ist Licht und keine Finsternis in ihm (vgl. 1. Joh. 1/5.). Daher muß die Dunkelheit vor dem Licht weichen, was schon anhand eines dunklen Raumes sichtbar wird, der plötzlich erhellt wird. Die Behauptungen Maitreyas, wonach Gott "Energie", dann aber "intelligente Aktivität" und schließlich "Liebe" sein soll, zeugen nicht gerade von einem lichtvollen Wesen.

Gott ist kein von "Sonnensystemen" abhängiges Chamäleon, sondern die Vollkommenheit in sich seit Ewigkeit. Zudem entbehren diese Aussagen jeder Logik. Wenn eine "göttliche" Aktivität zunächst auf Grund von "Intelligenz" den Materieaspekt hervorruft, um sich dann als "Liebe" eben in diese Materie unvollkommen zu verkörpern, ist das widersinnig und keineswegs intelligent.

Jesus Christus

Jesus sei nicht, wie ihn besonders die Christen sehen würden, das Oberhaupt, sondern nur das Haupt der christlichen Kirche (57). Es sei auch nicht richtig, Jesus in der Rolle des zukünftigen Papstes zu sehen; es sei vielmehr so, daß durch seine unmittelbare Beaufsichtigung der Kirchen die wahre apostolische Nachfolge beginne (86). Ein Zeichen dafür sei das wachsende Gewicht der ökumenischen Bewegung, hinter der in der Tat der Meister Jesus stehe (91). Gegenwärtig lebe der Meister Jesus in einem Vorort von Rom und warte auf die Erklärung Maitreyas in London (62).

Jesus Christus ist nicht das "Haupt" der Kirche im Sinne des Leiters einer Institution, sondern Gott, der Schöpfer, dessen heiliger Name von Maitreya blasphemisch mißbraucht wird, indem er einen seiner "Meister" als "Jesus" ausgibt. Es mag jedoch zutreffen, daß dieser "Meister Jesus" hinter der ökumenische Bewegung und deren pantheistischen Bestrebungen nach einer Welteinheitsreligion steht, die nichts anderes als ein Vorläufer der Neuen Weltreligion Maitreyas ist.

Zutreffend ist auch, daß die Kirchen insofern unter der "Beaufsichtigung" der Meister stehen, als sie von Freimaurern unterwandert sind. Zahlreiche Kurienkardinäle sind Mitglieder der Verschwörer-Loge **P 2**, die den Papst und die Vatikan-Millionen kontrolliert. Durch Hetzkampagnen schüren sie bewußt Unzufriedenheiten gegen den Papst, während sie mit ihren Bibelkritikern Schlüsselpositionen der theologischen Ausbildung bekleiden und die Glaubwürdigkeit der Heiligen Schrift gezielt untergraben. Schon im ersten Semester lernen Theologiestudenten, daß nicht alles so gewesen sein soll, wie es in den vier Evangelien steht, die keine Geschichtsbücher, sondern eher antike Romane seien und keineswegs von Zeitzeugen verfaßt sondern etwa 200 Jahre später zur Glaubensfestigung erdichtet wurden.

Den Papstweissagungen des *hl. Bischofs Malachias* zufolge soll Johannes-Paul II. derjenige Papst sein, der in der äußersten Verfolgungszeit der Christen regieren wird.[1] Damit wäre er der "letzte Papst", der im Namen Gottes wirkt und der Stuhl Petri in Gefahr, sobald Maitreya mit seinem öffentlichen Wirken beginnt. Die von der Freimaurerloge **P 2** (Propaganda 2) propagierte Lehre und die Einführung des "Meisters Jesus" zielt einzig und allein darauf ab, einen Stellvertreter Satans an die Spitze der Kirche zu setzen.

Der Christus sei bereits ein auferstandener Meister gewesen, als er Jesus während der drei Jahre seines Wirkens, von der Taufe bis zur Kreuzigung, überschattet und durch ihn gearbeitet habe. Jesus sei sein Name während seiner berühmtesten Inkarnation gewesen und sei daher heute in der ganzen Welt bekannt. Daher gebe es offensichtlich symbolische und psychologische Gründe für die weitere Verwendung dieses Namens. Diesmal komme der Christus selbst als Weltlehrer für die ganze Menschheit (91). Die allmähliche Überschattung Jesu durch Maitreya habe begonnen, als Jesus das zwölfte Lebensjahr erreicht habe und sei so gut wie vollendet gewesen, als Jesus 24 Jahre alt gewesen sei.

Abgesehen davon, daß "Überschattung" und "Inkarnation" einander ausschließen, widerspricht sich Maitreya, wenn er einerseits behauptet, Jesus schon mit 24 Jahren vollständig "überschattet" zu haben, wobei er durch ihn nur während der drei Jahre des öffentlichen Wirkens Jesu zwischen dessen 30. und 33. Lebensjahr "gearbeitet" haben will. Seine widergöttlichen Aussagen beweisen jedoch das Gegenteil und lassen die Lügenhaftigkeit seiner Lehre erkennen.

Mit dem Ausspruch bei Joh. 10/30: "Ich und der Vater sind eins" habe der Christus in Jesus nicht behauptet, "Gott" zu sein, sondern daß sein Bewußtsein mit dem göttlichen Bewußtsein eins sei. Das sei der Bewußtseinszustand eines Meisters, der sich selbstverwirklicht und befreit habe (80 f.).

---

1   Ernst, Die Papstweissagung des hl. Bischofs Malachias, S. 69 f.

Bewußtsein heißt, sich seiner *selbst* bewußt sein, daher sprach Jesus "*Ich und der Vater* sind eins, der Vater *in mir* und *ich im Vater*" (Joh. 10/30, 38). Denn Eins-Sein ist *Einheit*, und nicht Zweiheit! Deshalb sagte er auch zu Philipus: "Wer mich gesehen hat, der hat den Vater gesehen; wie kannst du sagen: Zeige uns den Vater? Glaubet mir, daß ich im Vater bin und der Vater in mir ist; wo nicht, so glaubet es doch um der Werke selbst willen!" (Joh. 14/9, 11).

Als Jesus gesagt habe: "Ich gehe zum Vater", habe er damit **Sanat Kumara**, *den Herrn der Welt* **in Shambhala**, *dem Zentrum, wo der Wille Gottes bekannt sei, gemeint. Mit "zum Vater gehen" habe er gemeint, daß es für ihn notwendig sei, den Willensaspekt zu verkörpern, was er auch in den letzten 2000 Jahren getan habe, um seine Aufgabe im Wassermannzeitalter erfüllen zu können (82).*

In seinen Abschiedsreden an die Jünger hat Jesus gesagt: "Ich bin vom Vater ausgegangen und in die Welt gekommen; hinwiederum verlasse ich die Welt und gehe zum Vater (Joh. 16/28). Wahrlich, wahrlich, ich sage euch: Ihr werdet weinen und wehklagen, aber die Welt wird sich freuen; ihr werdet traurig sein, doch eure Traurigkeit wird zur Freude werden (Joh. 16/20). Ich werde nicht mehr vieles mit euch reden; denn es kommt der Fürst der Welt. Und an mir findet er nichts; aber die Welt soll erkennen, daß ich den Vater liebe und so tue, wie mir der Vater geboten hat" (Joh. 14/30 f.). Und "wohin ich gehe, dahin könnt ihr nicht kommen" (Joh. 13/33).

Nach seiner Auferstehung erschien Jesus *Maria Magdalena* und sprach zu ihr: "Rühre mich nicht an; denn ich bin noch nicht zum Vater aufgefahren. Geh aber zu meinen Brüdern und sage ihnen: Ich fahre auf zu meinem Vater und eurem Vater und zu meinem Gott und eurem Gott" (Joh. 20/17).

Trotz dieser eindeutigen Aussagen verdreht Maitreya die Worte Jesu ins Gegenteil und bezichtigt sich damit selbst der Lüge. Wenn Maitreya - wie behauptet - durch Jesus gewirkt hätte, würde er heute nichts anderes als vor 2000 Jahren lehren. Da er aber vom *Fürsten der Welt* und *Herrn in Shambhala* "erleuchtet" ist, kann er auch nur von ihm und von der *Welt* Zeugnis ablegen.

"Denn Wahrheit ist nicht in ihm. Wenn er die Lüge redet, so redet er aus seinem Eigenen; denn er ist ein Lügner und ist der Vater derselben" (Joh. 8/44). Obwohl Satan nur innerhalb der von Gott gesetzten Grenzen seine Macht entfalten kann und Shambhala lediglich der Sitz seines Willens ist, gibt er vor, ein "Zentrum" des "Willens Gottes" zu sein.

Als der Christus durch Jesus gesagt habe: "Ich habe andere Herden", habe er auf die Tatsache angespielt, daß er der Lehrer für viele gewesen sei, die ihn unter einem anderen Namen gekannt haben, nicht nur als Messias, sondern auch als den kommenden Maitreya Buddha, als Krishna und als das Oberhaupt der esoterischen Hierarchie (82).

Daß die von der Hierarchie verbreiteten Irrlehren vom "Lehrer" Maitreya stammen, der auch die ersten "spirituellen Führer" und "Meister Lamas" in die Geheimnisse des Boddhisattva-Gelübdes[1] eingeführt haben soll, wie historische Belege seit dem Jahre 1110 ergeben, wird durch deren Inhalt bekundet.

Im Gegensatz zur pantheistischen Selbsterlösungslehre Maitreyas ist Jesus Christus in die Welt gekommen, um die Menschen zu *erlösen*, damit sie den Weg zurück in das Vaterhaus, das Reich Gottes, finden. Da nur *er*, Jesus Christus, der leibhaftige Gott, die Fesseln Satans *lösen* konnte, hat er auch stets vom Schöpfer (Vater) und nicht von der Schöpfung (Pan) Zeugnis abgelegt. Zudem wird anhand der Bildrede Jesu bezüglich des guten Hirten unmißverständlich deutlich, daß er weder in Buddha oder Krishna noch in der "Hierarchie" gewirkt hat, denn:

"*Alle*, die vor mir gekommen sind, sind Diebe und Räuber; aber die Schafe haben nicht auf sie gehört. *Ich bin die Türe*. Wenn jemand durch mich hineingeht, wird er gerettet werden, und er wird ein- und ausgehen und Weide finden. Und ich gebe ihnen ewiges Leben, und sie werden in Ewigkeit nicht umkommen, und niemand wird sie aus meiner Hand reißen.

---

1   Religiöse Gemeinschaften, Hrsg. Reller u. Kießig, S. 598 f.

Der Dieb kommt nur, um zu stehlen und zu schlachten und zu verderben. Ich bin gekommen, damit sie Leben und reiche Fülle haben. Ich bin der gute Hirt; *der gute Hirt gibt sein Leben hin für die Schafe.* Wer Mietling und nicht Hirt ist, wem die Schafe nicht eigen sind, der sieht den Wolf kommen und läßt die Schafe im Stich und flieht - und der Wolf raubt sie und zerstreut sie - ; denn er ist ein Mietling und bekümmert sich nicht um die Schafe" (Joh. 10/8 ff., 28).

Weder hat Jesus von "anderen Herden" noch von sich als "Lehrer" gesprochen, sondern sich als *Hirte* bezeichnet, der *sein* Leben hingibt für die Schafe. "Und ich habe noch andre Schafe, die nicht aus diesem Stalle sind; auch sie muß ich führen, und sie werden auf meine Stimme hören, und es wird **e i n e** Herde, **e i n** Hirt werden" (Joh. 10/16). Damit sind die Heiden gemeint, die nicht aus dem Hause Israels stammen, gleichwohl aber Kinder Gottes durch den Glauben an Jesus Christus als den Erlöser werden können.

Heute seien die Lehren Jesu (die natürlich die Lehren des Christus seien) genauso wichtig, wie sie es immer gewesen seien. Das Problem sei nur, daß wir seine Lehren nicht leben würden. Vor allem habe Jesus gesagt: "Liebe deinen Nächsten und füttere meine Schafe"; das sei genau das gleiche, was der Christus heute sage. Aus den dürftigen Geldmitteln, die seiner Gruppe zur Verfügung gestanden haben, sei vieles nur ausgegeben worden, um den Armen zu helfen: Seine Worte "Arme habt ihr allezeit bei euch" hätten sich eher auf die Tatsache bezogen, daß er nicht mehr lange bei den Jüngern sein werde und es keine Verschwendung sei, kostbares Geld, das sonst Armen zu einer Mahlzeit verhelfen würde, für teures Öl zu seiner Salbung auszugeben (83).

Obgleich er sich "Christus" nennt, verfälscht Maitreya die Aussagen Jesu Christi, die er sinnentstellt und fehlinterpretiert dem Bibelunkundigen darbietet. Wer sich jedoch die Mühe macht, die Bibel zur Hand zu nehmen, wird dabei feststellen können, daß die Lehre Maitreyas der Lehre Jesu Christi diametral entgegensteht. Darüber hinaus stimmen die "Bibelzitate" Maitreyas weder dem Wortlaut noch ihrem Sinn nach mit den göttlichen Offenbarungen überein. Zutreffend ist nur, daß wir die Lehre *Jesu Christi* meist "nicht leben".

Wenn wir die *Gebote Gottes* befolgen würden, gäbe es kein widergöttliches Handeln in der Welt und Maitreya wäre als "Weltlehrer" machtlos. "Wenn ihr aber bitteren Eifer und Zanksucht in eurem Herzen habt, so rühmet euch nicht und lüget nicht wider die Wahrheit! Diese Weisheit kommt nicht von oben herab, sondern sie ist irdisch, sinnlich, teuflisch. Denn wo Eifer und Zanksucht ist, da ist Zerrüttung und alles schlechte Wesen. Aber die Weisheit von oben ist fürs erste rein, dann friedsam, freundlich, fügsam, voll Barmherzigkeit und guter Früchte, frei von Zweifel, frei von Heuchelei. Die Frucht der Gerechtigkeit aber wird in Frieden gesät von denen, die Frieden halten (Jak. 3/14).

Woher kommen Streitigkeiten und woher Kämpfe unter euch? Nicht daher: aus euren Lüsten, die in euren Gliedern streiten? Ihr begehrt und erhaltet nicht; ihr tötet und eifert und könnt nicht erlangen; ihr kämpft und führt Krieg und erhaltet nicht, *weil ihr nicht bittet.* Ihr bittet und empfangt nicht, weil ihr in übler Gesinnung bittet, um gemäß euren Lüsten Verschwendung zu treiben. Ihr Abtrünnigen, wißt ihr nicht, daß die Freundschaft mit der Welt Feindschaft wider Gott ist?" (Jak. 4/ 1 ff.).

Deshalb hat Jesus nicht "Liebe deinen Nächsten und füttere meine Schafe" gesagt, sondern "liebe *Gott* über alles", denn Gott *ist Liebe*. "Ein neues Gebot gebe ich euch, daß ihr einander lieben sollt, wie ich euch geliebt habe. Daran wird jedermann erkennen, daß ihr meine Jünger seid, wenn ihr Liebe untereinander habt (Joh. 13/34 f.), dienet einander durch die Liebe" (Gal. 5/13). Aber, "lasset uns nicht lieben mit Worten noch mit der Zunge, sondern in Tat und Wahrheit" (1. Joh. 3/18).

Jenen, die dieses Gebot befolgen, wird Jesus Christus bei *seiner* Wiederkunft sagen können: "Kommet her, ihr Gesegneten meines Vaters, ererbet das Reich, das euch von Grundlegung der Welt bereitet ist! Denn ich war hungrig, und ihr habt mir zu essen gegeben; ich war durstig, und ihr habt mich getränkt; ich war fremd, und ihr habt mich beherbergt; ich war nackt, und ihr habt mich bekleidet; ich war krank, und ihr habt mich besucht; ich war im Gefängnis, und ihr seid zu mir gekommen. . . Wahrlich, ich sage euch: Wiefern ihr es einem dieser meiner geringsten Brüder getan habt, habt ihr es mir getan" (Mat. 25/34 f., 40).

Im Gegensatz zu Jesu Aufforderung an die Menschen, den Nächsten aus Liebe, d.h. selbstlos zu helfen, setzt Maitreya das "Füttern der Schafe" aus Berechnung ein, um die Menschen von seinen scheinbar karitativen Bestrebungen zu überzeugen, ähnlich der Hexe, die Hänsel auch gefüttert hat, bevor sie ihn fressen wollte.

Was die Salbung Jesu anbelangt, so ist das kostbare Öl nicht gekauft, sondern von Maria Magdalena gebracht worden. Sie nahm "ein Pfund echter, kostbarer Nardensalbe, salbte Jesus die Füße und trocknete mit ihrem Haar seine Füße ab; das Haus aber wurde erfüllt von dem Duft der Salbe. Judas Ischarioth aber, einer von seinen Jüngern, der ihn verraten sollte, sagte: Warum wurde diese Salbe nicht für dreihundert Denare verkauft und der Erlös den Armen gegeben? Er sagte dies aber nicht, weil ihm die Armen am Herzen lagen, sondern weil er ein Dieb war und die Kasse hatte und das Eingelegte beiseite brachte. Da sprach Jesus: Laß sie gewähren! für den Tag meines Begräbnisses hat sie es aufbewahrt. Denn die Armen habt ihr allezeit bei euch; mich aber habt ihr nicht allezeit" (Joh. 12/3 - 8).

Obwohl Maria Magdalena eine Sünderin in der Welt war, hat sie ihre große Liebe zu Gott dadurch bekundet, daß sie das Wertvollste, was sie besaß, Jesus hingab. Als Jesus die Füße seiner Jünger gesalbt hat, legte er Zeugnis ab von der Liebe Gottes zu den Menschen, die ihn über alles lieben. Gott, der Schöpfer *allen Seins*, braucht dabei keinerlei "Geldmittel", um den Seinen *alles* zu geben, worum sie ihn bitten, wie die Werke Jesu Christi offenbaren, sei es die Speisung Tausender von Menschen durch materialisierte Fische und Brote, die Heilung Unheilbarer, die Austreibung des Teufels oder die Erweckung Toter.

Sowohl Jesus als auch Johannes der Täufer hätten ihre frühe erste Schulung in der Gemeinde der Essener erhalten (84). Daher habe Jesus im allgemeinen diesen Lehren, der Heilung von Krankheiten durch vegetarische Kost, zugestimmt. Im Umgang mit der Krankheit sei es seine Methode gewesen, auf individuelle Nöte aus Mitgefühl einzugehen und eine philosophische oder psychologische Wahrheit zu veranschaulichen (143).

Schon eine vernünftige Beurteilung dieser haltlosen Behauptungen läßt erkennen, welche Unsinn hier verbreitet wird. Abgesehen davon, daß Gott von Menschen ebenso wenig geschult wird, wie der Ton dem Töpfer vorschreiben kann, was er zu tun habe, beweisen schon die Ordensregeln der Essener imVergleichz zu den Aussagen Jesu Christi das Gegenteil. Eine der Voraussetzungen für den Ordenseintritt war die Vollendung des 16ten Lebensjahres. Jesus hingegen hat in seiner "Vollgöttlichkeit" schon mit 12 Jahren im Tempel gepredigt und die Priester mit seinem tiefgeistigen Wissen und seiner Weisheit verblüfft.

Darüber hinaus widmeten sich die *Essener* (oder Essäer, von hebr. asa = heilen) einer asketischen Lebensführung, der Einsamkeit der Betrachtung und der Religionsphilosophie. Ihrem Verständnis nach bestand der Gottesdienst in sittlichem Streben, tadellosem Lebenswandel, strengster Tugend, Enthaltsamkeit von irdischen Genüssen und Selbstzucht.

Jesus Christus hingegen predigte keine äußere, sondern die *innere* Reinigung des Menschen. Auch vermittelte er keine "philosophische oder psychologische Wahrheit", wie es die Essener taten, sondern legte Zeugnis vom lebendigen Gott, d e r Wahrheit und dem ewigen Leben ab. Seine Wunderheilungen vollbrachte er zudem nicht durch "vegetarische Kost", sondern durch die ihm innewohnende *Allmacht!*

Durch seine angebliche Verbindung zur Essener Gemeinde, aus der sich später die Freimaurerei entwickelt hat, wird Jesus Christus als biblischer Gottessohn nicht nur geleugnet und zunichte gemacht, sondern sogar als "Lehrling" der "Hierarchie" hingestellt. Dieses Bestreben ist nicht neu. Das "Esoterische Christentum" von A. Besant aus dem Jahre 1922 enthält bereits die Behauptung, Jesus sei von Essenern erzogen worden und dann nach Ägypten gegangen, wo er in die "Große Weiße Loge" eingeweiht worden sei. Wäre dem so, hätte Jesus die Lehre der Hierarchie Satans vermittelt und nicht vom Reich Gottes gesprochen!

Nach seinem Tod im Jahre 9 "nach Christus" habe Jesus eng mit seinem Meister, dem Christus, zusammengearbeitet und sich im Jahre 16 "nach Christus" als Apollonius von Tyana inkarniert und sei in jenem Leben Meister geworden; er habe in Nordindien gelebt und gearbeitet, wo er auch begraben worden sei:

Von daher rühre die Legende, auf der mehrere Bücher beruhten, daß Jesus nicht am Kreuz gestorben, sondern nach Nordindien gegangen sei (92, 250).

Diese abstrusen Behauptungen mögen allenfalls für den als "Jesus" ausgegebenen "Meister" Maitreyas und *Appolonius von Tyana*, Magier und Philosoph des 1. Jahrhunderts, zutreffen, der als Ideal eines heidnischen Weisen zur Bekämpfung des Christentums gilt. Mit der Fleischwerdung Gottes in Jesus Christus, die ebenso **einmalig** war wie seine Kreuzigung, hat dessen Lehre jedoch nichts zu tun.

Die Behauptung, Jesus Christus sei nicht am Kreuz gestorben, sondern nach Indien gegangen, ist eine von der Hierarchie gezielt verbreitete Irrlehre zur Verehrung "Sanat Kumaras" als höchste Wesenheit, und keine "Legende". Diese phantastische Annahme ist nicht nur biblisch unhaltbar, sondern steht sogar im Widerspruch zur Lehre Maitreyas, wonach Jesus zwar am Kreuz gestorben, der "Christus" aber in seinem Körper "auferstanden" und den Jüngern Jesu erschienen sein soll. Dieses angebliche "Erscheinen" Maitreyas hätte sicher nicht zur Folge gehabt, daß Jesus bekundet: "Ich fahre auf zu meinem Vater und eurem Vater und zu meinem Gott und eurem Gott" (Joh. 20/17), sondern daß er von Indien spricht.

In den letzten Jahren sind zahlreiche Bücher erschienen, in denen die Einzigartigkeit des Lebens Jesu untergraben und Jesus Christus blasphemisch vermenschlicht wird. Mal war Jesus Heiler, mal Heiliger, mal Sozialreformer, mal Homosexueller, dann wieder verheiratet und geschieden, auf jeden Fall aber unvollkommen, fehlbar und keineswegs anbetungswürdig. Die widersinnige These, Jesus sei nach Indien gegangen, erfreut sich dabei besonderer Beliebtheit und ist auch Thema der von Maitreya hervorgehobenen Bücher: *Wassermann-* und *Thomas-Evangelium (86),* die trotz unterschiedlicher "Begründungen" diese Irrlehre in ihrer Kernaussage befürworten.

Brisante Funde, wie das *Turiner Grabtuch* oder die *Qumran-Rolle*n sind zudem als Pseudobeweise eine willkommene Stütze der Bibelkritik, deren Vertreter eine erstaunliche Kritiklosigkeit an den Tag legen. Obwohl sowohl die Umstände der Entdeckung der Schriftrollen vom Toten Meer als auch deren Inhalt und Alter heftig umstritten sind und auch nicht geklärt ist, ob die Qumran-Schriften von den Essenern oder den Zeloten stammen, sind sich die "Gelehrten" jedenfalls darüber einig, daß die Qumrantexte mit urchristlichen Texten übereinstimmen und die bis dahin für einzigartig gehaltene Lehre Jesu Christi in vielerlei Hinsicht in Frage stellen würden. Diese unsinnige Spekulation wird beispielsweise dadurch untermauert, daß die in der Qumrangemeinde praktizierte Wasserreinigung eines neuen Glaubensanhängers der Taufe als dem Bekenntnis zu Gott gleichgestellt wird, obwohl die Essener - entgegen der Lehre Jesu - die gnostische Vorstellung vertraten, Gott sei keine Persönlichkeit, sondern das Universum.

Dieser eklatante und alles entscheidende Widerspruch wird von den Medien totgeschwiegen und von der Wissenschaftsgemeinde einfach übergangen, weil es ihnen weniger auf die Wahrheit als darauf ankommt, Jesus Christus anzugreifen und die Fundamente des Christentums zu erschüttern. Die pantheistische Lehre der Essener wird dabei ebenso wie der Wortlaut der zweifelhaften Qumran-Schriften benutzt, um das Wirken Jesu als "Ausfluß eines breiten Stromes von Gedanken, Lehren und Traditionen, der schon reichlich floß und wirkte"[1], darzustellen. Den geistigen Sinn der Worte und Taten Jesu haben "Wissenschaftler" aber noch nie begreifen können, weil sie nicht mit dem Geist, sondern mit dem Verstand prüfen. "Wer aus *Gott* ist, hört die Worte Gottes; deshalb hört ihr sie nicht, weil ihr nicht aus Gott seid" (Joh. 8/47).

Gleichwohl maßen sich diese verstandesverbildeten Menschen an, die biblischen Vorhersagen zu verstehen, obwohl sie sich mit ihrem geistlosen "Wissen" nur am Wort festhalten können. "Der Buchstabe tötet, der Geist aber macht lebendig" (2. Kor. 3/6). In seiner Bildrede über das Brot des Lebens hat Jesus seinen Jüngern verkündet: "Der Geist ist es, der lebendig macht, das Fleisch hilft nichts; die Worte, die ich zu euch geredet habe, sind Geist und sind Leben. Aber es sind etliche unter euch, die nicht glauben" (Joh. 6/63 f.).

---

1   Baigent/Leigh, Verschlußsache Jesus, S. 169.

Als "wichtigte Parallele" zwischen den Urchristen und der Qumrangemeinde wird außerdem deren Vorstellung über einen kommenden Messias angesehen. Im Gegensatz zum christlichen Glauben, wonach Jesus Christus *der* Messias (Erlöser) und Sohn Gottes ist, wird in den Qumrantexten jedoch ein "Lehrer der Gerechtigkeit" erwartet. "Allerdings wird der "Lehrer der Gerechtigkeit" nicht als göttlich beschrieben."[1]

Die Gemeinderegel: "Sie sollen sich um den gemeinsamen Tisch versammeln, um zu essen und neuen Wein zu trinken... Und sodann, wenn sie den Tisch zum essen gerichtet ... strecke der Priester zuerst seine Hand aus, damit man den Segen spreche über die Erstlinge des Brots und Weins"[2], soll angeblich "beweisen", daß Jesus das Letzte Abendmahl nach dem essenischen Kalender gefeiert habe.

Das *Letzte Abendmahl* war aber nicht irgendein gemeinsames Festessen, sondern das Opfermahl Gottes. "Als sie aber aßen, nahm Jesus Brot, sprach das Dankgebet darüber, brach es, gab es den Jüngern und sagte: Nehmet, esset! Das ist mein Leib. Und er nahm den Kelch, sprach das Dankgebet darüber, gab ihnen denselben und sagte: Trinket alle daraus! Denn das ist mein Blut des Bundes, das für viele vergossen wird zur Vergebung der Sünden" (Mat. 26/26 ff.). Entgegen der Qumran-Gemeinderegel geht es hier nicht um ein natürliches, sondern *geistiges Mahl*.

Den tiefmystischen Sinn des Abendmahls erläutert Jesus in der Neuoffenbarung Lorber, Bd. 9, Kap. 73, wie folgt: "Brot und Fleisch sind da eines und dasselbe, so wie auch Wein und Blut, und wer da in Meinem Worte das Brot der Himmel ißt und durch das Tun nach dem Worte, also durch die Werke der wahren, alleruneigennützigsten Liebe zu Gott und zum Nächsten den Wein des Lebens trinkt, der ißt auch Mein Fleisch und trinkt Mein Blut. Denn wie das von den Menschen genossene natürliche Brot im Menschen zum Fleische und der getrunkene Wein zum Blute umgestaltet wird, so wird in der Seele des Menschen auch Mein Wortbrot zum Fleische und der Liebetatwein zum Blute umgewan-

---

1   Baigent/Leigh, Verschlußsache Jesus, S. 172.
2   Ebda., S. 175.

delt. Wenn ich aber sage: 'Wer da ißt Mein Fleisch', so ist damit schon bedeutet, daß er Mein Wort nicht nur in sein Gedächtnis und in seinen Gehirnverstand, sondern auch zugleich in sein *Herz*, das da der Magen der Seele ist, aufgenommen hat, und im gleichen auch den Liebetatwein, der dadurch nicht mehr Wein, sondern schon das Blut des Lebens ist; denn das Gedächtnis und der Verstand des Menschen verhalten sich zum Herzen beinahe geradeso, wie der Mund zum natürlichen Magen. Solange das natürliche Brot sich noch unter den Zähnen im Munde befindet, ist es noch kein Fleisch, sondern Brot; wenn es aber zerkaut in den Magen hinabgelassen und dort von den Magensäften durchmengt wird, so ist es seinen feinen Nährteilen nach schon Fleisch, weil dem Fleische ähnlich. Und also ist es auch mit dem Weine oder auch mit dem Wasser, das sicher auch den Weinstoff in sich enthält, da ohne das Wasser, das das Erdreich zur Ernährung aller Pflanzen und Tiere in sich birgt, die Rebe erstürbe. Solange du den Wein im Munde behältst, geht er nicht ins Blut über; aber im Magen wird er gar bald in dasselbe übergehen."

Obwohl **Jesus Christus** vor der Kreuzigung seinen Jüngern gesagt hat: "Das ist **mein** Leib, der für euch hingegeben wird; das tut zu **meinem** Gedächtnis! Dieser Kelch ist der neue Bund in **meinem** Blute, das für euch vergossen wird" (Luk. 22/19 f.), behauptet Maitreya, *daß es immer seine Energie und sein Segen sei, der die Hostie weihen würde. Natürlich würden Hostie und Wein nicht in "Leib und Blut" des Christus verwandelt. Das sei eine symbolische Handlung in Erinnerung an ihn (64).*

Wäre dem so, müßte Maitreya Christ sein, und nicht Jesus Christus und die Seinen mit aller Macht bekämpfen. Im 1. Korintherbrief heißt es nämlich: "sooft ihr dieses Brot eßt und den Kelch trinkt, verkündigt ihr damit den Tod des Herrn" (11/26). Maitreya hingegen setzt sich in seiner maßlosen Überheblichkeit an die Stelle Jesu, obwohl nicht er, sondern Jesus Christus gekreuzigt worden ist, nachdem "der Satan in Judas Ischarioth" (Joh. 13/27), seinen Verräter, fuhr. Daran zeigt sich, daß von Satans Fluch weder "Segen" noch "Weihe" ausgehen, da er die Wahrheit fürchtet, wie er vor dem Segen Gottes flüchtet.

Umso größer ist aber seine Verführungskunst und die Vielfalt seiner Irrlehren. So verwundert es nicht, daß der Unverstand gelehriger Köpfe, die mit ihrem Verstandesdenken weder die geistigen Hintergründe des Abendmahls noch der Kreuzigung ergründen können, in der unwissenschaftlichen Vermutung gipfelt, Jesus sei nicht am Kreuz gestorben, weil in den Qumrantexten keine Rede von einer Kreuzigung sei.

Dabei wurde Jesus als leidender Gottesknecht schon im Buch Jesaja vorhergesagt: "Er ward mißhandelt und beugte sich und tat seinen Mund nicht auf wie ein Lamm, das zur Schlachtbank geführt wird (53/7), erniedrigte er sich selbst und wurde gehorsam bis zum Tode, ja bis zum Tode am Kreuz" (Phil. 2/8). Als Jesus dann in der neunten Stunde seinen Geist aufgab, "siehe, der Vorhang im Tempel zerriß von oben bis unten in zwei Stücke, und die Erde erbebte, und die Felsen zerrissen, und die Grüfte öffneten sich, und viele Leiber der entschlafenen Heiligen wurden auferweckt; und sie kamen nach seiner Auferweckung aus den Grüften hervor" (Mat. 27/51 f.). Damit war das *Erlösungswerk* vollbracht.

Maitreya hingegen behauptet, *Jesu "nahm nicht die Sünden der Welt auf sich" und sei auch nicht gestorben, um die Welt zu retten, das könne niemand. Weil Jesus die Menschheit wirklich geliebt habe und den Plan wahrscheinlich noch mehr, habe er sich der physischen Kreuzigung nicht aus persönlichen, karmischen Gründen unterzogen, sondern weil er darum gebeten worden sei, vor aller Augen die Initiationserfahrung auf dieser Ebene symbolisch zu veranschaulichen (82 f., 357).*

Jesus ist nicht für die "Welt", sondern für uns Menschen gestorben, um "alles mit sich selbst zu versöhnen, indem er durch sein Kreuzesblut Frieden stiftete" (Kol. 2/20). Dieses Erlösungswerk konnte nur Gott selbst in Jesus Christus vollbringen. Wenn schon ein Mensch dazu fähig ist, das eigene Leben anstelle das seines Kindes zu opfern, um wieviel mehr gilt das für Gott - die Liebe und das Leben selbst. Daher hat Jesus Christus seinen Jüngern gesagt: "Niemand nimmt es von mir, sondern *ich gebe es* von mir aus hin. Ich habe die Macht, es hinzugeben, und habe Macht, es wieder zu nehmen" (Joh. 10/18).

So wie die Qumrantexte dazu benutzt werden, den Kreuzestod Jesu in Frage zu stellen, so wird das *Turiner Grabtuch* von Maitreya als "Beweis" für die durch ihn erfolgte Überschattung und Auferstehung Jesu angepriesen, obwohl dieses Tuch nicht weniger umstritten ist als die Schriftrollen vom Toten Meer.

Der Christus, Maitreya, habe sich am dritten Tage nach der Grablegung in den Körper Jesu gehüllt, wobei sein Bewußtsein in den Leib trat und ihn wieder zum Leben erweckte. Technisch sei eine Auferstehung eine ganz besondere Sache, ein großes okkultes Geschenk. Der Christus habe durch den Einfluß enormer spiritueller Energien in den toten Körper Jesu die atomaren Materiepartikel wieder neu geordnet und in diesen Körper Materie von sub-atomarer Vibrationsgeschwindigkeit eingeführt, eine Materie, die buchstäblich Licht sei. Dies habe dem Körper eine intensive Strahlung verliehen, und erzeuge auf dem Tuch das, was man den Ionisierungseffekt nenne, das Abbild, das in dem Gewebe, aber nur an der Oberfläche, eingebrannt sei. Dieses sei so genau wie keine Fotografie sein könnte.[1]

Auch die "exakt wissenschaftliche Art" der Entstehung des Turiner Grabtuchs ändert nichts daran, daß es sich dabei um ein *Abbild* Maitreyas handelt, das seinem jetzigen Aussehen entspricht. Durch dieses selbstgemachte Tuch sollen die Menschen zusätzlich auf sein Erscheinen als "Christus" vorbereitet werden.

Daher auch die Behauptung Maitreyas, *Jesus ähnele besonders den Bildern, die ihn mit schmalem Gesicht, dunkeläugig und blaß, darstellen (85)*. Diese Beschreibung entspricht jedoch nicht dem Aussehen Jesu, dessen Augen blau waren, sondern dem Abbild Maitreyas auf dem Turiner Grabtuch, das angeblich *eine echte Verbindung zwischen Gott und Mensch aufrechterhalte (103)*.

---

1   Creme, Maitreya Christus und die Meister der Weisheit, S. 101 f.

Als Eingeweihter vierten Grades (noch nicht Meister) habe Jesus keinen Anspruch auf einen auferstandenen Körper gehabt. Der Christus habe jedoch bereits einen solchen (im Himalaya ruhend) gehabt und den des Jesus nicht benötigt. Den wiedererweckten Körper des Jesu habe er nach 40 Tagen zerstört und die Lichtteilchen (aus welchen er dann bestanden habe) der Sonne zurückgegeben (80 f.).

Die Antwort, warum er nicht seinen eigenen "auferstandenen" Körper benutzt hat, sondern sich mit dem eines "Eingeweihten vierten Grades", wie es Jesus angeblich gewesen sei, zufrieden gab, bleibt Maitreya jedoch schuldig.

Seine Lügenkette setzt Maitreya damit fort, daß es eine unbefleckte Empfängnis im Falle Jesus gar nicht gegeben habe, da er lediglich ein Eingeweihter dritten Grades gewesen sei. Diese Vorstellung sei vielmehr eine Erfindung der Kirchenväter, um die Göttlichkeit Jesu als Gottes "Sohn" zu unterstreichen (84), ebenso die "Himmelfahrt" Marias, die kein Meister, sondern nur Eingeweihte zweiten Grades gewesen sei (296). Die wohlbekannten und sehr beliebten Symbole für Jesus und Maria (Krishna oder die Mutter in Indien) würden von den Meistern aber gerade deshalb gewährt, weil sie erkennbar seien. Besonders Maria werde als die immer liebende und schützende Mutter verehrt (104).

Wer sonst außer Gott hätte einen grobstofflichen Körper erschaffen können, in dem der Geist Gottes, der Urgrund allen Seins, wirken kann? Daher konnte Jesus auch nicht "gezeugt" werden. Maria hat den Geist Gottes empfangen und dadurch Jesus Christus zur Welt bringen dürfen, weil ihr diese Gnade wegen der Reinheit ihres Herzens von Gott zuteil wurde. Von ihr steht geschrieben: "Siehe, eine Jungfrau wird uns einen Sohn gebären! Des Name wird Immanuel heißen, und in Ihm wird Gott wahrhaftig mit uns sein! . . . Er (Jesus) ist der Immanuel, also der eine und allein wahre Gott mit uns."[1]

---

1   Lorber, Johannes das Große Evangelium, Bd. 9, Kap. 130 (5, 6).

Für Maitreya, der die geistigen Hintergründe der Fleischwerdung Gottes nicht zu fassen vermag, sind Jesus und Maria jedoch "wohlbekannte Symbole" für Krishna, einer hinduistischen Gottheit, die zum Kampf statt zur Liebe auffordert.[1] Krishna dann noch als "Mutter" zu bezeichnen, spottet jeder Beschreibung. Denn eine gute Mutter tötet nicht ihre Kinder, sondern erhält sie aus Liebe am Leben.

Weiter behauptet Maitreya, *es gebe hauptsächlich zwei Arten von Erscheinungen der Jungfrau Maria: die eine würde von bestimmten Meistern in das Denken der Gläubigen eingeschleust; und dann die zweite Art, astrale Imagination oder Emanation, d. h. manche Erscheinungen seien einfach astrale, also emotionale, Wünsche, die astral erfüllt würden; die Leute würden sich danach sehnen, die Jungfrau Maria zu sehen, sie würden Hilfe erflehen und ihre Bitten würden irgendwann durch die astralen Erscheinungen erfüllt. Die Zunahme dieser Zeichen (weinende Marienstatuen) heutzutage sei ein Hinweis auf das Ende des Zeitalters und die Zusicherung göttlicher Hilfe in Krisenzeiten. Sie könnten auch als Zeichen für Maitreyas Anwesenheit gesehen werden (103 f.).*

Da Maitreya keinen Zugang zur geistigen Welt hat, kann er alles auch nur aus den niederen Ebenen der Gedanken und der astralen Welt erklären und den geistblinden Menschen als "Höchstes" anpreisen. Dabei schreckt er auch nicht davor zurück, die Marienerscheinungen als ein "Zeichen" seiner Anwesenheit darzustellen. Wäre dies so erfreulich für die Menschen, wie er vorgibt, würde die Heilige Jungfrau wohl kaum "weinen" und die Menschen eindringlich zur Umkehr zu Gott auffordern. Hierzu wurde mir folgendes offenbart.

"Was auch immer geschieht, geschieht nach *Meinem* Willen. Und so sende Ich auch Maria, Meine leibliche Mutter, zu euch, um euch zu warnen. Ihr Schmerz ist groß, weil sie mitansehen muß, wie wenig die Menschen *Meine* Worte beherzigen, wie wenig sie glauben wollen, obwohl schon so viel Furchtbares auf der Welt geschehen muß, um euch eure Irrwege zu zeigen.

---

1   Coralf, Der Weg zur geistigen Mystik, S. 44 f.

Was glaubt ihr, wann Meine Geduld zu Ende ist? Glaubt nicht, daß Ich mir euer widergöttliches Handeln ewig mitansehe und als der Allmächtige nichts tue! Nicht ihr, sondern Ich bestimme, was Ich tue. Und so bestimme auch Ich das Ende Meiner Geduld, wenn das Maß eurer Maßlosigkeit voll ist. Die Zeit drängt. Es ist nicht mehr viel Zeit für euch, in der Welt nach Satans Willen zu walten. Es wird geschehen, wie es geschehen muß, weil ihr es nicht anders wollt. Jesus Christus, Ieoua." c

Die Bibel

*Was die Bibel anbelangt, so werde sie nach dem Auftreten Maitreyas für eine Weile innerhalb der christlichen Kirchen weiter verwendet werden. Man könne sich jedoch leicht vorstellen, daß die Gegenwart des Christus und des Meisters Jesus in der Welt zu einer **gründlichen neuen Interpretation** des Sinnes und der Bedeutungen dieses symbolischen Werkes führen werde. Vieles werde ausgeschieden, vieles aber auch anhand der richtigen Interpretation als relevant erkannt werden. Es werde die Aufgabe des Meisters Jesus sein, die christlichen Kirchen in das Licht des neuen Wissens um die göttliche Ordnung einzuführen (84).*

Warum Maitreya ausgerechnet die Bibel, und nicht die anderen religiösen Schriften "gründlich neu interpretieren" wird, dürfte anhand der biblischen Prophetien über den Antichristen deutlich geworden sein. Hier sei an die "Worte der Weissagung" erinnert, wo es im Hinblick auf das Kommen Jesu Christi heißt: "Siehe, ich komme bald und mein Lohn mit mir, um jedem zu vergelten, wie sein Werk ist. Ich bin das A und das O, der Erste und der Letzte, der Anfang und das Ende. Selig sind, die ihre Kleider waschen, damit sie Macht über die Bäume des Lebens erlangen und durch die Tore in die Stadt eingehen. Draußen sind die Hunde und die Zauberer und die Unzüchtigen und die Mörder und die Götzendiener und alle, die die Lüge lieben und üben.

Ich bezeuge jedem, der die Worte der Weissagung dieses Buches hört: Wenn jemand zu ihnen etwas hinzufügt, wird Gott ihm die Plagen zufügen, die in diesem Buche beschrieben sind. Und wenn jemand etwas hinwegnimmt von den Worten des Buches dieser Weissagung, wird Gott seinen Anteil an den Bäumen des Lebens und an der heiligen Stadt hinwegnehmen, die in diesem Buche beschrieben sind" (Off. 12 ff.).

Entgegen den biblischen Offenbarungen, wonach das tätige Wirken in selbstloser, reiner Liebe gegenüber allen Geschöpfen Ausdruck der betätigten Gottes- und Nächstenliebe und ein wahres Gebet vor Gott ist, weil es dem Geistfunken in unserem Herzen entspringt, behauptet Maitreya, *das Gebet sei eine Form astraler Anrufung. Wenn es von Herzen komme, könne es die Hilfe der Hierarchie als Mittler der Gottheit bewirken und tue es auch (338).*

"Astrale Anrufungen" haben nichts zu tun mit einem Gebet zu Gott, weil sie eine konkrete Forderung beinhalten und damit dem Geben (Bitten) diametral entgegenstehen. Im übrigen unterscheidet sich die Hierarchie als "Mittler der Gottheit" nicht von der so vehement angegriffenen Kirche, die ja auch zwischen Gott und den Menschen vermittelt. Im Gegensatz dazu ist die Hierarchie jedoch "Mittler" Satans, so daß deren Invokation auch nur satanische "Hilfe" bezweckt. Da aber Satans Wirken auf den astralen Ebenen beschränkt ist, weil ihm das geistige Reich verschlossen bleibt, kann er auch nur auf Seelenebene angerufen werden.

Fraglich ist nur, was der Mensch für seine geistige Vollendung erreicht, wenn er sich mit niederen astralen Ebenen, den *Ebenen der Illusion und Verblendung"* (181) begnügt und sich von deren Mächten abhängig macht, anstatt nach Befreiung seiner Seele zu trachten. "Was 'Freiheit' ist, kann der Mensch erst erkennen, wenn das Unreine dem Reinen weicht. Die Wahrheit zu finden ist der erste Weg, das Herz zu bewegen, die Freiheit zu erlangen und dieselbe zu leben. Denn erst dann, wenn der Mensch die Freiheit *lebt*, hat er sie gewonnen. Nur in dieser Freiheit findet der Mensch Gott durch seine Seele in Verbindung mit dem Geist zu Gott in Jesus Christus."[1] r

Dagegen aber richtet sich das Streben Maitreyas, der sogar im Tischgebet "gepriesen" werden will, *wodurch man der Quelle aller Nahrung danken solle.*

1   Botschaft aus der geistigen Welt.

Man könne zu Maitreya beten und seinen Segen anrufen, besser sei es, alle Nahrung als ein Geschenk des weiblichen Prinzips anzusehen - der Großen Mutter - und mit Dank ihr das Essen zu widmen (339).

Die Fruchtbarkeit der Erde ist weder ihr eigener noch der Verdienst Maitreyas, der weder Nahrung noch Leben spendet, sondern ein Werk Gottes (vgl. 1. Mose, Kap. 1). Ihm allein gebührt Dank und Lob für unsere natürlichen Speisen, vor allem aber für das geistige Brot, das uns in Jesus Christus zuteil wurde. "Wahrlich, wahrlich, ich sage euch: Ihr sucht mich nicht, weil ihr Zeichen gesehen, sondern weil ihr von den Broten gegessen habt und satt geworden seid. Mühet euch nicht um die Speise, die vergeht, sondern um die Speise, die ins ewige Leben bleibt, welche der Sohn des Menschen euch geben wird; denn diesen hat Gott, der Vater, beglaubigt" (Joh. 6/26 f.).

Durch die heidnische Anrufung der "Großen Mutter" oder *Gaia* (die nach Chaos geborene Erdgöttin) will Maitreya die Menschen dazu verleiten, nicht mehr Gott - von dem allein sie alles empfangen - zu danken und nach dem himmlischen Brot zu streben, sondern die Erde (Materie) als "Quelle aller Nahrung" zu verehren. Das ist ebenso widersinnig, wie einer Glühbirne dafür zu danken, daß sie brennt.

Maitreya werde eine solche Betonung auf die "Sünde", wie es die Kirchen und die Fundamentalisten tun würden, nicht legen. Glaube sei etwas anderes - eine innere oder intuitive Erkenntnis und kontinuierliche Verbindung, nicht eine einfache Übernahme dieses oder jenes Dogmas. Für die Meister sei "Sünde" nichts als Unvollkommenheit und das Bedürfnis, sich abzusondern (63, 65).

Im Gegensatz zum dogmatischen Verständnis der Kirche ist unter *Sünde* das Widerhandeln gegen die Liebe und Ordnung Gottes zu verstehen. Als "Sünde" kann daher alles bezeichnet werden, was den sieben Ureigenschaften Gottes - *Liebe, Weisheit, Wille, Ordnung, Ernst, Geduld* und *Barmherzigkeit* - entgegensteht. "Der Stachel des Todes aber ist die Sünde" (1. Kor. 15/56), und nicht der angebliche Separatismus der Christen.

"Niemand soll euch auf irgendeine Weise betrügen; denn wenn nicht zuerst der Abfall gekommen ist und der Mensch der Gesetzesfeindschaft sich offenbart hat, der Sohn des Verderbens, der sich widersetzt und erhebt über alles, was Gott oder Heiligtum genannt wird, so daß er sich in den Tempel Gottes setzt, indem er von sich vorgibt, er sei Gott, so kann der Tag des Herrn nicht kommen" (2. Tess. 2/3 f.).

Mit seiner Lehre versucht Maitreya jedoch, die Menschen zur Widerordnung und damit zur "Sünde" anzustacheln, indem er ihre Gedanken von Gott - die Liebe - ablenkt. Hierzu wurde mir folgende Botschaft offenbart:

"Nicht das, was in euren Mund hineingelangt, macht euch krank, sondern das, was aus eurem Herzen kommt, wenn das Herz verunreinigt ist von dunklen Gedanken. Daher habe Ich gesagt: suchet *zuerst* das Reich Gottes, das *in euch* ist, damit euer Herz von Mir gereinigt und nicht von Satan verunreinigt wird. Nur, euch fällt es oft schwer, zu glauben, was Ich sage, obwohl doch alles so geschieht, wie *Ich* es will.

Ihr habt immer noch euren Willen und könnt tun, was *ihr* wollt. Wenn aber euer Wille nicht auch Meiner ist, dann ist er oft der Wille der Dunkelheit, die euch zu beeinflussen sucht. Wenn aber euer Wille Mein Wille ist, kann euch das Böse nichts anhaben, weil ihr von *Mir* geführt werdet. Was ist denn ein guter Knecht? Das ist einer, der den Willen seines Herrn tut, einer, auf den sich sein Herr verlassen kann. An euch werden die Menschen sehen, daß euch durch Mich nichts geschieht, und sie werden beginnen, Mir zu vertrauen, indem sie euch vertrauen.

Wenn ihr Mir folgt, seid ihr frei von allen Anfeindungen Satans. Denn nur Ich habe die Macht, ihm entgegenzutreten. Aus euch vermögt ihr nicht, ihm zu widerstehen, es sei denn, Ich bin bei euch.

Wer Mir folgt, ist f r e i; frei von allen Sünden der Welt, die so schwer auf den Menschen lasten, weil diese meinen, sie tragen zu können. Wenn aber Ich sie nicht trüge, würden sie euch erdrücken und ihr wäret für immer verloren. Da aber Ich die Liebe bin, trage *Ich* alles für euch, und ihr müßt euch nur von Mir tragen *lassen*. Ist das so schwer? - Euer Wollen steht euch im Weg und macht euch glauben, ihr seid stark. Aber Stärke liegt nur bei Gott, nicht beim Menschen. *Ich* bin es, der euch stark macht. Und ihr seid es, die stark werden durch Mich, Jesus Christus." c

Sich führen zu *lassen* erfordert Vertrauen zu Gott. Wer indes niemandem traut, kann in seinem Mißtrauen auch nicht Gott finden, geschweige denn sich Ihm anvertrauen. Schon der Gedanke, Gott nicht nötig zu haben, ist ein Zeichen widergöttlicher Beeinflussung, durch die der Mensch leichter auf geistige Abwege geraten kann.

Daher: "Hütet euch vor euren Gedanken, denn in eure Gedanken kann die Dunkelheit einfließen. Was aber aus dem Licht kommt, ist licht und rein." c

Zum Licht kann der Mensch nur gelangen, wenn er die Liebe sucht, statt an seinen kopflastigen Gedanken verbissen festzuhalten, die oft nur Einbildung sind. Der Kopf bildet sich etwas ein, macht sich ein Bild von den Dingen, während das Herz fühlt. Wer nicht bereit ist, den Schritt zum Herzensdenken zu wagen, wird Gott schwerlich finden können. Er wird im weltlichen Streben nach Macht und Erfolg gefangen bleiben, statt aus der Fülle des Geistes zu leben.

Endzeit

Die biblisch vorhergesagte Feuerreinigung der Erde gehöre in die Rubrik "Katastrophenkomplex" und sei absoluter Unsinn, da wir nicht wüßten, daß die Erde "in Intervallen die Neigung ihrer Achse verschiebe, was das Ende aller Lebewesen bedeuten würde. Diese unrichtige Vorhersage sei eine machtvolle Gedankenform auf der astralen Ebene (woher sie stamme) und sei aus der Angst geboren, die jeweils am Ende eines Zeitalters die Gemüter der Menschen erfasse. Wer diese falschen Vorhersagen furchtbarer Katastrophen verbreite, spiele den Kräften der Dunkelheit bewußt oder unbewußt in die Hände, denn sie würden immer Furcht und Chaos schüren wollen (75).

Hätte Maitreya in Jesus gewirkt, wie er behauptet, müßte er diesen "absoluten Unsinn" selbst verbreitet haben. Im übrigen finden sich Hinweise auf kommende Weltkatastrophen nicht nur in der Bibel, sondern auch in den Schriften anderer Religionen. Im *Talmud* beispielsweise heißt es, daß der Messias kommen werde, bevor die Endzeit entrifft (Sanhedrin 98 b). Der *Koran* spricht von einer Zeit der Seelenläuterung, in der die Sünder vernichtet würden.

In den *Puranas* der Hindus ist von unerträglichen Zuständen in einer verdorbenen Welt die Rede, in der Wohlhabenheit und Frömmigkeit von Tag zu Tag abnehmen und nur Falschheit regiere, bevor Vishnu den inständigen Bitten und Aufforderungen der anderen Götter Gehör schenken und in einem Dorf namens Shambhala wiedererstehen werde, um der Zwietracht ein Ende zu setzen und das Goldene Zeitalter einzuleiten.[1]

---

1   Bernbaum, Der Weg nach Shambhala, S. 88.

Nach Aussage von Creme *würden die Hindus die Wiederkehr des Krishna am Ende des Kali-Yuga, des dunklen Zeitalters, erwarten. Obwohl die Ansichten über das Ende des Kali-Yuga unterschiedlich seien, bestehe eine Übereinstimmung zwischen Sai Baba, Swami Premananda und Maitreya dahingehend, daß das Kali-Yuga Zeitalter jetzt ende und die letzten 4700 Jahre gedauert habe (291 f.).*

Somit steht auch für Maitreya fest, daß es ein "dunkles Zeitalter" gibt. Anhand seiner Anzeichen stimmt das *Kali-Yuga* sogar mit der biblisch vorhergesagten Endzeit überein und müßte demnach ebenfalls dem "Katastrophenkomplex" zugeordnet werden. Da aber das Kali-Yuga das Kommen des "Retters der Welt" Maitreya ankündigt, während er anhand der Bibel als Antichrist entlarvt werden könnte, werden die göttlichen Offenbarungen und biblischen Prophetien kurzerhand als "absoluter Unsinn" deklariert.

Demgegenüber behauptet Maitreya, daß *es nicht nur einen "falschen Christus" gebe. Unterscheidungsvermögen und geistiges Erkennen seien der Schlüssel, sie zu erkennen. Einen Baum erkenne man an seinen Früchten, und Maitreya werde man an seiner Liebe, Weisheit, geistigen Kraft und an seiner Arbeit für die Menschheit erkennen und daran ermessen, wer er sei (40).*

Wenn auch zutrifft, daß viele falsche Propheten als "Christusse" auftreten, gibt es nur **e i n e n** Antichristen, der *leugnet, daß Jesus der Christus ist* (1. Joh. 2/22). Allein daran und anhand seiner Lehre könnten die Menschen erkennen, wer Maitreya in Wirklichkeit ist. Wem eine "geistige Erkenntnisfähigkeit" noch fehlt, wird Maitreya zumindest an seinen "Früchten" beurteilen können.

Das Kommen Sanat Kumaras wird nicht nur in der Kalacakra-Lehre Shambhalas erwähnt, sondern auch in den *Upanishaden*[1], der Geheimlehre der Inder. Bezeichnend ist, daß dieses Wort sowohl *pan* (Teufel) als auch *hades* (Unterwelt, Reich der völligen Dunkelheit oder Hölle) ent-

---

1   Diederichs Gelbe Reihe, S. 118.

hält. Was unter 'Teufel' zu verstehen ist, enthüllt schon das altdeutsche "tui-vel" und das italienische "dia-volo", wörtlich "Zwei-Wille", womit der widergöttliche Wille gemeint ist. Umso widersinniger ist, daß der Kriegsgott Sanat Kumara (Satan), das Böse schlechthin und Urgrund *aller* Entzweiung dem Zeitalter der Zwietracht ein Ende bereiten soll.

Dieser Entzweiungswille sowie die daraus entspringende Herrschsucht und Machtgier haben in der heutigen Zeit ihren absoluten Höhepunkt erreicht, so daß von einem Ende des "dunklen Zeitalters" keine Rede sein kann, geschweige denn von einem schon bestehenden "harmonischen" Wassermannzeitlater. Unhaltbar ist angesichts der heutigen Weltsituation auch die von der New-Age-Bewegung verbreitete Behauptung, die Endzeit habe mit dem Jahre 1945 ihren Abschluß gefunden und seitdem strebe die Menschheit lediglich einer spirituellen Zeitwende entgegen, die ein kommender Weltlehrer (Maitreya) einleiten werde.

Ebenso wenig wie man Satan *wegdenken* kann, verschwindet die Realität, wenn man die Augen davor verschließt. Wer nichts sehen will, läuft auch Gefahr, in seiner Blindheit zu fallen. Wer dagegen mit offenen Augen und Ohren das Weltgeschehen beobachtet und kritisch hinterfragt, schürt dabei genauso wenig "Furcht und Chaos" wie jemand, der sehend einen blinden Menschen davor bewahrt, in eine Grube zu stürzen.

Im Gegensatz zu den allgemein gehaltenen Vorhersagen anderer Religionen über globale Umwälzungen und Katastrophen zeichnen sich die detailreichen biblischen Weissagungen durch die bemerkenswert gleichartigen Gesichte der einzelnen *Propheten* aus.

Wenngleich sich das verschlüsselte Weissagungsgut der sechzehn Propheten des Alten Testaments scheinbar nur auf historische Ereignisse bezieht, die das Volk Israel oder den Stamm Juda betreffen, ergänzen diese "alten" Zeugnisse des Geistes die der Evangelien, in denen von symbolischen und unverhüllten Weissagungen des Herrn über einen alles umfassenden endzeitlichen Reinigungs- und Erneuerungsprozeß des ganzen Menschengeschlechts berichtet wird.

In seinen Reden über die Endzeit offenbarte *Jesus* seinen Jüngern die *Zeichen seiner Wiederkunft*, die da sind:

- Das Kommen falscher Christusse, die viele irreführen werden;
- Kriege und Kriegsgerüchte;
- Kämpfe der Völker und Reiche untereinander;
- Hungersnöte und Erdbeben da und dort;
- Verfolgung und Tötung der Gläubigen um seines Namens willen;
- Abfall vieler Gläubigen, die einander verraten und hassen;
- Gesetzesverachtung, die überhandnimmt;
- Lieblosigkeit;
- Die von Daniel prophezeiten 'Greuel der Verwüstung' an heiliger Stätte;
- Eine große, nie da gewesene Drangsal, die keiner überleben würde, wenn nicht die Tage um der Auserwählten willen verkürzt würden;
- Das Auftreten falscher Propheten, die sich als Christus ausgeben und große Zeichen und Wunder vollbringen;
- Die "blitzartige" Wiederkunft des Sohnes des Menschen;
- Die Verfinsterung der Sonne und des Mondes;
- Sterne fallen vom Himmel;
- Die Kräfte der Himmel werden erschüttert;
- Erst dann wird das Zeichen des Sohnes des Menschen am Himmel erscheinen, "und dann werden alle Geschlechter der Erde wehklagen und werden 'den Sohn des Menschen auf den Wolken des Himmels kommen' sehen mit großer Macht und Herrlichkeit";
- Versammlung seiner Auserwählten und das Weltgericht;
- Die genaue Stunde seines Kommens aber kennt niemand außer der Vater im Himmel (Mat. 24/1 - 37).

Selbst wenn man diese Weissagungen bezweifeln wollte, kann das heutige Weltgeschehen nicht geleugnet werden. Vielmehr bestätigen die bisher eingetretenen Ereignisse die biblisch vorhergesagten *Zeichen der Endzeit*.

Während im 12. Jahrhundert noch 84 Erdbeben die Welt erschütterten, ist deren Zahl im 19. Jahrhundert auf 2119 angestiegen. Und im 20 Jahrhundert wurden bis 1930 allein 2000 Beben registriert. Neben dieser rapiden Zunahme während der letzten Jahrhunderte stieg aber auch deren Intensität. Im 18. Jahrhundert starben 62.000 Menschen an Beben. Bis zur ersten Hälfte unseres Jahrhunderts aber wurden schon 391.000 Todesopfer gezählt.[1]

In gleicher Weise mehrten sich weltweit die *Katastrophen*, sei es durch Naturgewalten wie Taifune und Flutwellen, sei es durch Krankheiten, Hungersnöte oder Kriege. Aber auch die Brutalität, Grausamkeit und Gesetzesverachtung nahm ein nie dagewesenes Ausmaß an, was durch den sprunghaften Anstieg der Verbrechen und die nicht zu bändigende Flut der Gewalttaten belegt wird. Und noch nie zuvor ist die Menschheit trotz ihrer intellektuellen Höchstleistungen und technischen Errungenschaften an die Grenze des Möglichen und damit auch an die Möglichkeit der Selbstzerstörung gelangt, wie es heute der Fall ist. Ein vergleichbares Chaos gab es noch an keiner anderen Jahrhundert- oder Jahrtausendschwelle.

Allein diese *Tatsachen* beweisen, daß die biblischen Vorhersagen keineswegs "unrichtig" und auch nicht "aus der Angst, die jeweils am Ende eines Zeitalters die Gemüter der Menschen erfasse, geboren" sind. Denn diese Ereignisse sind keine Gebilde einer Angstneurose, sondern nackte Realität und Zeichen einer Zeit, deren unweigerlichen Eintritt Jesus Christus in weiser Voraussicht schon vor 2000 Jahren angekündigt hat, wenn die Menschen in ihrem widergöttlichen Handeln fortfahren.

Diese Warnungen wurden aber entweder mit Hohn und Spott mißachtet, verdrängt oder in eine andere Zeitepoche hineininterpretiert, obwohl die äußeren Zeichen, wie sie uns jetzt begegnen, noch nie

---

1   Pasedag, Enthüllte Endzeit, S. 175.

dagewesen sind. Trotzdem werden die biblischen Prophetien nicht ernst genommen und es stellt sich die Frage, was noch alles geschehen muß, bis die Menschen endlich bereit sind, aus der Wahrheit des Geistes und des Gewissens heraus die selbstlose Liebe zu leben.

"Und dann wird der Gesetzesfeind sich offenbaren, den der Herr Jesus durch den Hauch seines Mundes töten und durch die Erscheinung seiner Wiederkunft vernichten wird, dessen Ankunft auf Grund der Wirksamkeit des Satans geschieht mit jeglicher machtvollen Tat und allen Zeichen und Wundern der Lüge und mit allem Trug der Ungerechtigkeit gegenüber denen, die verlorengehen, zur Vergeltung dafür, daß sie die Liebe zur Wahrheit nicht angenommen haben, damit sie gerettet würden. Und deshalb sendet ihnen Gott eine wirksame Kraft der Verführung, damit sie der Lüge glauben, auf daß alle gerichtet werden, die der Wahrheit nicht geglaubt, sondern Wohlgefallen an der Ungerechtigkeit gehabt haben" (2. Tess. 2/8 ff.). Wer den leichten Weg der Liebe und Erkenntnis nicht gehen will, wird sein Leid selbst verantworten müssen.

Neben den biblischen Vorhersagen haben auch zahlreiche Prophetien und Visionen begnadeter Seher, die es in jedem Jahrhundert gab, zum Zeugnis Gottes die Menschheit zur Umkehr ermahnt. Der wohl bedeutendste war *Jakob Lorber* (1800 - 1864), der Schreibknecht Gottes, der sich ganz in den Dienst der geheimnisvollen Stimme in seinem Herzen stellte und voller Demut die letzten 24 Jahre seines Lebens der Niederschrift der etwa 25 umfangreiche Bände umfassenden Botschaften Gottes widmete.

Aber auch andere Propheten wie der *Waldhirt Matthias Stormberger,* der *Bauer Jasper,* der *Mühlhiasl von Apoig, Thomas Ignaz Martin, Bartholomäus Holzhauser, Alois Irlmeier,* die heilige *Britta von Schweden, Anna Katharina Emmerich, Anna Maria Taigi, Bertha Dudde,* um nur einige zu nennen, sowie die Weissagung im Lied der Linde offenbaren uns die endzeitlichen Zeichen unserer heutigen Zeit. Eine textliche Widergabe der einzelnen Visionen verbietet jedoch der hier zur Verfügung stehende Raum.

Nostradamus (Michel des Nostredame, 1503 - 1566) prophezeite in seinen verschlüsselten Centurien das Erstehen alter Mysterien und heidnischer Bräuche in der Endzeit, die die Menschen verblenden und zur Ursache von großen Kriegen und religiösen Verfolgungen würden.

Revolutionen, Blutvergießen, Hungersnot, Krieg und Seuchen werden die Welt erschüttern. Aber noch schlimmer werde die tierische Grausamkeit der Menschen sein (II, 40, 46, 91). Allgemeine Teuerung und weltweite Wirtschaftskrise würden das monetäre System schließlich zum Zusammenbruch bringen (III, 5; VIII, 28).

Der heiligen *Hildegard von Bingen* (1098 - 1179) wurde in einer Vision das Wirken des Antichristen wie folgt offenbart: "Jener boshafte Mensch wird an verborgenen Orten (Shambhala, Geheimbünde)[1] Proben seiner Ungerechtigkeit ablegen und nicht eher öffentlich auftreten, als bis er sich in allen Graden von Lastern durch Übung zur Bosheit (schwarze Magie) ausgebildet hat. - Endlich tritt er öffentlich auf und wird dann sowohl durch eigene Anlage als auch mit Hilfe und durch die Wirkung des bösen Geistes (Satan) mit unglaublicher Macht die ganze Welt an sich ziehen (als Weltlehrer auf seinem Thron in der UNO), und zwar so anziehen, daß sich alle nach ihm, wie die Christen nach Christum, nennen werden (Christus Maitreya). Er wird durch für den Schein (Maya) hervorgebrachte und allerdings Staunen erregende Wunderzeichen unterstützt werden: Denn er wird, wegen der Erlösung seines Volkes durch den Tod, sich stellen, als wenn er stürbe, und durch seine Auferstehung, als wenn er aufersteht. Doch nicht lange wird Gott es zugeben, daß die Sterblichen (die nicht im Geiste Wiedergeborenen) betrogen werden; denn er wird zur Verkündung der Wahrheit den Henoch und Elias senden, welche, da sie eifrig ihr Amt verrichten, der Antichrist (Maitreya), wenn sie in seine Gewalt gebracht sind, töten wird.

Endlich wird der Antichrist selbst die Tragödie vollenden; denn er wird, wie Christus, eine Himmelfahrt versuchen und während er schon in die Höhe gehoben, werden auf Gottes Befehl die Fuhrleute der Luft entführt werden, und er wird häuptlings zu Boden stürzen und den Geist aushauchen. Wenn so der Irrtum der Menschen zerstört worden ist, wird die Wahrheit mit größerem Licht glänzen."[2]

1   in Klammern: Anme. der Verf.
2   Loerzer, Visionen und Prophezeiungen, S. 206.

Auch ernsthafte *wissenschaftliche Studien* lassen vermuten, daß die heutigen Katastrophen in einem unvorhersehbaren Maß auch noch durch die Verschiebung der Erdplatten, das Ozonloch sowie die Zerstörung des ökologischen Gleichgewichts verstärkt und gewaltige Naturkräfte entfesselt werden. Uneinigkeit besteht lediglich darüber, wodurch eine globale Katastrophe letztendlich ausgelöst werden könnte, ob durch einen kosmischen Blitz, eine Supernova, einen vorbeiziehenden Kometen oder einem der bisher entdeckten Planetoiden, deren Flugrichtung die Erdbahn kreuzen, so daß eine Kollision mit unserem Planeten nicht auszuschließen sei. Zumindest würde ein Kurzschluß der Erde, die ja ein riesiger Magnet ist, mit einem anderen Himmelskörper zu einer Umkehrung der Pole und damit zu drastischen Veränderungen führen, wie schon bei Jesaja 24/19 f. vorhergesagt: "Es zerbricht, zerbirst die Erde, es zerspringt, zersplittert die Erde, es wankt und schwankt die Erde. Hin und her taumelt die Erde wie ein Trunkener und schaukelt wie eine Hängematte."

In einer eigenen Vision sah ich plötzlich zwei Sonnen am Himmel stehen, wobei die eine tatsächlich unsere Sonne war während das andere gleißende Licht mit hoher Geschwindigkeit in Richtung Erde flog. Dabei handelte es sich um einen Planetoiden, der allerdings so nahe an der Sonne vorbeiflog, daß er wie diese zu leuchten begann. Während er sich immer mehr der Erde näherte, spalteten sich Gesteine von ihm ab, die in unsere Erdatmosphäre drangen und auf die Erde mit einem dröhnenden Donnergetöse niederstürzten. An den Einsturzstellen begann es sofort zu brennen. Damit endete diese Vision, die sich zu einem späteren Zeitpunkt noch einmal wiederholte, wahrscheinlich um mir deren Wichtigkeit erneut vor Augen zu führen. r

Abgesehen von den äußeren Katastrophen eines globalen Weltgerichts wird *jeder* Mensch auch seine eigene Endzeit erleben, d. h. das Ende der Entscheidungszeit für oder wider Gott, ohne zu wissen, wann *seine* Zeit abgelaufen sein wird. Gott hilft jedem Menschen entsprechend seiner individuellen Beschaffenheit, sich dem Geistigen zu widmen, statt nur für das Weltliche zu wirken. Wer dazu um seiner selbst willen nicht bereit ist, wird weder das irdisch Vergängliche überwinden noch in das Reich Gottes gelangen können.

"Das Himmelreich muß man sich erkämpfen. Es ist wie vor Gericht. *Ich bin der Richter und euer Ankläger ist Satan.* Und ihr seid die Angeklagten, von denen Ich Rechenschaft verlange für euer Tun.

Und der Satan wird wider euch alles anführen, was ihr gegen Mich getan habt. Denn ihr vertraut ihm wie einem Rechtsanwalt, der euch scheinbar zu *eurem* Recht verhilft. Doch das ist nicht recht, sondern nur das, was ihr *für Mich* tut. Und weil ihr ihm vertraut anstatt Mir, wird er euch vor Gericht ziehen, da er die Macht hat, anzuklagen. Wenn ihr ihm aber nichts entgegenstellen könnt, werde Ich euch nach dem Gesetz - Meinem Gesetz - richten müssen. Jesus Christus." c

Menschen aber, "welche auf dieser Erde in die reine Liebe zu mir übergegangen sind und aus dieser Liebe heraus alles Weltliche und Materielle abgelegt haben und nichts anderes wollen als nur allein mich - diese haben sich dadurch den weiten Weg jenseitiger Vollendung überaus stark abgekürzt. Denn diese sind wahrhaft meine Kinder und wahrhaft meine Brüder und Schwestern und kommen daher nach der ihnen freudigen Ablegung des materiellen Leibes sogleich zu mir, und zwar in den obersten, allerhöchsten Himmel, allda Ich selbst wohne wesenhaft." (Lober, Natürliche Sonne, Kap. 3.).

VII

Gottes Wort
gegen
Maitreyas Lehre

Zusammenfassend soll eine Gegenüberstellung der biblischen Gottes-offenbarung zur Lehre Maitreyas das Ergebnis der hiesigen Erörterungen in seinen Einzelheiten kurz und übersichtlich verdeutlichen und damit ein gezieltes Nachschlagen erleichtern. Die in Klammern gesetzten Zahlen bezeichnen die Buchseite von "Maitreyas Mission".

Biblische Prophetien:

"Wer ist der Lügner, wenn nicht der, welcher *leugnet, daß Jesus der Christus ist*? Das ist der *Wider-christ*, der den Vater und den Sohn leugnet" (1. Joh. 2/22).

"Und ich sah aus dem Meer ein *Tier* heraufkommen. . . Und der Drache gab ihm seine Kraft und große Macht. . . Und es wurde ihm ein Maul gegeben, das große Worte und Lästerungen redete; . . Und es tat sein Maul auf zu Läste-rungen gegen Gott, zu lästern sei-nen Namen. . . Wer Verstand hat, der berechne die Zahl des Tieres; sie ist nämlich die Zahl eines Menschen. Und zwar ist seine Zahl *666*" (Off. 13/1-9, 18).

Maitreyas Lehre:

Maitreya sei der persönliche Na-me des *Christus*, der sich durch Überschattung des Jüngers Jesu vor 2000 Jahren manifestiert habe und heute als *Weltlehrer* für das Zeitalter des Wassermanns kom-me (14).

Maitreya (*Maya* + *Tier*), dessen Name die Zahl *666* ergibt, nennt sich Christus Maitreya.

"Wenn nicht zuerst der Abfall gekommen ist und der Mensch der Gesetzesfeindschaft sich offenbart hat, der Sohn des Verderbens, der sich widersetzt und erhebt über alles, was Gott oder Heiligtum genannt wird, sodaß er sich in den Tempel Gottes setzt, indem er von sich vorgibt, er sei Gott, so kann der Tag des Herrn nicht kommen. Und dann wird der Gesetzesfeind sich offenbaren, den der Herr *Jesus* durch den Hauch seines Mundes töten und durch die *Erscheinung seiner Widerkunft* vernichten wird" (2. Thess. 2/3 ff.).

". . . dessen Ankunft auf Grund der Wirksamkeit des *Satans* geschieht" (2. Thess. 2/9), dem *Herrn oder Fürst der Welt* (Joh. 12/31).

"Ja, ich sage euch: Von jetzt an werdet ihr den *Sohn des Menschen* sitzen sehen zur Rechten der Macht und *kommen auf den Wolken des Himmels* (Mat. 26/64), sagte Jesus dem Hohepriester. "Über jenen Tag aber und jene Stunde weiß *niemand* etwas, auch die Engel in den Himmeln nicht, *sondern allein der Vater*" (Mat. 24/36).

Maitreya behauptet, eine *Erscheinungsform des Christus* zu sein (53) und die Verkörperung des Willens, der Liebe und des Lichts Gottes (59).

Lord Maitreya fände Rat und Erleuchtung bei *Sanat Kumara*, dem *Herrn der Welt* (79).

Maitreya habe sich als stehende Gestalt des Christus in Wolkenbildern manifestiert, damit sich die Prophetie *'in den Wolken kommend'* erfüllen könne (103).

Jesus Christus hat als Zeichen *seiner* Wiederkunft das Kommen des *Antichristen* und die *Endzeit* vorausgesagt (vgl. Mat. 24/1-37; Jes. 24/19).

"Ein *viertes Reich* wird auf Erden sein, verschieden von allen andern Reichen; das *wird die ganze Erde verschlingen*, wird sie zerstampfen, zermalmen"; ein *König* wird aufstehen, "er wird *Reden wider den Höchsten* führen, und die Heiligen des Höchsten wird er quälen" (Dan. 7/7, 23 ff.).

Und das Tier "bewirkt, daß alle . . sich ein *Malzeichen* auf ihre rechte Hand oder Stirne machen und daß niemand kaufen oder verkaufen kann als nur der, welcher das Malzeichen hat, nämlich den *Namen des Tieres oder die Zahl* seines Namens . . . *666*" (Off. 13/15-18).

Jesus sagte: "*Mein Reich* ist *nicht von dieser Welt* (Joh. 18/36), das Reich Gottes ist *in eurer Mitte*" (Luk. 17/21), im Herzen.

Gott ist der "alleinige Machthaber, der *König der Könige* und Herr der Herrschenden, *der allein Unsterblichkeit hat*, der *in unzugänglichem Lichte wohnt*, den kein Mensch gesehen hat" (1. Tim. 6/15 ff.).

Die biblisch vorhergesagte Feuerreinigung der Erde sei *absoluter Unsinn* (75).

Die *UNO* sei der Entwurf für die zukünftige *Weltregierung* (112) und verbinde *alle Völker der Welt* langsam zu einer dienenden Einheit *für die Hierarchie Sanat Kumaras* (176).

Maitreya werde das gegenwärtige Wirtschaftssystem durch eine raffiniert ausgeklügelte Form von *Tauschhandel* ablösen und allmählich das *Geld aus dem Verkehr* ziehen (111, 128).

Das *Königreich Gottes* sei die *Hierarchie Sanat Kumaras*, des Herrn der Welt *in Shambhala* (55, 116).

Gott sei der *König, Sanat Kumara*, der Herr *in Shambhala* (289 f.).

"*Gott ist Liebe*" (1. Joh. 4/16). Gott ist *e i n verzehrendes Feuer* (vgl. Hebr. 12/29).

"*Gott ist Licht und* keine Finsternis in ihm" (1. Joh. 1/5). Gott ist "*unberührt von Bösem*" (Jak. 1/13).

"*Ich bin der Weg, die Wahrheit und das Leben*; niemand kommt zum Vater außer durch mich" (Joh. 14/6), hat Jesus Christus gesagt. "Wer aber von dem *Wasser* trinkt, das *ich ihm geben werde*, wird in Ewigkeit nicht dürsten, sondern das Wasser, das ich ihm geben werde, wird in ihm zu einer Quelle von Wasser werden, das *sprudelt, um ewiges Leben zu spenden*" (Joh. 4/14).

Seinen Jüngern sagte *Jesus Christus*: "Denn *ich bin* nicht *gekommen, um die Welt zu* richten, sondern um sie zu *retten*" (Joh. 12/46 f.).

"*Ich und der Vater sind eins*" (Joh. 10/30). Er ward mißhandelt und beugte sich und tat seinen Mund nicht auf wie ein *Lamm*, das zur Schlachtbank geführt wird (Jes. 53/7), erniedrigte er sich selbst und wurde gehorsam bis zu Tode, ja bis zum *Tode am Kreuz*" (Phil. 2/8).

Der Mensch sei nach dem Ebenbild Gottes als *Liebe* geschaffen (347). Gott-Natur-Mensch seien eine Einheit. *Gott* sei die *Summe aller Energien* (151).

Das *Böse* existiere in dem *Aspekt Gottes*, den wir als *Materie* kennen würden (157).

Maitreya sei das *Schiff der Wahrheit* und komme "als *Spender der Wasser des Lebens*, als Wassermann" (54). Die *erste Einweihung* sei der *Weg zum 'Vater im Himmel'*, Sanat Kumara (168).

Maitreya werde mit seiner Kraft der Liebe, das "*Schwert der Trennung*", der Menschheit eindeutig klarmachen, welcher Weg in die Zukunft führe (50).

Jesus sei als *Eingeweihter dritten Grades* zur Welt gekommen und mit der *vierten Einweihung*, der *Kreuzigung*, ein Meister geworden (190). Er sei von der Hierarchie gebeten worden, diese *Initiationserfahrung* vor aller Augen zu veranschaulichen (82 f., 357).

"Das ist *mein* Leib, der für euch hingegeben wird; das tut zu *meinem* Gedächtnis! Dieser Kelch ist der neue Bund in *meinem* Blute, das für euch vergossen wird" (Luk. 22/19 f.), hat Jesus in seinen Abschiedsreden gesagt.

Maitreya behauptet, daß es immer *seine* Energie und *sein* Segen sei, der die Hostie weihe (64).

"*Ich bin die Auferstehung* und das Leben. *Wer an mich glaubt*, wird leben, auch wenn er stirbt; und jeder, der stirbt und an mich glaubt, *wird in Ewigkeit nicht sterben*" (Joh. 11/25), sagte *Jesus Christus*.

Die *fünfte Einweihung*, die *Auferstehung*, werde durch die Auferstehung des Leibes Jesu nach der Kreuzigung *durch den Christus, Maitreya*, symbolisiert (168 f., 173, 183).

"*Ich* bin die Türe. Wenn jemand *durch mich* hineingeht, *wird er gerettet werden*, und er wird ein und aus gehen und Weide finden. Der Dieb kommt nur, um zu stehlen und zu schlachten und zu verderben. *Ich bin der gute Hirt*; der gute Hirt *gibt sein Leben hin* für die Schafe" (Joh. 10/9 ff.), sprach Jesus zu seinen Jüngern.

Der *Christus durch Jesus* sei der Lehrer für viele gewesen, die ihn unter einem anderen Namen gekannt hätten, nicht nur als *Messias*, sondern auch als den kommenden *Maitreya Buddha,* als *Krishna* und als das *Oberhaupt der esoterischen Hierarchie* (82).

"Gehet ein durch die enge Pforte! Denn die Pforte ist weit und *der Weg ist breit, der zum Verderben* hinführt, und viele sind es, die auf ihm hineingehen; denn die *Pforte* ist *eng* und der *Weg schmal*, der *zum Leben* hinführt, und wenige sind es, die ihn finden" (Mat. 7/13).

Maitreya werde uns zeigen, daß der *Pfad des* spirituellen, des geistigen *Lebens breit* und abwechslungsreich ist (110).

"Liebe Gott über alles. Und ein *neues Gebot* gebe ich euch, *daß ihr einander lieben sollt,* wie ich euch geliebt habe. Daran wird jedermann erkennen, daß ihr *meine Jünger* seid, wenn ihr Liebe untereinander habt" (Joh. 13/34 f.).

Was Jesus gesagt habe: "Liebe deinen Nächsten und füttere meine Schafe", sei *genau das gleiche,* was der Christus heute sage (83).

"Alles, was nicht aus Glauben geschieht, ist *Sünde* (Röm. 14/23). Der *Stachel des Todes* aber ist die Sünde" (1. Kor. 15/56).

Sünde sei nichts als *Unvollkommenheit* und das *Bedürfnis, sich absondern,* wie es die Separatisten tun würden (63, 65).

"Ich bezeuge jedem, der die Worte der Weissagung dieses Buches hört: *Wenn jemand zu ihnen etwas hinzufügt,* wird Gott ihm die Plagen zufügen, die in diesem Buche beschrieben sind. Und wenn jemand *etwas hinwegnimmt* von den Worten des Buches dieses Weissagung, wird *Gott* seinen Anteil an den Bäumen des Lebens und an der heiligen Stadt hinwegnehmen, die in diesem Buche beschrieben sind" (Off. 22/18 f.).

Die Gegenwart des Christus Maitreya in der Welt werde zu einer *gründlichen neuen Interpretation* des Sinnes und der Bedeutung diese symbolischen Werkes, *der Bibel,* führen (84).

"Ihr habt immer noch euren Willen und könnt tun, was ihr wollt. Wenn aber euer Wille nicht auch Meiner ist, dann ist er oft der Wille der Dunkelheit, die euch zu beeinflussen sucht.

Wenn aber euer Wille Mein Wille ist, kann euch das Böse nichts anhaben, weil ihr von Mir geführt werdet. Was ist denn ein guter Knecht? Das ist einer, der den Willen seines Herrn tut, einer, auf den sich sein Herr verlassen kann. An Meinen Knechten sollen die Menschen das Vertrauen erlernen, das sie Mir entgegenbringen müssen. Jesus Christus." c

Bibliographie

Bernbaum, Edwin: Der Weg nach Shambhala,
    Freiburg: Bauer 1988
Baigent, Michael; Leigh, Richard: Verschlußsache Jesus,
    München: Droemer Knaur 1991
Bibel: Die Heilige Schrift des Alten und Neuen Testaments,
    Zürich: Zürcher Bibel 1982
Coralf: Der Weg zur geistigen Mystik,
    Haan: KMV 1995
Cumbey, Constance: Die sanfte Verführung,
    Asslar: Schulte + Gerth 1987
Des Griffin: Wer regiert die Welt?
    Leonberg: Diagnosen 1986
Ernst, Robert: Die Papstweissagung des hl. Bischofs Malachias,
    Walhorn: Edition Markus 1986
Esotera, Freiburg: Bauer
FOCUS, München: H. Volkenand
Hirschberg, Helga: Ladakh mit Zanskar,
    München: Artemis 1987
Homuth, Norbert: Vorsicht Ökumene!,
    Nürnberg: Selbstverlag 1983,
    Glaubensnachrichten,
    Nürnberg: Selbstverlag
Loerzer, Sven: Visionen und Prophezeiungen,
    Augsburg: Pattloch 1990
Lorber, Jakob: Bischof Martin,
    Die Haushaltung Gottes, Bd. 1 und 2,
    Die Natürliche Sonne,

Erde und Mond,
Johannes das große Evangelium, Bd. 1, 2, 4, 5, 6, 8 u. 9,
Weltbild des Geistes,
  Bietigheim: Lorber 1981
Lutz, Walter: Die Grundfragen des Lebens,
  Bietigheim: Lorber 1979
Maharishi: Die Wissenschaft vom Sein und die Kunst des Lebens,
  Stuttgart: Maharishi Mahesh Yogi 1966
Miers, Horst E.: Lexikon des Geheimwissens,
  München: Goldmann 1986
Pasedag, Willy J.: Enthüllte Endzeit,
  Bieselsberg: Morgenland 1973
Reichstein, Herbert: Praktisches Lehrbuch der Kabbala,
  Berlin: Schikowski 1961
Reller, Horst; Kießig, Manfred (Hrsg.): Handbuch religiöse
  Gemeinschaften, Gütersloh: Mohn 1985
Roerich, Nicholas: Shambhala,
  Freiburg: Aurum 1988
Roloff, Rosemarie: Kleines spirituelles Wörterbuch,
  Bonn: Sathya Sai 1990
TOPIC, Informationen und Meinungen zum Zeitgeschehen aus
  biblischer Sicht, Hrsg.: U. Skambraks,
  Kreuztal: Selbstverlag
Upanishaden, die Geheimlehre der Inder,
  München: Diederichs Gelbe Reihe 1988
Weinreb, Friedrich: Der göttliche Bauplan der Welt,
  Bern: Origo 1978.

Die Bibelzitate, Abkürzungen und angegebenen Bibelstellen sind der
Zürcher Bibel entnommen.

Register